ちくま学芸文庫

ハプスブルク帝国1809-1918

オーストリア帝国とオーストリア＝ハンガリーの歴史

A. J. P. テイラー
倉田 稔 訳

JN095685

筑摩書房

The Habsburg Monarchy 1809–1918

A History of the Austrian Empire and Austria-Hungary

by

A. J. P. Taylor

著者序文

本書は、私が一九四一年に出版した同名の前作を全く書き換えた版である。そして前作の約半分である。一般的な追加を除けば、オーストリアの外交政策をおおいに詳しくし関連づけて取り扱った。ハプスブルク君主制は、大列強諸国以上のものであり、外交政策を指揮する組織体であって、その運命は、その人民の行動によるのと同様に、対外問題によっても実際に決定された。オーストリア帝国はナポレオン〔一世〕によって、オーストリア＝ハンガリーの成立はビスマルク〔＝プロイセン宰相〕によって、創設された。この帝国は大戦〔＝第一次世界大戦〕が終ると倒れた。だがこの帝国はその大戦を引き起こすのを助けていたのである。私の試みは、初めの本では随分混乱を起こした。ハプスブルクの外交政策を論じないでハプスブルク君主制の歴史を書いたからである。そこで私は今この欠点を取り除いたと思う。

もう一つの主な変更は取り扱い方である。現実を直視しようと努力したにもかかわらず、初めの本は、「自由派への幻想」にまだ支配されていた。この本は多くの場所で、「機会を失ったこと」について語ったし、あれこれの政治家や人民がもっと賢明でさえあったならば、ハプスブルク君主制は生き残れたかもしれないと暗示した。無数の同時代の善意の著者の書物を読んだ後なので、この方法から逃れるのが難しかったのである。この著者たちは、帝国が没落する以前に書いたのであり、帝国が消滅するとは信じることができなかったのである。これらの後悔は一歴史家の義務とは関係がない。彼が話をして、〔帝国が〕機会をとり逃したのではないと何度も明らかにすれば、とくにそうである。超民族的王朝国家と民族原理との衝突は、その終りまで闘われねばならなかった。支配民族と従属民族との衝突もまたそうであった。避けられなかったのだが、〔帝国の〕譲歩はいずれも遅すぎたし、少なすぎた。同じく不可避的なことだが、どんな譲歩も、もっと暴力的な不満を生んだ。民族原理は、ひとたび打ち揚げられると、その結論までそれを貫徹しなければならなかった。私の初めの本はまた、恐らく「民族主義への幻想」があった。そこでは、民族運動が、二〇世紀までは「人民」の運動であると論ずる傾向があった。私はこの見解をここで修正しようとした、また、存在した大衆民族主義が知識人の民族主義とはおおいに違っていたことを、はっきりさせようと試みた。

私は、本書で論じている帝国の、短い適当な名称をまだ見付けていない。「オーストリア帝国」は、単に一八〇四年から一八六七年まで、完全な形態で存在しただけである。それ以後は、「オーストリア＝ハンガリー」となった。帝国の非ハンガリーの半分は名前を持っていなかった。だが私は、現在のずさんな言い方を続けて、それをオーストリア、また時には「立憲オーストリア」と呼んだ。「帝国議会に代表される諸国と王国」という正式の表現を示すためである。私の最初の本では、ライヒスラートをインペリアル・カウンシルと訳した。これは術語では正しいが、少なくとも議会であり同じく帝国議会である会議という性格を低めてしまった。そこで私は、またドイツ語に戻しておいた。他方私は、単一のドイツ人またはイタリア人がいない場所で、ドイツ語またはイタリア語の名前にしがみつく馬鹿らしい用法をやめた。本書で私は、クロアチア人のためにザグレブを、チェコ人のためにサドヴァを、復活させた。国際的な語であるヴィエンナ〔訳書ではウィーンとした〕以外は、プラーグ〔訳書ではプラハとした〕とトリエステだけを残し、この用法をやめた。だから、プラーグがドイツ語で、トリエステがイタリア語だということではない。

このエピローグでは、最後の三〇年間の歴史を概括していない。ハプスブルクのテーマがハプスブルク君主制の没落した後も続いたことを提示しただけである。私はこの議論を初めて、雑誌 *Political Quarterly* 上の論文「民族独立と『オーストリア観念』」で展開した。

私は、草稿を読んで下さったワダム・カレッジのA・F・トンプソン氏と、資料を読んで下さった私の同僚C・E・スティーヴンス氏に感謝している。

一九四七年一一月一六日

A・J・P・テイラー

訳者はしがき

本書は、ハプスブルク帝国の近代の歴史である。この帝国は、中欧・東欧にまたがる大帝国であって、ヨーロッパの近代歴史上最大の帝国であった。その意味で、ハプスブルク帝国を知らなければ、ヨーロッパ史、あるいは世界史でさえ、十分に理解できない。だが残念ながら、日本ではハプスブルク帝国の歴史書は少ない。最近二、三の史論、研究入門の書が出たくらいである。本国では、ハンチュの大冊を読み、面白味に欠けるツェルナーの教科書を開き、またこの面白いテイラーの書を読んでから、ハプスブルクの研究に入るのだが、そういう意味で、このテイラーの書は、スタンダード・ワークでもあり、日本で出版される意味は大きい。その上、本書は、叙述が魅力的で、生き生きとしている。

テイラーは、「しばしば近代史家の嵐を呼び起こす人、と見なされている。それにもかかわらず、彼は、名前を挙げれば、トレヴェリアン、トインビー、ネーミア、ニール、ランシマンという、今世紀にイギリスの歴史学者の評価を確立した人びとの仲間に入る。」

彼は、「一九〇六年にランカシャーのバークデールで生まれ、ヨークのブーサム校とオックスフォードのオリエル・カレッジで教育を受け、マンチェスター大学で近代史の講師を八年勤めた後、一九三八年にオックスフォードのマグダーレン・カレッジのフェロウに選ばれた。」テイラーは若いとき、数年ウィーンに留学し、本書を書く力をつけたのである。彼の著作の邦訳は、最近、つぎつぎと出されている。

「本書の中で彼はハプスブルク帝国の歴史を、一八〇六年の神聖ローマ帝国の終りから、一九一八年の帝国の解体まで、跡づけている。著者がわれわれに思い起こさせるように、『これほど長く続き、これほど深い刻印をヨーロッパに残した家系は、他にはない。ハプスブルク家は近代史上最大の王朝であって、中央ヨーロッパの歴史はハプスブルク家をめぐって動いたのであり、歴史をめぐってハプスブルク家が動いたのではない。』(原書前文より)」アラン・バロックは『スペクテーター』で本書をこう評している。「大変すぐれた本で、実に輝かしく、酸味がきき、洞察力に富んでいる。」

本書は初め一九四一年に書かれ、著者はその後、全文を書き換えて一九四八年に同じ標題で出版した。旧書と新書の相違については、原書の著者序文に詳しい。

原書は、*The Habsburg Monarchy 1809-1918, A History of the Austrian empire and Austria-Hungary*. Penguin Books, London, 1948. である。

なお、本訳書ではBibliographyを割愛している。標題は『……君主制』とするべきであるが、帝国、とした。

原著者の注は(原注)とし、訳注は、単に数字で注を示してある。これらの注は章末に一括して置いてある。（　）は著者のものであり、訳者の補いは、〔　〕で示した。採録した地図二葉は、原書をもとにしている。しかし写真と画、および「近代ハプスブルク帝国歴代皇帝と治世」は原書にはない。

近代ハプスブルク帝国は、現在の国でいえば、オーストリア、ハンガリー、チェコスロヴァキア、北イタリア、南ポーランド、北ユーゴスラヴィア、ルーマニア、ブルガリア、西ロシア、を含む大領土であった。本書は第一次大戦終了直後まで描かれているために、地理的にも時間的にも、われわれ日本人におおいに知的な広がりを与えてくれるであろう。ハプスブルク帝国は、多民族国家であった。そしてこの国は、民族問題の古典的なタイプをなしている。ハプスブルク史は、民族問題史でもある。この点では、日本とはおおいに違っており、あるいは大変対照的な国だったといえる。日本人は、この国で、典型的な重要問題を学ぶことができる。

またハプスブルク帝国は、二〇世紀まで存続していた国である。そして中欧諸国では、その歴史の名残りを今も深くとどめている。だから本書は、オーストリア、ハンガリー、その他の国ぐにを訪れる人にとって、必携の書となるであろう。

一九八六年一〇月

訳　者

【目次】ハプスブルク帝国 1809-1918

ハプスブルク帝国 1809-1918

――オーストリア帝国とオーストリア＝ハンガリーの歴史

近代ハプスブルク帝国歴代皇帝と治世

神聖ローマ帝国皇帝

ヨーゼフ二世　一七六五〜一七九〇年
レオポルト二世　一七九〇〜一七九二年
フランツ二世　一七九二〜一八〇六年

オーストリア皇帝

フランツ一世　一八〇四〜一八三五年
フェルディナント一世　一八三五〜一八四八年
フランツ・ヨーゼフ一世　一八四八〜一九一六年
カール一世　一九一六〜一九一八年

（ただし、フランツ二世とフランツ一世は、同一人物）

第一章　王　朝

ハプスブルク帝国は、一九一八年に解体したのであるが、歴史的にみても地理的にいっても、ユニークな性格を持っていた。ラインラント出身のヨーロッパ人メッテルニヒは、ハプスブルク帝国がヨーロッパには属していないと思った。彼は、「アジアは、ラントシュトラーセ[1]から始まる」[2]と言った。ラントシュトラーセはウィーンから東方へ行く道である。フランツ・ヨーゼフ一世〔皇帝〕は、自分が間違った世紀にいる、と意識した。彼は、〔アメリカ大統領〕セオドア・ルーズヴェルトに、「貴方は私を旧派の最後の君主だと思うでしょう」と語った。ハプスブルク家に支配された領土の集合体は、一定の図形が書けなかった。主な国境は、一五二六年に決定されたのだが、それは、アルプス・ドイツ諸国の支配者としてすでに種々の位を持っていたフェルディナント〔一世、一五〇三〜六四年〕が、ボヘミア王とハンガリー王になった時であった。だが、ほぼ三〇〇年にわたって、これらの諸国には共通の名前がなかった。それらは、「ハプスブルク家の国ぐに」あるいは「〔神聖ローマ帝国〕皇帝の諸国」であった。一七四〇年から一七四五年まで、ハプスブルク家が帝国の皇帝位を持っていなかった時、マリア・テレジア〔一七一七～八〇年〕は、自分を「ハンガリー女王」とだけ呼んだ。だが、この帝国はハンガリー帝国ではなかったのである。一八〇四年に、最後の神聖ローマ〔帝国〕皇帝、フランツ二世〔一七六八～一八三五年〕が、ナポレオンの野望のために自分の帝国の位が脅かされたと思い、自分で「オーストリア皇帝」という肩書きを考え出した。この名もまた王朝の名であった。帝国は、オーストリア家の帝国であって、オーストリア人の帝国ではなかった。一八六七年に、ハンガリー民族が皇帝との共同統治の要求を確立し、帝国は「オーストリア＝ハンガリー」となった。だがハンガリーでない諸国は、最後まで名前を持たずじまいだった。

ハプスブルクの諸国は、地理的にも民族的にも結びついていなかった。それらは時どき、ドナウ河の谷の諸国だ、と記述されてきた(3)。だが〔ドナウ河に関係のない〕オランダやブライスガウや北イタリアをどうしてこれに含めることができるのであろうか？　あるいは一九世紀の、ガリチア(4)、ボスニア(5)、ブコヴィーナ(6)や、さらにボヘミア(7)を含められるというのだろうか？　ハプスブルク家自体は、もともとドイツの王朝であった。同家は、単一の地域と民族に定着せずに、初めはスペインの、そしてその後はイタリアの血筋を加えた。ハプスブルク家は、中世の幽霊のような世界的な君主制を持った最後の者であり、コスモポリタン性を受け継いだ。その首都であるウィーンの住民はドイツ人であり、民族的な相貌を指摘すると、それが一番近い言い方である。他の国ぐにでは、王朝が人民の歴史のエピソードであるが、ハプスブルク帝国では、人民が王朝の歴史の余計者であった。ハプスブルクの諸国は、やがて共通の文化を持ち、ある程度、共通の経済的性格を持つようになった。だが、これらは王朝が造ったものであり、王朝を造ったものではなかった。これほど長く続き、これほど深い刻印をヨーロッパに残した家系は、他にはない。ハプスブルク家は近代史上最大の王朝であって、中央ヨーロッパの歴史はハプスブルク家をめぐって動いたのであり、歴史をめぐってハプスブルク家が動いたのではないのである。

ハプスブルク家は、その〔それぞれの〕時代に多くの使命を果した。一六世紀にはヨーロッパをトルコから守った。一七世紀には反宗教改革の勝利を推し進めた。一八世紀には啓蒙思想を広めた。一九世紀には、大ドイツ民族国家に対して防壁の役目を演じた。これらは皆、偶然の繋りであった。同家の永続的な目的は、偉大であり続けるということであった。彼らの家の偉大さのために、諸民族と同様に思想が利用された。それゆえ、例えばフランツ・ヨーゼフ皇帝は、彼の治世の終りに普通選挙を行なったのだが、実験をしてみようというのが普通選挙権の理由なのである。ハプスブルク家は、王朝の利益に合う時はいつでも、思想、領土、方法、同盟相手の国、政治家を取り換えた。「皇帝の家」だけが永久であった。ハプスブルクの諸国は限定相続領地の集合体であって、一つの国家ではなかった。ハプスブルク家は、地主であって支配者ではなかった。情深い人も、不適任な人も、貪欲で欲深い地主もいた。だがその意図はすべて、ヨーロッパで頭角を現わそうとして、借地人から最大の収益を引き出すことにあった。彼らは、地主からの解放という要求以外は何とでも和解できた。この要求は同家の破滅となるものであった。

ハプスブルク家は、神聖ローマ帝国の南東の辺境のアルプス諸国、つまりオーストリア[8]の大公として、その王朝の歴史が始まった。一五世紀に、それ以前の混乱が終ってから、一人のハプスブルク家の者[9]が、とるに足りない害のない者として皇帝に選ばれた。だがその地位は実際は世襲となり、一七四二年から一七四五年までの間だけ、ハプスブルク家ではない皇帝がいただけであった。そしてハプスブルク家でさえ、帝国を現実のものにし、ドイツを統一国家にしようと望んだのである。同家は、ドイツの諸侯を服従させるために一層の権力を必要とした。ハプスブルク家は、とくに巧妙に、数世紀の間、王朝同士の結婚という武器を作りあげた。この武器は、ハプスブルク家の偉大さを創りあげた。[10]カール五世〔一五〇〇～五八年〕は、一五一九年に皇帝に選挙されたが、ネーデルラント、スペイン、インド地方、イタリアのほとんどを支配した。彼の弟フェルディナント〔一世〕は、オーストリア大公の位を引き継ぎ、一五二六年にボヘミア王とハンガリー王になった。これが、国際的君主制、家族の絆で結びついた君主制の試みであった。その敵国は強すぎた。つまりフランスとドイツの諸侯は、これに対抗して同盟した、そして失敗した。〔皇帝〕フェルディナントは一五二六年に、強さではなく重荷をあらためて受け取った。彼はヤギレオ家の最後の王がトルコとの戦いで死んだために、ボヘミアとハンガリーを所有した。そして一五二九年に、トルコ軍はウィーンを包囲〔＝第一次トルコ包囲戦〕した。ドイツの諸侯を服従させるどころか、ハプスブルクは彼らに助けてもらわねばならなかった。ウィーンは救われ、トルコはハンガリーのほとんどを所有することで満足した。トルコ軍の侵略は、しばしば語られているが、ドイツを支配しようというハプスブルク家の計画を御破算にした。それどころか恐らく、ドイツ〔の諸侯〕はハプスブルク家を災難から救い、二〇世紀まで存続するのを許したのである。もしトルコ軍の危険がなかったとすれば、ハプスブルク家は、疑いなく先輩のホーエンシュタウフェン家やルクセンブルク家と同じように、ドイツを支配しようと試みたであろう。そしてハプスブルク家はたぶん同じ失敗に遭ったであろう。そうではなかったので、トルコ〔との対決〕はハプスブルクにその多くの「使命」のうちの初めての使命となったのである。ハプスブルクは、トルコに征服されたハンガリー領土を、一〇〇年以上も解放しようとしなかった。そしてハプスブルクは、キリスト教の守護者であると他国を説得し、自分でも確信した。〔ハプスブルクへの〕反対者は、つっかい棒が壁を支えるようにして、お互いに支えあった。キリスト教会は、異端〔＝プロテスタンティズム〕を切り抜けることができたが、容易なことではなかった。ハプスブルク家はトルコ軍の攻撃に抵抗することができたが、その権力は、ついにハプスブルクとオスマン帝国が共倒れするまで、トルコの弱まりといっしょに衰えたのである。

ハプスブルク家の創造物は、カール五世の失敗で台無しになってしまった。一五五六年に彼が退位し、皇帝位がフェルディナントに移った時、偉大さの中に生きようというハプスブルクの闘いが始まった。ハプスブルク君主制は、その長く続く性格を受け取った。一六世紀前半の危険は外敵であったのだが、その世紀の後半の危険は、帝国の分解であった。〔帝国内の〕多くの国ぐにには、その独立と貴族の特権とを維持しようとした。ボヘミアはすでに、フス派教会の中に民族的宗教を持っていた。プロテスタンティズムは、ハンガリーの一部とドイツ人諸国に広がった。〔ハプスブルク家の〕結婚政策さえも逆効果を生んだ。(11)というのは、結婚で子供が生まれ、そして、ハプスブルク家は一七世紀の終りまでその国ぐにを彼らの子孫に分け与えていたからである。〔だから国ぐにが分散してしまった。〕前の世代の結婚の結果〔である領土分散を食い止めるため〕、次の世代では、〔領土を再び統合させるための〕結婚が続いた。ハプスブルク諸国を統一しようという思想は、王朝がその土地を自由に処分する権利を問題にした。そしてハプスブルク家は、その支配地を統一せず、ばらばらにしておこうと努めた。諸国の総会、つまりフランスにあるような各県の総会議が、〔帝国には〕なかった。だから一六一四年にティロルを除いてハプスブルク全土から代議員がリンツに集まり、諸国の中央委員会を作ろうと提案した。だがこれは、ハプスブルクの支配者にとっては、トルコ軍よりも耐えられないものであった。他国では王朝は人民と協同した。だがハプスブルク家は、人民というのは王朝に反対して協同行動するだけだと信じた。ハプスブルクは、臣民のイニシアティヴに反対する同盟者を求めた、そしてこの同盟者を反宗教改革の勢力に見つけたのである。

王朝と〔カトリックの〕ジェスイット派〔＝イェズス会〕とが同盟したことは、ハプスブルク家を救い、中央ヨーロッパのプロテスタンティズムを打ち負かした。そのことはまた、「オーストリア」文化に、特殊な刻印を与え、それは最後まで保たれた。オーストリアのバロック文化は、[12]バロック建築物と同じように、壮大で外面生活は豊かだが、内部は貧弱であった。それは劇であって現実ではなかった。それは誠実さを欠いていて、その心には絶望的なくだらなさがあった。「希望はない、だが深刻ではない」というのが、バロック時代がハプスブルク世界に刻んだ指導原理であった。深い感情は、芸術の中では最も政治的でない音楽だけに出口を見出した。まさに音楽において創造的精神が、その絆を断ち切ろうとして闘った。だがウィーンの雰囲気は、モーツァルトやベートーヴェンよりも、ヨハン・シュトラウスと気が合った。ハプスブルク家は、ジェスイット派の忍耐、巧妙さ、職業的手腕を学んだ。だがそこから、誠意や創造性は学び取らなかったのである。

ドイツ人の諸国は、一六世紀の後半に、反宗教改革によって、平和的に敗北させられた。プロテスタンティズムは、ただ二、三のケルンテン〔オーストリアの一州〕の山の谷で生き延びた。ブラティスラヴァ〔＝ドイツ名プレスブルク、スロヴァキアの都、当時ハンガリー王国に属した〕に〔ハンガリーの身分制〕議会があったハプスブルク領ハンガリーの狭い地帯も、たやすく屈服した。ハンガリー中央部は、トルコのパシャ〔＝高官〕の領地であり、トルコの搾取によってことごとく荒廃していた。東方ハンガリー諸州は、トルコの宗主権の下にある従属公国であって、ここでカルヴィニズム〔＝プロテスタントの重要な一派、カルヴァン主義〕が、トルコに護られ、もちこたえ、後にハプスブルク家に反対することになるのである。公然とした衝突は、ボヘミアで起きた。ボヘミアでは貴族は、ネーデルラントの諸州と同じく、貴族の特権を救うために、カルヴィニズムと民族主義に頼っていた。だがネーデルラントと違って、ボヘミアには新興中産階級がいなかった。この階級は、特権の擁護を新しい自由のための闘いに転化させるものだった。ボヘミアの貴族は、フスの名を呼び求め、チェコ民族を讃えた。だが実際には彼らは、税金の支払いを拒否する以上には進まなかった。この衝突は一六一八年に戦争に変った。〔三〇年戦争の始まりである。〕ボヘミア議会は、帝国の侵略に驚き、以前の約束にもかかわらず、新しいハプスブルク家の者を彼らの王として選ぶのを拒否した。その代り彼らは、一人のドイツ人プロテスタント〔ファルツ選帝侯フリードリヒ五世〕を君主に選んだ。彼には、ドイツのカルヴィニスト同盟の軍隊と、彼の義父イギリス国王〔ジェームズ一世〕の軍隊を当てにできると考えられた。ハプスブルク帝国は解体しそうに見えた。皇帝は金も兵もなかったし、ボヘミアの騎兵隊はウィーンの城門に達していた。だがボヘミアの成功は短かった。というのは、〔ボヘミアの〕貴族は、その特権とさらにその存在を護るために、犠牲を払うつもりがなかったからである。〔イギリスの〕ジェームズ一世は、平和外交に埋没し、〔イギリスの〕下院はボヘミア派兵を奨励しようとしなかった。カルヴィニスト同盟は、ボヘミアを助けるためにわずかしか軍を提供せず、〔その反対に〕カトリック連盟はハプスブルクを救うために大勢の軍を送った。一六二〇年に、歴史あるボヘミアは、ヴァイセンベルクの戦いで破滅した。(原注1)チェコ人のフス派文化は、反宗教改革のコスモポリタン的バロック文化に置き換えられた。土着貴族は、収奪されるか亡命させられた。土地の三分の二は持ち主が変った。ヨーロッパ各国からの冒険者とハプスブルク家の取り巻き連中が、新しい帝国貴族を作りあげた。〔ボヘミアの〕王冠はハプスブルク家系の世襲となった。〔ボヘミアの〕議会は、一六二七年の修正法令で生き返ったが、その権利を失い、王冠が金を要求するのを聞き入れる以外なにもできなかった。

ヴァイセンベルクの戦いは、ハプスブルク帝国の性格を決定づけた。以前は、ボヘミアとハンガリーは、同じような半独立の王国であった。今やボヘミアは、ドイツ人諸国のように「継承国」となった、そしてハンガリーが孤立した。チェコ民族は沈んでしまったのである。ボヘミアは一つの行政単位として存在するようになった。ドイツ人がチェコ人と対等に配置されたが、ボヘミアは、ドイツとはならず、コスモポリタン的で、名状しがたい「オーストリア」になった。一六二〇年の〔ハプスブルクの〕勝利は、絶対主義の勝利であり、中央集権主義の勝利ではなかった。ハプスブルク家は、その人民が従属していてさえも、彼らを統一することを恐れた。その上に、帝国内の諸国を中央集権化することは、ハプスブルク家の管理能力を超えていた。ボヘミアを従属させるためにハプスブルク家が集めた軍隊は、ドイツを従わせて弱めようという最後の試みをして消失することになった。昔の希望が夢となって動き、帝国の軍隊はバルティック海岸に達した。だがフランスとスウェーデンがこれに干渉して、ハプスブルク家のこれらの計画を打ち砕いた。三〇年戦争[14]を終らせたウェストファリアの講和〔一六四八年〕は、ドイツが神聖ローマ帝国によって統一を達成することはない、という決定を体現した。その決定には他の側面があった。ハプスブルクは、皇帝家としては失敗したが死を宣告されることはなく、王朝諸国の支配者としては偉大であり続けた。オーストリア家は、もはや帝位の保持者としてではなく、それ自身の強さによってヨーロッパの承認を受けたのである。

　ハプスブルク帝国を構成した最後の勢力は、ハンガリーであり、再び〔オーストリアに〕征服されたことによって、〔帝国に〕つけ加わった。ハプスブルク家は、一六八三年のトルコ軍の第二回ウィーン包囲によって、軍事行動に駆り立てられた。トルコの勢いが最後に爆発したのである。〔トルコ軍の〕包囲戦が失敗した時、トルコの勢いは急に引いて、ハプスブルクの軍隊は、一七世紀の終りまでには、実際にハンガリー全土からトルコ軍を一掃した。ハプスブルクには急ぐ動機が別にあった。ハンガリー民族を構成した地主は、ボヘミアの運命を逃れることになった。つまり、トルコから解放された彼らは、ハプスブルクに反抗し、一七〇七年にハプスブルクの王を廃した。しかし、あの〔ボヘミアの〕ヴァイセンベルクの戦いが、彼らを犠牲にして繰り返されることはなかった。つまりハプスブルクの軍隊はスペイン継承戦争に完全に没頭しており、ハンガリー貴族を従属させるために軍隊を振り向けることができなかった。だから、ハプスブルクとハンガリーの間の多くの妥協のうちの最初のものが、一七一一年に行なわれた。サトマールの講和がそれであった。ここで、ハンガリー貴族は、アレクサンダー〔＝シャーンドル〕・カーロイに指導され、彼らの指導者ラコーツィ〔フェレンツ二世〕を見捨て、ハプスブルク家の支配者〔＝カール六世、ハンガリー国王としてはカーロイ三世〕を国王として認めた。ハプスブルク家はその代り、ハンガリーの伝統的組織と特権を承認した。ハンガリーは、こうしてその封建的議会、その独自の存在、地主階級の特権を護った。とりわけヨーロッパではユニークな制度、コミタート〔＝県〕つまり地方自治政府を護った。ハプスブルクの行政はハンガリー国境で止った。ハンガリーは、絶対主義の時期でさえ、郡のジェントリー〔＝小地主〕が選出した委員会によって行政が行なわれ、これらは決して〔地主階級の〕特権に反対する手段として機能することはなかった。ハンガリーの未来の型は決ったのである。ハプスブルク家は、〔ハンガリー〕国王として、地主の「自由」を維持するかぎりでだけ、受け入れられた。サトマールの講和をなしとげたアレクサンダー・カーロイは、彼の階級〔＝ハンガリー貴族〕を救った、そして同時に彼の一族の偉大さの基を作ったのである。二〇〇年後、彼の子孫〔＝ミハーイ・カーロイ。第一次大戦後、チェコスロヴァキア大統領となった〕は、大ハンガリーを救おうと最後に試みて、ハプスブルク帝国の終りを宣言したのである。サトマールの講和は一二年後、ハプスブルク帝国の法的憲章、プラグマティコ・サンクティオ〔＝国事詔勅〕で確認された。一七一一年以来の皇帝カール六世(15)には、男子継承者がいなかった。皇帝は後にスペイン帝国に降りかかった分割相続制の運命、つまり自分が競争者だった分割相続の運命を、自分の国土では避けたかった。彼が公布した基本法つまりプラグマティコ・サンクティオは、自分の娘の継承権を設定した。その上に、それはハプスブルクの国土の不分割性を主張した。ハプスブルク帝国は、同じ君主によって偶然支配される諸州の集合である代りに、はっきりした帝国になった。プラグマティコ・サンクティオを強化するため、カール〔皇帝〕はそれを自分の国の議会で承認させた。これは、議会が全権力を失っているボヘミアと、ドイツ人の「継承諸国(16)」では容易であった。ハンガリー議会は、ハンガリーの「権利、自由、特権、免税、特典、認められた関税」を、一層おごそかに認めることを主張した。こうしてプラグマティコ・サンクティオは、矛盾、すなわちハプスブルク帝国の根本的矛盾を含んだ。つまり、ハプスブルクにとって、それは帝国を統一する法的基礎であった。だがハンガリーにとってそれは、彼らの特権、つまりハンガリーの独自存在をそれゆえ帝国の不統一を、法的に確認するものであった。プラグマティコ・サンクティオがあっても、マリア・テレジアは平和的に遺産相続ができなかった。一六一八年〔＝ボヘミアでの戦い、三〇年戦争の始まり〕にそうだったように、一七四〇年に、ハプスブルクの生存は問題となった。プロイセン王[17]は、シュレジアを要求し、シュレジアを征服することによって、ボヘミア王冠の諸国のドイツ人と非ドイツ人の比率を変えた。ハプスブルク家でないバイエルンの選帝侯〔カール・アルベルト〕が皇帝に選ばれた。フランス軍がボヘミアに侵略し、プラハを占領した。マリア・テレジアは、祖先の武器である忍耐と頑固さ、つまり常備軍と賢明な同盟政策を用いた。彼女は〔プロイセンに対抗するための援助を〕人民に訴えようとはしなかった。彼女は〔貴族の〕愛国主義に訴えた。つまり一七四一年にハンガリー議会へ劇的に登場したのである。しかしこれは成功しなかった。ハンガリー貴族は、実際、その王マリア・テレジアのために死のうと宣言した。だが彼らは、彼女のために税金を払おうとはしなかった。その忠誠宣言は、ハンガリーがハンガリー国王だけに関わり、ハプスブルク諸国の統一には関わらない、という主張であった。一六一八年の危機は、人民は王朝に反対して協同するだけだという信仰をハプスブルク家に残したが、一七四〇年の危機〔＝フリードリヒ二世のシュレジア攻撃〕は、人民に訴えても王朝を助けず、かえって損害を受けるような譲歩をさせられ、人民に利用されるだけだろう、という信仰を確立した。マリア・テレジアがその外敵に勝ったとき、彼女は帝国の統一を造りあげた。

カール六世は、ハプスブルクの国土を法的統一体にしたのだが、マリア・テレジアは、

マリア・テレジア（15歳）

この統一物を実際物に転化した。彼女が王位についたとき、諸州がすべてであって、中心がなかった。「帝国」は、宮廷と軍隊だけであった。そこでマリア・テレジアは、帝国に官僚制度を作った。それなしでは大列強国としては存続できないものである。ボヘミアの政庁は廃止され、中央監督庁がウィーンに作られた。これは、中央政体の代理であり、州議会から独立し、地方行政を監督した。大地主はまだ、彼らの農民にたいして「家父長的裁判」を行なっていて、これは一八四八年まで続いた。領主にとって、この価値は、政治的であるよりもむしろ財政的なものであった。また実際、領主はしばしば帝国地方当局を法律家として利用した。クライスハウプトマンつまり郡長が、マリア・テレジアの作った帝国の基礎であった、そして監督官と長官の間の公式の中間者であった。ブルボン〔王朝の〕・フランスでのように、州は存立を続け、ナポレオンのフランスでのように、郡長は新しい人工的な単位、郡を管理した。地方貴族は現実の権力をすべて失った。それを回復するために彼らは後に地方の愛国者となり、しばらくの間は自由派にさえなった。

マリア・テレジアの作った帝国組織は、厳密に帝国的で、または「オーストリア」的であった。それは民族性をはっきりさせなかった。さらに、ウィーンの帝国官房のメンバーおよびほとんどの郡長は、ドイツ人であった。彼らはドイツの教育を受け、公用語として自分たちの間でドイツ語を使った。彼らは、「ドイツ」の使命を果たしていると知って、驚いたことであろう。とはいえ、ひとたび民族精神が動くと、ドイツ化した官僚制は、ハプスブルクの遺産への資格をドイツ民族主義に与えた。そしてハプスブルク家自身は、彼らがドイツの王朝であるかどうかという問題に悩むようになった。

ハンガリーは、マリア・テレジアの改革を逃れ、ハプスブルク家が外交上の困難に会ったので、もう一度従属せずに済んだ。マリア・テレジアも、もう一度ヴァイセンベルクの戦いを行なう余裕がなかった。ハンガリーは、だから、帝国代理者に指図されない、分離した官庁と自治行政を保った。マリア・テレジアは、ハンガリーに徐々に侵食してその特権的地位を覆そうと思った。彼女は、三〇年戦争が終ってからは、決してハンガリー議会を召集しなかった。彼女は、分離したハンガリー宮廷を用いず、ウィーンの帝国宮廷にハンガリー大貴族をひっぱってきて、そこで彼らはオーストリア的、コスモポリタン的性格を帯びた。またハンガリーは、重商主義的やり方で経済的にオーストリアの植民地として扱われた。ハンガリーの地主が税を払わなかったので、他のハプスブルク領からハンガリーに輸入される商品にも重税をかけて、金がハンガリーから引き出された。そしてこの税収入を維持するために、ハンガリーは、他のどこからも輸入したり、商品を自分で製造することを妨げられた。この制度は、ハンガリーの貴族には合っていた。彼らの特権的地位を維持するためには、この国〔＝ハンガリー〕が貧困になっても、そんな犠牲は〔ハンガリー貴族にとっては〕ちっぽけだった。継承諸国が進歩するたびに、ハンガリーは政治的社会的に一層例外的なものになった。マリア・テレジアはオーストリア帝国の真の創始者であった。彼女は、ハンガリー国境でその改革を止めたことによって、二重帝国〔＝一八六七年のオーストリア＝ハンガリー帝国〕の創立者でもあったのである。

ヨーゼフ二世〔マリア・テレジアの長男〕は、彼の母が注意深く、また妥協をするのを、我慢できずに見ていた。マリア・テレジアが一七八〇年に亡くなると、ヨーゼフ二世はただちに母の仕事をその論理的な結末にまで持って行こうとし、自分の帝国を中央集権化した均一の国家にしようとし始めた。ヨーゼフ二世は、ハンガリー王への即位と、ハンガリーの特権を認めること、つまり〔ハンガリー〕議会の召集を、拒絶した。コミタート〔＝県〕は廃止され、ハンガリーはドイツ人官僚の支配下に置かれた。ヨーゼフ二世は、彼の帝国の性格については疑いを持たなかった。それはドイツ国家であるべきであると考えた。「余は、ドイツ帝国の皇帝である。それゆえ、余の持つあらゆる他の国は帝国の州である」

と彼は言った。ヨーゼフはまたハプスブルクのローマ教会との関係を壊した。多くの修道院が解散され、プロテスタントとユダヤ教徒には市民権が与えられた。そして〔ローマ・カトリック〕教会はその特権的地位を奪われ、ナポレオンが一八〇一年にフランス教会に課した以上に厳しく国家に支配された。世俗思想がついに活動を始め、プロテスタンティズムの燃えさしがボヘミアで生き返った。ヨーゼフ二世は、ユダヤ人を解放することによって、最も忠誠なオーストリア人を呼び起こした。ユダヤ人だけは王朝と民族的要求の間の衝突に巻き込まれなかったし、彼らは無条件でオーストリア人だったのである。

ヨーゼフ二世の農業改革は、ハプスブルク諸国の未来の性格にとって、さらに一層決定的に寄与した。他の改革は皆これに続いた。今日の東・中央ヨーロッパでさえもである。農奴制の廃止は、啓蒙専制君主の共通の土台であって、ヨーゼフ二世は、

ヨーゼフ２世(右)，レオポルト２世(左)

ほとんど独りで、土地との結びつきを弱めずに農奴を解放した。厳密にいう農奴制（農民が土地に縛りつけられた財産である制度）は、ボヘミアとハンガリーだけに存在し、ドイツ諸国では農民は、封建的な土地支配は受けたが、自由民であった。ヨーゼフ二世は、ほとんどのドイツ君主がしたように（プロイセンではこれでさえシュタイン〔＝プロイセンの自由主義的官僚〕の時代まで待たなければならなかったが）、真に農奴制を廃止した。だがドイツのどこでも、シュタインの時代でさえ、農民が農奴制から解放されたとき、土地は農民の手から離れたのである。農民は、土地保有を保証されなかった。裕福な農民だけが、その土地を保有した。貧しい農民は土地から「清掃」され、土地なき労働者になったのである。ヨーゼフ二世は、こういう農民清掃（バウエルンレーグング）をできなくさせた。マリア・テレジアはすでに、当時の法律用語[18]でいうドミニカル・ラントとルスティカル・ラント、つまり貴族の土地と農民の土地、とを厳密に区分して、全土地を記帳していた。ヨーゼフ二世は、貴族が「ルスティカル」・ラントを取得することを永久に禁止し、「ルスティカリスト」の大多数に、確実に土地を保有させた。彼の主な動機は、疑いなく「ドミニカル」・ラントの増加を妨げることであった。ドミニカル・ラントは、税をあまり払わず、ハンガリーでは払われなかったのである。この〔ヨーゼフ二世の〕効果[19]は、多かれ少なかれ、農民層の保護であった。ルスティカル・ラントは依然、ロボット、つまり労働地代を課していて、これは一八四八年まで永らえた。「ドミニカル」・ラントの小作農民も、保有の確実さをその時〔＝一八四八年革命〕まで待たねばならなかった。だが決定的な一歩が取られた。農民階級は、ヨーロッパのどこでもフランス革命によってのみかち取った〔土地保有の〕確実性を手に入れた。貧しい農民はさらに保有地を売り、土地を手放したが、とくに一八四八年以後、彼らは大小の貴族にではなく、裕福な農民だけに売却することができた。所有権は、ある階級から他の階級へではなく、一つの階級の内部で動いた。それゆえハプスブルクの支配する所はどこでも、農村と農民が生き残った。(原注2) 政治的にはハプスブルク帝国は専制主義を続け、社会的にはプロイセンやさらに西ドイツの諸国よりも革命フランスにかなり近かった。だがそれ以上である。一九世紀に、ひとたび専制主義が揺らぐと、フランスの政治思想がまた、〔オーストリアでは〕ドイツでよりも素早い反応を見せた。ハプスブルク帝国の知的指導者たちが、フランス急進派と同様に、自由農民の中にその根を持っていたのである。

さらに、ハプスブルク帝国は、ジャコバンのフランスによって大いに動かされた。これにもヨーゼフ二世は責任があった。彼の農業体制は、逆説的だが、大貴族、つまりハプスブルク帝国に特色を与えた階級を利した。農民保有地の確実さは、小貴族に打撃を与え、徐々に、貴族の領地が形成されるのを妨げた。大領地はすでに形成されており、それらは小貴族の犠牲で増加した。同様に貨幣経済への推移が、ことごとく小貴族を損なった。小貴族は〔農民解放で〕受け取った少額の金を使い切ったが、大貴族は大量の額を受け取り、それによって資本家になった。ハンガリーを除けば、主なユンカー階級はなかったし、ハンガリーでさえも一八四八年以後、ハンガリーの「ジェントリー」(=小地主)[20]は、プロイセンのユンカーとは違った方向を歩んだ。こうしてハプスブルク帝国は、どこでも没落している二つの階級を、勢力として保った。つまり、他の中央ヨーロッパ以上に帝国を保守的にした大貴族と、帝国をもっと急進的にした土地持ち農民とである。この二つの階級は、他のどこでも、一九世紀自由主義の主要な勢力である都市資本家に対してバランスを取った。ヨーゼフ二世は、彼の帝国をドイツ的国家にしようと意図した、だが彼の農業政策は、ドイツ民族主義の旗手であった社会階級(=都市資本家)と経済体制の勝利を遅らせたのである。農民は、ドイツのような大変な率では土地を離れなかったし、イギリスと比べたら言わずもがなである。それゆえオーストリアの産業は、土地なきプロレタリアートによって供給される安い労働力を切望せざるをえなかった。遅れた産業は禁止関税のもとで守られ、こうしてオーストリアをドイツ関税同盟から切り離した。ハプスブルクが強国になるための競争に生き残れなかったという失敗を、一つだけ説明しようとはすまい。オーストリア産業の成果は、ボヘミアの手工業と技術によっていた。ハプスブルク帝国は、一九世紀の強さの秘密である豊かな石炭供給がなかった。二つの要素(=土地なきプロレタリアートの欠乏と石炭欠乏)がいっしょに作用した。その重さと序列とは評定することができない。フランスでのように、石炭の欠乏と土地なきプロレタリアートの欠乏が、唯一の成果〔＝革命〕を行なうことに結びついた。そして一九世紀に、フランスとハプスブルク帝国、ヨーロッパのこの二つの伝統的大国は、ともにルール〔＝ドイツの工業地帯。石炭生産地〕の煙突によって矮小にさせられたのである。

ヨーゼフ二世の業績は、啓蒙哲学の驚嘆すべき成果であり、帝国構造の力強さに対する証しであった。ヨーゼフ二世は、大小あらゆることに干渉した。彼はただ一人の議会であった。この孤立が彼の弱点であった。彼の革命的政策は革命的階級の支持がなかった。ナポレオンは大革命の後にやって来て、フランス農民に自分の支持基盤を持つことができた。ヨーゼフ二世はフランス革命を非難して言った。「余は国王が職業である」。そして彼の事業の根底にある矛盾を告白した。つまり彼の目的は革命によってしか完成されないものであった、だが革命は王朝を破壊したであろう。革命が起きなかったので、貴族は特権を守ったし、農民はその迷信を守り、ヨーゼフの支配地は一連のヴァンデー(21)となった。反乱にまでなった最強の抵抗はハンガリーで起きた。そこでは伝統的諸権利を要求していたが、社会的特権を擁護することに対して、自由主義の見せかけの空気を与えた。ボヘミアでさえ帝国の貴族は、ハプスブルクによって移入されていたのだが、ボヘミア愛国主義の見せかけの中に社会改革に対する敵意を隠した。また〔ボヘミア〕宮廷の控えの間では、ドイツ、スコットランド、スペインの冒険者たちの子孫が、彼らの馬丁から苦労して習ったわずかばかりのチェコ語を、これ見よがしに語り合った。一九世紀のボヘミアの政治はその最初の稽古を受けるのであった。

ヨーゼフ二世は一七九〇年に亡くなった。彼は自分の失敗は直されて完成されたと、最後まで非妥協的に言い張った。〔皇帝〕レオポルト二世〔ヨーゼフの弟〕は、彼の継承者であるが、理論の虜にはならなかった。彼は、ヨーゼフ二世が一七八九年に廃止した賦役を復活させた。ヨーゼフの農業改革の他のものは有効とされた。レオポルトはボヘミア王に即位するつもりが十分にあった。彼は一六二七年の修正法令を和らげようとはしなかったし、ボヘミア政庁を復活しようともしなかった。彼の譲歩は、先の反乱のように、ハンガリーでだけ現実となった。〔ハンガリー〕議会は召集され、ハンガリーの独自の特権が新しく正式に認められた。とくに、自治州行政は十分に力を回復した。これは決定的な譲歩であった。レオポルトは、三年に一回議会を召集するという自分の約束を真面目には取らなかった。彼の後継者〔フランツ皇帝〕は、この約束を一八二五年まで無視した。この絶対主義の時代は、ハンガリーの分離主義が一層進むことは阻止できた。だが、地方的事件のすべてに帝国の支配が及ばなかったので、分離主義とは反対の方向へ流れを変えることはできなかった。コミタート〔=県〕はハンガリー貴族を存続させていた。それ以上に、ヨーゼフ二世の農業改革を進める法律に結びついていたのだが、コミタートは地主を穏やかに扱い、こうして一八四八年まで、ハンガリー人の「ジェントリー」〔=小地主〕を農村で温存した。もう一度危機がおなじみの形で続いた。つまり王朝と特権的ハンガリーは、死ぬほどの闘い〔＝一八四八年革命〕で震えるのであった。そして〔将来、〕再びハンガリー人民の犠牲で、別の妥協が成り立つことになる。

より広い部面でも事件は規則的な形で続いた。カール五世の時代以来ずっと、ハプスブルク帝国は、どの世紀でもその前半には国外の危険に、その後半には国内の困難に遭遇した。レオポルト二世は一七九二年に早死にし、彼の鈍重で未経験な息子フランツ二世、つまり最後の神聖ローマ皇帝で初めてのオーストリア皇帝に、帝国の諸問題を残した。これらの問題は、フランスとの戦争によってすぐに影を投げ掛けられた、つまり一七九二年に始まり、間断はあったが一八四八年まで続いた戦争である。改革に対してジャコバン主義が交替した。これらの戦争はハプスブルク家に一連の災厄をもたらした。それはイタリアやラインラントから起こされたのである。ウィーンは二度フランス軍に占領され、そして一八〇六年にナポレオンが自ら共通の皇帝となり、フランツ〔二世〕の神聖ローマ皇帝を廃した。新しい力〔ナポレオン〕に対してフランツ皇帝は古い武器を用いた。つまり忍耐と頑固、あるいは常備軍と同盟政策である。ハプスブルク家は一八世紀には改革する王朝であったが、今や保守主義のチャンピオンになった、そしてその一族の地位を守ることがヨーロッパの安定という一般的な利益に呑み込まれた。ハプスブルク家は、もう一度、そしてまた意図せずに、自分の使命を見出した。それは、かつてトルコ軍に対して防御したように、ヨーロッパを〔ナポレオンの〕革命から守ることであった。ナポレオン時代の頂点でさえ、ハプスブルクの最も早い野望の響きがかすかに動いていた。一八〇九年の戦争〔＝対フランス戦争〕で、フランツ皇帝は、ドイツの解放者でドイツ民族の指導者として登場した。だがこの戦争は〔ワグラムの戦いで〕破局的な敗北に終った。そこでフランツ皇帝はハプスブルクのお得意の武器である、結婚政策を用いて、喜んでナポレオンの側に戻った。〔つまりウィーン条約が結ばれた。そしてマリー・ルイズがナポレオンと結婚した。〕最終的な解放戦争は、大衆の戦意でかち取られたのではなかった。それは、厳しい規律を持った農民の軍隊と、大同盟国間のしぶしぶの協力によってかち取られたものであって、ナポレオンが自分のエネルギーで自ら敗北するまで長く続いたのである。

〔ナポレオン〕戦争が一八一四年に終った時、フランツ皇帝の治世はすでに二〇年以上も経っていた。彼は、変化や、民衆のイニシアティヴ、または実際に政治事件でのどんな動きも嫌った。彼の保守主義は、帝国の権威に反対したハンガリーの特権によって、もろくも止った。そこで彼は、自分の先行者の時代に阻止されていたハンガリーの位置を弱体化しようとした。ひとたびヨーロッパで平和が回復すると、ハプスブルクの支配者は〔帝国の〕解体に反対する昔の戦いに戻ろうとしていると思われた。〔ハンガリーの〕伝統的な諸権利と特例にたいして、帝国権力がゆっくりと不規則に進撃しようとして、新たに行なわれた。一九世紀には、ハプスブルク帝国の歴史に新しいテーマが加えられた。つまり帝国の諸民族は自分の希望と野心とを持ち始めたのである。諸民族はついに、お互いに、また王朝の生存とは両立できないことを証明した。ハプスブルク家は、まだ舞台の中央を占めていたが、他の役者には謙譲の微笑を示し、最後に、舞台の袖からせりふを教わらねばならなかったのである。

(原注1) 原文 Czech、発音 Check、この馬鹿馬鹿しいスペリングは、英語で用いられるだけであり、スラヴ人の発音に即してラテン語の性質をポーランド語が採用したことにもとづいている。この採用は、ポーランド語以外は、もうどんなスラヴ語でも用いられない。その民族自身がするように、Čechs と書くほうが、あるいはドイツ人やフランス人の例に従って、英語の音声通りのスペリング、Chechs と書くほうが、賢明であろう。私はどちらにもする勇気がなかったことを悔んでいる。

(原注2) これは北イタリアにはあてはまらない。そこでは全土地が領主に所有され、いわゆる農民は、事実、近代のイングランドでのように、小作農民である。これは疑いなく、北イタリアの産業発展が主な理由である。

(1) メッテルニヒの邸宅はラントシュトラーセにある。

(2) ハプスブルク皇帝、正確にはフランツ・ヨーゼフ一世。一九世紀後半から二〇世紀初頭にかけて治めた。

(3) あるいはドナウ帝国、ドナウ君主国、と言われてきた。

(4) ドイツ語では、ガリチエン。現在の南ポーランド地域。

(5) ドイツ語では、ボスニエン。

(6)現在のルーマニア最北部。
(7)ドイツ語では、ベーメン。チェコの西部のこと。
(8)ドイツの空位時代。
(9)ルドルフ一世、一二一八～九一年。
(10)現在のオランダとベルギー両方の地域。
(11)ヤン・フス〔一三七一頃～一四一五年〕、ボヘミアの宗教改革者。
(12)バロックとは、反宗教改革の文化のことである。
(13)北ネーデルラント、つまりオランダのブルジョワは、一六～一七世紀にかけて、スペイン絶対主義に対して独立民主革命を起こすのである。
(14)一六一八年から一六四八年までの戦争。ここで述べられたように、新教対旧教の、ボヘミア対オーストリアの戦いを中心とする。
(15)これまで、ハプスブルク家は、分割相続制であった。
(16)ドイツ語で、エルブレンダー。ハプスブルクが世襲的に支配できる諸国。帝国からハンガリー王国を除く部分。
(17)フリードリヒ二世、つまり大王。
(18)農民の土地とは、つまり帝国の土地でもある。
(19)以下、ロボットは賦役と訳す。
(20)土地を所有し、かつ農業経営を行なう半近代的な地主。一九世紀東ドイツの主な地主の型。
(21)フランス大革命によって生まれた共和国に、一七九三年三月、ヴァンデー県で徴兵忌避をきっかけとする農民暴動が起き、大規模な反革命的内乱に発展した。

第二章　民族(原注1)

フランツ一世(1)は、あるオーストリアの愛国者のことを聞かされて、いらいらして答えた。「だが彼は余にとって愛国者なのか?」と。皇帝は必要以上にこせこせしていた。オーストリアは、帝国的組織であって、一つの国ではなかった。そしてオーストリア人であることは、民族的感情を持たないこと、つまり民族性を持たないことであった。ヴァイセンベルクの戦い〔一六二〇年〕からマリア・テレジアの時代〔一八世紀半ば〕まで、「オーストリア」は、領土貴族つまり「マグナート」に体現された。彼らは、〔人種的に〕ドイツ人であっても、自分をオーストリア人と考え、ドイツ人とは考えなかった。ちょうどプロイセンの貴族が自分たちを単にプロイセン人と考えたように、である。最大領地がある本場ボヘミアでは、大貴族は地方的感情をとくに持っていなかった。これらの大領主は、純粋に三〇年戦争の時代〔一六一八〜四八年〕のハプスブルクの創造物であった。ハンガリーのマグナート〔=大地主〕である、エステルハージ家(2)、カーロイ家、アンドラーシ家でさえ、少ししか伝統的背景がなかった。彼らの偉大さは、ハプスブルクが特権を許可したことにも依存した。それは、ハンガリーがトルコ軍から取り返され、ラコーツィの反乱が鎮静された時〔一八世紀初頭〕であった。土着の貴族は、ガリチアとイタリアだけに存在した。ポーランドのマグナートは、彼らの偉大さをハプスブルク家に負ってはいなかったし、また彼らがポーランド人であることを決して忘れなかった。もっとも彼らの農民に対しては、このポーランド人という名前をつけることを否定したのであるが。イタリアの貴族はコスモポリタンであったが、イタリアは彼らの世界であった。ガリチア〔南ポーランド〕とイタリアを除けば、オーストリア帝国は、アイルランドを沢山集めたようなものであった。といっても、とにかくアイルランドの地主はイギリスに起源を持ち、オーストリアの貴族は宮廷以外に故郷を持たなかったという違いはある。

オーストリアの貴族は狭いサークルの中で生活していた。大領主は、彼ら自身の階級だけを知り、自分たちの階級の内部でのみ結婚し、そして宮廷のコスモポリタン的言語を用いた。初めはフランス語かイタリア語、後にドイツ語である。「最大のハンガリー人」セイチェニィ〔政治家、一七九一〜一八六〇年〕は、ドイツ語で日記をつけた。二〇世紀でさえ、最後の大ハンガリー貴族ミハーイ・カーロイ〔政治家、帝国没落後、首相、大統領となる〕は、ハンガリー語よりもフランス語とドイツ語を上手に話した。この階級は、高級将校、外交官、幾人かの偉大な国家大臣〔＝首相と考えてよい〕を出した。貴族たちは、その封建的な宮廷で裁判を行ない、マリア・テレジアとヨーゼフ二世の中央集権化事業〔一八世紀後半〕の前は、帝国の行政を執行した。〔ハプスブルク〕君主国によって、貴族はその農民を収奪することができた、その代り、貴族は帝国を支えたのである。〔マリア・テレジアとヨーゼフ二世による〕君主国の改革事業は、貴族の地位を脅かした。中央集権化が貴族の独立性を脅かしたのである。農業改革は彼らの経済的な特権に挑戦した。そして帝国官僚制が成長して、貴族たちが地方行政を独占しているのを破壊した。その結果として、貴族は一九世紀には君主国に対抗して、自分たちの伝統的な特権を護らねばならなかった。もっともこの特権は、帝国の創造物であったのだが。これらの地主は、アイルランドの守備隊のように、精神では違うし、また出身からいうとつねに違うのであるが、自由主義とさらに民族主義を気どった。だが、これら地主は、自分たちの存立が君主国の存立と結びついていることを決して忘れなかった。貴族たちは抵抗を弄んだが、いつも宮廷に戻った。そして彼らの自由主義の、あるいは民族主義の仲間を何度も失望させた。大土地所有者は時にはフロンド(3)ではあったが、最後までハプスブルクの固い核であり続けた。

さらに、マリア・テレジアがウィーンに中央政庁を確立した瞬間から、本質的に「オーストリア人」であるといえる別の階級ができた。つまり官僚たちであり、帝国組織を動かす人びとであった。この階級はまた、単一の民族さらには単一の階級にも起源を持たなかった。一部は大貴族で、一部はハンガリー人で、一部はコロヴラート〔=政治家・官僚〕

のようにチェコ人でさえあった。ほとんどは都会からきたドイツ人であった。官僚たちは肩書きを持っていたが、オーストリアの言葉では「第二の社会」に属していた。官僚たちは、地方的愛国主義や貴族的な特権には同情がなかった。彼らの理想は、啓蒙主義による統一帝国であった。官僚たちは、その最高の模範であるヨーゼフ二世のように、民族主義的狂信者ではなかった。しかし彼ら官僚は、帝国がドイツ国家以外のものであるとは決して思わなかった。ドイツ語は、不可避的に、中央行政の言葉であった。それゆえ同じく、ひとたび地方行政が中央に支配されると、ドイツ語が地方行政の用語にもなった。帝国官僚は、中央集権化事業と同様に、文化的事業も行なった。彼らは啓蒙を広げることになった。これはまたドイツ語を普及することになった。他には文化的言語がなかった。文学、哲学、また農学さえも、ドイツ語以外では著作がなかった。ドイツ系の大学以外には学者はいなかった。ドイツ語以外の言語には引き出すべき文化的資産がなかったのである。全く同じように、非自由主義や民族主義精神の持ち主ではなかったマコーレイ〔一九世紀イギリスの歴史家、政治家〕は、シェイクスピアの作品を読んだり、名誉革命の教養を学ぶインド人が、インドの文化水準を上げるはずだと思った。

官僚的ドイツを繋いだ物は、文化以上の事であった。官僚は、しばしば生まれによって、また普通は勤め先によってであるが、都市住民であった。そしてハプスブルク帝国の諸都市は、すべてドイツ的性格であったのである。ハプスブルク帝国は圧倒的に農村的であった。かつては田舎から発生した幾つかの歴史的都市は、その歴史を断ち切られていた。チェコのプラハはハプスブルクに、ハンガリーのブダペストはトルコ軍によってである。残っているものは交易所であり、一部はハプスブルクによってわざと作られ、一部は企業家的商人によって徐々に発展させられたのだが、そこでは会話と文化はすべてドイツ語であった。プラハ、ブダペスト、ザグレブ、ブルノ、ブラティスラヴァは、リンツ、インスブルックと同様にドイツ的であり、だからこの諸都市はドイツ語の名前を持っていた。（プラハの代りに）プラーグ、オフェン、アグラム、ブリュン、プレスブルクである。(原注2) プラハには一八一五年に、五万人のドイツ人と、たった一万五千人のチェコ人がいた。一八四八年でさえ、立派な人びとは街ではドイツ語だけを話したし、チェコ語で道を尋ねると無礼な返事を返されることになった。ブダペストでは、ハンガリー人は一八四八年まで人口の三分の一をほんの少ししか越えなかった。一八二〇年代には、ドイツ語の日刊新聞が二種あり、ハンガリー語の新聞はなかった。そしてブダペストの市評議会は、一八八〇年代までドイツ語で業務を処理した。だがプラハとブダペストは、十分復活した民族の首都であったのである。それより小さい都市は、ずっと長い間ドイツ的であり続け、幾つかの都市は、ブルノのように、二〇世紀までそうであった。ここでまた唯一の例外は北イタリアとガリチアであって、ハプスブルクの型に倣うにはあまりに遅かったので、その型を取らなかった。クラクフとリヴィウではポーランド人が支配的であって、商人はユダヤ人であり、ドイツ人ではなかった。イタリアは、近代ヨーロッパでは商業と都市生活との双方の誕生地であるが、イタリアの都市は、都市を作るのにドイツ人を必要としなかった。

諸都市のドイツ的性格は、人種とは少しもあるいは全然関わりがなかった。一部の都市住民はドイツからハプスブルクへの移入者であって、多くは田舎からの移住者であった。ドイツ人というのは、階級の名となっていた。それは本質的には商人のことだった。つまり小売商、貿易商、手工業職人、金貸しであった。このことから、それが都市の技術を実践する人すべてに拡張された。つまり作家、学校教師、事務員、弁護士にである。チェコ人、ルーマニア人、またはセルビア人である農民の息子で起業心がある者は、都市に入りこみ、ドイツの技術を学び、彼の仲間の小売商に対してドイツ語を話した。その子供たちは父の農民言葉を軽蔑し、その孫たちはやすやすと国家的な仕事に就き、かつて彼らがドイツ人でなく都市住民でなかったことを忘れてしまった。こうして都市は、たちまちドイツ文化と帝国に忠誠心をもつ島となった。もっぱら土地貴族の特権である州の自由を望むことは、これらの商人にとっては意味をなさなかった。中央集権的君主国と諸州の間の衝突は、こうしてまた、都市中間階級と領主貴族との間の衝突でもあった。そしてこれは今度は、ドイツ人の支配と多様な民族の間の衝突として現われた。もちろんドイツ人中間階級はまた、帝国とも衝突した。彼らは帝国を支えたが、彼らが一九世紀に政治に呼び込まれた時には、「自由」主義の原理にもとづく帝国を欲した。彼らは、宮廷の大貴族の影響力を拒否し、行政と同様、政策でも発言力を欲したし、ハプスブルクの浪費的で滅茶苦茶な財政を嫌った。だがこれらの不満は、帝国の存立には挑戦しなかった。それらは、中央集権化と改革を行なう速さについてだけの議論であった。ドイツ人官僚と資本家は、帝国的であったし、あり続けたのである。

この〔ドイツ人中間〕階級は、しかし単にドイツ人という法的国民であって、一九世紀中に、彼らの仲間の民族と仲違いをした。民族問題は、ハプスブルクの歴史の最後の世紀を支配した。その最初の問題は、時間の点でいうと、ドイツ人の民族主義であった。これは最初は王朝の存在に挑戦しなかった。それは、多分単に帝国を発展させようとして、帝国の性格を変えることだけを試みた。古い帝国が民族的性格を持っていたとすれば、その性格はドイツ的であった。神聖ローマ帝国皇帝は、普遍的でゆるやかではあったが、一般的に「ドイツ皇帝」と呼ばれた。そして帝国は一五世紀以来、「ドイツ国民の神聖ローマ帝国」として知られていた。一八〇六年から一八一五年まで、〔ナポレオンのために〕ドイツは存在しなかった。一八一五年以後、ハプスブルクのドイツ人臣民は再び「ドイツ連邦」(4)のメンバーとなった。その上、帝国の文化は、宮廷のコスモポリタン的文化を別とすれば、どこでもドイツ的であった。大学はドイツ的であった。ドイツ語がオーストリアの「国語」であるということが、後にもっともらしく議論されることになった。古典的自由派の要求である代議制政府でさえ、ドイツ人の地位を強めるものであった。ドイツ人は、人口のたった三分の一だが、直接税の三分の二を支払った。個々のドイツ人は税金を、チェコ人やイタリア人の二倍、ポーランド人のほぼ五倍、クロアチア人やセルビア人の七倍、支払った。それゆえ納税額にもとづく制限選挙権は、一般的には自由派の綱領だったが、ドイツ人を有利に議会に選出する性質のものであった。民族主義が統一民族国家の要求に発展した時だけは、ドイツ人は、自分たちがディレンマに陥っていることがわかった。一部のドイツ人は、ハプスブルクを民族国家ドイツに有利に転覆しようという極端な路線を取った。他の人は、同じく極端だが、ハンガリーさえ含む全ハプスブルク諸国を民族国家ドイツへ合併しようとする路線を取った。しかしほとんどの人は、ドイツがドイツ連邦の境界線に従うだろうと思った。この境界線は、チェコ人とスロヴェニア人を含むがハンガリー人は含まなかった。この希望は一八六六年に〔普墺戦争の敗北で〕うち砕かれ、オーストリアのドイツ人は民族国家ドイツから排除された。そして忠誠心の衝突が始まった。だがいまやドイツ人は、そう簡単にハプスブルクへの反対に変われなかった。帝国の他の諸民族は、自分たちの要求を発言し始めていた。その要求は、皇帝に反対するよりもむしろドイツ人への反対に向かった。ハプスブルク帝国が破壊されれば、ドイツ人が望んだものを持てたかもしれなかった。つまり民族国家ドイツへの編入である。だがそうしたら、その代りにもっと悪いことを持ち込んだかもしれなかった。つまり諸国で伝統的に彼らのものであった特権的な位置を失うことである。こうしてドイツ人は、最後まで彼らの忠誠心を引き裂かれたままであった。確かに大地主や大資本家のように立派な「オーストリア人」ではないが、同時にドイツ人は、帝国がまだ「彼らのための」帝国に転化されるだろうと望んでいた。

一九世紀初期のハプスブルク帝国はその時、二つの支持層にもとづいていた。つまり大貴族とドイツ人上流中間階級である。帝国は、曖昧な自由主義と民族主義というかなり広範なドイツ人の感情によって悩まされたが、その存在を脅かされはしなかった。この均衡は、他の二つの勢力から挑戦を受けた。それらは、帝国の性格を変えようと要求し、また時には帝国を終らせようと要求した勢力、つまり〔一つは〕ハンガリーとクロアチアの小貴族の伝統的民族主義、そして〔二つは〕農民大衆の革新的民族主義である。ハンガリーのユニークな政治の歴史によって、社会的結果が作られていた。つまり、ヨーロッパでは注目に値し、ハプスブルク帝国ではユニークであった小地主が残存していたのである。ボヘミアとドイツ人諸国には、大貴族と農民の間には誰もいなかった。ハンガリーでは一千万の人口のうち五〇万人が貴族であった。これら五〇万人が「ハンガリー民族」(原注3)なのであった。ドイツ人というのと同様、ハンガリー人あるいはマジャール人というのは、階級概念であった。それは、地租を免除された土地所有者を意味し、彼らは郡の会議に出席し、議会(原注4)への選挙に参加した。これら地主の保有地は、規模でいうと、ほぼマグナート〔＝大地主貴族〕のもつ大領地から、多数の農民がもつそれより少ない小保有地まで、序列があった。この貴族の三分の一は、余暇と利益を生む領地を持ち、これらの家族は「三千年の古さのハンガリー」の代表選手であった。この言葉は、一世紀と四分の三をトルコに支配されていたことをごまかした、だが、ハンガリーをユニークで古い国として表わしたし、ハンガリーが地主の特権に組み込まれていると見せかけた。一九世紀には、伝統的な愛国主義は、近代民族主義の見せかけを採った、そして伝統的な権利を保守的に守ることが、形を変えて自由主義原理を主張することになった。現実は、つまり貴族が特権的地位を要求することは、そのまま残った。より小さい貴族は、ハプスブルクの支配に黙従する以上のことを決してしなかった。彼らの特権はすべて、行政、立法または課税であり、帝国の侵害に対する障壁となっていた。過去には、小貴族は繰り返しマグナート〔＝大貴族〕によって見捨てられてきた。マグナートは、時にはハプスブルクの支配者とハンガリーの議会の間を仲介することにより、またひんぱんにハプスブルクの代理者として行動することで繁栄した。一九世紀のハンガリーの歴史での中心的な事件は、マグナートと小貴族との妥協であった。これはハンガリーとハプスブルクとの〔一八六七年の〕妥協に対する本質的な序幕であって、ハンガリーの古い社会秩序を二〇世紀まで保ったのである。

小貴族は、ハンガリー王冠の独自の王国であるクロアチアにも存在した。クロアチアの貴族も民族的性格がなかった、あるいはむしろその民族主義は一つの階級の特権を守っていた。ハンガリーとクロアチアの貴族の間には敵意はなかった。実際、クロアチアの特権は、ハンガリーと連合することによって維持されていた。クロアチアの貴族はもし孤立していたら、チェコ人と同じ運命を分ち合ったであろう。クロアチア議会は、一七九〇年に、ヨーゼフ二世に反対して闘っている最中に、もっと抵抗ができる強力な政体であるハンガリー議会に、税の認可を委譲した。同時に彼らは、クロアチアの各郡当局を、帝国の代理者であるクロアチアの総督にではなくて、ブダペストにあるハンガリーの総督代理の下に置いた。一九世紀でさえ、クロアチアの貴族は、ハンガリーと一層密接に結びついたほうが、最も安全な方向だと考えた。一八二七年にクロアチアの議会は、クロアチアの学校でマジャール語を教えるべきだと、決定した。そして一八三〇年に、すべてのクロアチアの役人にマジャール語を使うよう要求した。クロアチアの貴族は、自分たちにラテン語ではなくてマジャール語が要求された時に、やっと初めて方向を変えたし、彼らの民族的な利害と階級的な利害との間の衝突を感じ始めた。マジャール人の民族主義によって、クロアチア貴族はハプスブルクの腕の中に押し込まれた。その上、他の二つの要素がハンガリー貴族とクロアチア人とを区別した。第一に、クロアチア人のマグナート〔＝大貴族〕はいなかった。クロアチアの大地主は、ハンガリー人のマグナートであり、だからクロアチアの特権に対して関心がなかった。それゆえクロアチアの貴族は、帝国と衝突するという危険をほとんど冒すはずがなかった。いずれにしても、第二番目の違いは、そのような衝突をさらに一層少なくしたのである。〔第二の違いはこうである。〕ハンガリーのジェントリー

〔＝小地主〕は、彼らの郡では、遠く離れて生活した。彼らのうちの少ししか宮廷の勤めに行かなかった。彼らはハプスブルクの国王を、外国人として、しばしば敵として見なす傾向があった。一方、クロアチアは決してトルコ軍に侵略されたことがなかった。そして国境の王国として、トルコに対する戦いで積極的な役割を演じた。クロアチアのジェントリーには軍役の伝統があった、そして何世代にもわたって、ハプスブルク軍隊に大きな割合で連隊士官を供給した。彼らは王朝に対して忠誠であった。ハンガリー人は王朝とは打算的な取り引きだけをした。その上、クロアチアの貴族はあまり抜け目なさがなかった。結局、連隊士官はどの国でも狭量でぶざまな政治家であった。これらのクロアチアの貴族は、誰にでも次々に騙されることが運命づけられていた。彼らの仲間であるハンガリーのジェントリーによって、国王によって、最後はクロアチアの人民によってさえ、騙されたのであった。

クロアチアだけでなく帝国全体で、一九世紀の革命的出来事は、人民つまり「大衆」が政治へ押し入ったことであった。民主的な要求は、ハプスブルク帝国にとってユニークなものではなかった。ユニークだったものは、これらの要求が民族的な形態をとって表現されたことであった。伝統的な民族、あるいは「歴史的」[5]と呼ばれるようになった民族は、階級民族であった。つまりハンガリーのジェントリー、ドイツの商人、であった。ハンガリー人によって地代を取られた民族と、ドイツ人によって利潤を吸いとられた諸民族とは、ハンガどちらも同化しなかった。そこにはオーストリア的な〔民族的〕混交がなかった。その結果として、政治社会が広がるごとに、帝国の民族的複雑さが増大した。農民大衆は彼らの存在を主張した。これは、民族の歴史と社会の歴史の両方の基本的な事実であった。だがこれを一般化してしまうと、現実の過程を単純化し、歪めてしまうのである。一八四八年〔革命〕にその頂点に達した〔民族運動の〕第一の局面で、農民大衆はほとんど動かなかった。せいぜい彼らは新しい知的な活動を発揮した。〔一方、〕一八四八年に歴史の舞台に再登場した諸民族は、作家の創作物であり、さらに想像の中にあっただけである。それらの民族は、読者よりも作家のほうが多く居た民族であった。これらの作家は、マリア・テレジアとヨーゼフ二世が作った農業体制の結果であった。つまり彼らは、豊かな農民の息子であり、フランスでジャコバン(6)を創出した階級の、オーストリア版であった。ジャコバンは、フランスの国民的統一を完成した。中央ヨーロッパ〔＝ハプスブルク帝国〕では、知識人は帝国の統一を壊した。知識人は大地主でも商人でもなかった。だから、彼らは「オーストリア人」にもドイツ人にもなれなかった。中間階級つまり小貴族は、ハンガリーだけに存在した。そしてハンガリーでは知識人は、たとえスロヴァキア人かルーマニア人の生まれでも、ジェントリーのように「マジャール人」になることができた。だが他の国ではどこでも、知識人たちは、自分たちの民族性を作り上げねばならなかった。その民族性は、父親の世代が農民だという眠った民族性であった。

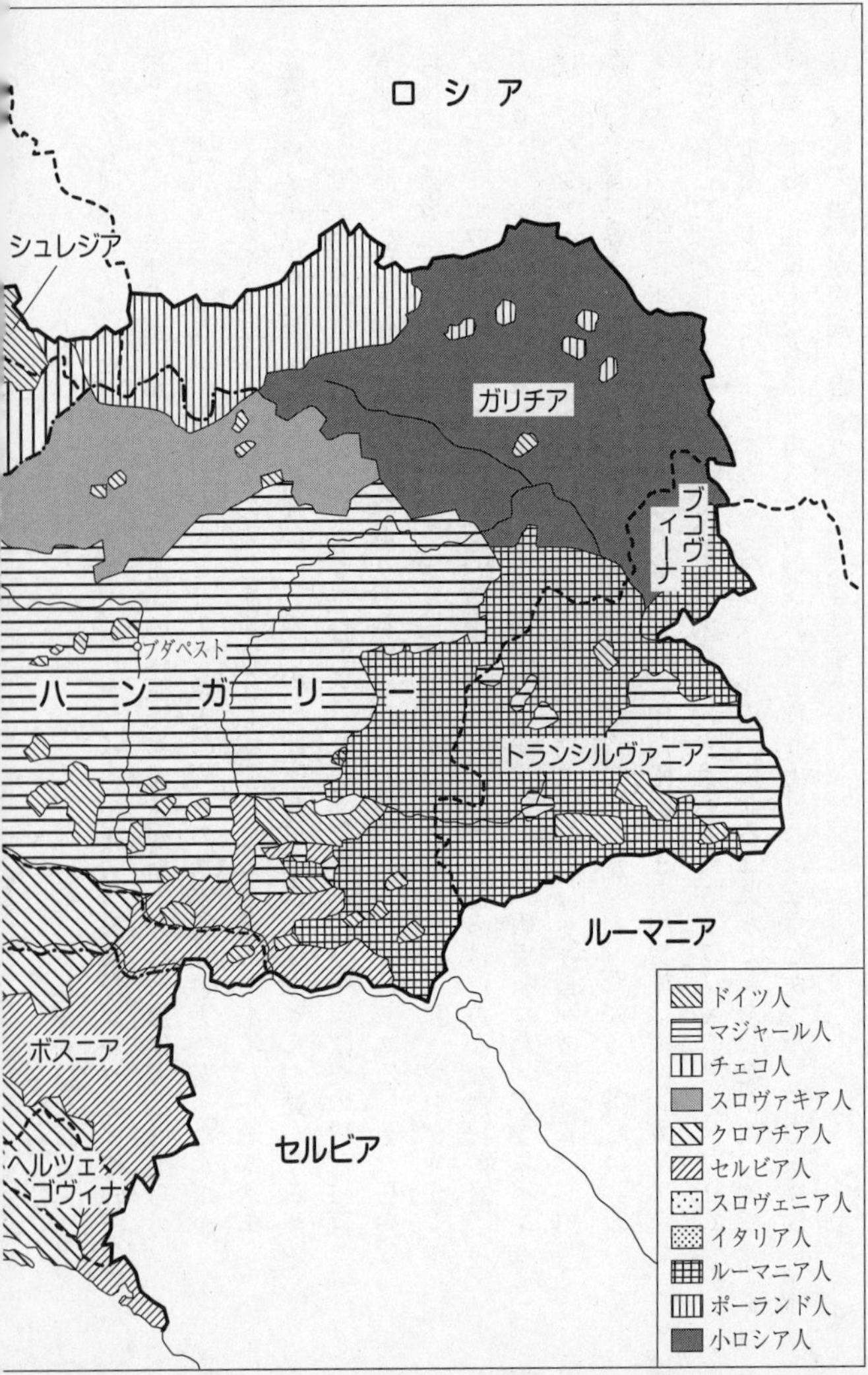

ロシア
シュレジア
ガリチア
ブコヴィーナ
ブダペスト
ハンガリー
トランシルヴァニア
ルーマニア
ボスニア
ヘルツェゴヴィナ
セルビア
ドイツ人
マジャール人
チェコ人
スロヴァキア人
クロアチア人
セルビア人
スロヴェニア人
イタリア人
ルーマニア人
ポーランド人
小ロシア人

ハプスブルク帝国の諸民族

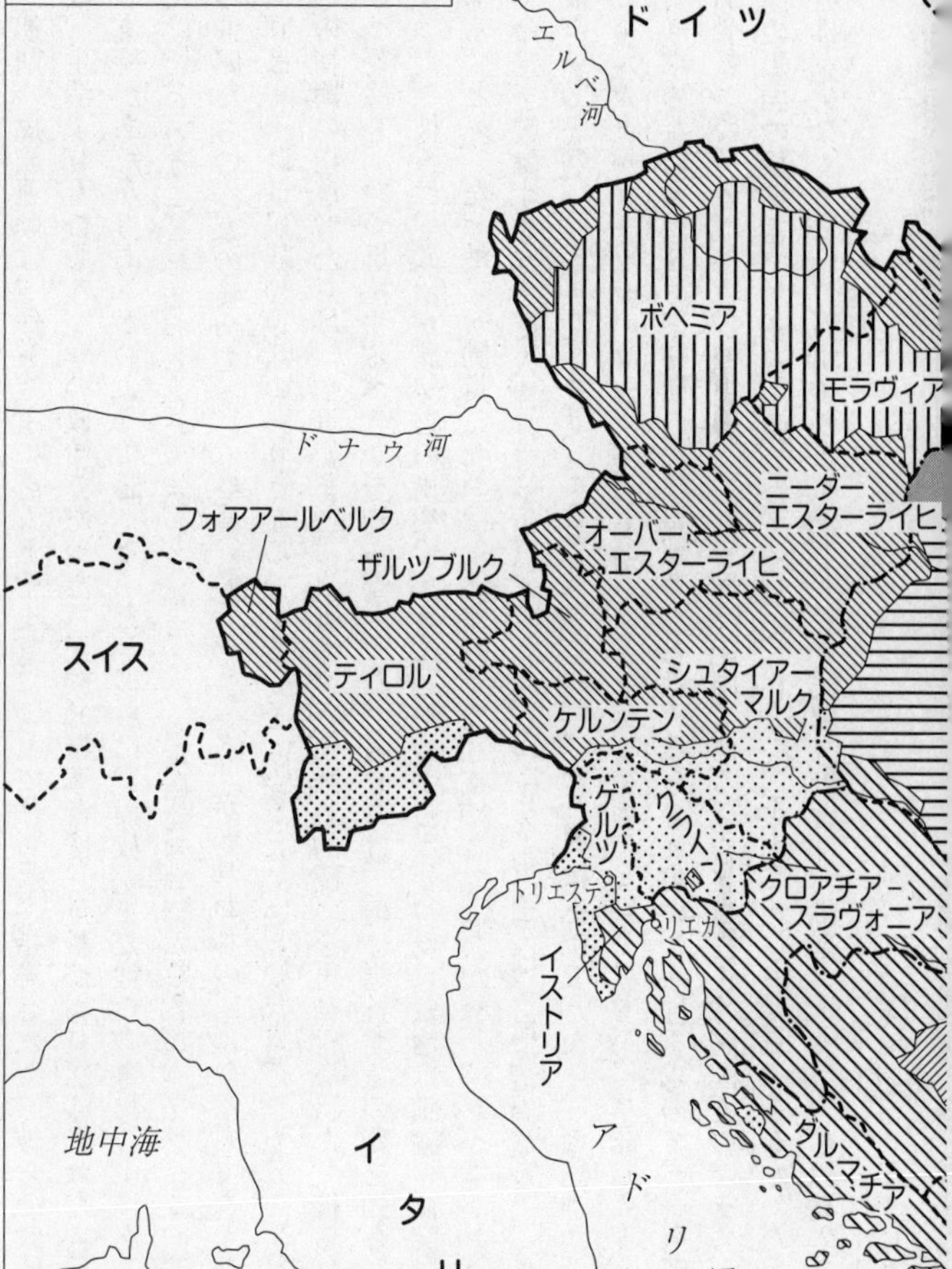
ドイツ
エルベ河
ボヘミア
モラヴィア
ドナウ河
ニーダー
エスターライヒ
オーバー
エスターライヒ
フォアアールベルク
ザルツブルク
スイス
ティロル
シュタイアー
マルク
ケルンテン
ゲルツ
クライン
トリエステ
リエカ
クロアチア＝
スラヴォニア
イストリア
ダルマチア
地中海
イタリア
アドリア海

初期の民族運動は、作家、主に詩人と歴史家によって作られ、指導された。彼らの政治は、生活よりもむしろ文学の政治であった。民族的指導者は、意識があり組織された人民の支持があたかもあるかのように語った。だが彼らは、民族がまだ彼らの書物の中にあるだけだということを知っていた。あるチェコ人の〔民族運動の〕先駆者が、プラハで、彼の仲間たちの作家の集会で、こう発言した。「もし天井がわれわれの上に今落ちてきたとすれば、それは民族の復活の終りとなるであろう。」閉ざされた想像の世界に生きている、この初期の指導者たちは、数世紀まえに決着のついた歴史的闘いを再び行なった。彼らは、いつ妥協し、いつ抵抗するべきかを知らなかった。とりわけ、何に抵抗するのかを知らなかった。彼らは、政治が諸勢力の衝突であることがわからなかった。政治は議論の衝突である、と思った。彼らが動員したのは正義であって、支持者ではなかった。ジャコバンは、革命軍を鼓舞するために人権宣言を用いた。ハプスブルク帝国では、民族指導者は、〔政治には〕正義だけで十分であり、正義を積み重ねればそれには抵抗できない、と思った。カール六世がプラグマティコ・サンクティオ〔＝国事詔勅〕をヨーロッパに承認して貰うよう求めたのと同じく、初期の民族指導者たちは、彼らの要求の合法性を求めて、一所懸命骨折った。各民族は、ハプスブルク帝国の起源である滅亡した古代の諸国王の、その一つの王国の後継ぎであると主張した。そして〔自分の〕王国を一つも発見できなかった民族は、少なくとも一つの州を要求した。ドイツ民族主義者は、神聖ローマ帝国を相続すると要求した。ハンガリー人は、すべての「聖シュテファンの諸国」を、マジャール民族国家として要求した。チェコ人は、すべての「聖ヴァーツラフの諸国」の要求をかかげて続いた。クロアチア人は、かつてのクロアチア王に支配されていた「三位一体王国」を要求した。歴史的な要求と民族的な要求とが共に混じり合った。これは、一九世紀オーストリア政治の典型的ごまかしであった。各州の多数派民族は、歴史的単位が民族的単位になるべきだと主張した。少数派民族は、民族の線にそって州を再区分することを要求した。こうして、〔オーストリアの一州〕シュタイアーマルクのドイツ人多数派は、そこのスロヴェ

神聖ローマ帝国の王冠

ニア人に反対して州の統一を主張したのである。それは、チェコ人多数派がボヘミアのドイツ人に反対して主張したものであった。

民族的指導者は、知的な武器を持って、知的な目的のために闘った。彼らは民族的な学園を創り、民族的な大学を要求した。ドイツ人は、彼らが官職を独占している状態を守ろうとし、他の民族は、そこに割り込もうとした。民族闘争は、官僚制の中で職を得る闘いであった。大衆は、舞台裏の蔭の存在として、現われるのを期待されていない援

軍として呼び出された。だが一九世紀の後半には、大衆はもはやこのみすぼらしい役割を引き受けなかった。一八四八年以後、都市は、つねに比率を高めながら成長し始めた。〔一八四八年〕革命の間に賦役が廃止され、それは、農民を土地に縛りつけておく最後の法的な絆を壊した。そして、賦役よりもさらに大きな絆であった伝統的な生活様式は、フランスから広がった革命思想という容赦ない酸によって、もっと深く浸食された。田舎の生活は、合理主義の影響のために生き残れないのである。農民は、洪水のように都市に流れ込み、ドイツ的な「島々」を消失させた。都市はとうとう田舎の民族性を取り込んだ。それ以上に、都市のこの成長は、産業化の原因でもあり結果でもあった。そしてここでもまた、都市から発生した階級衝突は、民族的形態を取った。古い既存の資本家と熟練職人はドイツ人であった。新しく割り込んだ資本家と未熟練労働者は、チェコ人かスロヴェニア人であった。こうして民族運動の第二の局面は、まだ都会ではあったが、規模がもっと広がった。大衆の情熱は喚起され、それを知的指導者はもはやなだめたり管理することはできなかった。そして諸民族は、学問的な原理のためではなく、富と力のために戦い始めたのである。

最後に、二〇世紀に〔民族運動の〕第三の局面がそれに続いた。それは、ハプスブルク帝国が破滅した時には、完全ではなかった。民族主義は知的概念であり、読み書きの能力がなければありえない。読み書きのできない者は「方言」を喋る。方言は印刷された時だけ「民族的言語」になる。さて民族運動は農民から起きた。だが、彼らが自分たちを「ここから来た者」と書けるだけで、読み書きができないと、民族運動は農民を受け入れることはできなかった。都市の成長とともに、民族主義はその源に向かって戻っていった。つまり都市と産業制度の産物である大衆の読み書きの能力は、田舎に広がり、農民の民族主義を作ったのである。この民族主義はまた、階級の衝突と野望とを反映した。農民の民族主義は、大領地を憎み、だがまた都市の生活と、さらにその豊かな知的な香りを持つ都市の民族主義を嫌った。大学教授たちは脇にのけられた、そして、ハプスブルク帝国の最後の民族指導者は牧師であり、つまり民族運動が発生したフランスの革命思想の敵、であった。民族主義的知識人は大衆に訴えた。だが大衆の答えは、知的な価値の拒絶であった。

このように民族的発展の型が広かったので、時間と空間における大きな諸変化を隠した。ハプスブルク帝国は、ヨーロッパをスイスからトルコまでまたがり、数世紀にわたった。疑いなく、深い隔りが支配民族と従属民族との間にあった。マジャール人、ドイツ人、ポーランド人、イタリア人が一方〔の支配民族〕であり、〔ポーランド人以外の〕スラヴ諸民族とルーマニア人は他方〔の従属民族〕であった。しかし支配人種は、共通の危険に脅かされたとはいえ、彼ら自身の間でも喧嘩をした。イタリア人は、ドイツ人からの解放を求めて戦った。そして「マジャール化」は、ハンガリーのドイツ人を助けなかった。また従属民族は、共通に従属させられても単一の性格には作り上げられなかった。チェコ人は、香りある知的な生活を持ち、資本主義産業を拡大させて、中間階級の民族になった。クロアチア人は、小貴族と歴史的連続性という糸をもって、貴族的な雰囲気を保ち続けた。両民族とも、「農民民族」とは異なっていた。また、プロテスタントの伝統がすたれていない民族、つまりチェコ人とマジャール人は、ハプスブルクがまだ宗教的に是認していたローマ・カトリックの民族、つまりクロアチア人やスロヴェニア人よりも独立精神があった。そしてプロテスタントとカトリックの民族はともに、ギリシャ正教の民族、つまりセルビア人やルーマニア人よりも、ハプスブルク帝国に対してもっとなごんでいた。後者にとって帝国はせいぜい異国の便宜物であった。

王朝はさらに民族的野望と論争に蔭を投げかけた。衝突している民族は、王朝を投げ捨てるのではなく、奪おうと試みた。ただ、イタリア人が一九世紀の初め〔から中頃にかけて〕、そしてセルビア人が二〇世紀の初めに、ハプスブルク帝国から脱出しようと求めた。そして帝国は、一方〔=イタリア人〕によってその基礎まで揺さぶられ、他方〔=セルビア人〕によって粉々に砕かれたのである。〔イタリア人とセルビア人以外の〕他のあらゆる民族にたいしては、ハプスブルクは策を弄することができた。一九世紀の前半に、王朝は、二つの大きな歴史的民族、つまりドイツ人とマジャール人に脅かされていると思えた。自らを守るために、王朝はヨーゼフ二世の政策を復活させ、そして従属民族に呼び掛けた。これが一八四八年〔革命〕の核心であって、ハプスブルクの運命の転換点であった。だが王朝は、それ自身の歴史的な伝説から逃れられなかった。それは反宗教改革の思想を捨てられなかったし、また、領主に反対する農民と王朝自身が同盟することはできなかったのである。王朝権力およびマジャール人とドイツ人のもつ特権は、お互いに彼らのやり方ではあるが、民主主義の否定であった。そしてハプスブルクは、彼ら自身に跳ね返ってくるかもしれないと恐れて、マジャール人とドイツ人に反対して民主主義をあえて採用しなかった。従属民族の脅かしに直面して、古い闘争者〔＝王朝、ドイツ人、マジャール人〕は彼らの喧嘩をとり繕った。これが一八六七年の〔ハプスブルク家とハンガリーとの〕妥協であった。王朝はこの妥協から逃れるのに失敗した。そして王朝、ドイツ人、マジャール人は、同じ破滅に巻き込まれるのであった。(7)

(原注1) この章の述べることは、付録にある各州の民族構成の詳細を参照すると一層はっきりするであろう。

(原注2) ブラティスラヴァはまたハンガリー語の名前があった。ポーズショーニである。

(原注3) マジャールとは、ハンガリー人を意味するハンガリー語である。ハンガリー国民とハンガリー語を話す者とを区別する語は、ハンガリー語にはない。西欧諸国では、ハンガリー人とマジャール人という語を用いて、この区別をする。これは、歴史的には誤解を招きやすいが、実際では有効である。

（原注4）だから、ハンガリー議会は、改革以前のイギリスの下院よりも有権者が多かった。

（1）ここでは、オーストリア皇帝としてである。

（2）ブルゲンラント〔昔ハンガリーで、今オーストリア〕の大貴族。ハイドンを召しかかえていた。

（3）ルイ一四世と宰相マザランの時代に、王権にたいしてフロンドの乱が起きた。第一段階の高等法院のフロンド〔一六四八～四九年〕、次いで、貴族のフロンド〔一六五〇～五二年〕の乱が起きた。民衆のフロンドもこれらに加わった。

（4）ナポレオンの退場後、オーストリア、プロイセン、三五の君主国、四つの自由市からなったドイツ連邦が作られた。

（5）これは、エンゲルス以来の呼び方である。

（6）フランス大革命を行なったジャコバン党。

（7）一九一八年のハプスブルク帝国の崩壊。

第三章　旧絶対主義、メッテルニヒのオーストリア、一八〇九〜三五年

一八〇四年にハプスブルク家の諸国は、とうとう名前を持った。それは、「オーストリア帝国」となった。これは、〔ナポレオンに〕脅かされて、臨終間ぎわの受洗となったものであった。一八〇五年に、ハプスブルク家の夢は国際的君主制をめざし、最後につぶやいた、つまり皇帝フランツは、ナポレオンに反対して古いヨーロッパを護ろうと望んだ。だがアウステルリッツ〔の戦い〕(原注1)(1)はフランツの夢を閉ざし、神聖ローマ帝国の遺物を壊し、フランツをせいぜい二流の皇帝にした。しかしオーストリアはとにかく独立の国として現われ、独自の政策を追求した。その結果が一八〇九年の戦争(2)であり、つまりドイツの解放を指導することに新しい行動の主要動機を見ようとする試みであった。この戦争は、ほとんどオーストリア帝国を破壊した。ナポレオンは、ハンガリーの反乱を呼び掛け、分離ボヘミア王国の計画を描きさえした。オーストリアを救ったものは、軍隊の強さではなく、その人民の忠誠心でもなく、この帝国の隣国〔＝ロシア〕の嫉妬であった。ロシアの皇帝

アレクサンドルとナポレオンは、領土分割条項で一致することができず、国境周辺を取得することで満足した。(3)つまりアレクサンドルは東ガリチアを取り、ナポレオンは南スラヴ諸国をフランス領イリュリア州に変えた。一八〇九年の事件は、四〇年間、あるいはさらに帝国が存在する世紀の間、オーストリア政治の型を作った。オーストリアはヨーロッパの必要物になった。より粗い言い方をすれば、国際的君主制を求めるハプスブルクの試みから生き残った諸国が、世界帝国を新しく熱望するもの〔=ナポレオン〕の支配にあるよりも、ハプスブルクの手中にあるほうが害がないということに、列強諸国は同意したのである。オーストリア帝国の本性は、オーストリアとプロイセンとを対照すると、はっきり示された。両国ともナポレオンが敗北したので大強国の列に復活されていた。だが、プロイセンは粗い改革によって、オーストリアはしなやかな外交と巧妙な条件によって、自分をそこにまでもっていったのである。

このオーストリアはメッテルニヒに体現された。彼は一八〇九年に外務大臣になり、ヨーロッパに対して三九年間オーストリアを代表した。ヨーロッパはともかく、オーストリアは、彼にとって外交の手段であった。彼はラインラント出身のドイツ人で、教育と考え方では西ヨーロッパ人であり、啓蒙主義の遅蒔きの合理主義者であり、観念的な政治体制を建設することを喜び、自分が全く間違いないことを確信していた。メッテルニヒ外相の外交技術は、一八〇九年から一八一三年の危険な時期の間、オーストリアを導き、オーストリアをナポレオンの没落に続くヨーロッパの秩序の中心にした。ウィーン会議[4]は、彼の成功の象徴であった。というのは、オーストリアがヨーロッパの必要物となってから、ヨーロッパがオーストリアの必要物となったからである。オーストリアは、孤立政策、あるいはさらに独立の政策をとることはできなかった。いつも自分の存在を正当化し、使命を遂行し、同盟体制を作っていなければならなかった。メッテルニヒの外交政策は、彼が官職につくことになったその厳しい経験から生み出された。彼は行動をおおいに恐れ、いつも決定をひき延ばそうと試み、安定だけを配慮した。ヨーロッパも、ナポレオン以後の世代では、安定を望んだ。こうしてメッテルニヒはヨーロッパの感情と調子が合ったのである。彼の不運は、戦争に疲れた世代よりも長く生き、また、もっと積極的な理想を求めたヨーロッパに長く生きながらえたことであった。

外相メッテルニヒは、一九一五年の他のヨーロッパの政治家と同じく、ヨーロッパの秩序に対する脅かしが新しくフランスからやってくると思った。そして彼の対外政策は、ナポレオンの幽霊を追い払おうと意図していた。ナポレオン帝国は、イタリアと西ドイツにおけるフランスの至上権にもとづいていた。これらは今はオーストリアの保護の下に集められていた。〔皇帝〕フランツは、神聖ローマ帝国の〔皇帝の〕称号を受けなかった、これを放棄したことは、後に象徴的な重要性を持つことになった。一八一五年に、変化は、現実的であるよりも名目的であるように見えた。古い称号はごまかしであって、ハプスブルク家によってさえもそう感じられた。ドイツ連邦は、一八一五年に創られたが、衰退する帝国よりももっとお互い同士で密接な同盟体であった。そしてオーストリアは、議長職の強国として、まだドイツの問題に主要な発言権を持っていた。オーストリアは一八一五年にドイツの首座を放棄しなかった。むしろその反対であって、ドイツ的性格を主張し、ドイツの第二の強国としてプロイセンを受け入れたが、この共同統治は、プロイセンが仕事をし、オーストリアが名誉を受け取るというものであった。オーストリアとプロイセンは、また、ナポレオン戦争によって揺り動かされていたので、敵対するわけにゆかなかった。ナポレオンへの共通の恐れのために、彼らは一緒になったし、フランスへの、そしてさらに一層フランスの思想への共通の恐れによって、ライプチヒとワーテルロー〔戦いの〕(5)後の一世代の間、彼らは一緒になっていた。建て前では、オーストリアとプロイセンはドイツの防衛のために結合していた。実際は、オーストリアはプロイセンに主な仕事を任せ、プロイセンの抜け目なさがわかるのが遅すぎて天罰を受けたのである。

オーストリアの特別な使命、つまりメッテルニヒの外交の傑作は、イタリアの保全であった。この任務は、偶然に一八世紀外交のお決まりのやり方に起源があった。つまり一七九七年にオーストリアは、オーストリア領ネーデルラントに代る補償としてヴェネチアを取得したのである。ヴェネチアとロンバルディア（スペイン継承戦争以来のオーストリアの所有地）は、共にナポレオンに負けて失い、イタリア王国となっていた。一八一四年にそれらはハプスブルク帝国に戻り、ロンバルド＝ヴェネト王国として、独自の存在が与えられ、もはや遠隔の州ではなくなり、オーストリアの存在にとっては重要な州となった。オーストリアの外交政策は、四〇年以上イタリア問題に集中し、一八六六年〔＝普墺戦争〕でさえ、オーストリアは、イタリアを考慮したことで、プロイセンに対する戦争に負けたのである。イタリアの「使命」は、ヨーロッパの見地から見れば、オーストリアが正当化したものであった。オーストリアは困難に巻き込まれたのであるが、それさえ、オーストリアの利益となった。というのは、面白い病気を持っているために、目立たない男に注意が向けられるように、ヨーロッパの注意がオーストリアに引き付けられたのである。イタリア問題は、単なる外交的危機ということ以上の困難におちいっていたオーストリアを、和らげた。つまり、イギリスはイタリアをフランスから保護しようと欲し、ロシアはイギリスからイタリアを保護しようと欲した。それゆえイギリスとロシアは、オーストリアを他のどの国よりも穏やかに扱ったのである。そしてイタリアに固執するオーストリアには、もっと深い動機があった。ロンバルド＝ヴェネトは、国際的君主制の思想の最後の環であった。これを持てば、オーストリア帝国は地中海の一強国となり、西ヨーロッパの一部となったし、ハプスブルク家が純粋にドイツの君主ではなくなり、国際的君主国になれるのである。

ほとんどのところ、「オーストリア観念」は、イタリアで危くなっていた。ハプスブルク帝国は、伝統と、王朝の権利と、国際的諸条件に依存しており、「法の支配」が帝国にとっては本質的であった。ナポレオンは民族原理をイタリアで打ち上げたが、それは法の支配を否定し、ハプスブルクの存在の基礎に挑戦した。ハプスブルクは他の反対者とは妥協することができた。また、半世紀の間、大ドイツ〔主義〕計画を抱いていたドイツ民族主義とさえ交渉を始めてもよかった。ハプスブルクは、ただイタリア民族主義とだけは和解できなかった。イタリアの急進派は、ハプスブルクから譲歩を求めなかったし、王朝を「奪う」ことや、帝国内部で特別の位置を確保しようとは求めなかった。彼らは、「ロンバルディアの鉄の王冠」[6]を呼び起こすことによって、歴史的な尊敬を求めようとさえしなかった。イタリアの運動は、小さくて、財政的強さがなかったが、ハプスブルク帝国を全体的に転覆させる考えを代表したのである。それゆえメッテルニヒ外相と彼の体制は、それと絶え間なく衝突した。オーストリア軍の大部分は、北イタリアに集中させられた。イタリアはメッテルニヒ外交の主題であった。そして帝国の〔ハンガリー以外の〕残りの州〔＝オーストリア〕の運命は、一八四八年と一八五九年の両方とも、イタリアの事件によって決定された。ラデツキー将軍の勝利は、[7]一八四八年革命が失敗してしまう原因であった。マジェンタの戦いとソルフェリーノの戦いは、[8]一八五九年に〔オーストリアの〕絶対主義を倒した。一世紀後のセルビアとの衝突〔＝一九一四年〕のように、ハプスブルク帝国とイタリア民族主義の衝突は、象徴的なことであり、二つの世界の衝突であった。

メッテルニヒ外相の外交政策は、西ヨーロッパ問題が主要であるという仮定にもとづいていた。つまりフランスの侵攻はウィーン協定への主要な脅しであり、ドイツとイタリアを保全することが彼の主な問題であると考えた。だがこの仮定は間違いであった。フランスはその絶頂期を通りすぎていたし、もう一度ヨーロッパを支配しようとは決して望まなかった。オーストリアは最終的に破滅することになったのだが、オーストリアへの脅かしは、フランスからではなくロシアから来た。そしてオーストリアの最も深刻な問題は東方問題であった。一八世紀には、東方問題は、ロシアとオーストリアがトルコ領を取得する競争だけであった。この解決はもはや不可能であった。ロシアがつい少し前、つまり一八一二年に、ドナウ河の岸〔＝ルーマニア地方〕を占領したので、ロシアが領土を増大すれば、いずれもドナウ河を横切って来ることになった。しかしドナウ河は、オーストリアにとって、鉄道以前の時代には外界とつながる唯一の経済的環であり、また鉄道が出来上がってからでさえも最も重要な環であった。オーストリアは、独立した強国であるかぎりは、ロシアにドナウ河水路の河口を支配させることはできなかった。これ以上領土分割をすることは違反とされた。そしてこの事実は、オーストリアの外交官がゆっくりと悟っただけで、ロシア人は決して悟らなかったが、一八一二年から一九一四年までの東方問題を支配した。トルコはまた、ヨーロッパの必要物となっていた。オーストリアとトルコは、共にそれ自身の強さよりもむしろ法の支配に依存していたが、隣り合わせであった。外相メッテルニヒに発想を与えた政治的著述家ゲンツは、一八一五年にこう書いた。「オーストリア人は、ほんの短い期間だが、トルコ君主制が終るのを延ばすことができた。」ロシアとオーストリアの間で平和を保つこと、またさらにロシアが近東へもっと一層進軍するのを妨げたことは、メッテルニヒ外交の最大の成果であった。彼は革命に反対する闘争よりも、それを高く評価しなかったが、かえって一層大きかった。さらにこの二つのことは共に繫がっていた。そして多分メッテルニヒは、フランスからの危険と〔イタリアの〕急進民族主義からの危険を誇張したときに、自分が何をしているのかを知っていた。というのは、これが〔つまり危険を誇張することが〕、ロシアの注意をドナウ河とコンスタンチノープルからそらす手段であったからである。君主制の連帯と保守主義が、まずアレクサンドル一世をおびきよせ、その後ニコライ一世をおびきよせた、それは、ナポレオンを負かした結果、ロシアが十分強くなって安泰となったお蔭であった。世間一般の考えをよく受け入れ、またかなり自由主義的であったアレクサンドル一世は、一八一五年の後に、トルコ帝国がすでに彼の手中にあると考えた。一八二一年にイタリアで反乱が起きたので、彼はヨーロッパに責任をもつことに思い直した。そしてヴェローナ会議は、一八二二年にギリシャ問題を討議するために召集されたのだが、その代りにそれはスペインの自由派に対して干渉することにすりかえられてしまった。アレクサンドルの注意は、近東からそらされた。そしてこれでメッテルニヒは、次にイギリスと喧嘩を起こしてもよかった。この早業は、その兄〔アレクサンドル一世〕よりももっと頑固で、だが保守的なニコライ一世と、一八二五年の後に改めて行なわれねばならなかった。ニコライは実際、〔トルコ領を〕保守したいという理由を主張した、そして一八二九年にロシア軍はコンスタンチノープルへ進軍するためにドナウ河を横切った。これはメッテルニヒ外交の最大の危機であった。彼は、ロシアに対抗するイギリス＝オーストリア同盟を計画すること、そのため一八七八年〔＝露土戦争〕型のバルカン戦争を目論むようにさせられた。メッテルニヒの体制は、フランス、イタリア、そしてとくにポーランドの、一八三〇年の革命によって救われた。これらの革命は、彼の保守主義的な恐れを正当化し、それだけにニコライの野望を一層間違わせたように見えた。その上、トルコを征服する仕事は、ロシアの力と外交技術には余ることがわかった。そこでロシアの政治家は、トルコが当分の間は存在する必要のある国だと決定した。一八三三年にニコライ〔一世〕は、ムニホヴォ・フラディシュテで、(原注2)「生徒として師匠のところへ」やってくるメッテルニヒと会った。ロシアとオーストリアの保守的同盟は二重の基礎の上で回復された。つまりヨーロッパの革命への抵抗、そしてトルコに干渉をしないこと、である。

ムニホヴォ・フラディシュテの協定は、オーストリアの安全の保障であり、同時にメッテルニヒが二〇年間闘い続けてきた目的であり、彼の未来の政策の基礎であった。ロシアとオーストリアは、近東では消極政策をとることで一致した。そしてロシアが譲歩したこ

メッテルニヒ

の代償は、オーストリアが存在し続けねばならないということだけであった。疑いないのだが、ツァー〔＝ロシア皇帝〕の君主らしいこの確信は、ロシアが近東に進軍したらどこからも反対されるであろうと考えたので、強められた。さらにこの確信は、現実的であり、メッテルニヒの外交技術の勝利であった。オーストリアとロシアの保守的友好関係は、メッテルニヒの政策とメッテルニヒのオーストリアの基礎であった。プロイセンは、この保守的同盟の中で第三番目の友国をなした。フランスの騒乱は食い止められた。イギリスは、ヨーロッパの協定を危険にさせずに、自由主義原理を誇示することができた。だがメッテルニヒの成功はオーストリアの弱さを隠した。オーストリアは、それ自身の強さによってではなく、他国の利便に合うようにして維持されたのである。一強国はそれが没落する時だけヨーロッパの必要物になるのである。

真に偉大な物はその存在を正当化する必要がない。

ハプスブルクの創造性は、ヨーゼフ二世によって最後の噴出を見せていた。若い時には伯父ヨーゼフ〔二世〕によって、成人した時には婿ナポレオンによって叩きつぶされた皇帝フランツ〔一世〕は、頑固にも創造性を否定するように叩き込まれていた。彼の唯一の資質は、外国の敵と国内の変化に頑固に抵抗することであった。性格と知性では平凡であったが、彼は、多くの事柄が上からの指令なしで進んだ倒れそうな帝国〔＝ロシア〕の支配者、つまりそれ相応のツァーにはなったであろう。しかしオーストリアはロシアではなかった。それは、ヨーロッパの他のどんな国よりも発展し拡大した官僚制がある、中央集権的国家であった。オーストリアの皇帝〔＝フランツ〕は、マリア・テレジアとヨーゼフ二世のお蔭で、実際に支配することができた。彼は自分の意志を帝国中に感じさせることができた。だがフランツ皇帝は意志がなく、指令や政策を持たないで、官僚にまかせた。その体制の欠点は、官僚支配の経験が少ない同時代人にとっても、近代の研究者にとっても驚くものではなかった。オーストリアの官僚は、かなり正直で、極く激しく働き、一般的には気高かった。それは多分、害悪であるよりも善であった。この官僚制は、ゆっくりとし、紙の山をやたらに作ったし、新しい官僚の職を作り出すことを主な目的と考え、人間を扱っていることを忘れていた。これらの資質は今ではどんな文明国家の住民にも知られている。さらにオーストリアの官僚は、いつも政策がないというどころではなかった、そしてこの欠点は、ほとんどのオーストリアの官僚が有能で明敏であったから、それだけ一層明らかであった。メッテルニヒ外相にごく近い同僚ハルティッヒは、こう概観した。

フランツ1世

「行政が政府に取り代った。」
　政府の諸機関は存在していた、しかしフランツ〔皇帝〕に、それらを用いるように説得することはできなかった。彼は、マリア・テレジアの改革を思い描いていた国家評議会を廃止し、復活させ、また廃止した。彼はその代り大臣会議を設立した、しかしそれを召集することができなかった。一部の官僚は、ヨーゼフ二世の改革事業を推し進めた。その他の者は、「ジャコバン主義」への抵抗を唯一の義務と考えた。一部の官僚は、マリア・テレジアによって始められていた州と貴族の特権の弱体化を続けた。だが他の者は、州と貴族とを帝国の支えと見なした。一部の官僚はさらに、ヨーゼフ二世がしたように、帝国が合理主義哲学にもとづくべきだと考えた。他の者はローマ教会に警察業務を依頼しようとした。官僚は、最も熱心に「危険思想」にたいする闘いに入っていった。フランツ一世の帝国は警察国家の古典的例であった。帝国には生命の通わぬ公式の新聞があり、通信は皇室一族でさえも管理された。ある州から他の州へ、あるいは町から田舎へ旅行するのに、旅券が必要であった。だが、検閲は、体制のその他のものと同じく、専制政治というよりもむしろ有害物であった。外国の本と新聞は禁止されたが、教養ある階級は、世界で何が起きたかを知っていた。そして一八四八年よりずっと以前には、はっきりした急進派の綱領が、新聞の上ではなく、人びとの心の中にあった。

官僚機構は、同時代の感情と最も接触を失っている局面で、最も成功した。オーストリアは、計画的な重商主義経済の最後の生き残り例であった。ここでオーストリアは、他のどんなものよりも自由主義の学説に挑戦した。ハンガリーには、独自の関税と独自の課税制度とがあり、この〔＝オーストリアの〕経済の外側にあって、一八四八年の後までほとんどもっぱら農業国であった。帝国の〔ハンガリー以外の〕残りの州〔＝オーストリアなど〕では、なおも産業的発展が上から促進された。古いオーストリアは、それが死ぬ前に、中央ヨーロッパに二つの遺産を残した。そのどちらもレッセ・フェール〔＝自由競争〕によって作られることはできなかった。つまりオーストリアの鉄道制度とトリエステ港(原注3)である。オーストリアは鉄道の発達ではプロイセンに先んじていたし、ゼメリング鉄道(9)線で、ヨーロッパで初めて山地を通る鉄道を開始した。トリエステ〔港〕は、鉄道時代以前では想像できない企画であったが、帝国の指導でわざわざ作られ、だから中央ヨーロッパは地中海への出口を持てたし、こうしてドナウ河へ依存しなくてよくなった。ロンバルド＝ヴェネトでさえも、オーストリアが支配することで経済的利益がもたらされた。つまり税と兵役は、以前のナポレオンの治下にあるよりも、あるいは後の民族国家イタリアの下にあるよりも、軽かった。そして同様に、イタリア人にとっては滅多にない経験であるが、オーストリアの役人は正直であった。しかしながら、これらの成果は、政治と比較すると無に近かった。オーストリアの支配は、しばしば農民大衆に利益を与えた、しかし彼らはものを言わなかった。オーストリア〔のロンバルド＝ヴェネト〕支配は、教育ある中間階級の自由主義的感情を怒らせた、そして彼らがこの時代の政治的雰囲気を決定したのである。

多くの官僚は、彼らの体制を弱めずにではあるが、広い支持をかちとろうと望んだ。メッテルニヒ外相は、これらの改革者の中で、最も精力的というわけではなかったが、最も創造力に富んでいた。彼は、その外交で成功した報酬として、一八二一年に宰相の地位を与えられた、そしてこの地位は、皇帝の総顧問として振舞う資格となった。その上、彼は、機敏で、表面的には利口であり、世界で大きな経験を持っていた。そして彼自身は政治学の一般的体系を作り上げる能力はなかったが、この時代の最も有能な政治的著述家ゲンツを助手に持っていた。〔皇帝〕フランツは、メッテルニヒによって提案されても、また同様に他の誰かによって提案されても、変化というものを嫌った。そしてメッテルニヒの企画は、どれも採用されなかった。宰相メッテルニヒは、大政治家の特質である、思想を行動に転化する推進力を欠いていた。そしてハプスブルクの状況は、もし彼がその力を持っていたとしても、彼を政治生活の外へ追い出してしまっただけであろう、というようなものであった。彼は、政治における大学教授といってよい人であった。そして彼の計画は、知的には抜け目がなく、後の教授たちが「オーストリア問題」を解決しようとし、つまり逃れようと望んだ、あらゆる工夫について考えた。オーストリア問題は、本質では単純であった。つまり、ハプスブルク帝国と民族主義とが和解できなかったこと、それら二者の間に現実の平和はありえなかったこと、である。

宰相メッテルニヒは、オーストリア問題を彼の多くの後継者よりももっとはっきりと見たし、二〇世紀初期の善意の理論家たちよりも、確かにはっきりと見た。彼らは、かなり思い込みが入っているが、ハプスブルクの失敗は、「機会を逃したこと」であったと考えたのである。メッテルニヒはまた、あらゆる救済策を探り、そしてそれらを諦めた。彼は抑圧を試みた、だから彼の名前は、シュピールベルクの恐怖[10]と永久に結びついた。だがこの抑圧は本腰の入ったものではなかった。それは、帝国が真に持っていた文明化した性格を帝国が失っていれば本当の抑圧となったであろう。メッテルニヒは、「オーストリアの使命」の方法もまた実践した。つまり経済的改善である。経済を改善すれば、大衆はハプスブルクの支配に感謝するはずであった。その使命は本心からであったが、その結果は破滅的であった。繁栄が進むと、それが皆、初めはドイツ人の、後には他の民族の、民族問題を拡大してしまった。その経済計画の効果を達成するためには、中産階級を繁栄させることではなく、大衆に向かって訴えねばならなかったであろう。メッテルニヒが一八四六年にガリチアで非難されたように、〔後の内相〕バッハが一八四八年の後に非難されたように、ハプスブルク家は共産主義者にならなければならなかったであろう。多分これは、メッテルニヒが一世紀後に生まれていたら何をしただろうと望むことと同じである。そうではなかったので、彼は制度的な譲歩、あるいはむしろごまかしを行なわざるをえなかった。これらの行為は、皇帝権力を弱めずに、不満を宥和するはずだった。彼の伝記作家の言葉によれば、それらの行為は空腹な男に静物画を与えたのである。後にフランツ・ヨーゼフ皇帝は同じ目的を持った。それゆえに、メッテルニヒの示唆は、一九世紀後半のオーストリアの制度的発展のすべてを予測していたのである。中央議会の構成とその名称、州議会の構成、および議会と州議会の間の関係は、メッテルニヒの役に立たなかった覚書きにまずすべて描かれていた。それは皇帝の机の引出しに見捨てられて入っていた。宰相メッテルニヒは、今まで「オーストリア問題」に専念した最も有能な人物であった。だが彼の行動の実際的効果は、ごく小さかった。ハプスブルク帝国を最も良く理解しながら、彼は行動をすぐ諦めたのである。

オーストリアは、政府の中央集権的体制が方向性を持っていないことに悩んでいた。宰相メッテルニヒの提案は、二つの別々の実際には敵対する救済策を出した。つまり中央集権化体制に方向を与えること、そしてその体制をあまり中央集権化しないこと、であった。

メッテルニヒは、ナポレオン帝国でうまく機能した中央集権的体制を見ていた。そしてすべての計画の中で、ナポレオンの成功の秘密を奪おうと努めていた。この秘密は単純であった。天才を皇帝に持つことであった。この秘密は、フランツ皇帝に推薦できるものではなく、さらにメッテルニヒも認めることのできないものであった。それゆえ、間違った解決が、ナポレオンの国家評議会に見出されねばならなかった。これは恐らく〔ナポレオンの〕帝国政府の広範な原則を決めていた組織であった。メッテルニヒは、二〇年以上も、帝国議会〔＝ライヒスラート〕、または帝国評議会を置くようにとフランツ皇帝に勧告していた。メッテルニヒはこう説明した、帝国議会は、皇帝の権力を侵害することではなく、それを正式にすることであり、「君主の立法権力の表明」であるべきである、と。彼の現実の意図は、帝国議会とは「支配者の衝動が一時的に突発するのを拘束するもの」だと述べたときに、明らかになった。フランツ皇帝は、拘束されないことを好んだし、その計画を顧みなかった。誰も強制されなければ権力を手離しはしないものである。さらに、帝国議会という名前は流布されていた。だから、オーストリアの議会が一九一八年まで召集されたのは、帝国議会としてであった。メッテルニヒはまた、自分の計画した議会の構成について迷っていた。彼は、議会が官僚だけで構成されるとすれば、官僚制度を改善しないだろうと認めていた。そして新しい血を入れることを提案した。その一部は古い血にすぎなかった、つまり退職した官僚たちであって、彼らがその後継者たちを批判してくれるはずであった。一部の人は、帝国の血であった、つまり大公たちであり、彼らが知恵を出すはずであった。この提案は、とくにフランツ皇帝には歓迎されないものであった、皇帝は、間抜けな者以外は自分の親類を皆好まなかった。さてメッテルニヒの計画の真の核心は、州議会が帝国議会に代表を送るべきだという提案であった。そうすれば帝国議会は、厳密に助言する立場であるが、帝国の総議会になったであろう。ここでもメッテルニヒの影響は生き残ったのである。帝国議会は一八六一年から一八七三年まで州議会によって選ばれ、一九〇七年〔＝普通選挙実施〕までは「所領地」による階級制度にのっとって選ばれた。

だが、オーストリア議会は、メッテルニヒの計画の影響がなくても発展したであろう。彼の影響は、その提案の他の部分で一層特別な意味があった。つまり州自治の復活である。州の尊重は、〔宰相〕メッテルニヒが〔政治理論家〕ゲンツから学んだ保守主義の核心であって、このロマンティックな反ジャコバン主義は、衰えている州を復活させて、後年の時代には混乱させることになった。君主制と保守主義の同盟は、ハプスブルク帝国ではとくに歴史のあるものではなかった、ハプスブルクの支配者は、ヴァイセンベルクの戦い以来、歴史的制度の破壊者であった。そしてヨーゼフ二世は、既存の帝国にジャコバン主義の型を与えたのである。伝統的な制度は、君主制の倒れた国ぐに、つまりイギリスと連合諸州〔＝オランダ〕で生き残った。君主制が続いている国ではそうではなかった。フランス革命の大嵐が、古い敵を力ずくで一緒にまとめた、つまり貴族は、国王に反対して絶え間なく反乱していたが、忠誠心を異様に発展させた。国王は、伝統を破壊するのに最善を尽くしたが、その伝統以上に復古的になった。フランスではシャルル一〇世は、その祖先が教会と貴族から奪っていた特権を、教会と貴族のために回復しようとして、王冠を失った。プロイセンではフリードリヒ・ヴィルヘルム四世が、プロイセンの弱点であった州の愛国主義を復活しようとした。そしてイギリスでさえ、ピット〔首相〕の後継者は、ピットが改革しようと望んでいたその弊害を守った。どこでも君主国は、権力としてよりも感情として論じられた。そして国王は、「歴史的」なごまかしをして、自分たちをジャコバン主義から救おうと望んだ。彼らは、地質学者が化石を収集するようにして伝統を集め、そしてこれらの化石が生きていると言おうとしたのである。

これらの歴史的な化石にたいして最も熱狂したのは、その国で育った人びとではなく、他国人、つまり他国の伝統に敬意を持ったつもりの転向者であった。オーストリアの州とその議会を歴史があるといって畏敬することは、ラインラント人のメッテルニヒとプロイセン人のゲンツの発明であった。州議会は、事実上は力も重要性もなかった。州議会は、ハプスブルク貴族の見栄えのよい人工的な会議であり、拒否権はなかったが、そこに提出された法律や課税案を厳粛に「検討」した。メッテルニヒ宰相は、州議会にいかなる権力も与えたり、それらを一層代議的にすることは、提案しなかった。彼は、この歴史的ジェスチャー遊びが、もっと広く、より頻繁に演じられるのを望んだだけである。州議会は、それゆえ、より規則的に招集され、それが消滅していた州では復活した。だが州議会はお飾りでありつづけた。ところでこの政治的骨董趣味は、オーストリア史に深い刻印を記した。死にかかった諸州は、民族主義の新しい酒を盛った古い皮袋となった。メッテルニヒは、州を復活させることによって、帝国を強化するはずの「歴史的」連邦主義を準備しているつもりであった。実際には、州は、民族的な野望の交戦場となり、諸民族の間の協同に反対する決定的な障壁になった。でっち上げられた伝統は、オーストリアの遺跡であった。そしてメッテルニヒはこの商売の創始者になった。

メッテルニヒの冒険的で投機的な精神は、まだ本当の基盤はなかったのだが、知的には保守主義を確信していた、そして彼の精神は違った路線の実験に向かわせた。その精神から生じたのだが、諸州を復活させるという彼の政策とは矛盾していた。州の古い制度を探究しているとき、メッテルニヒは、予期していなかった発見をした。つまり多くの州は元来ドイツ的性格ではなかった。だから、歴史的復古主義は、一層有利にドイツ民族主義の危険を弱める、という発見をした。メッテルニヒは、歴史的傾向の強いチェコ文学の復活を保護した。これはボヘミアの歴史的統一体と調和できたであろう。もっと驚くべきことに、彼は、単一南スラヴ語への非歴史的運動を歓迎した。(11) つまりその言語は、ナポレオンのイリュリアにその起源を持ち、民族イタリア思想と同じく革命的な意味のある、知的な観念である。「イリュリア語」の主な魅力は、ハンガリーの要求に反して武器を与えることだった。つまりハプスブルクが決して多くは持っていなかった武器である。そして疑いないことだが、西ドイツ人であるメッテルニヒは、スラヴ問題を知らずに、チェコ語の復活が歴史的ボヘミアと重なるのと同じように、イリュリア語がクロアチアの歴史と関わることができると思った。どのみちこれらの文学的な活動は、実践的な政治的結果を持つことにはならなかった。それらは、「文化的民族主義」であり、つまり絶対的支配者が大いに好む自由の代替物であった。依然としてメッテルニヒは、イリュリア主義[12]を促進し、それを普及した詩人ガイに補助金を与え、それによって、歴史的諸州の衰えに反対し、また民族的再建に味方して、無意識に行動していた。実にメッテルニヒは、自分が何をしているのかを悟らないで、帝国を民族の線で区分することを提案した。彼が成功しなかった改革の一つは、中央集権化した官庁を四つの部門、つまりオーストリア、イタリア、イリュリア、ボヘミア・モラヴィア[13]・ガリチアに区分する提案であった。「オーストリア」がドイツ的な国なので、これらのうちの初めの三つは、民族的な集合体であった。第四番目でさえ、イリュリアを真似して、チェコ人とポーランド人を結びつけて「西スラヴ」人としたので、民族的になった。こうして、現存のハンガリーとトランシルヴァニアの官庁とともに、それぞれが自分たちの言語を用いる六つの民族単位が存在するはずになった。ガリチアという一点を除けば、メッテルニヒは、これらの計画によって、ハプスブルク帝国を再建する〔他の人の〕あらゆる将来計画を先取りした。そしてそれらの将来計画と同様に、彼の計画も無益であって、決して実施されなかった。メッテルニヒの時代とそれ以後の時代では、中央ヨーロッパの運命は、諸階級と諸制度との衝突によって作られたのであり、小器用な思想によって作られたのではなかった。

机上の計画と現実政治の間の相違、見せかけの保守主義と本物の保守主義との相違は、生きた歴史の唯一の州、ハンガリーで示された。フランツ皇帝は、伝統的にハプスブルクが持つ不信の目で、ハンガリーを見た。彼は、伯父ヨーゼフ二世を嫌ったのと同じように、ハンガリーがヨーゼフ二世に抵抗したことをさらにもっと嫌った。そして彼はまたハンガリーの特権を終らせるつもりであった。だが、これはフランスと戦争をしている間は不可能であった。兵と金の認可を与えてもらうために〔ハンガリー〕州議会を招集しなければならなかった。そして一八〇九年にフランツ皇帝は、ナポレオンがハンガリーの反乱を呼び掛けることに反対するために、ハンガリーの愛国者だと見せかけなければならなかった。一八一一年にフランツ皇帝は、ハンガリー通貨をウィーンと同水準に下げて、ハンガリーと帝国の通貨を等しくしようとした。〔ハンガリー〕州議会は彼の要求を拒否した。そして彼は怒ってそれを解散し、もう招集しまいと決心した。州議会を三年ごとに招集するという憲法の規定が、再び破られた。しかし、ヨーゼフ二世とは違って、フランツ皇帝はまた、自治行政体である郡の会合を廃止しなかった。ハンガリーを、中間階級のドイツ人役人で治めることは、フランツ〔一世〕が大嫌いな改革熱が必要であった。膠着状態が続いた。

郡の委員会は、ウィーンにあるハンガリー領事館から受け取った命令をごまかし、〔ハンガリー〕州議会の布告なしでは税や兵士を徴集することを拒絶した。彼らは、金集めと徴兵を企てるために時折り送られた帝国委員会を阻止した。そして、抵抗の頂点であった一八二三年に、バーチの郡は実際に、その委員会が仕事をできなくするために、その役人全部を罷免した。メッテルニヒはいつも、この「歴史的」勢力との衝突を残念がった。そして彼の外交的手腕を自慢して、ハンガリー議会をうまく処理できるとフランツ皇帝に請け合った。ハンガリー議会は一八二五年に召集された。これは、ハプスブルク中央集権主義にたいするハンガリーの分離主義の勝利であった。

宰相メッテルニヒは、〔ハンガリー〕議会を人工的に作られた他州の議会と同じ水準に置くことで、ハンガリー貴族が満足するだろう、と思った。だがそれは、彼が主要な役割を演じた歴史的茶番であった。ハンガリーにおける帝国的運動の推進者はドイツ人であり、つまり帝国がもともと計画的な目的でハンガリーに導入した都市商人であった。これらのドイツ人は、財政と選挙権を改革するという綱領によって、メッテルニヒの側にかち取られていた。つまり貴族への免税をやめることと、都市の代表を増加することであった。メッテルニヒは、歴史的ボヘミアを保護したように、歴史的ハンガリーを保護することを好んだ。ハンガリーの大貴族も、自由主義の脅威と民族主義の脅威を見た。だが彼らは、ハプスブルクの保護を求める代りに、自分たちが民族運動の指導者になると安全になることがわかった。こうしてハンガリー大貴族は、小貴族とドイツ人都市住民との両方の支持をかち取った。この変化の草分けは、大地主セイチェニィであった、彼はイギリスのホイッグ党が成功した秘密を取り入れた。彼は、近代ハンガリーを作るというジェスチャーをして、ハンガリー・アカデミーを創設するために、自分の領地の一年間の所得を寄付した。大貴族が愛国主義者になったのである。そして同時に愛国主義が民族的になった。「民族」の言語つまりマジャール語を、ラテン語の代りに〔ハンガリーで〕最初に要求したのは、一八二五年であった。それはさらに一八三〇年の〔ハンガリー〕議会で、もっと首尾一貫して行なわれた。ハンガリーは、以前には、その古臭い特権で帝国の他の州と区別されていただけだった。だがこれ以来ハンガリーは、明白な民族国家として現われたのである。一八二五年と一八三〇年のハンガリー議会は、メッテルニヒの利口さを偽りであると示し、彼の皇帝への影響力を弱めさせた。メッテルニヒはまた、オーストリアの財政の混乱が増したことによっても揺さぶられた。彼は平和を促進すると約束していた。だが彼はそうではなく、一八二九年にロシアとの戦争を目論んだ、そして一八三〇年に、動員を求めねばならなかった。それは、フランスの七月革命に続いた驚愕の時代であった。これらは費用がかかる処置であった。財政を成功させたのは、メッテルニヒの好敵手〔官僚〕コロヴラートであって、コロヴラートは、一八二六年に中央政府に招かれたボヘミアの貴族であった。コロヴラートは、メッテルニヒの途方もない保守主義を一つも持たなかった。彼は、ヨーゼフ二世の伝統を汲む官僚であり、諸州をねたみ、伝統を軽蔑していた。彼の主な動機は個人的であり、「外国人」メッテルニヒを好まず、ヨーロッパ体系の中でオーストリアを強くするための支出を好まなかった。メッテルニヒへの反対を演じながら、彼は、時には自由派の、時にはボヘミアの愛国主義者としてのポーズを取った。コロヴラートは非常に豊かだったので、辞職するという武器をいつも用いて脅かし、自分のやり方をした。そしてメッテルニヒは、金が必要なので職に縛りつけられており、コロヴラートに対してはなすすべがなかった。一八三一年にコロヴラートは、フランツ皇帝の治世ではユニークな事件であったが、オーストリアの国家会計の決算をした。それ以来彼は、皇帝に気に入られて地位が安泰となった。フランツ皇帝はコロヴラートを個人的に好んだのではなかったし、皇帝は宰相メッテルニヒとうまくやっていた。しかしコロヴラートは、メッテルニヒが政府体制を批判するのを見過ごすことができた。国内問題と、とくに役人の任命は、コロヴラートの本分となっており、メッテルニヒは対外政策の指導に局限されていたからである。

一八三二年に宰相メッテルニヒは、政治的手腕をもう一度ハンガリーで試みた。彼は今度は、州議会が装飾的機能では満足しないことを認めた、そこで、ハンガリーの法律が混乱しているのを近代化するという、実際的改革を計画して、ハンガリー議会を変えようと望んだ。ハンガリー貴族は、郡会議で何世代ものあいだ〔政治の〕訓練をしており、政治の現実を理解していた、だからこの上からの改革計画に抵抗した。下院では、マグナート〔＝大地主〕が尽力してくれたので、王朝の権威に対する公然とした反抗を、やっと避けられた、だが改革は完遂されなかった。メッテルニヒは、この失敗に対して、外交政策で成功することができた。つまり一八三三年のロシアとの協定である。[14] フランツ皇帝は、メッテルニヒがしきりに主唱していた帝国議会を設立する約束をした。この約束はまた果されなかった。フランツ皇帝が一八三五年の二月に死んだのである。彼は死の床で、息子あての二つの政治的遺書に署名をしたが、それはメッテルニヒがずっと以前に起草したものであった。一つは、ヨーゼフ二世が課した支配から教会を解放せよという義務を、息子フェルディナントに負わせた。[原注4] もう一つは、国家の基礎は何も変えるな、そして国内問題は全部ルートヴィヒ大公（フランツの末弟）に相談し、とくに「余の最も忠実な召使で、かつ友人」メッテルニヒに頼れと、フェルディナントに申し付けていた。[15] ここにはコロヴラートの名は挙げられていなかった。メッテルニヒはついにライヴァルから自由になって、長い間主唱していた建設的保守主義の計画を実行することができそうに見えた。官庁に帰ると、フランツ皇帝の死を医師に告げて、こう言った、「フェルディナントが皇帝になった。」[16] 愚者で、あるいはお追従屋の医者は、こう答えた、「では、閣下がリシュリューですね。」

（原注1）この戦いはあまりに有名なのでスラヴコフという正確な名前が付けられていない。

（原注2）ドイツ名、ミュンヘングレーツ。

（原注3）これはイタリア語の変異である。正しい名前はトゥルスト。

（原注4）この命令は、フランツ皇帝の保守主義が混乱していることを明らかにしている。ヨーゼフ二世の教会改革は、「啓蒙的」であった。それゆえフランツ皇帝はそれを好まなかった。他方、それらの改革は存在していた、だから彼はそれを変革することができなかった。当時の保守主義学説は、祭壇と王冠との同盟を教えていた。ハプスブルクの伝統は、教会を〔国家が〕厳格に管理することであった。その結果、フランツ皇帝は、ヨーゼフ二世の事業を取り消す決心をしながら、治世を過ごした、自分の決心にもとづいて、それ〔＝ヨーゼフ二世の事業のとりやめ〕を実行しなかった。ちょうどメッテルニヒが提案した諸改革の実行を約束し〔結局実行しなかっ〕たように、またその計画を机の引出しにしまい込んだように。最後の混乱した姿はこうである。彼は、自分が実行する決意のなかった仕事を、息子が実行するよう命令した、だが、フェルディナントが柔弱すぎて通常業務さえ処理できなかったことを、彼は知っていたのである。
（1）一八〇五年、オーストリアとロシアが組んで、ナポレオンと戦い、ナポレオンの大勝に終った。
（2）ワグラムの戦い。オーストリアが敗北する。
（3）ロシア皇帝アレクサンドル一世、一七七七～一八二五年。
（4）一八一四～一五年。

(5) 一八一三年のライプチヒの戦いで、ナポレオンは敗北し、その没落が決定的となる。一八一五年、一〇〇日天下の後、ナポレオンはワーテルローの戦いで敗れる。
(6) 大ドイツ主義。オーストリア、プロイセンその他ドイツ諸国を統一して大ドイツを作ろうとする考え。
(7) 一八四八年に、オーストリア軍がイタリアの反乱軍を破った。
(8) 一八五九年の、イタリアとオーストリアとの戦争。フランスがイタリアを救援し、休戦に終る。
(9) ウィーンから南の小さな町。
(10) 帝国の最も有名な監獄。モラヴィアのブリュン市の近くにあった。
(11) 非歴史的、つまり、支配民族でない、又は、歴史のない、という意味になる。
(12) 紀元前にバルカン半島西部、つまりイリュリアに存在したイリュリア人を、南スラブ(=ユーゴスラブ)人の祖先とみなし、それにより南スラブ人の言語・文化的統一を主張する思想である。ただし今では、このイリュリア人が南スラブ人の祖先ではないとされる。
(13) ドイツ語で、メーレン。今のチェコの中部地方。
(14) ムニホヴォ・フラディシュテの協定。第四章参照。
(15) フェルディナントは全く無能の人であった。
(16) ルイ一三世時代のフランスの大宰相。

第四章　三月前期

フランツ〔一世〕皇帝の死とともに、「三月前期」という空白期間が始まった。誰もが意識していたこの奇妙な待ちの時期は、「大洪水」(1)で終るはずのものであった。新皇帝フェルディナント〔一世、在位一八三五～四八年〕は、愚鈍で、癲癇で、くる病であった。彼の性格は、その唯一の分別のある発言で表わされた、「余は皇帝である、そして余はうどん《ヌーデル》を望む！」(2)宰相メッテルニヒは、皇帝のいない帝国は悪であると見なしていた。また彼は、皇位継承者を変えたくないというフランツ皇帝の意志を固くさせていた。そして魅力ある交代者がいなかった。フランツ・カール大公は、〔フランツの〕弟であって、実際に間抜けではなかったが、およそ人の上に立つには適していないと言ってよかった。その上、メッテルニヒは、皇位継承者を変えることは世襲君主制を揺るがすであろうと、論じた。〔宰相〕メッテルニヒの本当の動機は、もっと実際的であり、真に外交官の策略であった。統治力のない皇帝を戴いて、メッテルニヒがハプスブルク帝国の真の支配者になろうとし、最後に彼の保守主義的改革の計画を実現しようとしたのである。だが彼は、リシュリューやビスマルク(3)が持っていた自信がなく、この時期でさえ大公の背後に隠れなければならなかった。彼はフランツ皇帝の兄弟のうちで最も取るに足らないルートヴィヒ大公を〔宰相会議議長に〕選ぶことによって、うまく行った(4)と思った。ハプスブルク家には二人の有能な人物がいた。偉大な軍事的組織者カール大公、自由主義を確信するヨハン大公である。だが二人とも、メッテルニヒを批判することによって改革を求めていた。だから彼らは権力から排除されたままであった。

ルートヴィヒの〔議長への〕任命は、メッテルニヒの、政治家としてではなく外交官としての手であった。というのは、もしメッテルニヒが実際に帝国の改革をするつもりであれば、取るに足らない人ではなく、強力で決断力のある人物の支持が、彼には必要だったからである。メッテルニヒは、政治状況の現実を理解しなかった。唯一の欠陥は皇帝の性格にあると彼は本当に思い、そして官僚制の重みも、生粋のオーストリア人が彼の巧妙な「対外」計画に対して嫉妬していることも、考慮しなかった。事実、メッテルニヒが陰謀に成功したので、コロヴラートは、宮廷サークルの愛国的オーストリア人の抵抗の指導者となった。〔官僚〕コロヴラートは、彼がやりすごされたやり方を初めのうちは無視していた。だが衝突は一八三六年に勃発した。メッテルニヒはすでに、関税同盟がオーストリアのドイツ的な地位にたいして危険だと察知していた。関税同盟は、プロイセンの指導下で一八三四年に創設されていた。そしてメッテルニヒは、オーストリアが関税同盟に入れるように、オーストリアの関税率を変えようと意図した。手始めとして、彼は一八三六年に、砂糖関税の減額を提案した。これは大土地所有者への打撃であった。大土地所有者は、砂糖大根が利潤を生む収穫物であることをすでに知っていた。コロヴラートは抗議し、ボヘミアの領地に引っ込み、辞任すると言って脅かした。これはメッテルニヒにとっていいチャンスであった。彼はルートヴィヒ大公に、帝国議会あるいは疑似議会と、大臣会議あるいは疑似内閣を創設しようと提案した。双方ともメッテルニヒを議長にした代議的性格のない立憲政体であり、真の保守主義の夢であった。ルートヴィヒ大公は、責任から解放されるのでとても喜び、これに同意した。

これらは机上の計画であり、どんな階級や党の固い支援もなかった。それらは、一つの宮廷陰謀によって作られたのであり、第三者によって台無しにできた。象徴に価するのだが、ハプスブルク家の自由主義者ヨハン大公がメッテルニヒを敗北させ始めた。ナポレオン戦争の間、ヨハン大公はオーストリアがドイツ人の民族的抵抗を指導するよう望んでいた、そして彼はナポレオンが課したバイエルンの支配に対してティロル人が反乱しているのを保護した。これらの活動は、メッテルニヒの遅延外交を危険にし、フランツ皇帝の不賛成をひき起こした。ヨハン大公は、郵便局長の娘と結婚して自由主義を実行したのだが、一世代の間、宮廷から追放されていた。彼は、メッテルニヒを反動家で、反啓蒙主義の教会の仲間として知っているだけであって、メッテルニヒの成功は、彼の反動政策の勝利をしるすもの、と思った。ヨハン大公は、二五年ぶりに宮廷に出仕し、メッテルニヒの計画を採用した場合の悲惨な効果を、ルートヴィヒ〔大公〕に力説した。砂糖大根の利潤〔が減少するの〕を恐れた貴族に指示されて、彼はコロヴラートを、成功した財政家で自由主義的精神の人であるといってほめた。メッテルニヒはルートヴィヒ大公の背後にいても力を持たなかった。彼の唯一の武器は議論であった、だが三時間半の議論で、ヨハン大公の反対論を揺さぶることに失敗した。ルートヴィヒ〔大公〕は、悩み、うろたえ、彼の賛成を引っ込め、帝国議会を廃棄した。そして彼自身が大臣会議を司ろうと決めた。この会議は、フランツ〔一世〕の治世にそうだったように、再び正式なものになった。コロヴラートは勝利して官庁の机に戻った。

否定することでは成功したメッテルニヒの外交は、建設することでは失敗した。何も変らなかった。むしろ事は悪いほうへと変った。帝国権力は、委任された、つまりルートヴィヒ大公、メッテルニヒ、コロヴラートの「予備会議」は、大臣たちに譲り渡すべき業務を決めた。この予備会議は、フランツ皇帝が行なったように、大臣たちの仕事を再び繰返した、そしてさらにもっと遅くして仕事をした。コロヴラートとメッテルニヒは、お互いに嫌い合い、ルートヴィヒ大公はいかなる種類の活動も嫌った。それゆえいつも多数派が行動に反対していた。休業は完全であった。行政が政府と取り代っただけではなかった。

当時のウィーン（グリンツィングからの眺め）

行政は機能さえしなかった。

　メッテルニヒは中央集権的政府を改革するのに失敗した。州の感情を生き返らそうという彼の試みは、彼が意図した結果ではなかったが、「三月前期」体制に多くの結果を生んだ。大変奇妙だが、メッテルニヒとコロヴラートは、とくにボヘミアで、州の利益のためにお互いに対抗して言い合った。〔官僚〕コロヴラートは「ヨーゼフ流」の中央集権主義者だが、ドイツ人を好まず、ボヘミアの愛国主義を誇示した。メッテルニヒは、ドイツ人だが、中央集権主義を嫌った。伝統的な州の儀式は行き返った。皇帝フェルディナントは、彼の父の生存時代の一八三〇年に、ハンガリー国王の王冠を受けた。彼は一八三六年にボヘミア国王の王冠を得た、そして一八三八年に、ロンバルディアの鉄の王冠を受けた。これはオーストリア領イタリアのつまらない仮面舞踏会であった。メッテルニヒは、新しい疑似歴史的な、とりとめない長話を発明したかった、そして州議会から来た代議員のいるところで、フェルディナントをオーストリア皇帝の位につけたかった。これは三月前期のオーストリアにとってさえも、あまりに人工的な伝統のでっちあげであった。

さらに諸州の感情は、ドイツ的諸州でさえも動き出した。州議会は、中央政府の遅さと無気力さに対して、一般的な不満の声を上げられる唯一の手段であった、それは自由主義の機関になった。ちょうど、フランス議会、つまり特権的合法階級の集会が、大革命の前に間違って自由主義の雰囲気を持ったようにである。一八四〇年に、ティロル州議会の一員、アンドリアンが、『オーストリアとその未来』を出版した、それは教養ある行政階級の意見を反映し、かつ喚起した。その中で彼は、皇帝が無で、州がすべてであると論じた。ウィーンで集まり、主に中央政府官僚で構成されていたニーダー・エスターライヒ議会でさえ、屍となった予備会議に反対し、ジェスチャーとして州の権利を主張した。だがこれは馬鹿げたことであった。州の権利は、ウィーンから干渉を受けずに土地を支配したかった土地貴族のために、表面的な余興となることができたからである。州の権利を説くことは、ドイツ人官僚には自殺的であった、なぜならそれは、帝国の最も遠い辺境にドイツ文化を運び、それゆえドイツ人役人の雇用を実現した組織〔つまり中央組織〕を攻撃することであったからである。プラハ、リュブリャナ、またはインスブルックでさえ、州の権利(原注1)

を語ってもよかった。だがそれをウィーンで語ることは矛盾であった。ドイツ人官僚制は、確かに広い支持を必要とした。だがこの支持をドイツ人中産階級に持つことができたのであり、不満を持つ州の貴族にではなかった。そして事実、ニーダー・エスターライヒの議会にいる州の熱狂主義者は、二〇年後〔＝一八四八年の三月革命〕に自由主義的中央集権主義の指導者になった。

州議会の目覚めは、それが民族感情と結合できたところではかなり重要であった。ボヘミアで、州議会は、もっぱらチェコ愛国主義を弄んだ大地主からなっていた。一八四〇年に、〔ボヘミア〕州議会は、そこに提出された提案を、「検討する」とともに、拒否する権利を要求した。一八四六年に〔ボヘミア〕州議会は、ヴァイセンベルクの戦いや一六二七年の修正法令より以前に存在していた諸権利の回復を要求した。ハプスブルク絶対主義がボヘミアに移り住まわせていた外国人の子孫たちは、こうして彼らがチェコ人に置き代っていたそのチェコ人の諸権利を要求していた。イギリス人のアイルランド所有者が、一八世紀にアイルランド独立の防衛者のような姿勢を取ったが、これと同じである。これらのボヘミアの貴族は、チェコ人民族主義については何も理解しなかった。ハンガリーの従兄弟の特権を嫉妬していたボヘミア貴族は、歴史的な場当たり行為によって、帝国役人と帝国の徴税人から逃れられると思った。民族派知識人はまた、ハンガリーの例にならって走り出した。彼らは、他の同盟者を持たなかったので、州議会の大貴族と手を結んだ。最も影響力のあるチェコ人の復活主義者パラツキーは、ハンガリーで育ったのだが、ボヘミアの貴族がハンガリーの貴族のように民族的性格を持てると想像した。その上パラツキーは、ハンガリーで、肩書きへの畏怖と自信の欠如を学んだ。これはチェコ人としては普通ではない。帝国政府はまた、〔ボヘミア〕州議会の「憲法の」要求を拒絶したが、ボヘミアをハンガリーに反対する手段として用いる用意があった。こうしてボヘミアの演技はハンガリーを馬鹿にするのに用いられた。もっと重大なことだが、政府はすでにスラヴ人を、ドイツ人に反対するよりもむしろハンガリーに反対する有能な同盟者として考えていた。これはレオポルト二世〔皇帝、在位一七九〇〜九二年〕の時代からハプスブルク政策にある一本の糸であった。彼は、セルビア人が蜂起するという脅かしを使ってハンガリーを妥協させたし、またチェコ人の先駆者ドブロフスキーがスラヴ人の団結について行なった講義を聴いた後で、一七九一年にプラハ大学にチェコ講座を創設した。当時、〔一八〕四〇年代で、ドイツ人名前とコスモポリタン的教育を持っていたボヘミアの貴族は、チェコ人文化のために小冊子を書けとか、ハンガリーにいるスロヴァキア人の要求を守れとさえ、励まされた。

三月前期の最大の事件は、ハンガリーで非妥協的なマジャール民族主義が勝利したこと〔原注2〕であり、あるいはそれを人物でいえば、セイチェニィがコッシュートに敗北したことであった。〔イシュトヴァーン・〕セイチェニィ〔伯爵、一七九一〜一八六〇年。大土地所有者、祖国ハンガリーの後進性を克服しようと、改革運動をはじめた〕は、免税を放棄するよう貴族を説得するために、民族精神を喧伝していた。彼の政策の象徴は、ドナウ河にかかっているブダペストの橋であって、貴族の土地に課された税金で作られたものであった。確かにセイチェニィは、ハンガリーが近代的民族国家になることを望んだが、自然的な成長によって、帝国政府に敵対しないでそうなることを望んだ。彼は、郡にうずもれた粗野な小貴族にあまり同情を寄せなかった。彼の理想はホイッグ党であった、つまり愚かなトーリー党の田舎郷士に反対する大貴族と都市中産階級の同盟であった。セイチェニィは、三月前期におけるメッテルニヒのハンガリー綱領を奮い立たせた、つまり都市の利益のための行政と経済の改革であった。郡議会の議長は、政府役人にするべきであり、州議会で都市には郡と等しい代表を与えるべきであり、ハンガリーの関税障壁はなくすべきであり、そしてハンガリーはオーストリアの鉄道網に含めるべきである、というものであった。これらの改革は、小貴族を滅ぼしたであろう。そしてそれを実現するには、強力な断固とした中間階級が必要であった。事実はこれに反していた。家族を含めて六〇万人の貴族がいた。都市は、そしてこれらの多くは人口が膨張した農村であったが、その全人口は五七万五千人であった。だからセイチェニィとメッテルニヒの綱領は、巧妙ではあったが非現実的であった。

だが、ジェントリー〔=小地主〕の救世主コッシュート〔一八〇二～九四年〕の登場がなかったならば、やはりその綱領は徐々に前進したかもしれなかった。ラヨス・コッシュートはたった一〇年間の活動的政治生活をしただけだった。だが彼は、他のいかなる人物よりも中央ヨーロッパで深い刻印を残した。小貴族の生まれでありながら、彼は土地を持たなかった。彼はジャーナリストであり、激しい進路をとっても失う物は何もなかった。彼はマジャール主義への「転向者」であり、スロヴァキア人の出で、母はマジャール語を話せなかった。コッシュートはスラヴ人的素姓を持っていたので、ハンガリー人の持つ現実への注意深さや分別とは異質なうぬぼれを抱いていた。国なきスラヴ人である彼は、ハンガリー紳士として受け入れられることを望んだ。そして彼の偉大な行為は、土地の所有ではなく、マジャール民族主義こそが、路線の真の分れ目であることを主張したことであった。彼はまた、西ヨーロッパの政治を学んだ。事実彼は、無知な小貴族と自分自身を記述するのに、「ジェントリー」の用語を持ち込んだ。セイチェニィがホイッグ主義を学んだときに、コッシュートは民族主義を学んだのである。そして彼は、都市ではなく、ジェントリーが、マジャール民族の心臓であると請け合うことによって、ジェントリーを摑んだ。喜外国様式をすべて憎み、中世的な法律の夢の世界に生きていた後進的な田舎の郷士は、喜ばしいことに、その最悪の偏見が賞賛に値し、彼らがハンガリーを守っていた、ということを〔コッシュートから〕学んだ。大貴族の指導に反対していつも反乱していたジェントリーは、当時、大貴族を強制して彼らに従わせることができなかった。コッシュートの書き、話す素晴らしい天賦の才は、民族的情熱を喚起するという一つの目的に向けられていた。自分の能力に自信を持った彼は、歴史的な伝統の力も、物質的事実の障害も認識せず、他人へのどんな妥協も弱さのしるしと見なし、急進的要求を増強することによって彼の競争相手より高い値をつけた。彼の文筆は四〇年代のハンガリーを支配した。そして一八四七年に、その資格である土地の保有がなかったが、彼は「ハンガリー」議会に選出された。これは真に、マジャール人が階級から民族へ進化したことを象徴した。コッシュートは、同時代の真面目な意識ある急進主義とは何も共通性を持たなかったが、ハンガリーと、当時のヨーロッパ中の急進主義の、人気ある英雄になった。彼はむしろ、理想主義を民族的情熱のために濫用して権力に昇った初めての独裁者だったのである。

ハンガリーはマジャール人の民族国家であるという、この単純な教説が、コッシュートを成功させた。コッシュートはこの武器を経済学の分野でさえ用いた、そして「民族的経済学」を主張することによって、ハンガリー関税障壁にたいするメッテルニヒの批判をうち負かした。リスト(5)がドイツの中産階級に提供した学説が、ハンガリーのドイツ人を帝国政府から遠ざけ、コッシュートの側に獲得するために用いられた。さらにドイツ人は、マジャール問題のうちの最小の問題であった。ドイツ人は都市住民であり、トランシルヴァニアのザクセン人を除けば、田舎に根がなかった。ところでハンガリーの広い領域には、不在地主以外にはマジャール人住民が居なかった、そしてマジャール人は、自分たちのものだと要求している国家の中では、少数派であった。これは、次の一〇〇年間のハンガリー政治にとっての鍵であった。マジャール人は、疑似自由主義政治を追求した、しかしそれを非自由主義的方法によってだけ実行することができた。彼らは、公共生活のすべてを人工的に独占してしまうこと、そしてハンガリー内の他の諸民族の文化的目覚めを妨げることによってのみ、民族的立場を維持することができた。この政策は、もともと意識的な目的を持っていなかった。それはラテン語を放棄せざるをえなかったことから生じた。コッシュートはこのことを民族的支配の武器に転化した。一八四〇年にマジャール語は、唯一の公用語であると宣言された。一八四四年の議会は、コッシュートの完全な勝利をしるした。議会は、ラテン語を完全に廃止し、法律と、政府の全業務、そしてとくに公教育の唯一の言語として、マジャール語を制定した。この一八四四年の言語法は、ジェントリーのためには二重に有利に働いた。それは、ドイツ語を使えという帝国の役人の押付けからジェントリーを守った。そしてこの言語法は、農民大衆から出た知識人にたいして道を閉ざしたのである。ハンガリーは、経済的に世界から永久に孤立してはいられなかった。そして一度この孤立が破られると、ジェントリーの領地は衰退するのであった。コッシュートは、ジェントリーに新しい生存手段を与えた。つまり官職を〔ジェントリーに〕独占させることであった。

コッシュートの説は、「小さなハンガリー」に留まらなかった。民族ハンガリーは、フランス革命が聖ルイの遺産であったように、聖シュテファンの遺産であると要求し、そしてすべての「聖シュテファンの王冠の土地」を要求した。この要求は、トランシルヴァニア(6)とクロアチアの自治を脅かした。トランシルヴァニアはかなり簡単に犠牲になった。その議会は、普通の封建的な複雑さ以上のものがあり、マジャール人、セイクラー人（マジャール人の傍系）、ザクセンのドイツ人に、平等な代表権を与えていた。ルーマニア人は、人口では多数派であったが、選挙権がなかった。ザクセン人だけが、独自の立場を主張しようと試み、そして彼らでさえコッシュートのデマ宣伝によって威圧された。階級の自負心のために、ザクセン人は選挙権のないルーマニア人多数派に注意を向けなかった。一八四八年までマジャール人の熱狂はトランシルヴァニアを支配した。

クロアチア〔＝当時、ハンガリー王国に属していた〕はもっと難しい州であった。ここにはハンガリーと同じくらい古い議会があって、それ自身の長ったらしい封建的な法律と、わずかにクロアチアの王冠の伝統があった。一八四四年の言語法でさえ、クロアチアを例外と認め、ハンガリー議会ではクロアチア代議士がラテン語を使い続けることを六年間許した。その後、彼らはマジャール語を使わなければならなくなった。クロアチアの貴族は、ハプスブルクの侵害にたいしてハンガリーと共同戦線をつくった。そして彼らは、新しいマジャール人の政策によって当惑させられた。彼らは、マジャール語にたいして、ラテン語ではなくクロアチア語を守った。だが彼らは民族的な論点を理解しなかったし、クロアチアの唯一の安全路線であった「イリュリア的」復活については何も知らなかった。マジャール人の要求に反対したクロアチアの貴族は、実際に、イリュリアの開拓者ガイに、ブラティスラヴァのハンガリー議会の議席上で一八三三年に初めて会った。彼らとガイは双方とも、ザグレブ〔クロアチアの首都〕ではお互いの存在を知らなかった。さらに、三〇年代末より以前にはクロアチア議会ではクロアチア語が話されていた。そして一八四七年にクロアチア議会は、ラテン語文では最後の決議で、「クロアチア−スラヴォニア語」を民族語とした。こうしてコッシュートとハンガリーと民族クロアチアは、正面衝突した。

帝国政府はコッシュートの成功を手をこまぬいて眺めていた。宰相メッテルニヒは、彼のいつもの鋭い知覚で、早くからコッシュートの活動の危険を見抜いており、一八世紀の合理主義政治家に知られる唯一の武器、つまり議論、投獄、贈賄を試みた。だが、すべては生半可であって、帝国の他のあらゆるものと同じく、利き目がなかった。帝国政府は、ハンガリーの諸民族の文化的権利を守るという決定を宣言していた。一八四四年の無法な〔ハンガリー〕議会に直面して、帝国政府は沈着さを失い、マジャール語法令を黙って受け入れた。そしてこの法が、帝国当局と通信する言語としてドイツ語をしばしば認めていることで満足した。三〇〇年間も存在していて、ハンガリーをトルコから解放した帝国にとって、これは唯一の譲歩であった。だがメッテルニヒは、ハンガリーでさえ、所領地的自由主義が地主の運動であることを知っていた。ハプスブルクの政治家は、ヨーゼフ二世の武器つまり農民層への訴えを忘れてはいなかった。だが、自分自身地主であり保守主義者である彼らは、それを使うのを躊躇した。その武器を、ガリチアの事件によって無理に彼らは使うことになった。一八四六年に、ポーランド愛国主義者つまり地主と知識人は、急に民族的反乱を起こした。これは一八四八年の革命の早すぎた一部であった。オーストリア当局は、長い間予言していた革命の到来に驚き、狼狽し、不十分な正規軍を送るとともに、農民が彼らの主人に反対して立ち上がるよう呼び掛けた。その結果はジャクリー(7)であった。ポーランド人は、その民族主義が狭量な階級本性によっていたことが暴露されるのを恥じて、後年に、これらの農民は「ルテーン人」つまり小ロシア人であったと主張した。事実、民族的で農民的でもある蜂起は、純粋にポーランド地域で起きた、そして農民は民族意識のないポーランド人であった。ガリチアの反乱は大鎌と殻竿で鎮圧された。だがそれはオーストリア帝国の農業構造を揺るがしたのである。反乱の間、帝国当局は、賦役つまり労働地代の廃止を約束しなければならなかった。(8)反乱の後で、当局は再びあえて賦役を導入した。こうして、州議会の貴族的フロンドと、コッシュートの民族主義的狂信の下で、農民大衆は騒いだのである。そして賦役の解放者として姿を現わせる者は皆誰でも、農民の支持をかち得るはずとなった。こうして舞台は一八四八年に向けて作られた。

国際的分野ではまた、未来の枠組が準備されていた。ロシアが〔オーストリアの〕後楯をしていることは、メッテルニヒが現実に信頼を寄せていた唯一の保証であった。彼以前と以後の他の多くの者と同じく、彼の懐疑主義はロシアの国境で止った。一八三三年のオーストリア＝ロシア協定は、一八三九年から一八四一年まで近東で新しい危機（＝第二次エジプト・トルコ戦争）が続く間、緊張なく保たれた。妨害勢力がロシアでなくフランスとなって以来、メッテルニヒにとって、実際にこれは完全な近東危機であった。そして嵐の中心は、レヴァント地方と同様にライン河にあった。(9)これは、近東危機がヨーロッパの革命への戸口を開けるだろうというメッテルニヒの説を確証した。ツァー・ニコライ（一世）は、トルコ帝国の統一を維持するために、オーストリアとイギリスとともに忠実に協力したが、確かにフランスからの内在的な革命の恐れがなかったならば、そんなに欠点のない保守的な政策を採らなかったであろう。とはいうものの、トルコが弱いということを、ニコライ皇帝は確証した。一方、一八二九年にロシアが弱かったという反省が早くも色褪せていた。四〇年代を通じてロシアは、近東での現状の政策から一層公然と離れてゆき、一八二九年に、およそオーストリアとロシアの間の不和の原因となった領土分割計画にたち返っていた。メッテルニヒは新しい同盟国を探さなければならなかった。彼は、近東の問題に関心のないプロイセンの支持を当てにはできなかった。イギリスは、自由主義的感情と、オーストリアの強さへの根拠のある疑いとが混合していたので、遠ざかっていた。フランスはそのままであった。そしてメッテルニヒは晩年に、まずイタリアで、その後近東で現状を維持するため、フランスの保守勢力との同盟を希望し始めた。不成功のフランス－オーストリア協力は、クリミア戦争の間に、オーストリアにはおおいに破滅的であるとわかったのだが、もともとメッテルニヒが組み合わせたものであった。しかしこの同盟は、フランスで安定した保守主義政府がないと機能できなかった。この同盟は後年、ナポレオン三世が作ったのであり、一八四七年にはギゾー[10]の力には余るものであった。

こうしてフランスの安定が疑わしいので、メッテルニヒは、不満足であったが無理にロシアへ依存するよう引き戻された。三〇年間、ロシアは、「革命」に反対する支持を約束していた。一八四七年に、革命的な危機は間違いのないものであったし、メッテルニヒは、もはやそれを誇張する必要がなかった。ガリチアの反乱は、ポーランドの嵐の最初のざわめきに過ぎなかった。ロンバルディアでは公然たる反乱が起きており、オーストリア兵士は街頭で侮辱されるのを恐れて兵舎に閉じこもっていた。ハンガリーは、コッシュートの指導で、ウィーンからの支配を断ち切っていた。そしてウィーンでさえ、自由派クラブが、警察の監視下で会合した。革命の危険はいたるところにあった。この理由そのもののために、ロシアはそれに反対して行動しようとはしなかった。二人のツァー、アレクサンドルとニコライは、オーストリアがヨーロッパの必要物であるという説を受け入れていた。それは、信頼できる国としてではなく同盟国として必要であった。ロシアが革命にたいして干渉するとすれば、ロシアは四つのすべての「支配民族」、つまりポーランド人、マジャール人、ドイツ人、イタリア人の敵意をあびるであろう。そしてこれら四つの民族の背後に新しいナポレオンの影があった。メッテルニヒを救うことは、ロシアにとって第二の一八一二年を招くことであった。だからそれはやめて、ロシアは現状の一強国との同盟を放棄し、そして一九三九年のように、原則を犠牲にして時を稼ぎ、ヨーロッパ問題から逃れた。この交渉はロシアに有益であるとわかった。だがそれは宰相メッテルニヒの没落であった。彼は、決して単独で行動したことがなかったが、いまや一人で革命に対抗していた。外国の同盟国もなく、国内の支持もなく、であった。宮廷のライヴァルと、そして皇族でさえも、メッテルニヒにすべての罪を着せ、彼の没落ですべてが良くなるだろうという信念を強めた。その代りメッテルニヒは、失脚するとき、自分と一緒に古いオーストリアをひきずり下ろした。こうしてオーストリア問題が現われた。そして〔その後〕一〇〇年間もヨーロッパは衝突したが、一八四八年三月一三日に壊れた安定は、中央ヨーロッパでは回復することはなかったのである。

(原注1) ドイツ名、ライバッハ。
(原注2) カウシュシュートと発音する。〔しかし、本訳では、コッシュートとしておく。コッシュートは、法律家となり、一八二四～三二年まで県の役人をし、一八三二～三六年までハンガリー議会に代理議員として出る。新聞を発行するが、その内容のため四年の禁固刑を受ける。恩赦後、一八四一

～四四年まで『ペシュト新報』を発刊。一八四七年にハンガリー議会に登場する。」

(1) 一八四八年三月革命。

(2) 原文は「団子」。しかし、その原注には、こうある。「厳密には彼は麺を求めた。麺がないのに麺を要求するというのは、英語では耐えられない語呂合わせであろう。」

(3) ドイツ宰相、一八一五～九八年。

(4) ナポレオンと対決したオーストリアの英雄的軍人。王宮前広場には、彼の銅像と、プリンツ・オイゲン・フォン・サヴォイのそれと、二つだけがある。

(5) フリードリヒ・リスト〔一七八九～一八四六年〕、ドイツの保護主義的経済学者。

(6) 当時、ハンガリー王国に属していた。ルーマニアの中・北西部。ドイツ語で、ジーベンビュルゲン。

(7) 一三五八年、北フランスで起きた農民反乱。

(8) フロンド、第二章訳注(3)を参照。

(9) 東部地中海の沿岸諸国とその付近の諸島。

(10) フランスの政治家〔一七八七～一八七四年〕、一八四〇～四八年まで外相となり、フランス政治の実権を握る。

(11) ナポレオンのロシア遠征。

(12) スターリンが、この年、独ソ不可侵条約をヒトラー政権と結んだ。

第五章　急進派の暴動、一八四八年の革命

一八四八年に、人権宣言の教義がハプスブルク帝国に入り込んだ。王朝思想は挑戦を受け、そしてひとたび挑戦されると、もう過去のあの無意識の安らぎは、決して回復することができなかった。「オーストリア観念」は、他のどんな思想とも同じように、知性の裏付けを競う思想になった。そして王朝は、自分の強さによってではなく、敵対する諸民族と諸階級の力を策略で動かすことによって、生きのびたのである。一八四八年は、無意識的な生活の仕方から、意識的な生活の探究への転換をしるした。そしてハプスブルク軍隊が勝利したにもかかわらず、オーストリア政治では、知性が決定的に考慮すべきものとなった。

この革命は、圧倒的に田舎の性格の帝国で起きた、そしてその唯一の抵抗しがたい力は、賦役や他の封建的義務を駆逐しようという農民の意志であった。このすさまじい動乱は、都市知識人の急進的綱領とは少ししか関係がなかったが、それと全く切り離されたもので

フランクフルト・アム・マインの聖パウロ教会での、ドイツ国民議会の予備会議

もなかった。対照的にマジャール人の諺があるが、農民もまた人間であった。農民はとにかく、領主とは違う国民的運命を感じ取った、とくに宗教の違いによってその運命が強められたときは、そうであった。それゆえ、革命の初期には急進主義者を指導者として受け入れたのである。だから、外見上は政治的に成熟した国民的綱領が出たのであり、それは二〇世紀の政治的要求を予見している。全く奇妙なことに、賦役に反対する農民反乱は、彼らの領主をも同じく革命的にした、または少なくとも、帝国当局にとっては頼りにならない支持者にした。ハンガリーの小地主は、その存在自体を脅かされて、真に革命的な階級になった。これがハンガリー革命となったのであり、これ以後ハンガリーの歴史はユニークな性格を持つのである。大領主さえ、ひとたびハプスブルク家と彼らの暗黙の協定が破れると、その忠誠心はゆらいだ。皇帝は農民を静めなかったし、マグナート〔＝大地主〕は他の同盟者を探さねばならなかった。彼らのフロンド(1)は、真剣ではなかったが、と

にかく一層頑固になった。初めは頑強に反動的であったが、その後には民族主義を実験したのである。

農民の不満は、いたる所にあったが、無意識であった。それは都市の花火によって爆発するはずであった。一八四八年に、革命は人口一〇万人以上の都会ではどこでも起きた。こうしてオーストリア領イタリアの、ミラノとヴェネチアで二つの深刻な革命が起きた。アルプスの北にはそのようなオーストリアの都市は三つしかなかった。ウィーン、ブダペスト、プラハである。そのうちウィーンだけが、四〇万人以上の人口があり、近代的規模で近代的性格のある都会であった。その人口は、一八一五年以来ほぼ倍増していたが、主に田舎からの移住民であった。そしてこの貧困に悩む新来の大衆は、不十分に産業に雇用された。一般の考えとは対照的に、一八四八年革命は、産業革命によってではなく、産業革命がなかったことによってひき起こされたのである。都市は、雇用と財を提供する諸産業よりも早く増大した。そしてその結果、都市の成長は、都会生活の水準を押し下げた。産業の発展というのは、一九世紀の後の歴史が示すように、社会不満を救済するものであるが、その原因ではない。そしてウィーンは、最も工業化されなかった時のようには決して革命的ではなかった。ウィーンには、土地なき労働者という「プロレタリアート」が存在した。しかしいまだに彼らを雇う資本家がいなかったのである。これが一八四八年〔革命〕の型であった。プロレタリアートは、革命の軍隊を供給したし、普通の農民層より一層集中していた。プロレタリアートはまた、独自の指導者が無く、大学生を指導者にした。これは確かに経済的政治的後進性の印である。この点でもウィーンはユニークであった、そしてオーストリア帝国には十分成熟した大学は〔ウィーン大学より〕他にはなかった。この大学生は、革命の野戦将校であった。彼らは、責任ある指導ができるほど〔政治的に〕成熟していなかったが、また、大学教授たちに指導性を見出さなかったことも確かである。その上、彼らは医学生を除くと皆、官僚になる人びとであって、遅かれ早かれ現実の生活に引き戻されるのであった。

プラハもブダペストも、ウィーンの革命性を持たなかった。両都市とも比較の上では小さかった。プラハは一〇万人をちょっと越え、ブダペストはそれをちょっと下回った。まだ近代的な〔人口〕成長率はなかったし、共に一八一五年に六万人を越えたのであった。だから古い既存勢力が支配していた。彼らはドイツ人であり、ブダペストでは人口の三分の二、プラハでは比率はほぼ同じ位であった。一方、ブダペストの大学生はたいていマジャール人で、チェコ人大学生は争っている少数派であった。ハンガリー革命は、ハンガリーのジェントリー〔=小地主〕に握られていたし、そこでは学生は従属的勢力を演じた。プラハ革命は、学生が支配していたが、現実の兵力を欠いていたので、一八四八年の初めに敗北を喫した。事実プラハでは、その大きさにもかかわらず、一八四八年の綱領に名前の出た人口数千人の小都会と同じ水準にあった。これらの中で一人の啓蒙的なチェコ人の学校教師、一人の正教セルビア人司祭、つまり一人のルター派スロヴァキア人牧師が、信念にもとづいて民族の存在を示した。こうしてスロヴァキア民族が、〔政治的に〕目覚めたと誤認されたのだが、リプトフスキー・セント・ミクラーシュ市で一八四八年五月一〇日に出現し、セルビア民族はカーロヴスティ市で五月一三日に、ルーマニア民族はブラージ市で五月一五日に、出現した。

オーストリア革命は、ドイツのように、二月二四日のパリ革命によって端を発した。この先例が火をつけて、知識人を張り合わせた。ブダペストでは急進派学生の一グループが、その時ブラティスラヴァで開かれていた〔ハンガリー〕州議会に妨げられず、二月末より前に革命的綱領を掲げて街頭の主人公となった。彼らは、普通選挙権による民主的憲法、賦役の無償廃止、諸民族の平等権を要求した。この綱領は、偶然、王朝に挑戦したのだが、より直接にはジェントリー〔＝小地主〕に挑戦した。つまり経済的には賦役を攻撃し、政治的には彼らの選挙権を攻撃したからである。これは実際、諸外国では、有産階級自由主義者を「秩序」の側に追いやった類の綱領なのであった。議員コッシュートは、ヨーロッパでただ独り、急進派にたいする王朝の護りを求める代りに、急進派と競おうとして、彼らの仲間を説得した。彼は、(2)ハプスブルクと諸民族との両方に反対して民族的不平を起こすことによって、ジェントリーに向けられた民主主義的不平を黙らせた。もしジェントリーが指導しなかったとすれば、急進的知識人が農民層をとらえたであろうと言った。コッシュートは、この議論によって、ブラティスラヴァの議会で「三月法案」を通過させた。近代ハンガリーを作りあげた「三月法」は、三つの面を持った。憲法・自由・民族である。その最も深い目的は、ジェントリーを温存することであった。この目的は隠されていたが、最も成功した。同君連合が、[3]プラグマティコ・サンクティオ〔＝カール六世の国事詔勅〕の代りに置き換えられた。ウィーンのハンガリー領事館は廃止された。ブダペストの選帝侯つまり大守〔イシュトヴァン〕は、ウィーンに照会しないで国王・皇帝の特典をすべて執行した。ハンガリーの大臣が一人〔国王関係担当相、この時エステルハージ〕、一種の高等弁務官として宮廷に付属した。ハンガリー独自の軍隊・予算・外交が持てることになった。要するに、ハンガリーは支配的地位を受け取ったのである。〔スロヴァキアの〕ブラティスラヴァの封建的議会の代りに、ブダペストに議会がおかれることになった。統一的でしかし制限された選挙権で選ばれ、立憲的な省庁が議会に責任を負った。貴族は免税権を失ったし、都市は議会への代表権を受け取った。マジャール語が選挙での本質的な資格であった。そしてマジャール民族国家は、「聖シュテファンの王冠の土地」をあまねく含むこととなった。トランシルヴァニアとクロアチアは、共に統一ハンガリー国家に含まれ、両州の議会と総督府は廃止された。事件の結果が大変違ったので、この二つの議会は、その廃止を確認するために、最後の会合を開くことになった。急進派綱領から二つの本質的な逸脱があったのに、〔マジャール人の〕民族解放と支配が眩いほど達成されたので、覆い隠された。〔第一に、〕賦役は廃止されたが、償還金は国家が支払うことになった。そして〔第二に、〕ジェントリーは、財産〔による選挙〕資格制限によって、郡の選挙権と行政に支配力を持った。全体として土地のない貴族は、彼らが生きている間だけ諸権利を持った。より一層大きなことは皆、「歴史的ハンガリー」の核心である、中間ジェントリーの勝利であった。[4]

いつもそうであるように、ハンガリーの諸事件によって、ボヘミアが刺激されて模倣した。三月一一日に、プラハの急進的知識人もその綱領を定式化した。コッシュートのような人物やこういうジェントリーがいなかったボヘミア議会は傍観し、彼らと競おうとはしなかった。三月一一日の〔プラハの急進的知識人の〕会合は、あるカフェ〔ヴァーツラフ・バート〕のコンサート・ホールで行なわれ、チェコ人とドイツ人が出席したが、両方共に政治的経験がなかった。その本来の要求は、自由派のありふれた「解放」の求め、つまり討論の自由、検閲の禁止、またその類のものであった。最後の瞬間に、チェコの知識人ブラウナーは、ボヘミアの条件に一層関連した要求を、病床から付け加えた。つまり賦役の廃止、学校と行政におけるチェコ語とドイツ語の平等、シュレジア、モラヴィア、ボヘミアつまり聖ヴァーツラフ王冠の諸国が、共同の中央領事館を持ち、プラハとブリュンで交互に開く、一般事項のための議会を持つこと、である。こうして偶然、病人が鼓舞して、ボヘミアの民族問題とその歴史的な要求との重なりを推し進めた。そして、この二つのトピックスは、ボヘミアの運命と、かくして中央ヨーロッパすべての運命を支配することになった。それは、一八四八年三月一一日の夜から、すべての歴史的な聖ヴァーツラフの諸国からドイツを追い出す一九四五年〔＝第二次大戦直後〕の最終協定を受け取るまでである。

最後に最も深刻なものはウィーンの革命であった。ここでは王朝の権力が残っていた、そして革命は、権力のための闘いであって、帝国を崩壊させる闘いではなかった。ウィーンの政界は、かなりコスモポリタンで、政府問題ではかなり経験を積んでおり、粗野な急進派の綱領に従うには政治的に成熟し過ぎていた。政治的に成熟した人びとの革命とは、フランスの第二・第三共和制の両方の憲法が示すように、革命的な結果を避けようと努力することとである。そしてウィーンは成熟への途中であった。帝国政府は、他の数多くの敵と取り引きし策略を弄したように、革命と取り引きをし、策略を用いようと努めた。三月一二日に、宰相メッテルニヒは最後の国家行動を起こした。彼は、州議会から州総会までの代議員を招集すると、提案した。つまり貴族の特権と皇帝の特権を守るために、貴族を結集しようという試みであった。この計画は古くさかった。貴族は革命に抵抗する強さがなかった。その上、賦役が壊れるのを見て、帝国政府を非難した。貴族を指導する代りに、メッテルニヒは、貴族の支持と、同じく繁栄している中間階級の支持をかち取るのを放棄させられた。この「帝国的で忠誠なる」革命の指導者は、ソフィア大公妃、つまり皇帝の弟フランツ・カールの妻で、フランツ・ヨーゼフの母、であった。彼女の背後に、メッテルニヒを妬むすべての人がいた。とくに、教権至上主義者の小さいグループであって、彼らに比べるとメッテルニヒは、あまりに啓蒙的でまた改革的であった。メッテルニヒが頼ったニーダー・エスターライヒ議会は、彼に反対する圧力手段として用いられることになった。

三月一三日のウィーン革命は宮廷陰謀として始まった。それはすぐに、愚かにも、大衆を宮廷ゲームに参加させてしまった。三月三日、〔ハンガリー議員〕コッシュート自身が、群衆を励まそうとして公然とウィーンにやって来た。ニーダー・エスターライヒ議会は三月一三日に開かれた。そして計画通り、宰相メッテルニヒの辞職を要求した。計画にまったく反して、この要求は街頭で取り上げられた。そして真の革命が起こったのである。政府中枢が崩壊しなければ、市街戦は避けられなかった。もし政府が抵抗したならば、ハプスブルク帝国の中心機構は破壊されていたであろう。メッテルニヒは辞職し、古いオーストリアは彼とともに倒れた。ウィーンでは権力は、現存の当局から学生委員会に移った。この委員会自体は、プロレタリアの「行き過ぎ」に対する防衛にすぎなかった。最後の一撃がメッテルニヒ体制に加えられた。三月一八日、〔イタリアの〕ロンバルディアは、メッテルニヒが没落したというニュースを聞いて、革命が成功したと確信して反乱し、サルデーニャ王に助けを求めた。これが今度はヴェネチアの蜂起を、つまりヴェネチア共和国の創設を引き起こした。オーストリアのいうイタリアの使命は終った。そしてその軍隊は、〔オーストリア軍が〕結集している中心においてさえ戦いを挑んだのである。

メッテルニヒが没落したので、「帝国」革命の綱領は空になった。責任ある首相が置かれた。誰にたいして責任があるのかは語られなかったが、初めての首相はコロヴラートで、数日間だが、ついにメッテルニヒの交代者になった。新外相は、フィッケルモンで、メッテルニヒが後継者として長い間意図していた人である。三月二五日に、「中間階級の代表を増やして」、諸州の総会をいつかわからない未来に招集することが約束された。「州の中央委員会」が、四月一〇日から一七日にウィーンで招集された。これらの取るに足らないやり口をしても、ウィーンのアジテーションをまだ静められなかった。毎日、騒乱と新しい要求が出て、政治家がどんどん交代させられ、譲歩が新しく続いた。コロヴラート首相は、数日のうちにこの舞台から消えた。フィッケルモン外相は五月五日まで残ったが、学生のデモで役所を追い出されてしまった。それから五月いっぱい、責任はピラースドルフにかかった。彼は年功ある官僚で、三月前期に自由主義者として、それに値しない評判を得ていた。彼は政策を持たず、帝室が沈まないようにだけ闘った。以前はナポレオン戦争の危機の時のように、後年には一九一八年の最後の危機の時のように、帝室は、もし確実に承認できさえすれば、誰かをあるいは何かを承認しようとした。四月二五日の新しい反乱により、全帝国で議会主義憲法が公布された。その憲法は、ベルギー〔の憲法〕を模範

ウィーン、1848年5月26日、ミハエル広場のバリケード

にして大急ぎで起草されたものである。だがこれはウィーン急進派を満足させなかった。つまり彼らは自らの憲法を作ろうとしたのである。五月一五日、多くのデモの後、四月二五日の憲法が引っ込められ、普通選挙によって選出される立憲議会が約束された。二日後、五月一七日、宮廷はウィーンからインスブルック[5]へ逃れた。革命に対するこの背信行為は、穏健自由派を急進派の腕の中で投げ戻し、五月二九日にウィーン革命は最大の成功に達した。公安委員会が設立された。これはある程度、革命を指導するためであり、それ以上に、残った大臣の行動を監督するためであった。

宮廷は、ウィーンのドイツ人に対しても、他の支配民族に対しても、無差別に譲歩した。イタリアで、ラデツキー総司令官〔一七六六～一八五八年〕は、反乱は引き続くサルデーニャの侵入に抵抗するなという指令を受けた。ある大臣がロンバルディアで国内規律を確立するために派遣された。これが失敗すると、オーストリア政府は、五月の半ばに、ロンバルディアをサルデーニャに譲渡し、ヴェネチアに自治を認めると申し出た。この申し出も拒絶された。イタリア人は、オーストリアが全イタリアを放棄するよう要求した。オーストリアが訴えたイギリスは、もしヴェネチアまたは少なくともそのかなりの部分を独立させると申し出なければ、仲介するつもりはなかった。ハプスブルク領イタリアを保有しておくことは、交渉ではできなかった。そこでラデッキー将軍は、ウィーンの命令を無視して、軍隊でそれを奪回しようと準備した。帝国政府は、こんどは彼が服従しなかったことを無視して、実際行動では孤立しているので、援軍を送った。ラデッキー将軍への賛意は政府にとどまらなかった。イタリアがトリエステとティロルを要求したので、最急進派でさえもオーストリア愛国主義を発揮した。革命的学生は、〔ウィーンの〕帝国軍に反対して建てたバリケードを去って、イタリアと戦う帝国軍隊に志願した。

ウィーンとハンガリーの急進派の間にはそのような衝突はなかった。シュテファン〔＝イシュトヴァン〕大公つまりハンガリーの選帝侯は、国王・皇帝の賛成を待たずに革命に降伏し、彼の権力を急進的マグナート、〔ラヨス・〕バッチャーニ〔伯爵、一八〇六～四九年〕に指導される責任政府へ移した。コッシュートは、蔵相そして政策決定者となった。宮廷は不賛成だと不平を言ったが、了承した。四月一一日に「三月法」が合憲的にフェルディナント皇帝によって承認された。ハンガリーの革命はこうして合法化された。ハプスブルク帝国は二つに分裂したのである。ハンガリーは、これ以降ハプスブルクの一州で特権的な州であるが、一つの分離国家となった。宮廷は疑いなくその譲歩を取り消すつもりであった。そしてハンガリーの政治家でさえ、勝利があまりに激しく強要されたと考えた者が多かった。だから、自由派ジェントリーの一人、〔フェレンツ・〕デアーク〔一八〇三〜七六年、この時、バッチャーニ内閣の法相〕は、コッシュート〔蔵相〕の綱領の支持をこういう具合に説明した、「酔払いに理由はない、そして議会は現在酔払っている。」一八四八年にデアークは、事実、政治活動から手を引いた、そしてコッシュートの極端主義がハンガリーを破滅させており、ハプスブルク家と妥協をしなければならないだろうと、信じた。なお、この妥協の時が来るとき、それはプラグマティコ・サンクティオにもとづいてではなく、三月法にもとづいてなされねばならなかった。王朝がではなく、ハンガリーが、譲歩する側になるはずであった。両者の関係は修正されるはずであった。そして一八四八年四月一一日以降は、ハンガリーの存立が問題とされることはありえなかった。

これらの譲歩は、無差別ではあったが、一つの型に従っていた。ドイツ人はティロルについて偏狭な痛みの感情を持っていたので、それを除くと、宮廷の革命家たちはドイツ人と同様に、ハプスブルク帝国を「支配民族」の希望に合わせて作り変えることに賛成した。ウィーンの自由派は、帝国が一ドイツ国家であり、新しい自由ドイツ〔国〕で主役を演ずるであろうと思った。そして彼らは、オーストリアの憲法制定議会に強く圧力をかけたのと同じく、フランクフルトのドイツ国民議会の選挙にも圧力をかけた。四月二五日の発育不全の〔ピラースドルフの〕憲法は、州が地方の不平を中央政府に注意させるための代理体にすぎないと考えていたが、それは粗野なドイツ的観点の表現であった。それは、「諸州の中央委員会」が提案されたとき、さらに著しく表わされた。この委員会は四月一〇日から一七日まで諸州総会の準備のために存在した。だが諸州総会は全然開かれなかった。委員会には、ドイツ諸州の議会のメンバー、つまりウィーンの高官、メッテルニヒに反対の煽動をした啓蒙的ドイツ貴族だけが出席した。要するに、当時の最も穏健で経験のあるオーストリア・ドイツ人であった。これらのドイツ人は、他の歴史的民族の要求を認めた。つまり彼らはこう提案した。ハンガリーは、単に同君連合だけで帝国と結ばれるべきであり、ロンバルド＝ヴェネトをイタリア民族国家へ引き渡すべきであり、ガリチアはポーランドの回復に参加して自治が与えられるべきであり、帝国の残りの州〔＝オーストリア〕は統一ドイツ国で、ドイツ連邦の一員であるべきで、ドイツ文化によって統一されるべきだと提案した。この綱領は王朝のたそがれを仮定しており、官吏階級のドイツ人は王朝が復活したときその綱領から退却してしまった。さらに彼らは、帝国中のドイツ人と共通な見通しを示した。つまり王朝が没落したならば、彼らは歴史なき民族と連盟するのではなく、大ドイツ民族主義と共に進もうというものである。ドイツ人の種々のグループ間の相違はタイミングだけであった。急進派は一八四八年に王朝反対に変った。大部分のドイツ人は、王朝にはまだかなり生命があると信じた。

ドイツとハンガリーの両方の急進主義は正確に照応していた。〔執政〕コッシュートはマジャール人の力を過大評価した。さらに彼でさえ、マジャール人がドイツ民族と連帯してのみ自分たちを守れると悟って、ドイツ人に保護と同盟を申し出た。二人のハンガリーの使者がフランクフルトのドイツ国民議会に送られた。彼らは、オーストリア帝国の中にスラヴ人国家を創立するのに同意しないように、ドイツ人に頼んだし、また、チェコ人やスロヴェニア人の分離主義に反対してドイツ連邦を保全するという、ハンガリーの保証をドイツに与えた。コッシュートとハンガリー急進派は、空しくも確信したのだが、大ドイツ民族主義を王朝とスラヴ民族に反対させることができ、またそれがハンガリーの国境の近くですぐ止るだろうと思った。コッシュートはまた、イタリア人とポーランド人の要求を支持しようとした。状況のために外交的注意が強いられた。コッシュートでさえ、ロシアの介入を挑発しない慎重な感覚があった。だから、まずガリチアについては静観していた。その上に、民族ハンガリーはクロアチア人との戦争に直進しており、帝国政府をクロアチア人と反目させようと望んだ。民族ハンガリーは、イタリアでの戦争にいやいや支持を与えた。それは「オーストリア政府がクロアチアを服従させることに協力し、戦争が終ったら、イタリア人にあらゆる正当な民族的要求を認めるという条件で」であった。帝国政府は実際、支配諸民族の道具になりさえすれば、生き延びることができるはずであった。

このことは王朝の綱領ではなかった。王朝は、崩壊の初めの数週に、つまりドイツ人とマジャール人にあらゆることを譲歩する間に、チェコ人とクロアチア人へ譲歩してこの型を矛盾させた。これらのことは、初めに計画があったのではなく、まったく弱さから生じた。五月初めまで、宮廷は新しい外交の武器にめぐり合ったと悟った。そして、インスブルックへ逃亡したことで宮廷は自由になった。インスブルックは州の中心であって、民族感情の中心ではないが中立の地であり、そこから宮廷は支配民族と従属民族との間でバランスをとることができた。すでに三月に宮廷は、ハンガリーの「三月法」とは全体として相違するが、クロアチアに一つの地位を認めた。ハンガリーはクロアチアの廃止を宣言していた。クロアチア議会はそれに応答してハンガリーとの連携を終らせた。二つの〔矛盾した〕行為が、国王・皇帝に承認された。その上、クロアチアをブダペスト政府の下に置く前に、皇帝は、クロアチア人の愛国者イェラチッチをクロアチアの総督に任命した。彼の辞任を求めてハンガリー政府への抗議が三か月続き、六月一〇日に彼の辞任が実現した。だがその後、さらに彼は秘かに帝国から〔復帰の〕承認を受けた。彼が役所へ復帰したことは、疑いなく、九月四日のハンガリーとの戦争の公然たる布告であった。イェラチッチは、地主で、帝国将校で、クロアチアの小貴族とは能力と性格の強さで違っているだけだった。彼自身の傾向は、王朝的忠誠とクロアチアの「歴史的」権利という保守的綱領に向いていた。だが一八四八年の旋風の中で、彼は同盟者を拒否せず、同時に、ハプスブルク帝国内に単一南スラヴ国家を作るという民族綱領を採用した。イリュリア主義の代弁者ガイと、ハプスブルクの将軍イェラチッチは、共に奇妙な共同行動をした。クロアチア議会の地主たちは、「われわれはセルビア人と共に一つの民族である」と宣言した。イェラチッチは、セルビア人を「人種と血ではわれわれの兄弟である」と語った。そしてセルビアの民族蜂起を歓迎した。その蜂起は五月一三日にカーロヴスティで、分離セルビア国つまりヴォイヴォディナ〔＝セルビアの北部〕を宣言した。事実イェラチッチは、ドイツの上層中間階級が振舞ったのと正確に同じに振舞った。帝国に嫌われて、彼は南スラヴ民族主義者となったが、好意が取り戻されたので、彼は民族原理を振い落し、「歴史的」要求へ戻った。(6)

トランシルヴァニアでは、宮廷は残念ながらマジャール人の勝利を黙認せざるをえなかった。五月一五日のブラージでのルーマニア民族会議は、ハンガリーとの合同問題はルーマニア人が議会に代表を持つまでは考えられないと要求した。この要求は見過ごされた、そしてクルージで、古い特権の上で会合した〔トランシルヴァニア〕議会は、五月三〇日に自ら存在をやめることに賛成投票をした。インスブルックの宮廷へ向かったルーマニア代表団は、この〔トランシルヴァニアがハンガリーに〕合同した行為に直面し、ハンガリー政府と交渉しなければならないと告げられた。

帝国政治の矛盾はボヘミアでその高みに達した。三月一一日に初めてボヘミアで請願行動が起きたが、都合悪いことにウィーン当局が崩壊したので、これは穏健になってしまった。プラハの知識人は、もはやボヘミアの自治行政と個人の「自由」だけでは満足しなかった。彼らも〔ハンガリーのような〕「三月法」を欲した。三月二九日のプラハでの第二回会議は、純粋にチェコ人だけが出席した。この会議は、ハンガリーの例にならって、単一議会とそれに責任を負う政府を持つ「聖ヴァーツラフの諸国」――ボヘミア、モラヴィア、シュレジア――の統一と独立を要求した。〔この要求は、〕ハンガリーとは形式上は完全に似ていた。だが現実は全く違っていた。ハンガリー人は歴史的制度を革命化していた。だが少人数のチェコ人は、一六二〇年〔＝ヴァイセンベルクの戦い〕に終った〔古い〕伝統に訴えたのである。ハンガリーには郡会議があったので、地方行政を支配する力を決して失わなかった。ボヘミアは、マリア・テレジアの時代以来、帝国代理部によって統治されており、マリア・テレジアとヨーゼフ二世が作った統一国家の不可欠な一部分であった。チェコ人でさえそのことを承認した。というのは、ハンガリー人が同君連合だけを認めたのに、チェコ人は、ひとたび独自の政庁を許されれば、共通事項を処理するためのオーストリア帝国の諸州総会を受け入れるつもりだったからである。

ハンガリーとボヘミアは、さらにもっと決定的な相違があった。マジャール人は、ハンガリー人口の少数派だが、ドイツ・ブルジョワジーを除けば、財産があり教育のあるすべての住民を含んでいた。そしてドイツ・ブルジョワジーは急速に「マジャール化」していた。マジャール民族国家は、「聖シュテファンの土地」で、クロアチア人、スロヴァキア人、セルビア人、ルーマニア人を犠牲にして達成された。クロアチア人は遠い国境の民だった。残りの民族は政治的発言力がなかった。対照的に、チェコ人はボヘミアで多数だったが、文化的無意識状態から少し目覚めているにすぎなかった、そして完全に意識的な歴史的民族であるドイツ人に挑戦していたのである。プラハのチェコ人は、ボヘミアのこの文化闘争に満足せず、シュレジアとモラヴィアをも同時に要求していた。シュレジアはドイツ人が主であった。チェコ人はモラヴィアでは多数であったが、文化の中心地を持たなかった。だから政治的にはドイツ人に指導された。シュレジアとモラヴィアは、軍隊によってのみプラハの下に置くことができた、だがチェコ人は何も持たなかったのである。マジャール人は、彼ら自身の力で帝国の意志に反対して、聖シュテファンの〔諸国の〕国境をかち取った。チェコ人は、聖ヴァーツラフの国境を獲得するためにべきだと提案したのである。この要求は、ちょうど最も弱体化していた帝国政府には大きすぎた。四月八日に帝国は返答し、公式用語としてチェコ語とドイツ語の平等を認め、プラハに責任政府を設立する約束をした。だがボヘミア、シュレジア、モラヴィアの統一は、次の帝国議会で考えられることになり、手をつけられなかった。

ボヘミアのドイツ人は、チェコ人の問題のほんの小部分であった。チェコ人は、ドイツ民族主義の蔭の下で生きたし、全スラヴ民族の中では、ライヴァルがドイツ人だけという唯一の民族であった。民族ドイツも歴史の伝承物——神聖ローマ帝国の伝承物を必要とした。ボヘミアはそこ〔＝神聖ローマ帝国〕に含まれていた。そしてドイツ民族主義者は皆、ボヘミアが新ドイツ民族国家の一部なのだと見なした。オーストリア人が二人だけ、フランクフルト〔国民議会〕の予備会議に出席した。ドイツ国民議会の準備のために作った五〇人委員会が、オーストリアのメンバーを増やそうとした。それに加わるようにと、この委員会が招いた六人のオーストリア人代表のうち、一人がパラツキーであった。それを拒否した彼の四月一一日付の手紙は、チェコ民族の存在する資格があることを初めて声明したものであった。彼の手紙の大部分は、ドイツ人の歴史的議論が非生産的であるのと同じように、歴史的論争を取り上げていた。その本質はしかし、「私はスラヴ人種の一ボヘミア人である」という文にある。だから彼は、民族ドイツの事柄には参加できなかった。さらに彼は、独立チェコ民族国家を要求せず、すでに何らかの汎スラヴ主義が夢見たロシアの普遍君主制の思想も受け入れなかった。パラツキーは、ロシアでもドイツでもない、第三の解決策を見つけた。つまりオーストリア帝国を、諸民族の連邦へ転化させ、そこでは全民族がハプスブルク権力に保護されて自由に生きるべきである、というものである。これが、オーストリア・スラヴ主義の綱領であった。これがパラツキーによって打ち上げられた瞬間から、ハプスブルクにおける重大問題となり、ヨーロッパでさえも運命の女神となった。中央ヨーロッパを、ロシアにもドイツにも与えないということは、ハプスブルクの「使命」の最後の、最低の真正物であった。

オーストリア・スラヴ主義は、心のすべてからその民族の下僕であるがその民族の強さを信じない人〔＝パラツキー〕が作った臆病な綱領であった。この綱領は、王朝がスラヴ人に自由を与えるよう求めた。もっともスラヴ人は弱すぎて自分では自由をかち取れなかった。パラツキーは、ドイツ人の怒りを挑発しないように、おおいに心配して、五月八日に帝国文部大臣になるのを拒否した。彼の任命は、「スラヴ人に味方した宣言として解釈されるだろう」というのである。だが王朝は、もしスラヴ人が軍隊を提供するときにだけ、スラヴ人との同盟に入ろうとした。皇帝は、理想の「使命」に挺身できる良い意味での大学教授ではなかった。そしてひとたびスラヴ人は軍隊を提供するならば、彼らは王朝を支えずに、自分たちの自由を要求したことであろう。だからこれが、オーストリア・スラヴ主義の欠陥であった。王朝は、スラヴ民族がもはや同盟を必要としなかったときにだけ、同盟を受け入れようとしたのである。

一八四八年にはその年の初めから終りまで、王朝には、従属民族とともに行動するという考えを、真面目にはとらなかった。王朝は、彼らの究極の運命を心配せずに、マジャール人とドイツ人を反目させる勢力として従属民族を歓迎した。宮廷とウィーンの裂け目が広がると、チェコ人にたいする宮廷の好意が増した。だが五月二九日、ボヘミアの総督レオ・トゥーンは、ウィーン政府からの命令を受け取ることを拒否した、またチェコ人とドイツ人の穏健派からなる一種の臨時政府をプラハに設立することによって、ウィーンの〔革命側の〕公安委員会の設立に呼応した。ウィーン政府はこの分離主義を非難した。インスブルックの宮廷は、ボヘミア代表を歓迎させ、ボヘミア議会を帝国立憲議会の開始前に招集してよいと、同意した。だがもしこの議会が招集されたら、ボヘミアはウィーンの〔帝国〕議会に議員を送るのを拒否しただろうし、ハンガリーと同じく平等な政体としてウィーン議会と交渉したことであろう。

ボヘミアの望みは、とても奇妙だが、もともとオーストリア・スラヴ主義の作品であったもの、つまりプラハのスラヴ人会議によって、難破した。パラツキーと友人たちは、フランクフルトのドイツ国民議会への反対の風を組織しようと望んだ。その上、彼らは、オーストリア帝国を救う主な手立てを相談する必要があった。ドイツ人によって直接脅かされた他の唯一のオーストリア・スラヴ人は、スロヴェニア人であった。その民族感情はほとんど動き始めていなかった。例えば、ケルンテンとシュタイアーマルクの議会のスロヴェニア人議員は、一八四八年に、歴史的単位としての二つの州に好意を持つドイツ人と一緒に投票し、民族再建の綱領に反対投票をした。民族綱領は、スロヴェニア人をドイツ人から解放し、彼らとクラインのスロヴェニア人とを結合させたであろうが。〔スラヴ人〕会議は、より広い基礎が必要であった。その上、チェコ人はマジャール人との衝突を避けようとしたが、彼らは、スロヴァキア人——その数人の文化指導者はプラハに隠れ家を持った――〔がハンガリー所属なのに、この会議に入ること〕を拒否できなかった。そしてひとたびスロヴァキア人が認められると、クロアチア人が続いて会議に入ってきた。ガリチアのポーランド人も、外見は支配人種だったが、オーストリア・スラヴ人として入らねばならなかった。事実、ガリチアのポーランド人は主に、小ロシア人〔＝ウクライナ人〕(7)、つまり東ガリチアにいるポーランドの臣民に都合の良い決議を行なわないのを監視するために、その会議に出席した。ドイツ人に脅かされたポーランド人は、オーストリア帝国の外側、ポスナニアにいた。(8)彼らを招くことは、パラッキーが発表したオーストリア・スラヴ原理と矛盾するものであろう。最後の妥協として、会議をオーストリア・スラヴ人に制限することが決まった。しかし他のスラヴ人は客として歓迎された。これらの客のうち最も奇妙なのは、バクーニンだった。彼は、スラヴ人種の最大の分派〔ロシア人〕のたった一人の、そして自分で指名した代表であった。ポーランド人はとにかく、この妥協をむなしくさせた。会議は混合した民族のグループに分れた、つまりポーランド人と小ロシア人、チェコ〔人と〕スロヴァキア人、南スラヴ人である。(9)それぞれ自分の代議員を決めるのは自由であった。そしてポーランド・グループは、すぐにプロイセンのポーランド人を認めた。

六月二日に集まったスラヴ人会議は、こうしてオーストリア・スラヴ主義とスラヴ民族主義の混合物であって、うつろなスラヴ的連帯が拡大した。会議は二つの矛盾した綱領を作った。ヨーロッパ諸人民への革命的宣言と、ハプスブルク皇帝にたいする保守主義的声明である。宣言は、主にポーランド人が書いたものであり、ポーランドの分割に攻撃を集中した。そしてドイツ人、マジャール人、トルコ人に、彼らのスラヴ臣民の待遇を良くするように求めた。ポーランド人は、彼らの仲間の支配民族に忠実だったのである。皇帝への声明は、ハプスブルク帝国のスラヴ諸州とその諸民族の要求を詳細に述べ、とくにドイツとのどんな同盟にも抗議した。ハプスブルクの下での民族的平等は、ハンガリーの小ロシア人さえも含むはずであった。だがポーランド人の歓迎しない要求であった。会議は、オーストリア・スラヴ人同士もっと協力をしようと計画した。だがこの計画は六月一二日のプラハの反乱によって終った。

聖霊降臨節〔＝復活祭後の第七日曜日から一週間またはその一週間の初めの三日〕の〔プラハの〕反乱は、一八四八年の諸革命の転換点であった。そして中央ヨーロッパの運命にとっても転換点であった。だがこの反乱は、目的もなく意義も少ししかなかった。スラヴ人会議が行なわれたことで多分、プラハの政治的興奮が増した。そしてプラハの急進派は、チェコ人もドイツ人も、疑いなくウィーン革命の成功を真似ようとした。さらに六月一二日のデモはそれ以前のいくつかのデモと違いがなかった。違ったのは、プラハの帝国将軍ヴィンディッシュグレーツの反応であった。彼は、三月のウィーンの執政官として〔攻撃の〕機会を否定していたが、今度はプラハの街頭の挑戦を受けて立った。プラハの市街戦は、革命に対抗する初めての重大な交戦であった。そしてこの交戦で革命は負けたのであった。敗北した党派は急進派であったし、チェコ人だけではなく、旧秩序が崩壊してヨーロッパを急進派の路線で再建できると思った人びとであった。ヴィンディッシュグレーツ将軍の勝利は、確かにボヘミア自治の綱領を打ち負かした。議会の選挙は延期された。インスブルック〔の宮廷〕への代表団は、その帰路で、旅が実りなかったとわかった。そしてチェコ人穏健派――多数派であった――は、プラハの急進派が敗北したことを歓迎した。彼らは、オーストリア・スラヴ主義に希望を抱き続けたのである。ボヘミア急進主義がずっと弱くなったときには、なおさらであった。しかし今度は、穏健派は、プラハの代りにウィーンの中央議会で、その綱領を成功させねばならなかった。こうしてチェコ人指導者は、ボイコットするつもりだった立憲議会に出席しようと願った。そしてフランクフルト〔国民議会〕とドイツ民族主義を恐れて、大部分はドイツ的創作物であった中央集権的オーストリア国家を支持したのである。

ヴィンディッシュグレーツ将軍の勝利は、チェコ人には寛大に扱われ、さらにドイツ人にはもっと公然と歓迎された。フランクフルト〔のドイツ国民〕議会はすでに、ほとんどのボヘミアの選挙区がフランクフルトへの代議員を選出するのを拒否していたので、いらいらしていた。プラハの反乱で驚いたのは、チェコ人が「大虐殺」されたということだった。そこで議会は、反乱を静めるために、プロイセンかザクセンの軍隊を派遣しようと考えた。後のブリュンの市長で、オーストリアの自由主義大臣ギスクラは、ヴィンディッシュグレーツ将軍に敬意を払って、こう言った、「モラヴィアの一ドイツ人として私は、チェコの運動が完全に鎮圧され、未来にわたり絶滅されることを要求する。」こうしてドイツ人はまた、王朝の軍隊が任務を果たしていると思い、同じく立憲議会の召集を歓迎した。実際、立憲議会を残念がったのは、プラハの勝利者ヴィンディッシュグレーツ将軍だけであった。そして彼の保護の下で集まった議会の中には、初めから虚偽が横たわっていた。急進派はプラハで敗北していた。王朝は、いたるところでプラハの勝利を繰り返すほどには強くなかった。だから、ハプスブルクの歴史で唯一の自由主義の時期は、一八四八年七月から一八四九年三月まで続いたのである。

(1) 第二章訳注(3)参照。
(2) 念の為に。コッシュートは、ジェントリーの政治的代表者である。
(3) ハプスブルク・オーストリアの君主がハンガリー国王を兼ねること。
(4) 農民が地主から土地を与えられる代りに、償いとして支払う金。
(5) ティロル州の州都。ここにもハプスブルク家の宮殿がある。
(6) 帝国の南西部のクロアチア、スラヴォニア、そしてダルマチア、イストリアが、ナポレオン時代にイリュリア諸州として作られ、ナポレオンに支配された。彼の没落によって、元にもどった。

(7) 普通は、小ロシア人は、ウクライナ人とされる。
(8) 現在のポズナニ〔ポーランド〕。
(9) これは多くの民族の総称である。つまり、ユーゴスラヴ諸民族。

第六章　自由派の時期、憲法制定議会、一八四八年七月～四九年三月

一八四八年七月にウィーンで開かれた立憲議会[1]は、オーストリア帝国の歴史上唯一の完全な帝国議会であった。それは二重の妥協を表わした。つまり自由派は帝国と王朝を受け入れたし、王朝は自由主義を受け入れたのである。この妥協は、自信からではなく、弱さと恐れから生じたものであった。チェコ人はドイツ民族主義を恐れた。穏健派ドイツ人は、ドイツ人急進派が帝国を分裂させたり、あるいはスラヴ人が帝国を奪取することを恐れた。中間階級のあらゆる自由派は、「プロレタリアート」の虚ろな社会的鼓舞を恐れた。王朝は、その一方でハンガリーに反対し、イタリアで戦争をするための支えを必要とした。

立憲議会を開設することによって、王朝は、ウィーンと王朝自身との裂け目を修復することができた。ヨハン大公[2]は議会の開会のためにウィーンに来た。そして彼が八月にドイツの摂政〔あるいは執政〕に選ばれたとき、皇帝と帝室は彼の代りにウィーンに戻った。ドイツ政府が任命されたが、それは、より決然とした、だがさらに自由主義的な政府であった。

外相ヴェッセンベルクが実際の首脳で、メッテルニヒ派ではあったが、——彼は、一八一四年のウィーン会議で、メッテルニヒの同盟者であった——自由な心の人で、いつもオーストリアの対外政策では「西欧」方向を主唱していた。彼は、ロシアの代りにイギリスに頼ることを望んだ、そしてベルギー問題であまりにもイギリスと密接に活動したために、一八三四年に外務から退けられていたのであった。さてヴェッセンベルクは、イタリア問題を自由主義的に取り決めるため、イギリスの支持を得ようと望んだ。そうすればハプスブルクはロシアから自由となり、ハンガリーとガリチアで自由主義的政治を行なうことができる、というわけであった。新内閣で強力な人物は、〔法相〕アレクサンダー・バッハであり、三月前期のウィーン急進派のうちの最も有能な人であった。バッハは、非能率な三月前期の体制にいらだって、急進主義にかられていた。彼の実際の希望は、近代原理にもとづく統一オーストリア帝国であった。バッハは、ドイツ人で急進主義者ではあったが、オーストリア民族主義者であり、ドイツ民族主義者ではなかった。画一性と権力を信頼したバッハは、近代フランスを作ったジャコバン独裁者と比較された。その上に、このオーストリアのジャコバンは、決然たる中間階級の支持がなかったので、自分の基盤をハプスブルク王朝に置かねばならなかった。そしてハプスブルクの軍隊は、旧制度のフランス軍隊の型に従わなかった。イタリアのラデツキー軍は、不統一であったのに、七月二五日にクストーザでイタリア軍を打ち負かし、八月初め全ロンバルディアを回復した。さらに、オーストリア政府は、曖昧なのだが、イタリア問題の会議を行なわねばならなかった、それをイギリスとフランスに約束していたのであった。ここにはロンバルド＝ヴェネトの自治政府を作れる展望があったので、これは自由主義の時期の一要素でもあった。

立憲議会は、より狭いオーストリアだけを代表した。というのは、ロンバルディアは軍事法の下にあり、ヴェネチアは、「姉妹共和国」フランスに対する譲歩として、まだ共和制であった。またハンガリーは三月法によって独立していたからである。ヨーロッパのどんな所とも同じように、普通選挙によって急進派は少数派になった。ウィーンとドイツ系諸都市は急進派を選出した。これらは、「フロック・コートを着たポーランド人」つまり、上流・中流のポーランド人によって補佐されただけであった。田舎のドイツ人地域は、都市知識人を信用せず、農民を選出した。しかしチェコ人農民は彼らの知識人を信頼した。そして小ロシア人は彼らの合同東方カトリックの司祭を信頼した。矛盾した結果であるが、最もしっかりした農民地域は農民代表を選出しなかった。こうしてオーバー・エスターライヒは一六名の代議員のうち一三名の農民を選んだ。ボヘミアとモラヴィアは一三八名のうち一六名の農民を選出した。都市と農村とにまたがる数人のドイツ人の中に、ハンス・クードリヒ〔議員で、かつ大学生〕がいた、彼は急進派だが農民の息子であった。クードリヒは農業問題を提起した、それは〔農民〕解放令が九月七日に通過するまで、立憲議会の主題となったのである。

ハンス・クードリヒ

この法令[3]〔＝農民解放令〕は、一八四八年革命の最大の成果であるが、ヨーゼフ二世の仕事を完成させたのである。これは、裁判と行政における地主の世襲的権利を無償で廃止した。そして賦役つまり労働奉仕を、一部は国家の費用で、一部は借地人[4]の支払いで廃止した[原注1]。これは、「ドミニカル」な土地の農民借地人に土地保有権を与えた。九月七日のこの法令は、ハプスブルク帝国がその後存在する間、その性格を決定した。

ひとたび賦役がなくなると、土地所有者は、農民大衆を土地に縛りつけておくのが利益とはならなくなった。かなり規模の小さい農民は、より豊かな農民にその保有地を売り、都会へ移った。こうして労働力が発達する資本主義に奉仕するために配置された。同時にこれら農民移住者は、既存のドイツ的都会の住民を圧倒し、周囲の田舎の民族の代りに都会を奪った。その上、〔農民〕解放によって、貴族と農民層との階級闘争はやんだ。農民は、民族意識を持ちながら、お互いに対して向かい合った。クードリヒ自身がこれを描いてみせた。というのは、その歴史的瞬間〔＝一八四八年〕の後、彼は普通のドイツ人急進派になった、そしてアメリカでの亡命から帰った一八七二年に、チェコ人の侵入に反対するシュレジアのドイツ民族同盟〔の創設〕を説教したのである。〔史家〕アイゼンマンの言葉によると、「民族性の闘争は、特権的人びとの決闘の代りに、大衆の闘争になった。」階級闘争さえ民族的衝突を強める。都市の雇用主はほとんどドイツ人で、労働者は、チェコ人、スロヴェニア人またはポーランド人の移民であった。

貧しい農民は都市へと追いやられた。富農は儲けた、つまり富農は土地を買い、地主の土地でさえも保有地を手に入れることができた。その結果、農民集団の社会的考えはさらに一層保守的になった。他方、これらの富んだ農民は、子弟の教育費が払えたので、〔子弟は教育を受け、〕農民集団はますます民族主義的になった。大貴族は滅ぼされたと考え、解放令とそれを実施した帝国政府を「共産主義」だと非難した。だがこの反対のほうが正しいとわかった。大領地は、能率の上がらない賦役から解放されて、より経済的に運営することができた。ハンガリーの蒸気鋤は一九世紀後半の目覚ましい特徴であったが、農民解放の結果であった。それ以上に、マグナート〔=大地主〕は、補償で受け取った総額で、資本主義企業を興すことができた。デニスによると、ボヘミアのマグナートは、一八八〇年に、八〇〇中五〇〇の醸造所、一二〇中八〇の砂糖工場、四〇〇中三〇〇の蒸留工場を所有した。ハンガリーのマグナートは、同様に、製材所、紙工場、炭鉱、ホテル、温泉場を持った。すべて賦役の補償〔金〕によるものであった。二〇世紀にはハプスブルク帝国では、大領地〔制〕が以前よりも一層支配した。これが一八四八年の〔農民〕解放の結果であった。小地主は本当に破滅した。彼らは賦役がなければ領地を経営できなかったし、補償額が少な過ぎて、資本家としては立ち行かなくなった。この階級はしかし、ハンガリー以外では重要ではなかった。ハンガリー小地主の破滅は深刻な政治的結果をもたらしたのである。

帝国政府は〔この農民〕解放からまた得をした。世襲裁判権が廃止されたので、帝国官吏が地方行政を単独に支配することを任され、こうしてウィーン〔の中央行政〕への依存を完成させた。その上、〔農民〕解放は、帝国官吏によって執行されたので、農民は、解放を立憲議会の行為としてではなく、皇帝の贈り物だと考えた。一八四八年九月まで、農民層は帝国全体の中で攻撃的革命精神を持っていた。ひとたび解放が確実になると、彼らは政治への関心を失い、絶対主義の勝利を無関心に眺めるようになった。バッハ〔法相〕は、初めからこの結果を予想していたし、〔議員〕クードリヒの提案を黙認していた。ただ、解放の費用を、借地人と国家との間で分担するべきだと主張した。さらに帝国の大臣たちは、その日暮しのようで、長期的な展望を持っていなかった。彼らは、革命のさ中できしむ帝国機構を管理しようとした、悩める人びとであった。そして財政が彼らの最も実践的な第一任務であった。

財政問題によって、またハンガリーと断絶し、決定的な諸結果が続くことになった。

〔ハンガリーの〕「三月法」によって〔蔵相〕コッシュートは、彼の綱領を十分達成した。ハンガリーは、帝国の他の州とは同君連合があっただけであった。帝国の統一がこのように破壊されたことは、どんなオーストリア人ばかりか、バッハのような急進派にさえショックであった。国民的負担の荷重がすべて、残されたオーストリアに一時にふりかかった。ハンガリーがハプスブルクの他の諸州と連合することが必要だと考えた〔ハンガリー法相〕デアークのような穏健派マジャール人は、このきわどい財政問題で、喜んで妥協しようとした。だが彼らは、コッシュートの排外主義的な雄弁に負けて、公務から退いた。〔ハンガリー蔵相〕コッシュートはこうして、自由主義的オーストリア政府とハンガリーの自由派との双方と論戦して、孤立したように見えた。ソフィア大公妃をめぐる宮廷の取巻きは、大胆にもコッシュートに反対しようとして、九月四日に、オーストリアの大臣に知らせもせず、イェラチッチ将軍をクロアチアの総督に復帰させた。九月一一日、イェラチッチ〔とクロアチア軍〕はドラヴァ河を渡り、ハンガリーに侵入した。王朝とクロアチア軍とのこの同盟に対抗して、〔九月一五日に、ハンガリーの国防委員会議長となった〕コッシュートは、マジャール人とドイツ人とが同盟する振りをして、ハンガリーと王朝とを仲介してくれるよう、ウィーンの議会に訴えた。彼は、あらゆる急進派の同時代人と同じく、オーストリアの本性を理解せず、ウィーンの立憲議会が民族主義的なドイツ人の議会だと思った。

ハンガリーの代議員を受け入れるかどうかという問題は、九月一七日の議会で討議された。これは「オーストリア問題」の歴史で初めての公の議論であったし、それは将来展開するテーマを示していた。継承諸国を、統合した民族ドイツの土地にしたかった急進派ドイツ人は、コッシュートの同君連合の綱領を受け入れた。[5] そしてガリチアでも同じく独立を望んで、「フロック・コートを着たポーランド人」[6] もそれを受け入れた。もっと穏健なドイツ人は、ドイツに属したいと望んだが、帝国の統一を保持したいとも思った。バイエルン人やザクセン人であるよりもオーストリア人であるほうが一層箔がついた。つまり彼らは、ドイツ人であるという利益のすべてをオーストリアで持ち、またオーストリア人であるという利益をすべてドイツで持とうと願ったのである。穏健派ドイツ人は、帝国の残りの州〔＝オーストリア側諸州〕が絶対主義に支配される場合だけ、ハンガリーの制度的特権は耐えられるという、バッハの議論を受け入れた。さてハンガリーは、財政・軍隊・外交以外の共通事項を共に行なう帝国議会を受け入れねばならなかった。チェコ人はこの中央集権的状態を好まなかった。彼らの希望は連邦主義であり、彼らはブダペストの議会と等格のプラハ議会を望んだ。だがチェコ人はまだコッシュートを支持できなかった。なぜならそれは、マジャール人の民族国家〔＝ハンガリー〕を承認することになるからであり、かくて〔ハンガリーにいる〕彼らの仲間であるスラヴ人、セルビア人、クロアチア人、とりわけ彼らの兄弟スロヴァキア人を見捨てることになるからである。それ以外に、ウィーンの中央集権的支配を嫌ったチェコ人は、フランクフルトのドイツ民族主義をなお一層恐れた。こうして彼らは、自分たちに反対する力を和らげようと望んだが、強力な帝国を支持したのである。ハンガリーに反対する多数派は、ドイツ民族主義の支配を避けようとも願うスロヴェニア人と、ガリチアにおけるポーランド支配に暗に反対投票する小ロシア人によって、膨れあがった。オーストリア・スラヴ主義と大オーストリア主義は、支配諸民族の要求に反対して結合した。

ハプスブルク帝国は議会の多数派をかちとった。帝国はまだ戦争に勝たねばならなかった。帝国軍隊が、〔ハンガリーを攻める〕イェラチッチ〔将軍〕を支援するために派遣された。そしてこれ〔=独立ハンガリーへの同情〕がウィーンで一〇月六日の蜂起、つまりこの一年の中で最も急進的な革命を引き起こしたのである。一〇月革命〔=ウィーン・プロレタリア革命〕は、オーストリア帝国を破壊し、民族ドイツと民族ハンガリーとをそれに置き換えることを狙った。その目的は、事実、ウィーンを一つの州の都会に格下げすることであった。これは、大帝国の首都の市民であることに利益を感じていた中産階級の自由派にアピールする綱領ではなかった。また彼らは、ウィーンの大衆がその社会不満のはけ口としてこの綱領を支持したことによって、それだけ一層嫌になっていた。一〇月革命は、もしそれが戦っていた二つの理由である民族ドイツか民族ハンガリーの支持を貰えなかったならば、滅びるものであった。民族ドイツは軍隊を提供できなかった。フランクフルト〔のドイツ国民〕議会は、自ら急進主義を恐れていたが、すでにプロイセン軍隊の保護の下

1848年10月のウィーン攻撃、将軍ヴィンディッシュグレーツ侯とその将軍たち

に隠れていた。その唯一の支えは、ドイツ人と非ドイツ人諸国が同君連合によってのみ統一できるという一〇月二七日の決議であった、つまりかの瞬間にウィーンのバリケードと共に粉々になった綱領であった。民族ハンガリーは、息つぎの期間を用いて、コッシュートのリーダーシップによって公安委員会を設立した。ハンガリーの一軍はウィーンに向けて慎重に進軍し、その後おずおずと退却した。

革命が勃発したので、ハプスブルク宮廷はモラヴィアのオロミュッツ〔ドイツ名、オリュミュッツ〕に逃げた。それには立憲議会の議員多数が従った。ウィーンにはドイツ急進派の残党とフロック・コートを着たポーランド人が残った。だがその時でさえ王朝は双方の側に接触を保っていた。つまり急進派の勝利に対して保険をかけていたのである。ウィーン防衛を指揮したメッセンハウザー(7)は、その地位を内閣によって認められていた。公式の『ウィーン・ガゼッテ』〔新聞〕は、メッセンハウザーと帝国総司令官ヴィンディッシュグレーツの声明を並べて発行した。蔵相クラウスは残党と共にウィーンに残り、救援を求めてコッシュートの所へ送られた二人の使者の費用を帝国の資金から支払ってやった。だが、これらの用心はいらなかった。ウィーンは孤立していたのである。〔議会で、農民〕解放令を導入したクードリヒは、ニーダー・エスターライヒとオーバー・エスターライヒの農民を立ち上がらせて手柄を立てようとした。だが成功しなかった。ヴィンディッシュグレーツ将軍とイェラチッチ将軍の軍隊はウィーンに戻り、ヨーロッパ的急進派綱領を打ち負かした。その勝利した後に、政府のとった最初の行動は、一〇月二七日のフランクフルト〔国民議会〕の決議を拒絶し、ヴィンディッシュグレーツ将軍を対ハンガリー司令官に任命することであった。同時に政府は、イタリアで譲歩してイギリスの支援を得ようとするどんな真面目な意図も放棄し、イタリアで新しく戦争を準備した。こうして民族ドイツ、民族ハンガリー、民族イタリアは三者とも皆、一〇月革命の敗北によって潰れたのである。

強力な帝国政策には、強力な大臣と強力な皇帝が必要であった。一一月二一日、初老のヴェッセンベルクは、フェリクス・シュヴァルツェンベルクに〔首相の〕地位を譲った。シュヴァルツェンベルクは、ヴィンディッシュグレーツ将軍の義弟であり、ラデツキー将軍の助言者であった。一二月二日にフェルディナント皇帝は、彼の甥フランツ・ヨーゼフに帝位を譲った。フェルディナントは歴史の舞台から消え、再び現れたのは、一八六六年にプロイセンがプラハを占領したときに、「私でもこれと同じように出来ただろう」と述べたときだけだった。新首相シュヴァルツェンベルクは暴力の人であった。個人生活でも暴力的で、政策でも暴力的であった。彼は、知力のない人にはよくあることだが、力がすべてで、思想は無だという信念を抱いていた。シュヴァルツェンベルクはイタリアでラデツキー将軍と共に従軍し、一八四八年の〔対イタリア〕戦争を重大な事件であると思い、オーストリア政治家としては普通でないが、オーストリア軍を信頼した。そして事実、大イタリア幻想が一〇〇年のヨーロッパ政治に馬鹿げた軽い気休めの調子を与えたのだが、その最初の犠牲者の一人であった。シュヴァルツェンベルク〔首相〕は、オーストリア最有力の家族の一員だが、伝統とか貴族に敬意を払わなかった、また、議席にふさわしいオーストリアの一二〔家族〕の貴族がいないと言って、世襲的な上院の計画を非難した。シュヴァルツェンベルク首相は自分には考えはなかったが、他人から考えを、少なくとも概観では、引き出すのが速かった、そして前任者を考慮せずに、有能な閣僚を選んだ。内務大臣となったシュタディオン伯爵は、貴族であり、忠誠心はあるが断固とした自由派で、ガリチアの総督として成功裡に自由主義政策を進めた。法相バッハは、五月二六日までバリケードの急進派の側に立った、まだ資格のない法律家であった。商相ブルック男爵は、ラインラント出身のドイツ商人であり、トリエステの偉大さの基礎を作り、ミッテルオイローパ〔=中央ヨーロッパ〕つまりオーストリア・ドイツ人が指導するすべての中央ヨーロッパの経済同盟の展望を抱いていた。これらの人びとは、出身と見解で随分異なっていたが、まず力を出すことでは一致していた。シュヴァルツェンベルク首相は、外交政策で同じ調子を付け加えた。メッテルニヒはロシアに、ヴェッセンベルク〔前首相〕はイギリスに頼った。両者ともこれらは主義と関わっていた、つまりロシアとは保守主義、イギリスとは自由主義の原則であった。シュヴァルツェンベルク首相は、ちょうどフランス共和国大統領になった同じく無原則の冒険主義者ルイ・ナポレオンと協同して、これらの道徳的選択から逃れようとした。ハプスブルク家とボナパルトが同盟しても、シュヴァルツェンベルクは驚かなかった。彼の政府はジャコバンの政府であって、彼らの目的は、ハプスブルクの継承者フランツ・ヨーゼフ一世皇帝をナポレオンのような人物、つまり革命の子に転化することであった。

この奇妙な役割に向かって投げ出された皇帝は、良心的だが世界を知らない一八歳の少年であった。シュヴァルツェンベルク首相と同じように、彼は思想を信頼しなかった。シュヴァルツェンベルクは、主義を持つにはあまりにも利口すぎ、フランツ・ヨーゼフ皇帝は、主義を理解するには間が抜けすぎていた。王朝思想のために、皇帝はすべての者を排除するようになっていた。大公であった時代には、彼は単なるフランツであった。付け加わった名前は、「人民皇帝」ヨーゼフ二世を思い起こさせた。だがフランツ・ヨーゼフは、名前以外にはヨーゼフ二世の持っていたものは何も持っていなかった。彼にとって、王朝思想とは、王朝権力の維持を意味し、それ以上の何ものでもなかった。フランツ一世と同じように、彼は忠順な官僚を作ろうとした。皇帝は、ドイツ語でいうジッツフライシュ、つまり丈夫な尻を持っていた。彼は机に座り、一日八時間、文書に署名したのだが、それだけでは帝国の仕事をしたことにはならないということが永遠にわからなかった。さらにフランツ・ヨーゼフ皇帝は、精神では違うが、政治では柔軟性があった。彼の全生涯は、帝国が破滅の中に飛び込もうとした一八四八年〔革命〕の経験に支配されていた。この記憶のために、彼の本性とは異質な、性急さと気短さで行動したのである。シュヴァルツェンベルク首相は、政府の基礎は軍であり、思想ではない、という政治理論に支配されていた。フランツ・ヨーゼフ皇帝は、他の人と同じく、この理論を疑っており、彼の帝国のイデオロギーを一度ならず変えた。そしてこの懐疑主義のなかで、体制変化を進めまたは容認した。皇帝は、二つのことについては決して動揺しなかった。つまり彼は、軍隊の強さを維持しようと決め、外国に向かって帝国の威信を主張した。長い苦しい経験から彼が教わったのは、これらの目的が国内問題での妥協によってだけ達成できる、ということであった。だが彼は、これらが間違った目的であること、つまり人民を騙したり忍従させたりしないで帝国の側へかち取らねばならないということを、決して経験から教わらなかった。

皇帝は、先祖たち、とくにヨーゼフ二世から、善意という大きな資質を受け継いだ。彼は、王朝権力を維持するためにこの資質を使った。だから、帝国には存在理由がなくても、諸民族の心の中に帝国を残したのである。フランツ・ヨーゼフ皇帝は思想を拒絶した、だが王朝の権利は、それ自身で思想であり、またおまけに古風なものであった。一八四八年の革命は、オーストリア史の自然な「無意識の」進行を壊した。そして「旧秩序の最後の君主」フランツ・ヨーゼフは、他の者と同じく、「作られた」生き返った人物であった。皇帝は、自分の人民への信頼を欠き、彼らへの責任を感じず、確信からではなく恐れから譲歩した。その結果として、彼はハプスブルク帝国を崩壊させる重要な仕事人になったのである。

帝位についたばかりのフランツ・ヨーゼフ皇帝

フランツ・ヨーゼフの治世は、全く奇妙なことに、偶然生き残った立憲議会とともに始まった。そしてハンガリーが立憲議会に従属するまで、立憲議会は、プラハの六月反乱かウィーンの一〇月革命に染まらなかった穏健派チェコ人とドイツ人に支持される価値があった。政府への発信権を奪われた立憲議会は、その憲法上の仕事を続けるために、モラヴィアのクレムジール〔クロムエルシュイズ〕に移った。そのチェコ人もドイツ人も共にその急進派を捨てた。そのチェコ人はオーストリア・スラヴ人であり、ドイツ人は忠誠なオーストリア人であった。帝国が生き残るべきかという問題には諸事件が答えていた。つまり、立憲議会は、皇帝が個人の自由と民族の自由とをいかにして和解できるか、ということだけを考えねばならなかった。それ以上に、一〇月の事件〔＝革命〕の後は、王朝はその独立した力を主張した。王朝はチェコ人にもドイツ人にも「奪われ」えなかったし、だから双方の側は協定と妥協に持ち込まれた。またさらに、大きな見解の相違があった。つまりドイツ人は、マリア・テレジアとヨーゼフ二世の作った中央集権的国家を維持したかった。だがチェコ人はボヘミアの州の権利を回復したかった。他方、ドイツ人は、今、王朝がかなり明らかに復活させていた中央権力に制限を課すつもりがあった。チェコ人は、フランクフルトのドイツ民族国家から彼らを守っている中央権力を、支えるつもりであった。チェコ人は、彼らの連邦主義の思想を取り下げ、単一国家を黙認した。ドイツ人は、州の自治を大部分黙認した。

知的な正直さではまれな人であったパラツキーは、それぞれ単一の民族性を持った新しい諸州を考案しようとした。この案は他のチェコ人によって拒絶された。彼らは、ドイツ人が少数派であるにもかかわらず、「歴史的」ボヘミアを放棄しようとしなかった。そして、ドイツ人は、ボヘミアでは民族的権利を要求したが、ケルンテンや、シュタイアーマルクのスロヴェニア人区域を譲り渡そうとしなかった。その上、中央集権化された国家を切望したドイツ人は、州と民族の一致を妨げようとした。こうしてクレムジール〔の議会〕でも、チェコ人はボヘミアのため、ドイツ人は帝国のため、共にオーストリアが民族的共同体の連合に転化するのに反対した。そして両民族は、他に方法がないのだが、ハプスブルク帝国が没落するまで、これに反対し続けた。クレムジールの議会は、諸州の内部にいる少数民族に一つの譲歩をした。それは、地方議会と地方自治を持つ下位の「郡」を発明した。というのは、クレムジール〔議会〕の面々は、学校と地方政府がその民族の言語を使えば、民族的希望が満足されると思ったからであり、彼らは、民族がそれ自身の運命を決める希望があるとは考えなかった。彼らは、フランクフルトのドイツ立憲議会のように、政治の中心問題、つまり権力にたいして理解がなかった。彼らは、実際そうであったのだが、権力が、王朝とともに残るであろうと考えた。こうしてクレムジールの議会は、どのようにして違った民族が一つの共通の政府を作って結合できるかという問題を解決しようとしなかった。同議会は、どのようにして異なった民族がハプスブルクの政府の下で平和に生きられるかという問題だけに関わっていた。つまり、本質では、王朝なしでは帝国が存在できないことを告白し、こうして、ハプスブルク帝国を「ドナウ連邦」に置き換える後年の計画をすべて、前もって非難したのである。諸民族はハプスブルクの秩序の下以外では共に働かないだろう、というわけである。

さらに、ハプスブルクの下で平和に生きることに同意することでさえ、一つの成果であり、ハプスブルク帝国の歴史では決して繰り返されなかった。このユニークな事実のために、後年の研究者たちは、クレムジールの憲法の意味を過大評価した。チェコ人とドイツ人は、解決策を見つけるために協同した。だがその解決策が成功するには、彼らの協同が続くことによっていた。ひとたび「王朝を奪う」誘惑が新たに起こると、その見込みはなくなった。クレムジールの憲法を起草したマイアーは、ドイツ人の主権にもとづいて、帝国を中央集権的な絶対主義の固い雛形に作ると主張したおかげで、一、二年のうちにバッハ〔法相〕の最も信頼する代理人になった。〔議員〕ラッサーは、クレムジールでマイアーを主に支持した者であるが、ごまかしのドイツ人の議会という薄い覆いでこのドイツ人の中央集権化を主張して、〔政治家〕シュメアリングとともに活動した、そしてラッサーは、「選挙の幾何学」の体系の主要著者であった。選挙の幾何学によって、ドイツ人はオーストリア議会で人工的に多数を得たのだった。チェコ人は、王朝を「奪う」機会を長い間待たねばならなかった。その代り、彼らはクレムジール〔議会〕のドイツ人の同僚に反対して、ボヘミアの「封建」貴族との同盟を求めた。一八七九年に、パラツキーの義理の息子でクレムジール〔議会〕での主要なチェコ人のスポークスマン、〔議員〕リーゲルは、ドイツ人自由派の主導権を終らせるため、帝国政府と提携をはじめた。その上、クレムジールでの一時的な協定も、チェコ人とドイツ人の急進派がハプスブルク軍隊に敗北したせいであった。遅かれ早かれこの急進主義は必ず再生するはずであった。クレムジールの憲法は、オーストリアの諸民族と協定しているとはいえなかったし、また人民と関係のない代議員によって作られた。つまり彼らは、官僚か学者になろうと望んでいた、慎重で教育のある者たちであって、彼らはこの〔クレムジールの〕憲法が民族の希望を満たすだろうと思ったのである。

だが議会がクレムジールで憲法の議論をしている間に、民族主義の実際の力がハンガリーで示されていた。そこでは、一方でセルビア人、スロヴァキア人、ルーマニア人が、他方でマジャール人が、近代で最も猛烈な人種戦争をしてお互いに殺戮し合っていた。クレムジールの議会は、強力なオーストリア帝国が必要だという点では一致した。それはハンガリー問題が落着しなければ達成できなかった。だがクレムジール〔議会〕はその目をハンガリーからそらしてしまった。パラツキーだけが、本腰ではないが、ハンガリーを民族国家へ分離することを提案した。チェコ人は、「歴史的」ボヘミアの分割を含むこの提案を恐れたが、スロヴァキア人を放棄するというマジャール人の要求には賛成しようとしなかった。ドイツ人は、仲間の支配民族〔＝マジャール人〕に反対してまで、従属するスラヴ民族のために行動しようとはしなかった、さらに、大オーストリアを脅かす要求には賛成しようとしなかった。チェコ人もドイツ人も、ハンガリー問題が存在しないふりをした、だからこうして王朝が彼らの頭越しにハンガリーと調停する道を準備したのである。ハンガリーに関してクレムジール議会が沈黙したので、シュヴァルツェンベルク政府にたいしても、議会が無用になった。この政府は、典型的な自由主義の憲法ではなく、ハンガリーに反対する支援を欲していたのである。シュヴァルツェンベルク首相と彼の同僚は、今やハンガリーに反対して行動する用意があった。そして帝国の権力を手始めに主張して、クレムジール議会を一八四九年三月四日に解散した。だからその憲法草案は完成されなかったのである。

さらにシュヴァルツェンベルク首相、シュタディオン内相、バッハ法相は、彼らが一種の革命家でもあることを示したかった。彼らはヴィンディッシュグレーツ将軍によって役職につけて貰ったにもかかわらず、彼らは将軍の見解とその貴族の友人の考えには同感しなかった。これらの「古い保守主義者」は――つまりメッテルニヒの使徒で、コッシュートと手を切ったハンガリーのマグナートによって助けられたのだが――一八四八年の事業を取り消すことと、三月法以前に存在していた〔古い〕ハンガリーの議会を復興することだけを、提案したのである。これが皇帝と貴族の間の同盟政策であって、メッテルニヒの時代には無益であったが、農業革命によってなお一層無益にされたのである。シュヴァルツェンベルク首相と彼の閣僚は、三月前期〔の時代〕に帰る意図はなかった。彼らは、その乱雑さと弱々しさと、同じくそれに続く自由主義とを好まなかった。一八四九年の三月までに、ヴィンディッシュグレーツ将軍は政治的影響力を失った、そして彼の抗議は認められなかった。シュタディオン内相は、クレムジール〔議会〕の活動の反撃として、急いで憲法を起草した。この憲法は、全帝国をハンガリーとロンバルド＝ヴェネトを含む、統一的中央集権化された国家として取り扱った。そこには、首相の下に責任内閣を持つ、直接選挙で選ばれた、単一の帝国議会があることになっていた。ハンガリーはその民族に従って新しい諸州に分れるはずで、これらの州は残りの諸州と共に単なる行政地区に格下げされていた。シュタディオンの憲法は、オーストリア問題を廃止することによって、それを「解決した」のである。伝統がおおいに異なり、発展の段階がそれぞれ違う民族をもつ諸国をこのように仕分けることは、ナポレオンのフランスのように、伝統から自由で民族的に一様であると仮定されていた。ヨーゼフ二世のあの努力が復活したのであるが、それはもっと不都合な条件の下でであった。その試みは、シュヴァルツェンベルク首相と彼の大臣が、彼らの初めのジャコバン主義を持ち続けたときにだけ成功するものであった。

シュタディオン〔内相〕の憲法は、一八四九年三月四日の布告で発表されたが、それはクレムジールの議会が解散されたちょうどその瞬間であった。その憲法は、「一時的緊急事態」が終ればすぐに発効する、と宣言された。その間、内閣は、存在していない議会と経験の少ない若い皇帝にたいしてだけ、責任を負った。彼らは、ハンガリーとイタリアをハプスブルクのために再征服しようと思い、革命の諸結果の法律を「一時的布告」だと言って発布する独裁者として支配した。自由主義の素振りはかなぐり落された、そして新しい種類の絶対主義が始まったのである。

（原注1）同じくハンガリーで、すべての補償は国家が支払うという法律が三月に通った。ガリチアでは、総督は、ポーランド人農民を忠誠にし、その地主から分つために、国家の費用によって労働地代を廃止するとすでに約束していた。後にガリチアが自立したとき、それを管理したポーランド人地主は、自分たちが補償を支払うのを拒否した、だから帝国はその勘定を支払わねばならなかった。こうして、ドイツ人とチェコ人の農民は、ガリチアの農民の解放のために費用を支払ったのである。

（1）憲法制定議会を、以下、立憲議会と表わす。
（2）ヨハン・バプティスト・フォン・エスターライヒ（一七八二〜一八五九年）、オーストリア大公、レオポルト二世の子。
（3）法案を起草したのは、ラッサーであり、この問題を提起したのは、クードリヒである。
（4）領主所有地の、貴族の土地の、農民。
（5）第五章訳注（3）参照。
（6）上流・中流のポーランド人。
（7）原文では、メッセンハウアーとなっているが、誤植であろう。ヴェンツェル・メッセンハウザー（一八一三〜四八年）、オーストリアの士官、ボヘミアの作家、十月革命で指導者の一人となる。

第七章　新絶対主義、シュヴァルツェンベルクとバッハの体制、一八四九～五九年

　クレムジール議会が解体したことは、支配諸民族が公然と攻撃を始めたことを示した。イタリアで譲歩するという討議は見捨てられた。サルディニア(1)はまた新しく戦争にかりたてられた、そしてラデツキー将軍は、三月二六日、ノヴァラで決定的に勝利した。ヴェネチア共和国は、ゆっくりした余波の中で、七月に衰亡した。民族ドイツとの弱い環はまた破れた。つまり四月五日にオーストリア代表団はフランクフルト〔の国民〕議会から退くように命じられたのである。ハンガリーの仕事はより困難になった。コッシュート〔蔵相および国防委員会議長〕は、一八四八年九月の暗い日々から驚くべき成果を達成していた。だがそれ以後は、大ハンガリーは解体したようにみえた。北部ではスロヴァキア人の蜂起が起こり、ヴォイヴォディナ(2)ではセルビア人の民族蜂起が起こった。この蜂起は、トランシルヴァニアでのルーマニア人とドイツ人の抵抗と結びついていた、そしてクロアチア軍がドラヴァ河を越えて〔ハンガリーに〕侵入した。コッシュートは急進派の仲間によって

さえ妥協にかりたてられていた。だが彼は動揺しなかった。ハンガリーの諸民族と和解を試みる代りに、彼は、マジャール人の熱狂を煽りたて、非マジャール民族を滅ぼす機会として、この民族的衝突を実際に歓迎した。他の大臣たちが諸民族に申し出ていた妥協を、彼一人だけが阻止し、これら目覚めている民族の前面に、一世紀後になってさらに燃え上がる言葉を投げつけた。コッシュートはセルビア人に言った、「剣がわれわれの間を決めるだろう」、そして「彼らを根こそぎにする」計画を起案した。彼はクロアチア人を、「ろくに食事もとっていない」と書き、ルーマニア人を「ハンガリーにたいする謀反人」と呼んだ。

この民族感情への訴えは成功した。マジャール人兵士たちは、これらのマジャール語を話さない市民を殺すことによってのみ国家を救えるのだと、説得された。イェラチッチ〔将軍のクロアチア軍〕は撃退された。ルーマニア人は、効果は少ししかないだろうが、革命の初めからドナウ河どは服従した。ルーマニア人は、効果は少ししかないだろうが、革命の初めからドナウ河の諸公国を占領していたロシア軍の助けを求めた。続いて大成功がやって来た。つまり一八四八年の冬、ヴィンディッシュグレーツ将軍がハンガリーに進軍し、ブダペストを占領したのである。その後彼は、ハンガリー軍を指揮したポーランド人の将軍たちの策略に負け、一八四九年四月の初めに退却を強いられた。ハプスブルクが民族イタリアと民族ドイツと関係を断ったその瞬間に、民族ハンガリーはハプスブルクと関係を断った。四月一四日にデブレツェンのハンガリー議会は、穏健派が脱退したのでほとんど空になったが、ハプスブルク家を廃し、コッシュートを統治者〔＝臨時国家元首、執政〕に選んだ。こうしてコッシュートの教義はその論理的結論に到った。その教義とは、ハンガリーがハプスブルクと連合しなくても、また非マジャール民族と協同しなくても、偉大な国家になれるというものであった。だが〔執政〕コッシュートの勝利は、マジャール人のすぐれた徳のおかげでもなく、また彼が起こした排外主義的な熱意のおかげでさえもなかった。勝利は、それ自身ハプスブルク権力の一部であったハンガリー軍によってかち取られたのである。ハプスブルクは、その軍隊、ハンガリーのマグナート〔＝大地主〕の黙認、非マジャール民族の支持によって、疑いなく当時のコッシュートを負かすことができたであろう。だがこの計画は、〔ハプスブルクに対して〕ロシアの支援が急に申し出られたので止められた。ツァー〔＝ロシア皇帝〕(3)は、ハンガリー軍内のポーランド人将軍の成功を好まなかったし、ハンガリーがポーランドに与えた例を恐れたのである。その上彼〔＝ツァー〕はもっと深い計算が動機にあった。ロシアの近東政策は、二〇年の平穏の後、もう一度軍事行動を起こした。そしてドナウ諸公国の占領は、表面上は革命から守るためであったが、コンスタンチノープルへ新しく進軍する第一歩であった。ツァーは、ロシアへの感謝の負い目なしでハプスブルク帝国がその危機を抜け出すことがないように望んだ。他方で、彼は、オーストリアが手を引くことを恐れて、ロシアの正確な野心を見せるのを尻込みした。その以前でも後でもいつでもそうだったように、ロシアは鬼火を追求した、そしてその鬼火に助けられて成功した大強国〔＝ドイツ〕は、鬼火があえて必要としなかった褒美を、その後ロシアに自発的に贈ることになるのである。(原注1) 同様にツァーは、メッテルニヒから学んだ保守主義の原則を真面目に受け取った。彼は、それがシュヴァルツェンベルク首相にとっては何も意味しないことを理解しなかったし、またもし理解したとしても、ロシアがコンスタンチノープルとドナウ河の河口を手に入れることに対しては、保守主義をあてはめられないことを、理解しなかった。

ツァーの路線は、シュヴァルツェンベルク首相の筋書きに合っていた。彼は、ハンガリーでの、あるいは後のドイツでの、ロシアの援助を受け入れる用意があった、だが彼は、まだ書かれない負債を認めるのはよそうと、初めから決めた。一八四九年五月に、ロシアの一軍がハンガリーに入り、そして八月にハンガリー軍はヴィラーゴシュ〔の戦い〕でツァーに征服された。コッシュートはトルコに逃れ、統治者としての権威を空しく主張しながら、〔その後、〕四〇年の亡命生活を過ごすのであった。大独立ハンガリーの夢は終った。だがハプスブルクの成功は、コッシュートの成功がそうであったように、幻覚であった。その成功はロシアの援助で達成されたのであり、ロシアとの友情が続くことに依存していた。それ以上に、ハプスブルクの成功はまぎれもなく軍事的征服であり、政治的勝利ではなかった。チェコ人とドイツ人の穏健派は、チェコ人とドイツ人の急進主義が敗北することを歓迎していた。だが、ハンガリーでは誰もコッシュートの敗北は歓迎していなかった。ヴィンディッシュグレーツ将軍のまわりに隠れたマグナート〔＝大貴族〕と、デアークに頼った自由派は、コッシュートのいうマジャール人の大ハンガリーという目的に賛成していた。彼らがコッシュートと違っていたのはただ、貴族は宮廷の陰謀によって、デアークは法律的反対によって、この目標を達成できると信じたことであった。バッチャーニ〔前首相〕と一三人のハンガリーの将軍が処刑され、これは殉教者をつくり、〔オーストリアの〕数年間の絶対的な支配によっては消すことのできない伝説となった。なお、マグナートは純粋に愛国者であったが、いい時にコッシュートを見捨てた。広範な財産没収は起こらなかった、だから、一六二〇年にボヘミアの征服〔＝ヴァイセンベルクの戦い〕に続いたような、新しい帝国貴族は出なかった。だから、〔フランスの歴史家・ルイ〕アイゼンマンがいうように、「ヴィラーゴシュ」〔の戦い〕をヴァイセンベルク〔の戦い〕だと思うことは、二〇〇年以上間違うことになるのである。

さらに、差し当たり、ヴィラーゴシュ〔の戦い〕によって、中央集権的絶対主義での大実験にとって最後の障害物〔＝ハンガリー〕が取り除かれた。シュタディオン内相は一八四九年の夏に気が狂い、シュヴァルツェンベルク首相が外交に専心した。バッハは、内務大臣としてシュタディオンの後継者となり、こうして実際上の独裁者として任され、彼の力を革命的な目的のために用いた。〔ハンガリーの〕すべての歴史的要求と特権は一掃された。ハンガリーがフランツ・ヨーゼフ皇帝を排除したので、その憲法を没収されたのだ、と論じられた。そしてハンガリーが破壊されたので、他の国や州は生き残れるはずがなかった。クロアチアでさえ、終始、〔ハプスブルクに〕忠誠であったが、その議会と地方自治政府と領土的統一を失った。オーストリア帝国は、最初で最後であるが、完全な統一国家になった。ウィーンの命令により、ドイツ人の官吏が執行する、単一の行政組織、単一の法典、単一の租税体系ができた。一八五〇年の七月に、「緊急法令」がハンガリーと帝国の残りの諸州〔＝オーストリア〕との間の関税障壁を偶然に廃止した。その瞬間からまた単一の商業制度ができた。「バッハ体制」は一八五九年まで一〇年間だけ機能しただけであった。だがその効果は取り消すことができなかったのである。一八四八年以前には、ハンガリーと帝国の残りの州との間の国境が、〔帝国を〕二つの社会に分けていた。一八六七年の〔オーストリアとハンガリーの妥協の〕後、それは二つの議会に分けた。それ以降〔つまり一八四九年以降〕、帝国が終るまで、ハンガリー市民は同じ煙草を吸い、同じ警察に取り締まられ、帝国の他のどんな所の市民とも同じ官僚的な規則に従った。事実、現在でさえハンガリー人の特徴として見なされるものは、〔内相〕バッハと彼の代理人によってハンガリーに持ち込まれたものが多い。古いハンガリーは自治的郡を持っていたが、官僚のいない真正なものであった。一八六七年以後の郡の自治は、オーストリアの官僚制をハンガリーの官僚が運営しただけであった。これが、「バッハの軽騎兵」の伝説であった。

バッハ体制は、ドイツ民族主義者ではないが、ドイツ人によって執行された。これはまたシュヴァルツェンベルク首相の外交政策の精神であった。つまり急進的あるいは民族主義的な熱意を欠いた、大ドイツ急進主義の機械的こだまである。シュヴァルツェンベルク首相は、ハプスブルク家の指導下ですべてのドイツとオーストリアの諸国を合同すること、つまり七千万人の帝国をつくることを、ブルック〔商相〕に説得された。彼の意図は、ハプスブルク帝国全体を、再生したドイツ連邦に、そしてさらにドイツ関税同盟に力ずくで入れることであった。これは、ロシアとフランスに対しては挑戦的な計画で、プロイセンとドイツ諸国王には破壊的な計画であった。それは、ハプスブルクの軍隊によってではなく革命的デマゴギーによってのみ完遂することができるのであった。そしてシュヴァルツェンベルク首相は野心を持ったのだが、実際、彼が知的な器用さでは平凡なことがわかった。プロイセンが指導して北ドイツ連邦を作るというプロイセンの計画を打ち砕くことは、やさしかった。というのは、オーストリア軍はイタリアとハンガリーで勝利していた、そしてツァーは再び、間違って彼が保守主義の側にあると思ったもの〔＝オーストリア政府〕を支持したからである。一八五〇年の一二月に、オロミュッツの協定によって、プロイセンはその計画を捨て、〔オーストリア主導の〕ドイツ連邦の再生を受け入れた。これはシュヴァルツェンベルク首相の最後の成功であった。一八五一年初めのドレスデンの会議で、ドイツの諸王は、ハプスブルクの全諸国をドイツ連邦と関税同盟に含める試みを、違反だと判定した。ツァーはついに警戒して、彼らの反対論を支持した。行き詰まりが続いた。シュヴァルツェンベルク首相は、軍隊と威信の政策によって、ドイツの主導権を取るための闘争にオーストリアを引き入れた。だが彼の国内政策によってドイツ人の感情を悪くしてしまった。

プロイセンが敗北したので、シュタディオンの憲法を建て前上の存在にしておくという最後のいい訳はなくなった。シュヴァルツェンベルク内閣は、見解では革命的だが、革命的勢力の支持がなかった。そして一八四八年に勃発した危険がひとたび克服されると、フランツ・ヨーゼフ皇帝は、より気心の合った保守的マグナートと将軍の影響の下におち入ってしまった。彼らは三月前期の「歴史的」制度をあこがれた。そして彼らは自分たちの議会と家父長的裁判を復活させることはできなかったので、少なくとも皇帝の「歴史的」権力を回復しようと求めた。〔シュヴァルツェンベルク〕内閣の独裁は、彼らにとっては革命的にみえた。そして彼らはその代り、大臣たちが単に行政官であって、皇帝がただ独り立法と統合の権威であった三月前期の体制に戻ることを主唱した。だが腐敗していたことが一八四八年にわかってしまった〔三月前期〕体制に戻ろうとした人びとは、彼ら自身がかつてそれを一番手厳しく批判した者であった。そして今や宮廷のこのグループの指導者となった政治家キューベックの回想録は、三月前期の体制が不完全であったことを示す主な資料である。メッテルニヒがコロヴラートに嫉妬していたように、〔政治家〕キューベックはバッハ内相を嫉妬した。彼は帝国の絶対主義を推し進めたが、帝国が一人の人間、とくに若く平凡な人間によっては指導できないことを知っていた。キューベックはそれゆえ、古くさい提案に戻った。つまり、メッテルニヒがずいぶん長い間フランツ皇帝の宮廷で触れ回ったもので、「代替議会」または、絶対権力を侵害せずに帝国に助言する帝国議会、の提案であった。そしてメッテルニヒよりも幸運なことに、キューベックの計画は実際に皇帝に受け入れられた。フランツ・ヨーゼフ皇帝は、帝国を革命的な法律家バッハ内相の手に任せないで、自分が帝国を支配しなければならないという、帝国の古参政治家〔キューベック〕の助言を聞いて喜んだ。そして一八五一年一二月二日のルイ・ナポレオンのクーデタに鼓舞されて、その年の終らないうちに自分のクーデタをしようと望んだ。それゆえシュタディオンの憲法は公式に廃棄され、キューベックの計画が大急ぎで取り繕われて、一八五一年一二月三一日の勅令として置き換えられた〔これを、ジルヴェスター勅令という〕。オーストリアは皇帝一人によって支配されることになって、任命制の帝国議会または帝国評議会——勿

ドクトル・アレクサンダー・バッハ

論その議長はキューベックである――を持ち、それが立法に関して皇帝に助言するのである。

キューベックが成功しても、事態をあまり変えなかった。フランツ・ヨーゼフ皇帝は、これまで建て前上の立憲君主であったが、〔いまは〕建て前上の絶対君主になった。だが彼は、実際上はこの三年の間オーストリアを支配した大臣たちに事を任せ続けた。シュヴァルツェンベルク首相は、キューベックの勅令をその場では黙って受け入れ、その条項がどうであろうと、首相としての至高の地位を保てると確信した。フランツ・ヨーゼフ皇帝は、キューベックの勅令の精神が少ししかわからなかったので、シュヴァルツェンベルク首相が一八五二年四月に急死したとき、バッハ〔内相〕を首相にしようと提案した。キューベックと、いまや亡命から帰ったメッテルニヒは、絶対主義と首相とは両立しないと、皇帝を説得した。その結果、革命の年の臨時の存在を別とすれば、シュヴァルツェンベルクは、オーストリア帝国の長いすべての歴史の中でただ一人の首相となった。バッハは内相にとどまった。フランツ・ヨーゼフ皇帝は、残りの全生涯、帝国の首相となり、大臣たちのお互いにおおいに違っていた助言で政策を決め、行動した。だが内閣の支配を破壊しても、帝国議会にとっての助けにはならなかった。というのは、フランツ・ヨーゼフ皇帝は、どんな重要な件でも立法府に相談しなかったからである。つまり大臣からなっている内閣と同じように、彼の任命者で構成されているとはいえ、立法府〔＝帝国議会〕が絶対主義とは両立できないと、単純な常識で判断した。帝国議会は、メッテルニヒの三月前期の組織のつまらなさを表わすためにだけ役立ち、そしてキューベックはすぐ権威のない議長職を退いた。このようにして、軍人貴族と土地貴族は、軽々しく無責任にも、とにかく単一の政策と集団意志とを持った内閣を破壊した。だが彼らはその代りに何も代置しなかったし、旧体制の最悪の弊害を復活させた。大臣たちは、上からの命令がないとあえて何もしようとはしなかった。一八五一年のキューベックの仕事は、ビスマルクが述べた〔オーストリア〕政府のやり方を確実に復活させた。ビスマルクはこう記したのであった、「オーストリアの皇帝は、大臣をたくさん持っている、だが彼が何かをしたいとき、彼は自分でそれをしなければなるまい。」(4)

キューベック勅令は、少ししか機能しなかったが、上からの自由主義の望みが終った象徴であった。シュメアリングは、フランクフルト〔国民〕議会でオーストリアの言い分を擁護し、その後、法相としてバッハの後を継いだが、すでに政府を去っていた。彼のすぐ後をブルックが継いだ。バッハ内相は避けられない事に対して最も長く闘った。彼は帝国を、州または民族の分離主義のない単位に転化するために、一時的に絶対主義を推し進めた。だが一八五二年の終りにならぬうち、中央集権的な自由主義の憲法の仕事を完成する望みを捨てた。バッハ内相はシュヴァルツェンベルク首相の死〔一八五二年〕の直後、最終決定をした。彼は自由主義原理よりも行政的効果を賞賛し、「バッハ体制」を守るために絶対君主制の支持者となった。皮肉な、だが受けても仕方ない運命の一撃が、ジャコバンの大臣バッハにふりかかった、それは、メッテルニヒと三月前期の保守主義さえ温存しておいたヨーゼフ二世の教会改革を、元に戻すことであった。こうして、一八五五年の宗教協約によってローマ・カトリック教会は、国家の干渉からの自由と、反宗教改革の最悪の時代以来持っていなかった教育への支配権を与えられた。復活した君主制と同じように、教会の復活は、人工的であり、一七世紀の博物館から引っ張り出してきた武器で近代精神を負かそうという慎重な試みであった。王冠と教会と軍隊の同盟は、かつては自然であったが、今度は抽象的な理屈の産物であった。それが反対した自由主義が知的であったように。

新絶対主義は約束をしなかった。それはその悪い特徴であった。一八四八年以前は、人びとは実際に体制の諸悪に気がついていた。だが、解決策が皇帝によって促進されなくても、受け入れられる可能性を彼らは信じていた。今やどんな解決策も排除されることになった。ハプスブルクは和解よりも力を好んだ。確かにもはや特権的民族と言語はなかった。すべての者が平等であった、だがすべての者が等しく不満であった。というのは、すべての者が一八四八年の民族解放の現実あるいは約束を経験していたからである。ドイツ人でさえ、ドイツ的性格の中央集権的行政と、威信の高まったウィーンに利益を持っていたが、満足していなかった。最も教育のある民族として、ドイツ人は憲法を望み、最も富んだ民族として、彼らは軍隊の必要のため課された財政負担を恨んだ。赤字予算は新絶対主義の最も弱い点であった。鎮圧のための軍隊には金を支払わねばならなかった。そしてバッハの役人の能率がいかに良くても、増大する財政支出に見合う十分な金を持って来られなかった。一八五〇年代は、ヨーロッパのどの国でも、膨大な資本を投資した時代であった。ハプスブルク帝国では、兵舎が工場や鉄道に置き換えられた。だがオーストリアは、プロイセンに対してこれまで持っていた経済的優越をいまや失った。古い体制の経済的成果さえ犠牲にされた。〔政治家〕キューベックが三月前期に計画した国家鉄道は、外国資本家の会社の手に渡った。フランス資本家はロンバルディアの鉄道を取得した。これは、軍事的強さを誇るオーストリア帝国の不吉さを反映した。ウィーンのドイツ人資本家は、一八五七年の恐慌によって、バッハ体制に寄せていた信頼をすべて失った。この恐慌は、一八四七年の恐慌が三月前期の体制を揺るがしたのと同じくらい大きく、新絶対主義を揺るがした。さらにバッハ内相とその行政機構は、メッテルニヒとその予備会議の混乱よりも、頑丈であった。メッテルニヒ体制は国内の不和と弱さで倒れた。そして生気がなく、厳格であったバッハ体制は、外部から押し流されねばならなかったのである。

対外問題が一〇年間の絶対的支配の首位をしめた。絶対主義は強力な対外政策を行なうために確立されたものであった。そして外交政策の失敗によって絶対主義は終ったのである。メッテルニヒ体制は、外国でも国内でも打倒された。一八四八年以前に、ツァーリ〔＝

ロシア皇帝〕は、オーストリア帝国を支える特権を認めてもらうために近東での軍事行動を差し控えた。一八四八年以後、ツァーは、近東での報酬を受け取るためにオーストリア帝国を支えた。ロシアがドナウ諸公国を占領したので、ロシアとオーストリアの衝突は、どんな政治体制の下でも避けることが困難となった。それは、シュヴァルツェンベルク首相が新路線を採用したことによって確かとなった。オーストリアの強さへの信頼が、シュヴァルツェンベルク首相の政策の本質であった。メッテルニヒは、ヨーロッパでどんな衝突がおきても、オーストリアをばらばらにするだろうと恐れたが、シュヴァルツェンベルク首相はダイナミックな政策の出口を探し求めた。一八一三年にメッテルニヒは、ハプスブルク帝国が生き残るのを保証するためにナポレオンを利用した後、ロシアと保守主義の理由のためにナポレオンを見捨てた。シュヴァルツェンベルク首相はこの歴史的決断をさかさまにし、オーストリアは新しいナポレオンのような人物と一緒にやっていくのに十分強力だと考えた。彼の外交政策にもまたジャコバン精神があった。彼はウィーン会議の「条約体制」を軽蔑し、ドイツと近東の獲得物を望んだ。メッテルニヒの保守主義を放棄するときには、公平にいって、彼にはあまり選択の余地がなかった。ナポレオン三世と年上のニコライ一世は、両者ともナポレオン一世と若いアレクサンドル一世の弱々しいこだまであったが、フランスとロシアの新しい力学が、オーストリアに〔保守主義の放棄を〕命じたのである。ウィーン会議の精神は、その決定された領土が挑戦される前に、失われていた。そしてオーストリアは、東と西の両方の列強の圧力の間にはさまれて捕まった。ロシアはドナウ河に進んだ。ナポレオン三世は新しいイタリア王国を夢見た。

首相シュヴァルツェンベルクは新しい政策を編み出した。〔近東政策である。〕彼はそれに失敗するのだが、それは新しい武器でその政策を行なわなかったことにあった。彼の冒険政策はハプスブルク軍隊だけに基礎を置くことはできなかった。それは、デマゴギー、つまりドイツ民族主義への訴えを必要としたのである。一〇年後に〔プロイセン宰相〕ビスマルクは、シュヴァルツェンベルク首相を挫折させた問題を解決した。つまり彼はドイツ民族主義の助力によって、ロシアとフランス両国から防御する保障を、ドイツに、そしてハプスブルクにも与えた、そしてドイツ自由主義をプロイセン国王へ奉仕するように結びつけたのである。シュヴァルツェンベルク首相には、ビスマルクの豪胆と偏見のなさがあった。だが彼にはビスマルクの主要な武器、つまり人民の熱狂への呼び掛けを持っていなかったのである。ロシアに反対する戦争は、一八四八年のドイツ人とポーランド人の急進派の綱領であった。だがシュヴァルツェンベルク首相は両民族の征服者として支配した。近東〔＝トルコ〕への前進政策は、散在していたドイツ人の都会の共同体をドイツ人の政治的指導の下へ組み込むのだが、それはドイツ民族主義にもとづいてこそできるものであった。これは、〔当時の商相、この時の法相〕ブルックが「七千万人の帝国」を主唱した目的であった。シュヴァルツェンベルク首相は、純粋に内閣の策略として、ドイツ人の感情に反して、純粋に七千万人の帝国を確実に守ろうと試みた。だがこれは一八五一年にドレスデン会議で失敗し、こうして彼の近東政策は、それが始まる前に実行不能の宣告を受けた。ハプスブルク帝国が、支配民族ポーランド人、マジャール人、ドイツ人と妥協した一八六七年の後、この〔近東〕政策は反ロシア路線を追求することができた。彼らが帝国で勢力を増すごとに、この路線をもっとはっきりさせた。シュヴァルツェンベルク首相は、表面上は、主義には捉われなかった、だがすべてを絶対的支配の原則のために犠牲にした。これは彼の体制の基本的矛盾であった。

ビスマルクはその上、別の有利さがあった。彼のプロイセンへの影響力は最高であって、彼の権力は実際上挑戦されなかったのである。プロイセンの保守層とプロイセンの将軍は、ビスマルクの冒険的路線を嫌った、だが彼らはある程度は国王の権威により、またある程度は彼らが帯びていた危険に気がついて、沈黙させられていた。シュヴァルツェンベルク首相はいつも、とくに一八五一年に〔古参政治家〕キューベックが成功した後は、宮廷の力に脅かされていた。一八五二年四月にシュヴァルツェンベルク首相が死んだために外務大臣となったブーオルは、決定的な発言力を決して持たなかった。国内問題と外国政策で時代おくれの大貴族たちはまだ、メッテルニヒの保守主義的連帯の政策を主張した。将軍たちは、彼らの知る唯一の交戦地であるイタリアにしがみつき、オーストリア軍がロシアとは匹敵しないと信じた。これは、特有の馬鹿らしさであって、外交官は彼らの政策をオーストリアの強さに置き、将軍たちはその弱さを信じた、というわけである。

クリミア戦争(5)〔一八五四年〕は、ハプスブルク帝国を決定的な危機におとしこんだ。そしてその後取り上げられた矛盾した決定は、帝国の究極的運命を決めたのである。東も西も選択できず、オーストリアはそれ以降、滅亡を待ちながら、活気が宙に浮いた国家として残された。クリミア戦争の準備段階では、外相ブーオルはハプスブルクの最高の野心を達成した。ロシア軍がドナウ諸公国〔＝ルーマニア地方〕から退却し、これらをオーストリアが占領した。ドナウ河はこうして、その航行できるすべての距離にわたって実際にオーストリアの支配に入った。こうしてロシアはバルカン諸国から切り離された。オーストリアは自由になり、病気の人〔＝ロシア〕の後を単独で継いだ。もしオーストリアがイギリスとフランスの同盟国になりさえすれば、この結果を強めることができたし、こうして〔対ロシア〕戦争をクリミア〔半島〕からガリチア〔南ポーランド、ハプスブルク領〕へ移したのである。そのガリチアでだけ、恐らく、将軍たちが力説したように、オーストリアが出兵して、大きな成果を獲得することができたのである。フランツ・ヨーゼフ皇帝は、ブーオル外相の助言で、ロシアに最後通牒を送ったが、それを将軍たちに批判されたので、軍事行動は起こさないと約束した。ガリチアの戦争は一八五五年に収束したのだが、オーストリアは一九一四年のときよりもずっと悪い条件で戦わねばならなかった。ブーオル外相は、プロイセンと同盟することによって、彼の立場をいくらか救おうと試みた。これもまた、メッテルニヒの保守主義への回帰か、ドイツ民族主義への訴えかのどちらかを意味した。そしてブーオル外相はそのどちらもできなかった。こうしてクリミア戦争によって、オーストリアは友好国がなくなることになった。ロシアは、同盟諸国〔＝イギリスとフランス〕に加わるために、自分の敗北をオーストリアの脅しに帰した。だから同盟諸国は、もしオーストリアが初めから同盟諸国に加わっていたならば、ロシアが戦争をしないで退却していただろうと信じた。

パリ会議(6)は一八五六年に終ったが、会合場所と精神でウィーン体制の終りを示した。オーストリアはもはやヨーロッパの必要物ではなくなった。イギリスとフランスは、オーストリアの援助なしでも近東でロシアを制したのである。両国とも、理由は違っているが、イタリアの民族主義を好意的に眺めた。そしてロシアとプロイセンは、これまた理由は異なっているが、もはや保守主義を気にかけなかった。フランスとロシアは最新の敵となり、オーストリアに反対して手を結ぶ用意があった。これはティルジット(7)〔条約〕の新しい型であった。外相ブーオルは、オーストリア領イタリアについてフランスの保証をかち取ろうと望んだ。その代り彼は、その会議中ずっと、カヴール〔イタリア民族主義者、サルデーニャの首相〕がオーストリアの支配を攻撃するのを聞かねばならなかった。ブーオル外相はまた、ドナウ諸公国を永久に所有したいと願った。その代り、オーストリアの軍隊が退却しなければならなかった、そして一、二年のうちに、諸公国は自らフランスとロシアの激励で独立ルーマニアに変った。さらに、パリの〔会議による〕平和は、オーストリア・ドナウの計画をうち破ったが、ロシア・ドナウの計画も打ち破った。ルーマニアは無主の国、ドナウ河口の中立所有者となり、それゆえオーストリアかロシアの一方によって所有されるよりも、両国にはかなり我慢ができるようになった。後年の七〇年代と八〇年代の東方危機のときに、ロシアはルーマニアの独立に挑戦しなかった。それゆえこの東方危機は、外交的方策の限度内で扱われることができた。ひとたびロシアが、そしてルーマニアも、一八五六年〔パリ会議〕の諸原則を離れると、存立問題が、ハプスブルク帝国に向けて起こされた。そしてこのしるしは、一九一四年六月にツァー・ニコライ二世がルーマニア王をコンスタンツァに訪れたことであった。フランツ・ヨーゼフ皇帝は、クリミア戦争の後、六〇年間君臨した。そしてその六〇年間はパリ〔会議〕の平和の蔭の中で生きたのであった。

一八五六年〔パリ会議〕の外交政策の失敗は、一八五七年の経済恐慌で強められた。軍事的絶対主義からの退却が始まった。軍事法はとうとうロンバルド゠ヴェネトから取り上げられ、そして皇帝の弟、マクシミリアン大公は、総督として、消えそうなオーストリアの支配に、見せかけの自由主義的雰囲気を与えようと試みた。保守的ハンガリー・マグナートと、またドイツ人大資本家と、和解する会談がなされた。これらは皆、体制の変化ではなく、気後れのしるしであった。とにかく、オーストリアの支配者は、メッテルニヒが行なったように、危険は外から来たと主張した。そしてこのときは、どれほどその危険が大きいかを実感しなかったとはいえ、彼らが正しかった。オーストリアが孤立したので、ナポレオン三世は、新しくボナパルト主義によってイタリアを支配する夢を実現しようとした。そして一八五八年に彼は、オーストリアを北イタリアから追放することでカヴールと一致した。ロシアは、オーストリアがへこまされ弱められることを見たがり、ナポレオン三世に中立の約束をするつもりであった。オーストリアの支配者は、まだオーストリアの強さというかつての誇りによってぼんやりしていた。ロンバルディアでの不満に直面して、オーストリアの支配者はサルデーニャに対して懲罰的な遠征軍を出す以外には答を出せなかった。ついにブーオル外相は自信を失い、大列強国からの支援を求めた。だが彼の訴えは無駄であった。誰も今は「オーストリアの使命」を信じなかった。フランスはオーストリアを攻撃する準備をしていた。ロシアはオーストリアの敗北を望んだ。イギリスの意見はイタリア民族主義の勝利を希望していた。オーストリアの唯一の頼みはドイツにあった。これもまたブーオル外相の力を越えていた。彼はドイツ人の民族感情にデマゴギー的訴えをすることができなかったし、フランツ・ヨーゼフ皇帝は、プロイセン摂政公を北ドイツの総司令官として認めることによってプロイセンの支持を得ようとは、さらさらしたくなかった。避けられない論理によって、ハプスブルク帝国は軍隊に頼り、他にどうしようもなかった。そして一八五九年四月に［オーストリアが］最後通牒によって武装解除せよと要求したため、サルデーニャは、戦争に引き込まれたのではなかった。

オーストリア軍は、高い資質を保って軍事行動を行なったのではなかった。ラデツキー将軍は一八五七年に亡くなっていた。彼の無能力な後継者、ギューライ将軍は、宮廷の陰謀によって自分の地位を手に入れていた。彼は、皇帝の副官から電報が来ても、軍事行動を起こすことができなかった。「確かに君は、年取った驢馬ラデツキーと同じように行動することができる」と言ったものである。フランス軍は、サルデーニャを支援するためにやってくる時間があって、最初のマジェンタの戦闘は、オーストリアの領土で戦われた。[8] 決着はつかなかったが、その戦いはオーストリアの司令官たちをすっかり臆病にさせた。彼らは四辺形の要塞に退いた。六月に、オーストリア軍は、〔かつて〕ラデツキー将軍がクストーザで勝利をしたことを繰り返そうとし、ソルフェリーノにいるフランス軍に向かって、まごまご進軍した。双方の時代後れの軍事機械が、ともに錆びていたが、無力にも競い合い、そしてフランス軍がほとんど偶然に戦場を支配した。ソルフェリーノ〔の戦いの敗北〕によって、フランツ・ヨーゼフ皇帝は、自分の軍隊の強さに対する信頼が揺さぶられた。残りの生涯の間、皇帝は、軍隊が敗北しつづけることを予期した。一八五九年七月に彼は初めて本心を示した。後で形勢を挽回しようとして退却を計画した。これは彼の最初の妥協であって、戦術的であり、本当のものではなかった、だが、後年の妥協と同じように、この妥協は継続することがわかった。皇帝は、中立列強諸国の仲介よりも、むしろナポレオン三世と直接交渉することを好んだ。というのは、これらの諸国は後で挑戦できなくなる取り決めを課すだろうと考えたからである。ナポレオン三世は自分の側では妥協の理由が大いにあった。彼は、ハプスブルクの間抜けな保守主義を想像できず、オーストリアがドイツ民族へアピールすることを恐れ、戦争がライン河で脅かされる前に、フランツ・ヨーゼフ皇帝と解決したかった。こうしてオーストリアは、敗北したにもかかわらず、寛大な条件を獲得した。つまり防衛要塞地を置かずに、ロンバルディアだけを〔フランスに〕譲渡した、そして、後に困惑することになるのだが、イタリア軍隊を残してヴェネチアを保有した。

イタリアの〔オーストリアとの〕大衝突は、ずっと以前から予告されていたが、穏やかに終った。だがさらに、〔オーストリアの〕軍事的威信の体制は決定的に揺らいだ。支配諸民族は、一八四九年の〔革命の〕敗北にもかかわらず、その強さを示した。イタリア外交は、イタリア軍が失敗したところで、実際一八五九年には敗北さえしたところで、成功した。〔つまりオーストリアは〕ロンバルディアを失ったのである。ところでハンガリーは、イタリアが成功するのに重要な助けとなった。つまり〔オーストリアは〕ロンバルディアで必要な軍隊をハンガリーの占領軍からさくことができなかった。ハンガリーの連隊は、戦闘では信頼できないとわかった、だが、〔亡命中の〕コッシュートがハンガリーの一軍団を組織しようとして、ミラノのナポレオンの司令部に到着したとき、これはフランツ・

ヨーゼフ皇帝には決定的な脅かしとなって、強制して講和をさせたのであった。この戦争はドイツ人の支持を絶対必要にもした。つまり帝国は、新しく貸付金を得なければ立ち行かなかった。こうして、ウィーンのドイツ人資本家は、憲法上の譲歩を要求したのである。ハプスブルク家は再び一八四八年の選択に直面した。つまり支配民族と権力を分ち合うのか、または従属民族の支持をかち取るのか、という選択であった。この選択は、一八五九年から一八六七年までの間の大論争の主題であった。だが反宗教改革と反ジャコバン主義のこの王朝がどちらの選択をするだろうかと予測するのは、難しいことではなかったのである。

（原注1）〔この抽象的な本文を、著者は以下で具体的に書いている。〕これは、アレクサンドル一世が行なった大間違いであった、つまり、彼は、一八〇九年にナポレオンがオーストリアを敗北させたときには、大目に見て、その後、一八一四年にナポレオンが敗北したときには〔連合国を〕援助したのである。この間違いは、アレクサンドル二世によっても繰り返された、つまり彼は、ビスマルクがオーストリアとフランスに勝利する〔＝一八六六年の普墺戦争と一八七〇〜七一年の普仏戦争〕のを可能にさせたのである。また一九三九年にスターリンが〔独ソ不可侵条約によって〕それを繰り返した。大変奇妙なことに、ロシア人は、ドイツ人（オーストリア人）によってのみ誠実だと思われている。一九一五年と一九四四年のときのように、ロシア人は、より厳密な協定を西欧列強としようと試みて

いる。だがこれらもまた不毛であることがわかる。

(1) ミラノの付近。

(2) 第五章参照。南ハンガリー地方のセルビア人国家。

(3) ニコライ一世。

(4) ドイツ〔=プロイセン〕の政治家。一八五一年からフランクフルト議会の公使、一八五九年から各国の大使、六二年からプロイセン宰相となる。

(5) ロシアとトルコの戦争。イギリスとフランスはトルコと同盟していた。

(6) クリミア戦争のための講和会議。

(7) ナポレオンが、ロシア-プロイセン軍に勝利して、一八〇七年にティルジットで結んだ和議。

(8) マジェンタは北イタリアにあるが、その北イタリアはオーストリア領。

第八章　連邦主義と中央集権主義との闘争、一〇月特許状と二月勅令、一八六〇〜六一年

シュヴァルツェンベルク首相とバッハ内相の自信ある絶対主義は、国内でも国外でも譲歩というものをしなかった、そして国内勢力の支持と外国との同盟を両方とも排除した。その結果、国内に不満が生じ、国外では孤立したのであって、このうち対外的孤立は一層決定的であった。一八五九年に、ヴィラフランカの平和の後、(1) オーストリアは三つの外国から脅かされた。〔第一に、〕ナポレオン三世は、遅かれ早かれイタリア民族主義の支持へと戻ってくるであろう。〔第二に、〕プロイセンは、ドイツで自由派が民族主義的な支持をするよう命令していた。〔第三に、〕ロシアは、クリミア戦争の決定をオーストリアの犠牲で逆転することをねらった。ハプスブルク帝国はその敵のどれかと妥協しなければならなかった。ナポレオン三世と本当に共同することはできなかった。なぜならナポレオンが実行するボナパルト主義綱領は、一八四八年の完全な急進派の綱領——民族イタリア、民族ドイツ、民族ポーランド、民族ハンガリー——を意味したからであり、ナポレオンが後援

すれば、弟マクシミリアン(2)を終りにしたようにフランツ・ヨーゼフ皇帝を終りにしてしまうであろう。こうして急進主義の外交政策は排除された。だから残ったものは、保守主義と自由主義であった。保守主義はメッテルニヒの原則に復帰することであった。つまり外国との神聖同盟と、国内の土地貴族と和解することである。これはイタリア戦争の直後にとられた路線であり、そのときメッテルニヒの使徒レヒベルクが外務大臣としてブーオルの後を継いだ。レヒベルク外相は、シュヴァルツェンベルク首相と彼の尊大な閣僚たちが神聖同盟をわざわざ投げ捨てたのだと、考えた。実際は神聖同盟はメッテルニヒの没落以前でさえ衰えていたし、今ではもう取り返しがつかなかったものである。保守主義の原則は、確かにロシアをパリ〔会議〕の講和協定に一致させるものではなかった。そしてプロイセン自身は勃興するドイツ人の感情に脅かされて、生命のないドイツ連邦をあえて擁護しなかった。こうして自由主義が残った。ブルック〔商相〕の「七千万人の帝国」が復活されることは、このときハプスブルク帝国の内と外の双方で、ドイツ人自由主義への訴えによって強められた。これはまた、ハプスブルク王朝がこれまで意のままに許せた以上に大きな譲歩であった。その結果としてオーストリアの外交政策は、ボナパルト主義の急進主義にときどき憧れさえしながら、保守主義から自由主義へ揺れ動き、また揺れ戻った。それぞれの揺れ動きの際に国内政策もまた揺れ動いた。その後、その成りゆきは、政治家によってではなく、一八六六年の戦争〔＝普墺戦争〕の敗北によって決まったのである。

憲法を実験しようという方向が、そのとき外国の事件によって決定された。フランツ・ヨーゼフ皇帝は、外交と軍事で彼の地位を強化しようと望んだ。これは彼の政策の唯一の動機であった。彼自身の帝国観は、一八五一年の〔キューベック勅令に代表される〕絶対主義に表明されていた。そしてシュヴァルツェンベルク首相とバッハ内相は、皇帝がかつて本当に意見の合った唯一の大臣であった。だが民衆の感情と和解するため、一八五九年七月にバッハが内務省から解職された、そのときバッハはヴァチカン大使となって心地よく引退した。バッハは、フランツ・ヨーゼフ皇帝が見捨てた大臣であったが、その没落の勢いをそいで貰った唯一の男であった。それ以降、フランツ・ヨーゼフ皇帝は、大臣たちを利用し、自分と折り合わせずに、彼らを気にとめなかった。すぐには成功するはずのない政策が突然投げ捨てられたとすると、全権を持ったある大臣は一夜のうちに免職させられてしまうのであり、感謝の念や残念だという一言もかけられなかった。ハプスブルクの宮廷の奇妙なたそがれの世界で、帝国の諸民族は材料として計算されただけであった。新しい革命はなく、不機嫌な批判だけがあり、ハンガリーでは受動的な抵抗が行なわれた。一八四八年に、諸民族、または少なくとも彼らの最も進んだ勢力は、諸民族の要求を声にあげた。そして一部の人は帝国を破壊し、他の者は帝国と協同することによって、自分たちの自由を確実にしようとした。だがいまや皇帝は、自分の権力を減少させずに、諸民族と和解することだけを求めた。オーストリア帝国の基礎が議論された。帝国の運命は暴力的に連邦主義のほうへ揺れ、その後、中央集権主義の路へと揺れ戻された。しかしこの議論は、任命された帝国議会か皇帝の執務室の中で起きたのであった、そして決定は、人民の願いにではなく、フランツ・ヨーゼフ皇帝の突然の独裁的な解決策に、依存した。人民に相談しようという試みはなく、人民と共同しようという意図はなかった。人民は、厄介な我儘な子供だとみなされ、唯一の問題は、王朝の偉大な栄光のために税金を支払い、兵役につかせるのに、人民をどのようにして上機嫌にしておくか、であった。アイゼンマンは、一〇月特許状について書きながら、フランツ・ヨーゼフ皇帝の制度的実験のすべてを正確に記述している。「破綻している絶対主義には、公衆からわずかな小銭をしぼり出すための、間違った制度がある。」

宮廷の二つのグループ、つまりドイツ人官僚と大土地所有貴族であるが、彼らは、実際に皇帝の即位以来ずっと競っていたように、一八五九年に皇帝の寵愛を求めて競い合った。彼らそれぞれが、相手の約束したものは詐欺的な計画になるであろうといい、皇帝の権力を損わないでもっと円滑に帝国を動かす方法を提案した。バッハが養成した官僚たちは地位についており、一八五九年〔の対イタリア戦争〕の失敗によって信用を落したが、まだ帝国の諸問題を執行していた。その指導者は、法相ラッサー、蔵相として返り咲いたブルック、一八六〇年にブルックが自殺して蔵相になったプレイナー、一八六一年に国家大臣になったシュメアリングであり、彼らの過去は皆、曖昧な自由派であった。ラッサーはクレムジール議会の指導的なメンバーであった。シュメアリングは、一八四八年以前のニーダー・エスターライヒ州議会の自由派グループの代弁者で、フランクフルト〔国民議会〕のオーストリア党派の領袖であった。さらにこの自由主義は、中央集権的官僚国家を熱愛していた点で弱味があった。ブルックやシュメアリングのように、シュヴァルツェンベルク政府を去った人びと〔＝大臣〕は、その政府とは次の点で考えが違っていた、つまり、もし中央議会が国家に置かれるならば、国家はもっと中央集権的で、さらにもっと官僚的であるべきだ、というものである。それはバッハ〔内相〕自身の抱いた見解である。皇帝の寵愛を求めて争うときには、帝国への熱愛とそれを続ける習慣とは、彼らの資産であった。彼らの弱点は、そのドイツ人自由派の見解が「憲法」に行きつくことであった、すなわち憲法は、皇帝が執行する独裁権力に諸民族が干渉することであり、それを皇帝が恐れているのであった。

土地貴族は、かつて一八四九年に〔革命によって〕敗北した党派であったが、極端急進派と同じく決定的に敗北した。バッハの官僚たちは、革命を、貴族とくに議会の見せかけの自由主義のせいにした、そして州の自治に関する貴族らの綱領を、民族国家を求める急進派の綱領だとみた。新しい中央集権化は、諸地方の全権力を貴族から奪ったものである、そして新しい絶対主義は、確かに、人民の主権と同じく歴史的権利を踏みにじったものである。貴族の怠け者には役人として占める席はなかった。ウィーンの枢機卿ラウシャーでさえ、平民の出であった。宮廷だけがこの平等主義的見解からは安全だった、そして宮廷では由緒ある貴族は足場を堅持していた。一八五〇年から、忠誠心あるハンガリーのマグナート〔＝大地主〕の一グループは、彼らの歴史的制度を回復しようとして、あえて皇帝に請願をしていた。ハンガリー貴族は、自信と政治的経験があったので、他の者たちに勝る有利さをもっていた。そして、ヴィンディッシュグレーツ将軍の下では見捨てられていた、宮廷の「古い保守主義者たち」は、セイチェン〔＝ハンガリーの大臣〕によって指導されていた。彼は、今は皇帝に忠誠なハンガリーのマグナートで、またあらゆるハンガリーのマグナートと同じようにハンガリー愛国者であった。

古い保守主義者たちは、貴族的な伝統という共通の考えを主張しようとした。だが現実には、歴史が彼らを分けたのである。〔一方は、ハンガリーで、他方は、ボヘミアであった。〕セイチェンが歴史に対し、そして諸州の「歴史的・政治的な個体性」に対して訴えたとき、彼の歴史は現実であった。彼はハンガリーの伝統に訴えていた。その伝統は一八四九年に暴力で破れるまで十分強くまた実際力を増しながら残っていた。一方、ボヘミアの貴族がセイチェンの言葉に反響したとき、彼らは歴史に訴えず、歴史に反して訴えた、つまりマリア・テレジアとヨーゼフ二世がボヘミアとドイツの諸州を犠牲にして実現した統一国家に反して、であった。セイチェンとハンガリーのマグナートは、ハンガリー地主ともっと広いハンガリー「民族」から固く支持された。一方、〔チェコ人保守政治家〕クラム＝マルティニッツとボヘミア貴族はチェコ人民族主義に同情しなかった。そして彼らの政治的討議は、バッハ体制で始まった下級官僚制の支配から逃れようとする利口なトリックにほかならなかった。古い保守主義者〔=老年保守党〕は、初めに、貴族的議会が「憲法」に反対して皇帝を保証すると請け合って、フランツ・ヨーゼフ皇帝を味方にした。だが皇帝がその代償は帝国統一の破綻であると悟ると、すぐに彼ら〔古い保守主義者〕は見捨てられたのである。そして官僚たちは皇帝の寵愛を回復した。それは、官僚たちが、彼らの力量が大きいから、一八四八年〔革命〕の困難な時代と同じように、疑似憲法の下で皇帝の権力を減少させないでおく、と皇帝に説得したときであった。

バッハ〔内相〕の一〇年間の支配によって、帝国の問題が拡張されていた。ハンガリー人の〔大臣〕セイチェンは、いまや古い保守派貴族を指導した。そのような混合物は一八四八年以前には考えられなかった。一八四八年以前とさらに一八四八年中には、ハンガリーは特別な地位にあった。つまりマリア・テレジアの時代以来ずっと、実際の「二重帝国」が存在していたのである。ヨーゼフ二世の治世を除けば、自治州行政は決して挑戦されたことがなかったし、ハンガリーの制度の伝統的形式は、中断はあったが尊重されていた。一八四八年の三月法はフェルディナント皇帝によって承認されていた。そしてクレムジールの議会は、憲法〔草案〕を作るときにハンガリーを含めようとはしなかった。今、一八五九年に、ハンガリーは、帝国の他の州のように、正確に一〇年間ウィーンから支配されていた。フランツ・ヨーゼフ皇帝は、バッハ〔内相〕の主要な成果、つまり以前のハプスブルクの事業がこのように巨大に前進したことを放棄しまいと決心した。危険な不平不満はハンガリーだけにあったし、もしハンガリーがひとたび満足しさえすれば、フランツ・ヨーゼフ皇帝はどの州でも彼の権力を持ち続けることができた。バッハの事業を維持するためには、フランツ・ヨーゼフ皇帝は、これらの〔ハンガリーの〕現実を否定しなければならなかった、そして一八六〇年から一八六七年までに、制度的に動揺したが、それらの動揺は、帝国の残りの州〔=オーストリア側〕が受け取った譲歩だけをハンガリーに与えて、それによってバッハの原則を維持しようという試みばかりであった。さて、ハンガリーは立憲議会を要求することを決してやめなかった。この要求を満足させるふりをする一つの道は、ハンガリーを含むすべての州に議会を与えることであった。別の道は、ウィーンに中央集権的な議会を置いて、帝国に憲法を与えることであった。初めの方は、保守主義の疑似歴史的貴族の道であった。第二の方は、自由主義の、中間階級ドイツ人の官僚たちの道であった。そのどちらもハンガリーを満足させなかった。ハンガリーは帝国議会と州議会との双方を拒否し、そのユニークな歴史によって当然受けてよいユニークな地位を、要求したのである。

一八五九年の戦争〔=イタリアとの戦争での敗北〕は、バッハの官僚制と彼らが行なっていた外交政策の信用を落した。新外相レヒベルクは、神聖同盟を復活させようとして働いた。ポーランド貴族であるゴウホフスキはバッハの後を継いだ。彼の肩書きは、諸州を尊重していることを新しく示すため、国家大臣と変えられた、これは諸国または諸州の大臣なのであった、つまりイギリス植民地が内国秘書官によって行政を管理されていたのが、その後、肩書きを英連邦秘書官と変えることによって、〔植民地と〕和解しようとしたのとあたかも同じようであった。この変化は名目以上のものではなかった。ゴウホフスキは貴族であったがポーランド人であった。彼の任命は、ハプスブルクが歴史的民族と和解し、ポーランド人が王朝と和解しようという、最初のしるしであった。〔国家大臣〕ゴウホフスキは確かに、ポーランド人貴族が支配する下で、ガリチアに自治を与えようと望んだ。彼は、ポーランド人を実際に抑圧しているロシアとプロイセンからガリチアを護るというそのために、統一したハプスブルク帝国を護ろうと望んだ。この二つの抑圧的強国とともに神聖同盟を復活させることを、ゴウホフスキが好むはずはなかった。実際こうしてフランツ・ヨーゼフ皇帝は、ゴウホフスキを任命することによって、自分に与えられた魅力のない選択を避ける方法を発見したのであった。ゴウホフスキは、保守的貴族であったが、中央集権主義者であった。中央集権主義者ではあったが、ドイツ人ではなかった。自分の民族に忠誠ではあったが、また王朝にも忠誠であった。ポーランド貴族は無条件で王朝に奉仕する帝国唯一の階級であった、もっとも、ガリチアに自治を与える点では簡単に認めてしまうのではあるが。そして彼らは、最後まで最も忠実で信頼しうるハプスブルクの支持者であり続けた。ポーランド貴族にはただ一つの欠点があった。つまり彼らは全帝国を動かしたり、資金をたっぷり調達することはできなかったのである。

ハプスブルク帝国は、存在を脅かす危機にもう一度襲われたが、フランツ・ヨーゼフ皇帝は頑固にゆっくりと譲った。彼は、保守的貴族の助けで詐欺的な譲歩をしようと提案した。だがゴウホフスキの〔国家大臣＝首相への〕任命は、保守的貴族も騙されることになることを示した。一八五一年の〔キューベック〕勅令の無駄な遺物であった帝国議会が、一八六〇年三月に、体制の変革を皇帝に助言しようとして薄暗がりから持ち出された。それは州議会の議員によって「支援」されるはずであった。だが州議会が存在していなかったので、三八人の追加議員（各州から二名）が皇帝によってただちに任命された。いつも火の出るような批判をゆるめない官僚がたっぷりいたけれども、帝国議会の議員の多くは、今度は古い保守派であった。そして七月に帝国議会は、貴族的な連邦主義の原則に従って帝国を再構築しようという多数派の報告に従った。この報告は、決してフランツ・ヨーゼフ皇帝の考えたものではなかった。この行動は、外国政策にとってどうしても必要になったのである。神聖同盟を追求する際に、皇帝は、一〇月二一日にワルシャワでツァーとプロイセン王に会うことになった、そして彼は保守的な国内政策の宣言を携えて行こうと思った。彼の生涯で、あの特徴的なだらだらと長びく行動で、一年以上決断を避けていたフランツ・ヨーゼフ皇帝は、今度は一週間以内で憲法草案が決まるのを望んだ。実際、この一般原則は、ザルツブルクからウィーンまでの列車の中で〔ハンガリー人政治家〕セイチエンと一回行なった会話だけで決まった。この産物が、帝国の新しい基本法〔＝憲法〕にしようと意図した、一八六〇年一〇月二〇日の法令であった。

この一〇月特許状は古い保守派貴族を勝利させた、それは、これまで存在したことのなかった歴史的連邦主義を復活させる試みであった。これ以来、法律は州議会と帝国議会の「共同行為」によって可決されねばならなかった。これは自由主義へのただ一つの譲歩であった。そしてこれらの無害な政体〔＝諸州議会〕においてさえ、多数派の意志が決定力を持つべきだという提言がなされなかったのである。土地貴族に握られた州議会が、歴史的な諸州で設立されることになった。一定数の案件は帝国議会に付託されたが、それ以外のすべての案件については、これらの議会が立法権を持つことになった。帝国議会は、州議会つまり大帝国の立法府として行動するには、ささやかな政体からの代表者が加わって一〇〇人まで増大した議員が、ときどき集まるはずとなっていた。こうして一九世紀の半ばに、またハプスブルク権力が拡大した三〇〇年後に、そしてフランス革命の七〇年後に、ハプスブルク帝国を弱めようという提案がなされたのである、つまり貴族が帝国を自由主義から守ろうと保証する引き換えで、土地貴族に中途半端なものを渡すことが提案されたのである。この特許状は、ハンガリー人が起草したのであるが、ハンガリーとは何も和解しなかった。それは、マジャール人にフォアアールベルクかブコヴィーナの位置〔つまり遠隔で弱小の土地」で満足するよう期待していた。ハンガリー人の権利に対してただ一つ譲歩がされたのだが、それは次の条項であった、つまり他の州議会の構成は後に公布される規則が決めるのに対して、ハンガリーの議会は「その初期の制度に従って行なってよい」という条項であった。この譲歩も価値はなかった、なぜなら、それは伝統的な制度だけを対象にすることができたからであり、ハンガリー人の考えからすると、これは一八四八年の近代的自由主義の憲法が無効になったことであった。一〇月特許状の執筆者は、ハンガリーを他の州と同じレヴェルに置いた疑似歴史的教説の虚偽を、最終の条項で意識せずに明らかにしてしまった。というのは、「ハンガリーの王冠の諸国以外」の州が「多年にわたり多くの事項を共通に処理」していたので、ハンガリーの議員のいない帝国議会がこれらの共通事項を処理すべきだと、この最終条項が規定したからである。このけちな偶然の方法で、マリア・テレジアとヨーゼフ二世の統一国家は、一定の存在を続けることが許されたのである。

一〇月特許状は、ハプスブルク貴族の軽はずみさと近視眼さを表わした。彼らは、帝国にとって不満さよりも忠誠心でもっと危険な階級である。〔ハンガリーの大臣〕セイチェンとハンガリーの仲間は、ハンガリーの事だけを心配したと言い訳をした。彼らは、ハンガリー人がハンガリーの伝統的な諸権利、つまり特許状のいう「初期の制度」を回復することでは満足しないだろうと悟った、だがハンガリー人が大いに満足して、受動的な抵抗を放棄し、また一〇月特許状の枠内でハンガリー国王〔＝この時は、オーストリア皇帝〕との伝統的な「交渉」を復活するであろうと、彼らは頑固に思った。ボヘミアの貴族は帝国の問題を全然考えなかった。彼らは政治感覚を持たず、権力に就いた経験がなかった、そして「自由主義」に対する防壁をたて、官僚の支配から自分たちを解放することだけを行なった。古い保守主義者〔＝ボヘミアの老年保守党〕の勝利はすぐに滅んでいった。自由主義に反対する議論は、それが理論的な議論に留まるかぎり、一定のもっともらしさがあった。だがひとたび、それが一〇月特許状の中に表現されると、この〔＝反自由主義の〕政策が、帝国を弱め、ハンガリーの不満を全く弱めずにドイツ中間階級の反対を引き起こすということが、明らかになった。

その上、一〇月特許状は死産だった。それはワルシャワの会談でフランツ・ヨーゼフ皇帝にしっかりした保守主義的な外見を与えるために謀られたものだった。だがワルシャワ会談は失敗であった。ロシアとプロイセンを、メッテルニヒの体制にひきもどすことはできなかった。両国ともに外国での利得を夢見て、自由主義を弄んだ。アレクサンドル二世は、農奴解放の前夜におり、ポーランド人に対してさえ自由主義的政策を目論んでいたが、ルーマニアと黒海とで〔オーストリアが〕譲歩する見返りとしてだけオーストリアと友好関係を再開しようとした。だがオーストリアはこれらの譲歩をしようとしなかった。たとえ譲歩しても、このときアレクサンドル二世は、ナポレオン三世がイタリアで一層脅かすことに対する保証をオーストリアに少しも与えなかったであろう。プロイセンは、ちょうど短命な自由主義の「新時代」の盛りであったが、ドイツで〔オーストリアの〕譲歩を見返りとして貰わなければ、ロシアとフランスに対抗して、オーストリアを支持しようとはしなかった。オーストリアはこれらの〔ドイツでの〕譲歩もしようとしなかった。メッテルニヒ体制は、現状を一般的に受け入れることにもとづいていた。そしてそれは、大陸のどんな大強国によっても、オーストリアによってさえも、もはや受け入れられなかった。神聖同盟が復活することはなかったので、オーストリアの唯一の頼みは、ドイツ自由主義と同盟することであった。つまりバルカン諸国でロシアを阻止するための「七千万人の帝国」であり、ドイツでプロイセンの蔭を薄くさせるためのドイツ民族主義に訴えることであった。その結果として、ワルシャワから戻ったフランツ・ヨーゼフ皇帝は、すでに一〇月特許状の幻想から覚めて、彼のドイツ人官僚をなだめようと望んだ。そして国内事件がこの心配を増したのである。

一八六〇年一〇月まで、オーストリアは実際に中央集権的絶対主義国家であり続けた。一〇月特許状が提案したこの議会の準備のために、選挙人集団が組織されねばならなかった。そして政治的議論は黙認されねばならなかった。こうして〔一〇月〕特許状は、避けようと狙っていたそのものを作り出してしまった。つまり皇帝の臣民が政治的意見を表明することであった。新聞にはいくらかの自由を与えねばならなかった。この新聞は、完全にドイツ語かマジャール語であったが、一般的には新体制を拒否するという声を上げた。ドイツ人は、そしてドイツ人貴族でさえ、帝国の偉大さと統一が彼らの歴史的所有物だと見なした、つまりボヘミア貴族の利益のためにはいまや壊されるべき所有物だとみなした。そして彼らは、州議会を歓迎しないで、以前の絶対主義を好んだ。ハンガリー人は、「バッハの軽騎兵」の支配から解放され、また彼らの郡の会議が回復されたので、過去の一一年間の成り行きを晴らした。ハンガリー人は、伝統的な規則に従って郡の会合を行なうのを拒否し、三月法で作られた規則を復活させた。一八四八年の郡委員会が、どこでも変らずに選ばれた、ただ、絶対主義に奉仕した委員と、その名前が満場一致で「死」と叫ばれた委員は除外した。だが一八四八年の郡の組織は、ブダペストに中央責任政府を置こうと提案した。それは置かれなかった、だから郡委員会はウィーンからの命令を受け入れようとしなかった。それゆえ、古い制度の下にあったどんなものより完全な公認の無政府状態がつづいた。実際に郡会議の最初の日からはっきりしたのだが、マジャール人は、彼らの基本原理である同君連合と共に、三月法の有効さを主張しようとしたし、ウィーンの帝国議会へメンバーを送って帝国の統一を承認することは拒否しようとした。〔ハンガリーの大臣〕セイチェンとハンガリーの仲間は、その思想の破産を認めようとしなかった。ハンガリーの政治的突発事は、一〇月特許状の諸原則を基本的に拒否したことではなく、帝国政府の誠実さを信じなかったからだと、彼らはいった。セイチェンはこう論じた。ハンガリー人は、貴族的反啓蒙主義を推進するために帝国の残りの諸国で用いられているこの法令を見たとき、「初期の制度」を回復するという帝国の約束に確信が持てなかった、と。セイチェンは、オーストリアの支配にもっと自由主義的な外見を与えるために、ためらわずにボヘミアの同盟者を見捨てた。ハンガリーの保守派は、ただ政治的見解でだけハンガリーの自由派とは違っていた。彼らは人種や民族によっては分けられていなかった。なぜなら主に自由派である地主は、主に保守派であるマグナート〔＝大地主〕の中に覆われ、さらにマグナートの一部さえも揺るぎない自由派であった。ボヘミアの保守派は、階級と民族との両方によってオーストリア自由派とは違っていた。一方〔＝ボヘミアの保守派〕は、もっぱら貴族で民族的ではなく、他方〔＝オーストリアの保守もっぱら中間階級でドイツ人であった。こうして自由主義との戯れは、〔ボヘミアの保守派〕は、政治家〕クラム＝マルティニッツにショックを与えたようにはセイチェンにショックを与えなかった。その上実際に、セイチェンと彼の友人たちは、ハンガリーがその伝統的な制度を回復するならば、非ハンガリーのオーストリアでどんな体制が存在するかは心配しなかった。セイチェンは、一〇月特許状の反動的な精神の体現として、〔国家大臣〕ゴウホフスキを選んだ。同じ時に、ゴウホフスキは、〔一〇月〕特許状を実行させることができなかったと、ボヘミアの貴族から攻撃を受けた。なぜなら、確信する中央集権主義者として、彼は、中央政府の官僚的代理人で州議会を握るという選挙計画を工夫していた、そして建て前の上で彼ら〔＝ボヘミア貴族〕に約束した連邦主義勢力を州議会から奪ったからである。だがドイツ人官僚は、〔国家大臣〕ゴウホフスキがバッハに取って代ったことを思い出して、彼を保守的な貴族だと非難した。こうしてドイツ人、ハンガリー人、ボヘミアの貴族に憎まれて、〔国家大臣〕ゴウホフスキは簡単に犠牲者となり、一八六〇年一二月に、セイチェンの助言で辞任させられたのである。

セイチェンが国家大臣として新しく任命した者は、〔元オーストリア大臣〕アントン・フォン・シュメアリングであり、自由主義ハンガリーの自信に勝つために、いまや、非ハンガリー諸国にもっと強い自由主義の「投薬」を与える仕事についていた。シュメアリングの自由派としての評判は、一八五一年にシュヴァルツェンベルク政府から脱退したことが原因であった。この場合は、二人の強い個性がぶつかった以上のことではなかった。シュメアリングの最大の成果は、一八四八年にフランクフルト〔国民議会〕において、ハプスブルク国家を解体しようとする急進派の試みに対して、抵抗して成功したことであった。シュメアリングは本質的に統一国家の下僕であった。彼は裁判官であった、あるいはオーストリアの言い回しでいえば、「法律官吏」であって、王国の文官と軍人との間にはあまり違いを見なかった。彼の自由主義はせいぜい、ドイツ人中間階級を目下の協力者にさせることが帝国を強めるだろうという見解に等しかった、そうすればドイツ自由派が非難を引き受けるだろうし、そこから帝国は利益を刈り取るだろうというものであった。シュメアリングは、古い保守党の伝統主義に、つまりハンガリーの制度はハンガリー「民族」の譲り渡せない所有物だという見解に、同感しなかった。彼は、ハンガリーの制度が一八四九年の反乱で失われたと考えた。そして皇帝がどんな譲歩を認め給うかもしれないが、バッハ体制が不変の基礎であるとみなした。シュメアリングのねらいは、「七千万人の帝国」であり、ハンガリーの懐柔には焦点が置かれなかった。そして彼は、一〇月特許状を履行するどころか、その精神を逆転することと、バッハが作りあげた統一国家を回復することを意図した。古い保守派はいまや、自分たちに反対して作用した結果〔＝シュメアリングの任命〕を、こう論じた。バッハ体制は一〇年かかって没落した、だが自分たちの体制は二か月以内で破産をしたのがわかった、と。直接の成功は、フランツ・ヨーゼフ皇帝がちょっと試しに行なったこと〔＝二月勅令〕であった、その試みによって古い保守派は非難されたのである。セイチェンと彼の支持者は、一八六一年二月二六日の勅令を、どうすることもできずに黙って受け入れねばならなかった。その勅令は、表向きでは一〇月特許状の注解であり、現実には中央集権化した国家の回復であった。

二月勅令は、一〇月特許状の名目だけを取ったものであった。帝国議会は、〔一〇月〕特許状では拡大した王国評議会であるが、〔二月勅令では〕帝国の議会へと拡大した。州議会は、〔一〇月〕特許状では諸州の議会であるが、〔二月勅令では〕地方行政でいくぶん発言力はあるが帝国議会向けの選挙委員会へと縮小された。帝国議会は、明示的には州議会に与えられていないすべての案件について立法権を与えられたが、それらは少ししかなかった。帝国議会は、任命制の上院と総員三四三名の下院とを有する、真の議会としての外見を与えられた。ハンガリー議会は、それ以外の諸国と同様に、その重要性を失った。ハンガリー議会は、小さな譲歩として、もし望むならばその残存する権力を一八四八年の諸法律に従って執行してもよいとされた。だが、全く奇妙なことに、この中央集権主義の勝利の瞬間に、〔二月〕勅令は二重帝国へ向かって歩みを進めていた。〔一〇月〕特許状は、非ハンガリー諸国がある種類の事項を共通に処理する必要があると漠然と言及していた。〔二月〕勅令は、この必要にたいして実践的な条項を作ったし、また完全な帝国議会とともに、ハンガリーの代議員が出席しない「より狭い」〔非ハンガリー諸国の〕帝国議会を確立した。この不体裁な考案物は、ハンガリー諸州が同じ帝国の単位であり、またブダペストがプラハやインスブルックよりもむしろウィーンと同格であるということも是認していたのである。

国家大臣シュメアリングとその仲間は、結局、教条的な中央集権主義者であると共に、実践的な行政家であった。そして彼らは、厳密には「帝国的」でない非ハンガリー諸国のために、多くのことがウィーンで処理されていることを知っていた。その「より狭い」帝国議会はそれを自認したものであった。さらに、彼らは、行政的事項をいくつかウィーンから諸州へ移転し戻すことによって、ハンガリーと帝国の残りの諸国との間の著しい相違を少なくしようと望んだ。存在することになった州議会は、いくつか業務を与えられることになった、そして〔二月〕勅令は、州議会を地方の立法府から行政の道具に転化した。それらは、〔アメリカ〕合衆国の州の立法府に似せるのをやめ、またイギリスの郡委員会のモデルとなった。これは、フランスとドイツ両方の同時代の自由思想と一致していた。つまり両国は、フランス革命から厳密な中央集権主義を受け継ぎながら、自治地方行政によってこれを緩和しようと試みたのであった。それ以上のことがあった。州議会が今度、行政の業務を持ったので、州議会は永久に存在する必要ができた。そこで〔二月〕勅令は、州議会が開かれていないときに州議会を代表するはずの「議会委員会」の規定を作った。確かなことであるが、一八六一年の官僚たちは、どんな重要な行政権力も議会に移譲する意図がなかったのである。さらに時が経過するにつれ、地方行政の領域は膨らみ、奇妙な対照が一八六七年以降生じることになった。地方自治の伝統的な故郷ハンガリーで、〔ハンガリーの〕中央政府は郡委員会を犠牲にして侵害した、つまり民族精神に訴えることによって、郡委員会を中央政府の意志に従属させたのである。統一国家の典型「オーストリア」では〔反対に、〕州行政は中央政府の代理人を押し出し、各州の民族的な支持を求めることによって、ウィーンを追い詰めたのである。ハプスブルク帝国が一九一八年に倒れたときに、ハンガリーは中央集権国家になったのであり、オーストリアは行政的には連邦国家になったのである。

一八六一年に、州議会は帝国議会の選挙団体としてのみ行動した。この州議会の選挙は、それ自体おおいに紛糾することであった。州議会の議員は、四つに分れた選挙人のグループによって選出された。大土地所有者、都市の商業会議所、都市の有権者、地方の有権者、である。それぞれの「選挙区域」は、帝国議会へ議員を選出する分離したグループとして機能した。例えば、五四名のボヘミアの議員のうち、大土地所有者の区域から一五名が選ばれ、商業会議所の区域によって四名が、プラハの代議員たちによって一名が、地理的に一一のグループに分けられた都市の代議員によって五名が、そしてまた地理的に一一のグループに分けられた地方の代議員たちによって一九名が選ばれる、という具合であった。州議会は二つの方法で作られた。州議会は〔まず、〕それ自体、財産権が有利になるように作られた。また〔次に、〕「七千万人の帝国」のために、ドイツ人が有利になるように作られた。〔州議会を〕構成している各郡の選挙制度は、富と都市が有利になるように歪められた。〔プロイセンでは〕保守主義者ビスマルクが、初め普通選挙を導入し、田舎に重みをつけたものである。だがこれは、イギリスでさえ、「気まぐれな選挙権」の時代でもあった。そして大学の有権者は、うまくは行かなかったが、知識人を有利にして州議会を作ろうという試みによって温存された。なお、イギリスでは弊害は歴史的起源があったのだが、二月勅令では、弊害は人工的に作られたのである。

この「選挙の幾何学」のユニークな特徴は、ドイツ人を優位に作ったことであった。財産資格と都市に優位を与えれば、どのみちそうなることになった。というのは、ドイツ人は富んでいて都市の住民だったからである。だが、その選挙方法はまた都市と田舎の有権者にはわざと慎重に作られた。大地主の区域ではこの作り方は必要でなかった。というのは、たとえ選挙方法がドイツ人に有利であろうとなかろうと、ボヘミアを除けば、大地主は皇帝の命令に従う用意のある王朝的階級であった。こうしてほとんどもっぱらスロヴェニア人の州であるクラインでは、大地主の区域は州議会の四分の一だが、すべてしっかりとドイツ人的であり続けた。商業会議所は規定によりドイツ人の組織であった。選挙の幾何学は、それ以上の広範な有権者を支配した。都市は田舎を犠牲にして優位にたった。ドイツ人の都市と田舎は、非ドイツ人の都市と田舎の、とくにチェコ人の犠牲によって有利となった。つまりこういう具合である。ドイツ人の都市の代議士一人は一万人を代表した、チェコ人の都市の代議士一人は一万二千人を代表した。ドイツ人の田舎の代議士一人は四万人の住民を、チェコ人のそれは五万三千人を代表した。その上に、都市の有権者はごまかされた、つまりチェコ人の都市の郊外は切り離されて、周囲の田舎の有権者にされた、だからプラハは、もうすでにほとんどがチェコ人であったが、確実にドイツ人的であったリベレッツ〔ドイツ名、ライヘンベルク〕よりも都市の代表が少なかった。モラヴィアでは、四三万人の人口のある都市は、一三人の代議士を持ち、田舎では一六〇万人の人口で一一人であった。選挙の幾何学の最もびっくりする結果はダルマチアであって、そこには四〇万人の南スラヴ人が二〇人の代議士を、そして一万五千のイタリア人が二三人を持ったのである。イタリア人は〔帝国にとって〕最も破壊的な民族で、南スラヴ人は最も忠誠な民族であった。だがこの事情でさえ、一つの歴史的民族が他の民族を制することによって圧倒されたのである。だが、ダルマチアにおけるイタリア人の優位と、ガリチアにおけるポーランド人の優位は、飾りであり小細工であった。選挙の幾何学の本質は、帝国議会でドイツ人の多数派を作ることであった。このように人工的に優位にしてもらった代りにドイツ人は、シュメアリング〔国家大臣〕を助けることになったのである。つまりハンガリー人に反対して帝国の統一を維持し、ドイツでハプスブルクの権威を拡張することであった。だがこの特権的なドイツ人でさえ、真の憲法を受け取らなかった。二月勅令は、憲法体制にとって本質的な規定が一つもなかった。州議会と帝国議会が立法で「協同」するという文言は、一〇月特許状から引き継がれた。二月勅令には、出版の自由、議員の不可侵、司法の独立、大臣の責任性、については何もなかった。軍隊の補充は徴兵によって行なうことができたし、税は（新税は課されなかったが）帝国議会が同意しなくても引き上げることができた。皇帝は両院の議長と副議長を任命した。そして省庁は、必要な場合には、帝国議会の会合を待たずに条例を発布することができた。〔二月〕勅令が公布された二日後、フランツ・ヨーゼフ皇帝は、「州議会、帝国議会、革命的大衆運動が一層の譲歩を〔王朝に〕要求したときに、王冠を守る厳かな約束」を、彼の大臣たちに要求した。彼はこう付け加えた、「とくに帝国議会は、対外問題、軍隊の組織、最高司令部の問題では干渉することが許されない。」この文言は、フランツ・ヨーゼフ皇帝が決して動揺しないという政治的態度をはっきりさせたものである。〔国家大臣〕シュメアリングの目的は、ドイツ人を大ドイツの対外政策、つまり「七千万人の帝国」の方へかち取ることであった。彼はマジャール人を懐柔するために任命されたのだが、マジャール人についての考えをほとんど一つも発表しなかった。さらに、マジャール人が帝国議会に彼らの代表を送ろうとしないことは明らかであった。彼らマジャール人の八五人の代議士が、帝国議会では永久に少数派となるはずだったからである。二月勅令は、この拒否を予想して、第七条で、もし州議会が代表を送ることができないならば、有権者が直接選挙を行なってもよいと、規定した。これは、マジャール人ではなくてハンガリーの従属民族へ訴えようという脅かしであった、つまりそうすることによってハンガリー諸国の統一を分裂させようというものであった。二月勅令にもとづいて「交渉」しようというハンガリー人のかすかな希望が、この挑戦によって終った。そして、二月勅令が〔ハンガリーの大臣〕セイチェンの政策を放棄し、ハンガリーへの彼の影響力を壊したその瞬間に、フランツ・ヨーゼフ皇帝は、第七条を決して適用してはならないと約束して、セイチェンの敗北を慰めた。すなわち、バッハ体制の失敗の後、フランツ・ヨーゼフ皇帝は、どんな路線の政策にも決して自分からは関わらなかったのである。彼は、全権を持つ大臣には従属されまいと決心したし、その上、どんな政策も疑ぐった。自分が理解できない困難に出会うと、皇帝は、精力的な大臣が何か特別の万能薬を試みてもよいと許したが、一方で、この万能薬が失敗するにちがいない瞬間には、自分で退却の道を準備したのである。封建的絶対主義は失敗していた。いまや〔国家大臣〕シュメアリングは、見せかけの憲法を実験する機会を与えられた。フランツ・ヨーゼフ皇帝は、見せかけの立憲制には転換しなかったし、なおさら現実の立憲制には転換しなかった、またドイツ人を目下の同盟者にするという考えにさえ改宗しなかったのである。

(1) 前章で述べた、オーストリア対サルデーニャ・フランス戦争の講和。

(2) フランツ・ヨーゼフの弟、フェルディナント・マクシミリアン〔一八三二〜六七年〕、メキシコ皇帝。

第九章　立憲的絶対主義、シュメアリングの体制、一八六一〜六五年

〔内相〕バッハの体制〔一八四九〜五九年〕は単一の型に従ったが、〔国家大臣〕(1)シュメアリングの体制は矛盾にもとづいていた。二月勅令は一〇月特許状を逆転したものであった。だが形式上は、その注解であった。そして二月勅令は、その精神が中央集権的なのに、州議会を本質的であるとした。こうして二月勅令は、昔、持っていたよりもっと大きな重要性を州議会に与えたのである。特許状も勅令も、一八四八年〔革命の時〕のハンガリーの法律を認めなかった。だが両法律〔=特許状と勅令〕は、州議会を与えることによってハンガリー人に機会を与えた、つまりハンガリー人は州議会で彼らの要求を発言し、ウィーン政府への反対派を組織することはできた。だがハンガリーは一層不満を感じたし、ハンガリー人の不満はかなり強力であった。これは、〔ハンガリーの大臣〕セイチェンの成果と〔国家大臣〕シュメアリングの成果とが結合したものであった。ハンガリーは法律的には正しい立場を持っていたので、〔諸権利を〕制限されることに反抗した。だがシュメアリ

ングと彼の支持者は、ハンガリーが他の州のように州議会を許されたことを除けば、何も変らないと思った。古い保守派は、コッシュートが壊した伝統的な制度が回復されたと主張した、もっとも、他の方法で州議会を持てるまでは、バッハ時代に行なわれた法的・社会的変化がそのまま続いてもよいと認めたのであるが。圧倒的多数のハンガリー人は、一八四八年の秋の内乱〔＝ハンガリーとイェラチッチ軍の戦い〕が勃発して以来起きたすべてのことを、不法だとして拒否した。彼らはバッハの事業を水に流した、(2)そしてコッシュートがハプスブルク王朝を廃棄したこととデブレツェンに残っていた議会とを同じく水に流したことは、小さな慰めであった。

フランツ・ヨーゼフ皇帝と違って、ハンガリー人は一八四九年の事件〔＝ハンガリー独立革命〕から教訓をえていた。コッシュートは、マジャール人の熱狂を煽りたてることによって、大ハンガリーを確立しようと試みたが、(3)その代りハンガリーに惨事をもたらした。そしてさらに今度は、ナポレオン三世(4)と新しく戦争をして敗北したハプスブルク家に、〔コッシュートは〕亡命先から救済策を申し出ることができただけであった。イタリア民族主義とフランス革命の精神とのこの同盟政策は、役に立たなくなった。というのは、両方ともかつて持っていたような力を失っていたからである。ハンガリーの新しい路線は、民族国家としてのハンガリーの原則を維持しながら、〔ハンガリー内の〕少数民族と和解することであった。ハプスブルク絶対主義が一〇年経っていたので、この政策は可能になっていた。というのは、今度は、都市のドイツ人中産階級は、彼らの政治的野望が含まれている自由主義体制を求めて、マジャール人のジェントリー〔＝小地主〕を当てにした、そしてセルビア人とスロヴァキア人の知識人でさえ、ウィーンよりももっとブダペストに希望を託した。コッシュートは置き換えられ、マジャール人の指導者にデアーク(5)がなったからである。

〔政治家〕フランツ〔＝フェレンツ〕・デアークは、一七世紀のイギリス革命の多くの指導者と同じく、彼の階級の強さとなった二つの源を自分に持っていた、つまり彼は地主でまた法律家であった。デアークは、郷土に接していたから、いつもウィーンの宮廷に出入りするマグナート〔＝大地主〕の空想を免れることができた。また彼は、世界の経験がたっぷりあったので、田舎の無教育な地方地主が持つ不毛な反対論を逃れることができた。デアークは合法的策略の名人であった、だが法律家として奇妙なことに、彼自身は野望がなかった。彼の唯一の目的は、歴史的ハンガリーをしっかりと近代世界の中に置くことであった。そして彼には常識があって、マジャール人が従属民族とハプスブルクの両方に反対したら大ハンガリーを維持できないと考えていた。デアークは自分の政策を擁護しながら言った、「われわれだけで偉大な国家になったのではないことを、認めねばならない。」彼は、コッシュートとは違って、ハンガリーがハプスブルク帝国と共同してのみ偉大になったことを知っていた。デアークはまた、古い保守党とは違って、ハンガリーがハプスブルクの侵害に絶えず抵抗したからこそ偉大であり続けたことを知っていた。その注意力と戦術的手腕によって、デアークは、〔マジャール人を〕他の諸民族と和解させた。こうして、一八四八年の事件の再来をいずれも防ぐことができた。さらに、デアークは、コッシュートよりも、他民族の諸要求に対して同情を持たなかったし、違った民族と真に共同するという考えがなかった。デアークの譲歩は戦術的であって、彼はまた、かなりずるい手段によってであるが、ハンガリーのすべての住民の「マジャール化」を意図した。このずるさは、彼の政策の根源にあり、彼のすべての偉大な成果を究極的には汚した。デアークの穏健さは計算されていた、そして彼の追随者たちの穏健さは、さらにもっと計算されていた――だがそれは「バッハの軽騎兵」の経験だけから生まれたのであり、記憶が褪せると減少したのである。

一八六一年に集まった〔ハンガリー〕州議会は、古い保守党の夢である伝統的な州議会として振舞うことを拒否した。一八四八年の代議制選挙権によって選挙されたその州議会は、州議会でなく議会であることを要求した、そして一八四八年の議会との継続性を主張した。だがこのためには多くのことが欠けていた。責任政庁がなかったし、クロアチアとトランシルヴァニアは代表されていなかった。古い保守党は、両院で一人の議員もいなかった。多くのマグナートと下院のジェントリー〔=小地主〕の少数派は、〔議員〕デアーク[6]をあてにした。ジェントリーの多数派は、カーロマン・ティッサ〔一八三〇～一九〇二年〕

に指導されていて、まだ「コッシュート派」であり、抵抗するという綱領しか持っていなかった。二月勅令が規定したようにウィーンの帝国議会に代議員を送ることは、問題となりえなかった。唯一の問題は、特許状と勅令の違法性に反対してどんな方法で抗議をするべきか、であった。ティッサと彼の追随者たちは、州議会が不法の組織体であって、フランツ・ヨーゼフ皇帝が不法な支配者であるから、自分たちで決議をするべきだと、論じた。〔議員、進歩党指導者〕デアークは、フランツ・ヨーゼフ皇帝が事実ハンガリー王国の権力を執行しているのだから、王冠への請願という伝統的な方法から始めるべきだと、答えた。「決議」党のほとんどの議員は、デアークの提案に多数派を与えるのをやめた。だがその後、全「決議」党はデアークの指導を受け入れた。そのうちの極端主義者は穏健にはならなかった。彼らはデアークの手腕と高潔な人格を、自分たちの目的のための手段として用いただけであった。

デアークの提言は、形はみすぼらしかったが、実質上非妥協的であった。それは、一八四八年の諸法律の合法性を主張し、それらが回復するまで国王と交渉することを拒絶したものであった。これは、国王と州議会との伝統的な「交渉」へ帰れという古い保守党の希望を終らせた。またフランツ・ヨーゼフ皇帝に助言して、協定への道を敷こうという融和的な答えをすることは、古い保守党にとっては無用であった。つまり明らかに協定することはできなかったのである。二人のハンガリーの大臣セイチェンとヴェイは辞任させられた。彼らの地位は二人のハンガリー人に占められた、その二人は、忠実なオーストリア人になるには、ハンガリーからあまりに長く離れていたし、またそう信じられていた。〔その一人〕フォーガッチはボヘミア総督であった、そして〔もう一人〕外交官モーリッツ・エステルハージはハンガリー語を忘れており、ドイツ語はマスターしておらず、フランス語が日常用語であった。さてシュメアリング〔国家大臣〕の提案がハンガリー人の提言に答えたのだが、それは、〔ハンガリー〕州議会は遅延なく帝国議会に代表を送れ、という最後通牒であった。これが拒絶されたとき、〔ハンガリー〕州議会はすぐに解散された。だが、不和になる前に州議会は一つの決議を満場一致で可決した。つまり自由なハンガリー議会の最初の仕事が、ハンガリーの政治的・領土的統合と衝突しない諸民族の要求を満足させること、またユダヤ人を含むすべての宗教の政治的・市民的平等を確立すること、そして封建制の残滓をすべて廃止すること、であった。デアークは、帝国の大臣たちがかなりの政治的技量を持っているものと間違ってみなした。そして彼は、ハプスブルクがハンガリーの非マジャール人あるいは下層階級へ向けていかなる訴えをしても、それに対しては前もって準備した。だが実際そんな訴えは一つもなされなかった。

シュメアリング〔国家大臣〕は、デアークの反対者として相応しくなかった。彼がバッハを越えている進歩はただ一つであった、帝国のドイツ人にたいしてもっと意識的に訴えることであった。だがこのために、彼はかつてより以上に他の諸民族に反対するように変った。さて、彼の大向こうを沸かせる瞬間がやって来た。八月二三日にシュメアリングは、ある政策の宣言を帝国議会で読み上げた。それは政庁の布告が完全に皇帝の布告および決議として述べられるというものであった。彼がその文章、つまり「ハンガリーの憲法は、革命的な暴力によって壊されただけでなく、法律によって喪失し、また事実廃止された」というところに来たとき、ドイツ人左派と中央派の喝采の嵐でさえぎられた。一〇日後、帝国議会は、シュメアリングのハンガリー政策を支持する決議を可決した。これは象徴的な行為であった。ドイツ人は、彼らの初期の自由主義の原理を放棄し、そして王朝との同盟に入った。この同盟はその後決して完全には壊されなかったのである。こうして一八四八年一〇月革命の精神は、一九一八年一〇月〔＝ハプスブルク帝国の崩壊〕の暗い日々に人工的に復活するまで消されたのである。

ドイツ人の自由主義が衰微したことは、ヨーロッパの歴史に決定的な影響を及ぼすことになった。一八四八年以前に、自由派はどこでも、彼らの思想の究極的な勝利を信じていた。だが、一八四八年に革命は失敗し、成功したのは見くびられたほうの王朝であった。フランスでも一八四八年の革命は失敗した。この失敗は革命の世紀のエピソードにすぎなかった、そしてナポレオン三世が成功しても、ガンベッタやクレマンソーの興隆を妨げはしなかったのである。[7] しかしドイツでは、一八四八年の革命は孤立した事件であって、ドイツ自由派は諦めて失敗を受け入れた。一部の自由派は、最も堅固であったが、ドイツを去って自由の土地アメリカへ向かった。数人は革命的社会主義に転向した。そして一部の人は、望みがなかったが、自由派として留まった。そして多くの者は成功を祭り上げ、もし王朝が自由派の綱領の目的の一部を達成するつもりであれば、王朝を権力に残しておこうとした。こうしてオーストリアのドイツ人自由派は、一八六一年にハプスブルクに転じたし、こうしてプロイセンのドイツ人自由派は、一八六六年にホーエンツォルレルン〔王家〕に譲歩した。だがその降伏は慎重なものではなかった。自由派は、王朝が自由主義に変っていたと本当に確信した。バッハの体制はドイツ人中間階級官僚制に依存していた。そしてある種のジャコバン主義とともに、〔貴族〕階級の特権と地方の諸権利を無効にした。それは、金融と商業の中心としてウィーンの重要性をおおいに強調しながら、オーストリア帝国を大自由貿易領域に転形した。シュメアリングは、その他のドイツ人たちのためらいを取り去った。つまり彼らに議会を与え、対外政策では「七千万人の帝国」を申し出たのである。ハプスブルクは大ドイツの旗手となったように見えた。これは、オーストリアのドイツ人だけでなく、同様にオーストリア以外の多くのドイツ人も味方に引き入れた。一八六一年から一八六六年の間に、ドイツの穏健自由派は、控え目な実際的な成果をいくぶん達成しそうなので、ときどきプロイセンを頼った。一八四八年の初めの急進派は、オーストリアの支持者になった。驚くべき話がある。一八四八年の一〇月に、フランクフルト議会の左派は、ウィーン革命を支えるために、二人の代議員を派遣した。両人はヴィンディッシュグレーツ将軍の手に落ちた。その一人、ロベルト・ブルムは、処刑された。もう一人の〔代議員〕フレーベルも、死刑判決を受けたが、刑の執行を猶予されアメリカに逃れた。この同じフレーベルが、ウィーンに帰って、パンフレット書きとして〔国家大臣〕シュメアリングに奉仕したのである。そして彼は、一八六三年にドイツの諸侯がフランクフルトで会合を開くための、最初のきっかけを与えたのである。この会合で瀕死のハプスブルク家はドイツの首領の地位を宣言した。

オーストリアのドイツ人はドイツ問題に夢中になった。彼らは、オーストリア帝国の問題のためには時間も理解力もなかった。自分たちに歴史的背景がない彼らは、あらゆる伝統を、やむをえない保守的なものとして非難した。そして、このオーストリアのドイツ人はハンガリーに反対するとき、フランスの急進派がヴァンデー(8)に反対したのと同じ革命的理由を支持していると思った。歴史の偶然によって、ドイツ人は、王朝が最も反動的なときでさえも、(彼らの言葉を使うと)「民族」解放を享受した。彼らはそれゆえ、他の諸民族が求めている民族解放の要求を理解できなかった。とくに他民族の要求が、王朝権力に反対するよりも彼らドイツ人の文化的独占に反対して向かうときは、一層理解できなかった。ドイツ人は、ティロルやシュタイアーマルクの州の愛国主義を、大オーストリアのために喜んで捨てようとした。どうして他の民族は同じことができないのか？　というわけである。その上、民族運動は反動と保守主義とで真に汚れていた。歴史なき諸民族は、都市の中間階級を持たなかったので、どこでも地方貴族との同盟を受け入れた。ハンガリーの運動でさえも、近代自由主義をはねつけるような歴史的な適法的な言語を語ったし、またマジャール人貴族の特権を維持しているだけに見えた。一八六〇年代に、連邦主義は、そういうことはあまり薦めなかった。合衆国は市民戦争〔＝南北戦争〕に突入していた。ドイツ連邦は、自由派の目的に反対する塀以上のものではなかった。オーストリアでは、一〇月特許状は、連邦主義を実際に表現したものであったが、恥知らずにも、政治的封建主義を復活する策略となっていた。ドイツ人自由派は、彼ら自身の強さについて迷いを覚まされて、同盟者を求めた。そして彼らはどちらかを選ばなければならなかったか、あるいは選ばざるをえないと思った。つまりすべての過去の誤りを持っていたが、ちょうど憲法を認め、オーストリアを大ドイツ国家として維持しようとする〔ハプスブルク〕王朝か、あるいは保守主義の貴族のために帝国を分裂させようという政策かのどちらかであった。

自由派は、二月勅令の憲法上の欠点に気がついた、そしてその欠点を直そうと意図した。ただ、自由派は、歴史と、法律のゆっくりした発展にもとづく権利の感覚を、ことごとく欠いており、二月勅令の基本的欠点を決して理解しなかった。二月勅令は、一時的な策として恩恵を与えた帝国の絶対主義の法であり、また〔絶対主義はそれを〕勝手に取り消すことのできるものであった。帝国議会は、闘いによってその位置を手に入れたのではなかった。それゆえ、その議会的な外見にもかかわらず、それは権力のない政体であった。ドイツ人は、彼らが帝国議会の中では多数派であったので、政庁が彼らに依存していると思った。事実は、彼らの多数派は「選挙の幾何学」に依存していたので、彼らは政庁に依存した。ドイツ人は、疑似議会の中で人工的に多数派となった。その代り彼らは、その自由主義原理を捨て去り、帝国の他の諸民族との共同行動に反対して道を塞ぎ、そして王朝の政策が何であれ、王朝を支持した。一言でいえば、ドイツ人は、権力を握ろうという王朝の意志の手段としてしか帝国の概念を考えず、帝国の観念がそれ以外に発展する可能性を壊したのである。ドイツ人は、帝国の他の民族よりはもっと政治的に成熟していた。それゆえ、彼らが持った責任は一層重く、それだけに彼らの決断はもっと犯罪的であった。というのは、一八六一年に行なった決断〔＝ドイツ人がハプスブルクに転向したこと〕は、中央ヨーロッパの安定と平和を破壊するものであったからである。

シュメアリング〔国家大臣〕は、ドイツ人と王朝との間の同盟を固めることによって、大きな仕事を達成したと信じた。現実には彼は大言壮語はしたが、バッハ体制に戻した以上のことはしなかった。ハンガリーでは、郡の自治の体制がもう一度停止され、バッハの行政官たちが、大占領軍に支持されて、彼らの役職に戻った。シュメアリングは、ハンガリーをその本来の姿に戻すよう意図した。その後ハンガリーは、再び一八六一年の制限された州議会を持つことができた。「われわれは待つことができる！」というのが、彼のハンガリー計画の総体であった。だが帝国は待つことはできなかった。一八六一年に憲法を実験したが、その唯一の理由は、素早い結果が必要であったからである。バッハ体制は、もし二～三世代の間その体制が揺るがずに維持されたとすれば、疑いなく、ハンガリーの分離主義を壊し、統一帝国を作ったことであろう。だがそれは、一〇年以内に外国との戦争によって打ち砕かれたであろう。今度の外国の状況は、一八五九年〔＝対イタリア戦争〕のときよりも一層危険であった。誰もが、ハンガリーでのシュメアリングの絶対主義が長くは維持できないことを、知っていた。シュメアリングと彼の仲間でさえ、絶対主義が一時的なことだと思い描いていた。そしてマジャール人は、州議会で討議をした結果、もっと一層確信を持つようになっていた。マジャール人がバッハに反対して主張したことでシュメアリングに屈するということは、ありそうだったのか？　シュメアリングの体制においてさえも、王朝とマジャール人との間には均衡が内在していた。どちらもそれを壊すことができなかったし、相手方がいなければどちらも偉大ではありえなかった。その均衡は、歴史なき民族、つまりスラヴ諸民族を呼び入れることによって、覆すことができただけである。だがマジャール人は民族的に尊大であったので、これを行なわなかった。また王朝はドイツ人と同盟していたので、それを行なえなかった。こうして、シュメアリングが成功することのできる方法は、もう他にはなかったのである。

シュメアリング体制の中では、チェコ人のためには場所がなかったことは初めから明らかであって、チェコ人は一〇月特許状を覆したことによって重大な損失をしていた。同時に、未経験で野心のあるチェコ人指導者たちは、ドイツ人の決断と同じように、致命的で間違った決断をこの数年のうちに行なった。チェコ民族主義は、初めから民主的権利の綱領になれたはずであった。つまりチェコ人は、マジャール人のように大貴族によって重荷を課せられておらず、ドイツ人のように、帝国の過去と結びついていなかった。パラツキーは、いくぶん動揺したが、クレムジール〔議会〕で、オーストリアを新しい民族的単位に再分割せよと主張する、純粋の民族的綱領を申し出ていた。これは、他のチェコ人指導者に多くを要求しすぎていた。彼らの現在の地位が弱ければ弱いほど、一層この綱領を歴史的なたわごとで補強する必要があった、こうして、チェコ農民の息子たちは、滅びたボヘミア王国の相続を要求する者、となったのである。〔ボヘミア〕民族綱領が作られたとすると、それは、当時主にドイツ人とポーランド人が住んでいたシュレジアを失ってしまうことになった。それは、チェコ人多数派がまだ残っていたモラヴィアを危険にしたであろう。それはボヘミアの分割さえ意味した。結局、民族の国境は、自然の国境のように、それらが領土の取得を伴うときにだけ主張される。歴史的ボヘミアより大きい、新しいチェコ人の民族単位をつくるには、ハンガリーのスロヴァキア人を含むならば、創設することができたであろう。そしてこの思想は、一八四八年のスラヴ人会議で、いく人かの極端主義者によって公表されていた。一八四八年の諸事件によって、ハンガリー国境は不変のものとなった。この国境は、経済的にはあまり取るに足りなかったが、政治的に、とりわけ文化的には、ずっと重要であった、そしてハンガリー国境を横切ってあちこち行くスラヴ人知識人の解放運動は、メッテルニヒ時代のオーストリアでは当り前の特徴であったが、一八四八年以降はそれがなくなった。その上、マジャール民族主義が圧力をかけて、以前にはあった数人のスロヴァキア人知識人とチェコ人とのつながりを断ち切った。最初のスロヴァキア文学の形式は、チェコ語にかなり近い西スロヴァキアの農民の方言に、わざともとづいていた。これらの形式は、スロヴァキア人農民の大衆には奇妙なものであった、六〇年代のスロヴァキア人知識人は、これら農民をマジャール化から救うために、その代りに、中央スロヴァキアの方言を採用した。こうしてマジャール人の危険に対抗するために、スロヴァキア人は分離した民族になるように強いられた。そしてハンガリー国境がもっと厳格になると、それだけスロヴァキア人ははっきり定義がされるようになった。一八四八年には、ハンガリー国境が変化することはまだ想像ができた。コッシュート以後その国境は永久のように見えた。そして王朝とまたチェコ人さえもがそのように考えたのである。

ハンガリーを解体することはできなかったので、ハンガリーの前例が続いた。そしてチェコ人知識人は、伝統的権利がなくて、それを主張できなかったが、ハンガリーが伝統的権利を主張しているのを真似した。ハンガリーの例にならって、チェコ人知識人はまた、封建的貴族と同盟するようになった。チェコ人の貴族はまた、大変違った理由のためだが、自治ボヘミアを要求していた。チェコ人知識人と貴族との同盟は、一〇月特許状の公布に続く混乱の時期に、接触ができたものであった。貴族はチェコ文学を保護し、知識人はボヘミア王国の権利を支持した。その交渉は、ドイツ人が王朝と行なったのと同じように、具合が悪かった。貴族はボヘミアの民族から縁を切られていて、チェコ人の解放のために何も手を打たなかった。その解放というのは、彼ら自身の農民の解放を意味しただけであったからである。〔チェコ人の政治家〕クラム＝マルティニッツと彼の仲間は、官僚制や自由主義や近代工業から干渉されずに彼らが動かせる人工的な封建国家、を望んだだけであった。チェコ人指導者は、封建的保守主義の言語を語らねばならなくなった。そして彼らは、ボヘミアの地主とだけでなく、ドイツ人諸国の反自由主義的貴族と共同の戦線を作るために、彼らの農民の経済的苦情を見殺しにしなければならなかったのである。だが、ボヘミアの貴族は、聖ヴァーツラフの王冠の諸権利について語ったにもかかわらず、彼らの存在の中心にウィーンの宮廷がないような体制は、想像することができなかった。そしてチェコ人指導者は、貴族の激励で、抗議しながらも帝国議会に出席するのに同意した。これは、チェコ人指導者がドイツ人の悪口の的になったことを除けば、得たものは何もなかった。彼らが一八六三年六月に帝国議会から脱退したとき、このこともまた、マジャール人と比較して彼らが弱いことを示す以外には何も成果がなかった。ハンガリー人が帝国議会をボイコットしたときに、彼らは、帝国議会を、勅令のいう「より狭い」帝国議会に縮小した。ハンガリーなしでは、大帝国は存在することができなかった。だがチェコ人が脱退したとき、その唯一の結果は、議会の業務をよりスムーズに進めえたことだけであった。事実、ボヘミア州議会でさえ、チェコ人が棄権したからといって停止されることにはならなかった。ドイツ人の議員が、かなり強力な地位に残されて、ボヘミアの自治に抵抗することになっただけであった。チェコ人はこうして両方の道を失ったのである。「歴史的・政治的諸個人」という貴族的綱領は、すべて現実の基礎を欠き、こうして、衝突をしても帝国から引き出すものがなかった。チェコ人と〔チェコ〕貴族とが同盟したことで、チェコ人は、ドイツ人自由派、または他のスラヴ民族とさえ、いかなる共同行動もできなくなってしまった。

シュメアリング〔国家大臣〕はドイツ人と同盟したので、ハンガリーの従属諸民族に対してどんな訴えもできなくなった。これらの奴隷的な諸民族は、まずコッシュートによって存在を否定され、それからバッハの中央集権制に従属したのだが、どちらの側も民族的生存策を与えれば彼らをかち取ることができた。占領軍の保護のもとで、セルビア人とスロヴァキア人は共に、最も穏健な形ではあったが、一八四八年の民族的要求を復活させた。しかしバッハ体制は、彼らのウィーンへの信頼を破壊した、そこで彼らは、少ししか成功しなかったが、ブダペストの州議会に訴えた。彼らの疑いは十分根拠があった。ハプスブルク家は、一九世紀には最も保守的な王朝であったが、マジャール人領主に反対する行動を農民大衆と共にはできなかった。マジャール人地主は、反抗的であったが、伝統と歴史を持っていた。ドイツ人自由派は、チェコ人と衝突していたので、かなり後れた人種〔＝セルビア人とスロヴァキア人〕の要求を支持できなかった。両民族は大帝国の必要を少しも理解していなかった。セルビア人とスロヴァキア人の代議員は、ブダペストへ行ったのだが、デアークは手腕を示し、シュメアリングは政治的無能を露呈した。

クロアチアとトランシルヴァニアは、ハンガリーとつながっている州であるが、同じく〔政治的に〕無能な者として取り扱われた。クロアチアは一八四八年にハプスブルクが復活した要石であった。クロアチアが報酬として受け取ったのは、その歴史的地位の破壊と、バッハの騎兵の厳しさであった。バッハ体制を投げ捨てた〔ハンガリーの〕古い保守党は、クロアチアのことを何も世話しなかった。というのは、ハンガリー愛国主義者として彼らは、クロアチアがハンガリーに味方して働くときにだけ、その歴史的権利を支持したからである。そして一〇月特許状は、クロアチアでは後知恵としてだけ作用した。クロアチアのジェントリーはハンガリーをモデルにした。彼らはまた、一〇月特許状の理論を無償の贈物だとは考えず、一八四八年の州議会の法的権利すべてを要求し、ウィーンにもブダペストにも代議員を送るのを拒否した。デアークは再び知恵を示した。彼は、ハンガリーは、一八四八年にクロアチアがハンガリーに統合されたことが有効だとは主張していないと告げ、そして「過ちのない経歴書」を新しい共同統治の条件として書いてクロアチア人に提供した。〔国家大臣〕シュメアリングは、〔クロアチア人の〕歴史的権利への訴えをただ怒っただけであった。クロアチアの州議会は、帝国議会へ代議員を送るよう無愛想に命令され、そしてそれを拒絶したので解散させられた。シュメアリングはそうなるのを喜んで見ていた。彼は、帝国議会を誇っていたにもかかわらず、クロアチア人がウィーンに来るのを望まなかった、というのは、そこ〔＝ウィーンの議会〕ではクロアチア人が、チェコ人反対派を強めることになるからであった。チェコ人は、彼の忠実で役に立つドイツ人に反対していたのである。

最大の反乱がトランシルヴァニアで起きた。一八四八年に、トランシルヴァニアの州議会は、それ自体の廃棄とトランシルヴァニアのハンガリーへの合併に賛成投票をした。同時にルーマニア人は、以前には投票なしで、あるいは実際には合法的存在とはされないで、制限選挙権を与えられた。もし歴史的教えが何物かを意味するとすれば、一八四七年へ戻るという指導原則を持った一〇月特許状は、トランシルヴァニア州議会を復活することを意味した。他方で、もしトランシルヴァニアがハンガリーの一部分として扱われるとすれば、ルーマニア人は一八四八年に併合したときの分け前であった選挙権を受け取ってよいわけである。だがハンガリーの古い保守派は両方ともそのままにしておこうとした。ハンガリーの愛国者として彼らは、ハンガリーが獲得したものを放棄しようとはしなかった。ハンガ反動的な地主として彼らは、ルーマニア人農民に選挙権を与えることに反対した。ハンガリーの古い保守派が抵抗したために、トランシルヴァニアの州議会は一八六一年の一一月まで招集されなかった。〔国家大臣〕シュメアリングが、彼の統一帝国の原理を実践してもかなり安全な基盤がここにあった。ルーマニア人は、後進的で無力だったが、中央政府に従おうとしたし、また、彼らの投票を用いて忠誠心のあるザクセン人たちに味方して、マジャール人とシエクラー人を追い込もうとした。(9) たとえ数人のルーマニア人が〔帝国議会に〕選出されたとしても、彼らはスラヴ的感情を持っていなかったので、チェコ人の保守的反対派に結びつかなかった。一八六三年に、トランシルヴァニア選出のザクセン人の代議員が帝国議会に現われた。そこでシュメアリングは、それがいまや統一帝国の立派な帝国議会であると、宣言することができた。だが事実は、この統一帝国はドイツ人だけに支持されていた。他のすべての民族は、沈黙したかあるいは反対していたのである。〔国家大臣〕シュメアリングは、オーストリア帝国を一つのドイツ国家として示した。その論理的な結果は、オーストリアがドイツで至上権を宣言することであった。この論理は、ハプスブルクの宮廷にはなかった。シュメアリングがドイツ的民族感情を呼び起こす一方で、メッテルニヒの弟子レヒベルクは、外務大臣として留任し、プロイセンとの保守的同盟を復活させようとした。シュメアリングが脅かしたので、ビスマルクがプロイセンで力をつけるのを助けた、そしてビスマルクは両国が衝突する準備をした。レヒベルク外相は、民族的熱狂がないと、こ民族的熱狂という武器を、シュメアリングの手から取り上げた。

の衝突を戦うことはできなかった。一八六三年にシュメアリングは、フランツ・ヨーゼフ皇帝を説得して、オーストリアが指導してドイツ連邦を改革するという考えにさせた。この政策が実際に表われたのは、一八六三年八月のフランクフルトでのドイツ諸侯の会合であった。それはハプスブルク家が在位している時代の、ドイツの最後の集会であった。だがシュメアリングの成功は幻想であった。シュメアリングでなく、レヒベルク外相が、フランツ・ヨーゼフ皇帝に随伴してフランクフルトへ行き、安全な保守主義路線について議論をした。さらに、シュメアリングはもっともうまいことが行なえなかった。王朝の召使として彼は、ドイツの諸王朝との共同だけを考えた、そしてこのことは、ドイツ民族主義の根深い感情に満足感を与えなかった。その上、プロイセン国王〔ヴィルヘルム一世〕は、ドイツ諸侯の中で最大であったが、フランクフルトに来ることを拒否し、ドイツの諸侯は、彼がいなければ何もしようとはしなかった。一八六三年の秋、プロイセンは、関税同盟に加わるというオーストリアの要求を最終的に拒否した。関税同盟に加入することは、レヒベルクが保守的連帯のために、またシュメアリングが「七千万人の帝国」のためにしようとしたものである。これは、ドイツの、そしてそれゆえオーストリアの問題での、決定的瞬間であった。これ以来、保守主義政策と自由主義政策は、同じく戦争を起こしたのである。

この戦争のために、オーストリアは同盟国を持たなかった。フランツ・ヨーゼフ皇帝は、自分のイタリアの土地を決して譲渡しようとはしなかった。イタリアはつねにナポレオン〔三世〕を支持した代償であったのであるが。一八六三年のポーランド反乱は、〔オーストリアと〕ロシアとの仲違いを仕上げた。ビスマルクがロシアに味方して有効な態度を取ったのに、オーストリアはポーランドに味方して無益な態度を取った。それは、ドイツ人以外ではシュメアリングの唯一の同盟者であるポーランド貴族の支持を主に得ようとしたからであった。その上、新しい王冠〔＝ポーランド国王の王冠〕は、いつもハプスブルク家には魅力だったので、フランツ・ヨーゼフ皇帝は、ハプスブルク家によるポーランド王国を、当時でさえも夢見た。だが彼は、西欧列強つまりイギリスとフランスとともに全力で働こうとはしなかった。こうして〔オーストリアは〕孤立してしまい、それから逃れる最後の機会を失ったのである。同じ混乱が、シュレスヴィヒ－ホルシュタイン問題で起きた。[10]それは一八六四年初めに発生していた。〔国家大臣〕シュメアリングは、ドイツ人感情を満足させるためにオーストリアが〔デンマークから〕諸公国〔＝シュレスヴィヒ－ホルシュタイン〕を解放するのを助けねばならないと、主張した。レヒベルク〔外相〕は、オーストリアがプロイセンと共同する場合だけ行動すると請け合い、こうしてシュメアリングがアピールしようと望んだ自由派の熱意を害した。一八六四年夏にレヒベルクはまた短い瞬間成功した。シュレスヴィヒ－ホルシュタイン問題の混乱に直面して、〔プロイセン宰相〕ビスマルクは、多分真面目にではなかったが、メッテルニヒの保守的共同統治に回帰しようとして最後に試みた。シェーンブルン協定(11)は、ビスマルクとレヒベルクの起草であったが、「革命」に反対し、ドイツ自由派、イタリア、ナポレオン三世に反対する同盟であった。この提案された同盟がオーストリアに申し出たのは、メッテルニヒがかつて彼の体制の中心としていたイタリアの指導権を復活することであった。しかしその代償として暗示されたのは、ドイツで〔オーストリアの〕対等者としてプロイセンを認めることであった。そしてこれをフランツ・ヨーゼフ皇帝はいつも拒否していた。その上、革命に反対するこの同盟はハンガリーには拡がらなかった。そこでビスマルクは、オーストリアが「ブダペストにその重心を移すべきだ」ということを本質的な条件にした。そうすることは、ドイツ人が南東ヨーロッパにいる根拠を棄てることを意味するのだが、それを無視して言ったのか、あるいは恐らくそのために主張したのである。およそレヒベルク-ビスマルク協定〔=シェーンブルン協定〕は、オーストリアにとっては、近東でのロシアにたいする安全保障にはならなかった。だがバルカン諸国に対するロシアの平和政策(12)は、メッテルニヒ体制にとっては必要な基礎であった。実際に、オロミュッツの条項とクリミア戦争の後では、神聖同盟を復活させる機会はなかった。そしてフランツ・ヨーゼフ皇帝とプロイセンのヴィルヘルム一世は、彼らの顧問たちの草案を拒絶した。ヴィルヘルム一世は、オーストリアの衛星国として行動しようとはしなかった。フランツ・ヨーゼフ皇帝は、シュメアリングとレヒベルクの双方によって提出された利益を、自分自身はどちらにも関与せずに、獲得しようと望んだ。わかるのが遅く頑固で野望のある皇帝は、逃した目的物をあらゆる面で理解した、そして決定を引き延ばすことが政策の本質だと思った。

一八六四年の八月以降、レヒベルク外相の政策は、一八六三年八月以後のシュメアリング〔国家大臣〕の政策と同じように、完全に失敗した。唯一の問題はどちらが先に失敗するかであった。シュメアリングは、一八六四年の一〇月に彼の競争相手〔＝レヒベルク〕が去るのを見て、最後に満足した。オーストリアの外交政策は、今度は主義に関する努力は皆捨てて、王朝の利己主義に立ち戻った。新外相メンスドルフは、大貴族で、しかし軍人であり、強力な中央集権的な権威を支持した。彼は皇帝の軍事的命令だけを任務として受け入れ、自分の判断あるいは能力を信頼しないで、無任所大臣エステルハージに指導を求めた。だがエステルハージは、顧問の中で最悪の人物であって、救いようのない保守主義者であり、敗北が確実だとなると、彼の見解はとげとげしくなった。彼はどんな政策の中にも危険を見て、どんなものにも救済策を見出せなかった。エステルハージは、シュメアリングがドイツ自由主義に訴えたことに同情しなかったし、レヒベルクの保守主義にも希望を持たなかった。彼はただ、王朝がその偉大さを守るべきであり、名誉とともに後世に残るべきだと信じた。それゆえ彼は、ハプスブルク帝国を脅かすどんな敵も買収して追い払って、この名誉を汚すことを拒絶した。要するに彼は、オーストリアが弱いというメッテルニヒの意見と、オーストリアが強いという信仰に基礎を置いていたシュヴァルツェンベルク〔＝元首相〕の孤立政策とを結びつけたのであった。

エステルハージ〔大臣〕は、フランツ・ヨーゼフ皇帝を全く支持する人であった。両者は帝国の偉大さを保とうと望んだ。だがそれは実行できないと信じた。二人は、オーストリアの敵が抵抗できないほど強いと信じていた。また、彼らの意識を汚されるので、どんな敵と交渉することも拒否した。エステルハージの登場はシュメアリング〔国家大臣〕を脅かした。というのは、エステルハージは、国籍離脱者であったが、まだハンガリー人であり、彼の影響で、古い保守党は宮廷での失地を回復し始めていたからである。その上、一八六四年の終りまでに、シュメアリングはドイツ人の支持者たちによってさえ見捨てられていた。ドイツ人たちは、初めはシュメアリングを「憲法の父」として迎え、彼に二月勅令の欠陥を直すのを助けて貰おうとしていた。だがシュメアリングが自由主義原理に同情していないこと、また、彼が官僚機構を円滑に作業させるときには帝国議会の討論は面倒な干渉になると見なしたことが、すぐに明らかになったのである。その上、彼は、二月勅令が真の憲法の資格をことごとく欠いていると皇帝に確信させたことによって、自分の地位を得ていた。シュメアリングの自由主義的信仰は、フランクフルト会議とともに、またシュレスヴィヒ＝ホルシュタイン問題でオーストリアが最初に動いたことで、復活した。それは、オーストリアが不本意にもドイツ人民族感情を嫌悪する一連の政策を採ったときに、再び崩壊した。帝国議会のドイツ人たちは、彼らが一八六一年に盲目的に考えたようには、王朝が自由主義に移行しなかったことをついに悟った。そして彼らは、王朝に自由主義を押し付けるための同盟者を探した。ドイツ人は、「選挙の幾何学」が与えた人工的な優越性を断念しようとしなかったので、この同盟者はただハンガリーだけであった。こうしてドイツ人は一八四八年のドイツ人急進派の思想に戻ったし、マジャール人がハンガリーを支配することは、ドイツ人が残りの〔＝ハンガリー以外の〕オーストリアで支配するための代償であった。ドイツ人は、ハンガリー人の抵抗を打ち破ろうというシュメアリングの試みをもはや支持しようとしなかった。そして一八六四年から六五年にかけて〔帝国議会の〕冬の会期に、ドイツ人は軍部組織のために必要な補助金さえも反対した。フランツ・ヨーゼフ皇帝は、帝国議会が軍隊に干渉しないという条件でのみ、二月勅令に同意していた。だがこの条件はいまや破られ、そのためにシュメアリングの没落を確実にしたのである。

ハンガリーの発展は、〔国家大臣〕シュメアリングに最終的打撃を与えた。一八六五年の春に、戦争が近づいていたので、シュメアリングでさえもはや待てず、ハンガリーとクロアチアの州議会をもう一度招集する提案をした。この提案は成果がなかった。ハンガリー人は、一八六一年に帝国の要求を拒否していたのだが、ましてほとんど戦争に脅かされている今の政府に屈するつもりはなかった。〔ハンガリー〕州議会は会合したが、その唯一の結果は、ハンガリーの抵抗を強めたことと、ヨーロッパの目から見て帝国の信用を落してしまうことであった。これは〔政治家〕デアークの好機であった。一八六一年から一八六五年まで、デアークはまた、一層正しいと思いながら甘んじて待っていた。そして政治的意見を少しも表明しないで、自分の領地に引退して生活していた。当時彼は宮廷の古い保守派と接触していたが、シュメアリングが滅びること、そして時間が経てばフランツ・ヨーゼフ皇帝が妥協するという予想を教わった。デアークの影響力は、彼が四年間沈黙している間に、ハンガリーで確実に成長した。そしてそれはコッシュートが亡命先で路線を変更したその瞬間に完成された。コッシュートは当時、イタリア〔=サルデーニャ〕とナポレオン三世とが同盟して起こした新しい革命的な戦争〔一八五九年〕に絶望していた。そしてハプスブルクに対する憎悪に駆られて、ハプスブルクなしで中央ヨーロッパの安定を作れる唯一の政策についに出会った。彼は、好機を逸したのだが、セルビア、ルーマニア、クロアチアとハンガリーの自由ドナウ連盟を〔一八六二年に〕主張し始めた。この連盟の首府が〔セルビアの首都〕ベオグラードだという犠牲を払ってさえもであった。これは、スラヴ農民を同等者として受け入れることをマジャール人に求めたものであった、だがコッシュートの追随者は「ベオグラードよりウィーンのほうがよい」と、すぐに答えた。皮肉といってよいが、コッシュートが行なった賢明な一提案が、ハンガリーでの彼の影響力を一撃で壊したのであった。

道はこうして〔政治家〕デアークには明らかであった、そして一八六五年の四月と五月の一連の新聞論説で、[13]デアークは妥協の計画を前に推し進めた。それはこういうものであった。ひとたび合法的憲法が回復されれば、ハンガリーは帝国が必要だと認めるであろうし、またオーストリアの諸国と同等になって帝国を支えるであろう、と。これはフランツ・ヨーゼフ皇帝が交渉することのできた計画であった。皇帝は、自分の帝国のために「体制」を持っていなかった。彼はただ、王朝の偉大さと武装勢力を維持することだけを決意していて、この偉大さが依存するはずの論理については無関心であった。デアークの論説は、同時に、フランツ・ヨーゼフ皇帝がブダペストを訪問するよう仕向けた。こうして皇帝は初めてハンガリー国王として厳密にふるまい、帝国に関する言及をすべて避け、そしてハンガリー人民の合法的な希望に応じる意図があると宣言した。ハンガリー人の抵抗を壊そうという試みは終ったのである。一八六五年七月三〇日に、〔国家大臣〕シュメアリングと彼を支持する大臣たちは、辞職させられた。

(1) 前述されているように国家大臣は、首相にあたる。
(2) 革命によって作られたハンガリー議会は、ハンガリーの東端デブレッツェンに移っていた。
(3) オーストリアの対イタリア戦争、一八五九年。
(4) 連邦制の提案。

(5) バッチャーニ内閣〔=ハンガリー〕の法相であったが、辞任していた。この頃、ハンガリー議会で穏健自由派の指導者。その後、首相になる。

(6) バッチャーニ内閣の宗教・公共教育相であった。一八六一年に議員。「決議」党の指導者となる。

(7) ナポレオン三世は、一八五一年にクーデターに成功し、五二年に皇帝となる。ガンベッタやクレマンソーは、後年を除けば、進歩派政治家であった。

(8) フランス革命のさなか、一七九三年に、ヴァンデー県とその周辺で、革命政権に反対して農民反乱が起きた。

(9) ハンガリーに住む少数民族。

(10) 一八六四年、プロイセンとオーストリアがデンマークと戦い、シュレスヴィヒとホルシュタインを奪った。

(11) あるいは、ウィーン講和条約。デンマークに二州を放棄させた。

(12) 一八五〇年一一月に、ドイツ連邦の改革の議題で開かれた会議。

(13) 有名な復活祭論文。

第十章　古きオーストリアの終り、一八六五〜六六年

〔国家大臣〕シュメアリングは、マジャール人の抵抗を鎮圧し損ない、またドイツ人を統御することに失敗した。フランツ・ヨーゼフ皇帝は、今度は違った路線を歩もうとしていたが、自分の権力をマジャール人かドイツ人かのどちらかに引き渡すという考えは、全然持っていなかった。〔ハンガリーの政治家〕デアークの最も新しい宣言〔＝復活祭論文〕は、ある交渉をいくぶん望んで提案しているように見えた。それは帝国の偉大さを損なわないままにしておこうというものであった。つまり皇帝の考えによれば、〔帝国の〕西部地方では、疑似立憲政治に代るものは、真の立憲政治ではなく、全く憲法を持たないことであった。マジャール人もドイツ人も、官職〔＝大臣職〕に就けなくなった。そこでさらにマジャール人と交渉が行なわれねばならなくなった、またドイツ人は、自由主義的で「忠誠心がない」という欠点を持っていた。唯一の残された道は、一〇月特許状の人びとである保守派貴族であった。だから新たな内閣は、「伯爵の内閣」であった。だがこれは単に一

八六〇年の状態に戻ることではなかった。その時代は、ハンガリーのマグナート〔＝大地主〕が優勢であった。そして連邦主義は、国家大臣ゴウホフスキにとっては重要なものではなかった。今度は、ハンガリーの古い保守派は消えていて、ドイツ人自由派の要求を迎え撃つために、連邦主義がもっと一層真剣に実行されねばならなかった。新しい国家大臣であるベルクレディは、モラヴィアの貴族であって、ポーランド人ではなかった。そして彼にとっては、保守党の疑似歴史的計画が現実的なものであった。ベルクレディは、勇気の人であり、また長い行政経験のある人であった。そしてすべてのオーストリアの上級貴族と同じように、帝国の偉大さを〔失わないように〕深く心配した。しかし、彼は、オーストリアの貴族が実際には持っていなかった地位に彼らを戻せば、この偉大さを最も良く支えられると、本当に信じていた。フランツ・ヨーゼフ皇帝はハンガリーのことだけを考えていた。そしてベルクレディを〔国家大臣に〕任命すれば、ハンガリーとの協定を容易にするであろうと思った。だがベルクレディは、自分が帝国を連邦制に転化させるために、それによってハンガリーには打撃を与えないで譲歩するために、〔国家大臣に〕任命されていたのだと思い込んでいた。この誤解によって、ついに皇帝と大臣との双方は落胆することになった。

〔国家大臣〕ベルクレディにとって、シュメアリング〔前国家大臣〕の政策を逆転することは容易であった。ハンガリーの目から見たシュメアリングの最悪の罪は、ザクセン人をトランシルヴァニアから帝国議会へ選出することを容認したことであった。それを今度はやめてしまった。ウィーンに好意的なトランシルヴァニアの州議会は解散され、マジャール人に有利に作られた新たな州議会が選出された。その〔トランシルヴァニア〕州議会のたった一つの仕事は、トランシルヴァニアをハンガリーに併合することに賛成投票をすることであった。チェコ人が帝国議会をボイコットすることは、認められた。そして、フランツ・ヨーゼフ皇帝は、ハンガリー国王と同様、ボヘミアの国王にも即位するという意図を発表した。帝国議会は閉鎖された。その上、二月勅令全体は「停止」された。皇帝が帝国の一部〔＝ハンガリー〕とその改正について取り決めをしているのに、帝国の他方〔＝オーストリア〕では機能させるわけにはゆかない、という口実であった。保守派の貴族階級は、二月勅令の消滅と、それが意味したドイツ人官僚の敗北を、歓迎した。そしてフランツ・ヨーゼフ皇帝は、〔二月勅令の〕「憲法として」の脅威が終ることを喜んだ。しかしハンガリーが真に成果を得たのであった。オーストリア諸国では、すべての大衆の発言がなくなり、ハンガリーに反目させることができなくなった。だからハンガリーは「オーストリア」と交渉する代りに、皇帝と直接に交渉をした。ハプスブルク家とマジャール人は対等になった。そしてこのことは、あらかじめハンガリーに勝利を保証したのであった。

一旦シュメアリング〔前国家大臣〕の体制が崩壊すると、ベルクレディ〔国家大臣〕の政治的策略は尽きてしまった。彼はシュメアリングの待ちの政治より以上のものを提出できなかった。シュメアリングは、ハンガリー人が二月勅令を受け入れるのを待っていた。ベルクレディは、彼らが一〇月特許状を受け入れるのを待った。ハンガリー人はそのどちらも受け入れようとはしなかった。ハンガリー人は、彼ら自身が自発的に要求した修正があるだけの、一八四八年の憲法を復活させることを終始要求した。この要求は、一八六六年初めに、ハンガリーの州議会がもう一度招集されたとき、新たに出された。ベルクレディ内閣は、軍の自治と行政権がいくぶんある州議会を復活することだけを、ハンガリーに提案した。〔ハンガリーの政治家〕デアークは、一八四八年の法律が規定したような、責任内閣を要求した。デアークは、帝国の残りの州〔＝オーストリアなど〕との調停の大略を描くことによって、この要求を受け入れやすくしようとした。そしてこの責任内閣がハンガリーの議会で調停を行なうはずであった。デアークの指導下にある州議会の委員会は、ハンガリーが帝国の共通政治事項を限定し、これらの事項は、ハンガリーとオーストリアの各議会から選ばれた代議員団によって協定されねばならないと提案した。これらの代議員団は、デアークが初めに提案した代表団に較べてかなりの進歩をしていた。それらは、独立した組織であり、命令に縛られず、それらを任命した二つの議会にたいして責任がないことになった。そして協定ができない場合には、それらは一つの組織となり、多数決によって決定を得るということにされた。

この調整は、一八六七年に作られた二重帝国の要であったが、〔政治家〕デアークがいつも主張していたハンガリーの独自性を放棄しているようにみえた。というのは、代議員団の多数派が、外交政策や、外交から生ずる軍事的必要性を、ハンガリー議会に課すことになったが、そこにはハンガリー議会に責任を負う外務と軍事の大臣がいなかったからである。それは一八四八年の〔執政者〕コッシュートのハンガリーとの決定的な違いであり、また偉大さを求める帝国にとっては、決定的な譲歩であった。しかしながらそれは、譲歩の結果ではなく、正当なハンガリー権力が増大した結果であった。マジャール人の連帯によって団結したハンガリーの代議員団は、いつも一団となって投票した。オーストリアの代議員団は、ドイツ人とスラヴ人に分裂した。そのため、ハンガリーはその意志と政策を帝国全体に及ぼすことになった。この筋書きは、決してデアークが思っていたものではなかった。彼の願望はハンガリーの内部問題と法の支配の主張に制限されていたからである。デアークがこの筋書きを受け入れて自分自身のものにしたことは、ユリウス〔＝ジュラ〕・アンドラーシ[1]の影響が最初にあらわれたものであるが、それは、いまや二重帝国の確立に決定的になるはずであった。アンドラーシは、若い、威勢のいい「大貴族」で、一八四八年のコッシュートの親密な支持者であり、フランツ・ヨーゼフ皇帝の死刑執行人は、彼の人形を作って首を吊って見せたことがあった、そしてアンドラーシはコッシュートの亡命先まで同行したのであった。彼は帰国し、王朝と和解をした、それはアンドラーシが、外国の革命勢力の援助を受けてハプスブルク家を転覆させようというコッシュートの計画が無益であると悟ったときのことである。いまや彼は、デアークの主要な顧問となった。そしてデアークは、アンドラーシを自由ハンガリーの初代の首相にすることをすでに決意していた。

その二人の男はよきパートナーとなった。デアークは、ハンガリーの法律と議会戦術の方法を覚えた。アンドラーシは、大きな世界と外交術を知った。各人はそれぞれ、大ハンガリーを二〇世紀まで存続させる、ハンガリーの近代世界への適応を違った形で代表した。デアークは、彼の県から出て議会政治家になり、またハンガリーの伝統的制度への彼の愛着をマジャール人民族主義へと発展させた、小貴族の理想型であった。アンドラーシは、ブダペスト議会のために宮廷を去って、また彼流のやり方でマジャール人民族主義者になった、マグナートの理想型であった。しかしこの民族主義の大部分は芝居であった。というのはマグナートたちは、まだヨーロッパで大きな役割を演じようと熱望していたし、アンドラーシが心の奥でもっている野望は、ハンガリーの首相になることではなく、強大なオーストリア帝国の外務大臣になることであったからである。デアークは賢明な判断から、アンドラーシは過酷な経験から、双方とも穏健派であった。二人とも、皇帝と妥協し、また諸民族と和解することを強く望んだ。だがとにかくウィーンの同盟者としての行動は全くしなかった。しかしながらアンドラーシは焦っていた。彼はヨーロッパに自分の外交上の才能を示したかった。そしてデアークの好む巧みな策略に、皮肉な一ひねりを与えた。

アンドラーシは、デアークと皇帝との完璧な仲裁者であった。フランツ・ヨーゼフ皇帝は、デアークの誠実さと、法律上の学者振りのために、彼に距離を置いていた。アンドラーシは、国内問題を処理しようという焦りによって、また帝国が新しい形ではあるがヨーロッパで大きな役割を演ずるのを見たいと熱望していたので、皇帝の好意を得た。デアークとアンドラーシは、後にマジャール人の民族主義の暴力によってショックを受けることになった。しかしまだ両人は、穏健な戦術にもとづいており、それによって政府を転覆させせようと準備をしていた。スラヴ人とルーマニア人を平等者として受け入れようというハンガリー人はすでに生まれていた。

一八六六年に、ベルクレディ内閣は、デアークの計画を受け入れることができなくなっていた。たとえアンドラーシが両者を結びつけようと誘っていてもである。シュメアリング〔前国家大臣〕と同様に、この内閣はハンガリー議会を従属的政体として見なすようになっていたのである。人事にはよくあることだが、一つの政策を遂行するために起用された人間は、しばらくたって、反対のことを追求していることがわかる。ベルクレディ内閣は、ハンガリーを調停して、プロイセンとの戦争に備えて帝国を強化するために任命されていた。プロイセンとの戦争が近づいてくると、彼らは、戦争に勝てば〔ハンガリーへの〕譲歩が不必要になるだろうと期待して、〔ハンガリーとの〕調停を延期した。〔大臣〕メンスドルフと〔大臣〕エステルハージは、オーストリアの要求を全部主張すること以外に、またほんのちょっと譲歩すれば同盟者が得られるのに、それを拒否すること以外は、外交政策と呼べるものは何も持ち合わせていなかった。彼らは、プロイセンに対抗してドイツ人の民族感情に訴えようとしなかった。同時に彼らは、プロイセンを対等者と認めることによって保守的な協力関係を回復しようとはしなかった。彼らは、「革命的」なナポレオン三世にも譲歩しなかった。近東で譲歩してツァーと和解しようとしなかった。彼らは、ヴェネチアを明け渡すことによって、イタリアの中立を買おうとしなかったし、この時でさえ、一八五九年〔=対イタリア戦争〕以前にあったようなイタリアとの和解を回復することを夢見ていた。古いオーストリアは愚かな自殺行為を冒した。そして、〔プロイセン宰相〕ビスマルクは、支配者たちが自分たちでは行なえない決定をオーストリアに課すために、戦争を行なった。オーストリアの大臣たちは、負けるのと同じくらい勝利することを恐れた。というのは、勝利すればオーストリアは指導的なドイツの強国〔=プロイセン〕を強いて失うだろうし、その結果、国際的にオーストリア貴族が失墜するだろうからである。エステルハージは、次の見解を表明した他のどんな人びとよりも、戦争に貢献した。「私は、この戦争を憎む。というのは、われわれが勝とうと負けようと、もはや古いオーストリアではなくなるだろうからである。」(2) 一八五九年のように、一九一四年にもまた、フランツ・ヨーゼフ皇帝と彼の顧問たちは、戦争を行ない、そして同じく負けたのである。

ロシア
ポーランド
シュレジア
リヴィウ
ガリチア
チェルノヴィッツ
ブコ
ヴィーナ
ハンガリー
デブレツェン
ブダペスト
クルージ
トランシルヴァニア
スラヴォニア
ルーマニア
ベオグラード
ボスニア
サライェヴォ
セルビア
ヘルツェ
ゴヴィナ
モンテネグロ
クラクフ併合 1846年
ロンバルディア喪失 1859年
ヴェネチア喪失 1866年
ボスニアと
ヘルツェゴヴィナ併合 1908年

ハプスブルク帝国
1815-1918年
0 50 100 150 マイル
ドイツ
プロイセン
ザクセン
プラハ
ボヘミア
モラヴィア
バイエルン
ニーダー
エスターライヒ
リンツ
ウィーン
フォアアールベルク
オーバー
エスターライヒ
ザルツブルク
スイス
シュタイアー
マルク
ティロル
ケルンテン
ゲルツ
ロンバルディア
ヴェネト
ミラノ
ザグレブ
ヴェチア
トリエステ
クロアチア
イストリア
イタリア
アドリア海
ダルマチア
地中海

最後の瞬間に、イタリアがプロイセンと軍事同盟を結んだ後、オーストリア政府は、かつてはその根本方針を抗議していたにもかかわらず、ヴェネチアを引き渡そうと決意した。その申し出は、イタリアによって拒否された。オーストリアの大臣たちは、かつては拒否するのが早すぎたのと同様、いまや譲歩することでは頑固であった。イタリアがヴェネチアを受け入れなかったので、ヴェネチアは当然ナポレオン三世の下に行った。一八六六年六月一二日に、オーストリアの大臣たちは、戦争の結果がどんなになろうともヴェネチアを譲り渡し、またラインラントがフランスの保護国であると同意して、ナポレオン三世が捨てる意図もなくまたその能力もなかった中立を買い取った。このように、敗北の前でさえ、ドイツとイタリアより偉大な強国〔＝ハプスブルク〕は、ラインラントとヴェネチアの両方を見捨てたのである。貴族の無力さと、王朝の誇り高さによって、敗北が確実になった。その帝国〔＝ハプスブルク〕の最良の将軍アルブレヒト大公は、皇族の一員なので、敗北の危険にさらされることはなかった。そこで彼は、戦争の決定的舞台であるボヘミアから、ヴェネチアへ移動させられた。そこは引き渡すという特権だけで守られているところであった。そしてベネデックという二級の軍人がボヘミアへ派遣された。アルブレヒト大公は、クストーザで、イタリアにたいし無意味な勝利を収めた。ボヘミアでベネデック〔将軍〕は、両側面から攻撃されるまでに失敗しており、彼の軍隊は、一八六六年七月三日にサドヴァ〔ドイツ名、ケーニヒグレーツ〕でプロイセン軍によって敗走させられた。オーストリアはまだ大きな反撃力を持っていた。アルブレヒト大公はイタリアから呼び戻され、ドナウ河に面した新たな防衛線を組織し、プロイセンとの長期戦に臨んだ。だが、これは必要ではなかった。〔プロイセン宰相〕ビスマルクは、オーストリアを破壊するのではなく、保全することを目的としていた。そして、ナポレオン三世の調停や、ロシアが近東で報酬を要求するのを避けるために、講和交渉を強く推し進めた。（一八六六年八月二三日の）プラハの講和によって、オーストリアは、ヴェネチアを失い、ドイツから排除された。だがオーストリアは大強国としては残っていた。

一八六六年の戦争から立ち直ったオーストリアは、ナポレオン戦争から立ち直ったオーストリアをメッテルニヒが作ったのと同様に、ビスマルクによって作られた。すなわち、国内でバランスをとって作られたのではなく、一強国として重要だから作られたのである。メッテルニヒのオーストリアは、ヨーロッパの必要物であった。だがビスマルクの作ったオーストリアは、ドイツのあるいはむしろプロイセンの必要物であった。オーストリアはドイツに対する、またプロイセンのユンカー〔＝地主〕(3)を圧倒するはずの汎ドイツ計画に対する障害であった。そして他の多くの国ぐにには、「大ドイツ」に敵対したから、オーストリアは、彼らに歓迎された。オーストリアは、チェコ人やポーランド人やスロヴェニア人にとっては、「大ドイツ」よりも良かった。国際的舞台では、フランスにとって、オーストリアは大ドイツよりも良かった。それ以上に、もしオーストリア帝国が崩壊するか、ドイツの属国になったならば、大ドイツ主義に代るものは、汎スラヴ主義と、ロシア権力の拡張であっただろう。したがってオーストリア帝国は、イギリスに歓迎され、また汎スラヴ主義を嫌った保守的なロシア人によってさえも歓迎された。ドイツとイタリアで優勢であったオーストリアは、当時の民族主義者の理論にあまりにも粗雑に挑戦していた。ドイツとイタリアから排除されたオーストリアは、列強諸国がまだ尻ごみしていた中央ヨーロッパや東ヨーロッパの大問題がもち上がるのを延期しようと努めた。イタリアはオーストリアの存在に憤慨した。しかしイタリアは、他国の不平分子と手を組むとき以外には力がなかった。そして数年以内に、ビスマルクの援助を受けたオーストリアは、メッテルニヒの時代とほとんど同じくらい厳重にイタリア政治を管理した。コンスタンチノープルに目をつけていたロシアの領土拡張主義者たちは、オーストリアの存在に憤慨した。しかし彼らは少数派であり、そして一八七八年の数週間を除くと、ビスマルクの〔作った〕ヨーロッパが一九一四年〔＝第一次大戦の開始〕に崩壊するまで、ロシア議会の決定は彼らに反対していた。他の誰もがオーストリアが現状のままであることを望んだ。一八六六年の戦争の後ではハプスブルク帝国は疑いなく病人であった。この事実そのもののために、オーストリアは、ヨーロッパ流の寛容さを持ち、支持さえも獲得したのである。

メッテルニヒは、オーストリアがヨーロッパの単なる必要物になる危険を認識していた。そして彼は、少ししか成功しなかったが、「使命」を求めていた。帝国を諸人民に受け入れさせ、こうして他国にあまり依存させなくする使命である。この使命を求める試みは、メッテルニヒの時代よりも成功しなかったが、一八六六年以後にも新たに試みられた。実際マジャール人は、オーストリアの使命とは、ハンガリーでマジャール人の主導権を一層確立することだと思った。そしてこれはビスマルクの要求にも一致した。ビスマルクは、一八四八年のフランクフルト〔国民議会〕の計画の一部であったドイツ人とマジャール人との同盟を復活させた。しかし彼はただそれを改善させただけであった。つまりフランクフルト国民議会は、大ドイツに対してマジャール人の援助を求めていたが、ビスマルクは、ハンガリーを大ドイツに反対する同盟者として利用した。そしてこの政策は、ハンガリー人には一層歓迎されるものであった。しかし、マジャール人の野望を叶えることは、オーストリアの唯一の使命とはなりえなかった。というのは、マジャール人は国民のほとんど五分の一でしかなかったからである。ドイツ人はさらに、ハプスブルク帝国がドイツの文化と経済の主導権を推し進めることを望んでいた。このことは、ビスマルクの体制にはそう容易には当てはまらなかった。ビスマルクは、ドイツ系オーストリア人の強さが復活すること、また「七千万人の帝国」の危険が新たになることも、許すことができなかった。他方、オーストリア帝国がドイツ的性格を失い、したがってフランスあるいはロシアの同盟国に適うようになることも、ビスマルクは認めなかった。実際ビスマルクは、オーストリアが一八六六年にあった状態、すなわち敗北し、しかしまだドイツ的な状態にとどまることを望んでいた。そして二重帝国時代〔一八六七年以後の時代〕にオーストリア政治の活気が止まったのは、ほとんどドイツの要求の結果であった。オーストリアがその存在を正当化できる唯一の使命を本当に実行しようとしたら、確かにドイツは、そのどんな試みにも反対したであろう。その使命とは、特権的民族や階級の主導権にもとづくものではなく、異なった民族の間の人民の協力の方法を発見することであったのである。ビスマルクや、さらに他の少数のどんなドイツの政治家も、オーストリア問題の本質を理解したことはなかった。ポーランド人は、ロシアの政治家がよく知っていた唯一のスラヴ人少数民族であった。だがロシア人はポーランド人と和解しようという真面目な努力をせずに、彼らを力によって支配していた。しかし力だけでは、オーストリアでは事が進むはずがなかった。これはバッハ〔元内相〕とシュメアリング〔前国家大臣〕の二人の経験から得た決定的な教訓であった。といっても、フランツ・ヨーゼフ皇帝はマジャール人の援助を受け入れるのはとても嫌であった。また彼は確かに、ドイツ人の手中に自分を委ねようともしなかった。とりわけドイツ人が、フランツ・ヨーゼフ皇帝もビスマルクも好かなかった大ドイツ計画だけを持って、実際の力を得ようとするときには、そうだった。なお、大ドイツ〔の実現〕は、諸民族の自由な協力がないならば、確実であった。大ドイツ主義に代る唯一のものは、中央ヨーロッパおよび東ヨーロッパでロシアが主導権をもつことであった。その結果からいえば、ハプスブルク帝国の臣民はまず、〔ヒトラー時代に〕大ドイツを経験し、その後、ロシア〔＝ソ連〕の主導権(4)を経験したのであった。これはハプスブルクの失敗の物差しであった。

（1）ハンガリー革命時に、県知事であった。ハンガリー革命に参加し、その敗北後、亡命した。一八五七年に帰国し、デアークとともに活動する。
（2）一八五九年は、対イタリア戦争。一九一四年は、第一次大戦。
（3）第一章訳注（20）を参照。
（4）ロシアに占領されたのは、第二次大戦後のスターリン時代である。

第十一章　二重帝国の成立、一八六六〜六七年

一八六六年八月に、〔普墺戦争でオーストリアが〕敗北した直後、マジャール人は、自分たちを〔帝国の〕共同統治者として申し出た。〔政治家〕デアークは、敗北の前よりも敗北の後には、マジャール人はもうこれ以上は要求しないと宣言した。彼がここで意味したのは、そのときマジャール人の最高の野望が実際に達成できたということであった。アンドラーシは、皇帝と相談するためにウィーンに来て、すでに帝国の政治家であるかのように話をした。彼は、オーストリアについて、これまで皇帝とハンガリーの間をつないでいた古い保守派とはきわめて異なった考えを持っていた。アンドラーシは、ハンガリーが中央集権化された、自由派の、マジャール人的国であるべきであるというのとちょうど同じように、オーストリアが中央集権化された、自由派の、ドイツ人的国であることを望んだ。これは一八四八年の思想の復活であった、そして違っていたのは、〔ドイツ人とマジャール人との〕共同統治をブダペストとフランクフルトとの間で行なうのではなく、ブダペ(1)

ストとウィーンの間で行なうのであって、そのためまだ王朝が存在する余地があるだろうということだけであった。ドイツ人とマジャール人は、二つの「国家の民族」であるはずであった。他の民族については、アンドラーシはこう言った、「スラヴ人は統治するのに適していない。彼らは支配されねばならない。」マジャール人とドイツ人が共同統治する二重帝国というのは、つごうの良い考えであった。あるいはより正確にいえば、引き続く何年かの間は、好ましい誤解であった。それは、フランツ・ヨーゼフ皇帝の意図とはかけ離れていた。皇帝は、他のどんな集団にも譲歩するのを避けるために、マジャール人に譲歩しようとしていた。そして確かに彼は、自分の権力をドイツ人自由派に譲り渡す意図はなかった。アンドラーシが巧妙な談話でドイツ系オーストリア人に肩入れしたので、フランツ・ヨーゼフ皇帝を怒らせ、皇帝は、実際に、戦争に負けて地位を追い落されていた

ユリウス〔=ジュラ〕・アンドラーシ

ベルクレディを元の地位〔＝国家大臣〕に戻した。というのは、ベルクレディは、いくぶんいやいやながら、自由主義への抵抗と二重帝国の支持を結びつけていた。一八六六年七月に、フランツ・ヨーゼフ皇帝は、プロイセンに反対する支持をまだ必要としていたが、ハンガリーの要求をすべて受け入れる用意があるように見えた。八月にプラハで〔普墺戦争の〕講和が調印されると、〔プロイセンからの〕直接的な危機は終った、だがアンドラーシはブダペストに空手で帰った。(3)

ハンガリーの要求は明白に述べられていた。〔国家大臣〕ベルクレディはそのとき、ハンガリーのユニークな地位をなくすために、帝国の他の州が人工的に同じ要求を定式化するべきだと、計画した。それゆえ、諸州議会が再び招集され、数世紀の間実施していなかったか、あるいはいつも決して持っていなかった諸特権を諸州議会が要求するよう誘導しなければならなかった。しかし、諸州議会が現行の選挙権によって選ばれるならば、諸州議会はこの特権を要求しないはずであった。というのは、ドイツ人多数派を強力な中央議会に有利に選出してしまうからである。だから、「選挙の幾何学」が、選挙制度を改めねばならなかった。そして信頼できない役人つまり中央集権主義者を、大急ぎで連邦主義の貴族と取り換えねばならなかった。ベルクレディは、以前よりももっと完全に保守主義政策を行ないながら、その大きな矛盾に対してそれだけ鋭くぶつかっていった。彼は、一世紀以上も存在していた統一国家の絆を壊すことによって、帝国中の官僚とドイツ人中間階級の両方に挑戦しようと提案した。だが、彼は保守主義者だったので、大貴族以外の同盟者を探すことができなかった。ベルクレディは、諸州議会でスラヴ人多数派を作りあげようと意図した。しかし彼は、これらの多数派が大衆的な運動を代表することを望まなかった。彼は、ドイツ人としてのではなく、シュメアリング〔時代〕の自由派としてのドイツ人多数派に反対したのである。そして彼は、保守的で、聖職派の、貴族を尊敬するようなスラヴ人に目を向けた。スラヴ人は、政治的に成熟していなかったので、保守的で聖職派であった。だがスラヴ人の政治意識が成長すると、また、自由派となり、人権を要求した。このように、ベルクレディの唯一の政治的同盟者は、本当の勢力ではなかった。そして彼らが本当の勢力になったとき、同盟者としては適任ではなくなったのである。ベルクレディは、土地貴族が行政技術を突然発達させ、ドイツ人官僚がとても忠誠心があって自分たちで作り上げた統一国家を壊すのを助けることを、〔つまり、不可能なことを〕望まねばならなかった。

ベルクレディ〔国家大臣〕は、しかし、ほんの数か月で古い保守主義の失敗を最終的に示すことになった。彼は、ドイツ人自由派に代る唯一の代替者であると思われていた。一八六六年一〇月に、フランツ〔・ヨーゼフ皇帝〕は、ある程度自由派の一人のドイツ人を発見した。彼〔＝ボイスト〕は、帝国のドイツ人自由派とは交流がなかった。彼、ボイストは、この時外務大臣となったが、長年ザクセンの首相であって、ドイツ連邦の中でビスマルクに対する有力な反対者であった。ボイストを任命したことは、プロイセンに対する報復政策であった。外相ボイストは、ビスマルクに対する敵意を除けば、政治的に存在する理由がなかった。そして、彼が官庁に現れること自体が、オーストリアとドイツとの結合に再び挑発的に主張することであった。ボイスト外相は、政治哲学を身に着けたりそれに損われているメッテルニヒのような人物ではなかった。彼の商売道具は、実体のない小さなドイツ諸国家のあらゆる政治家のそれと同様、抜け目のなさであった。つまり巧妙な言辞と、結果を考えずに成果を素早くとることであった。ボイスト外相は、オーストリア帝国については「見解」がなかった。彼は、自然のままにオーストリア帝国をドイツ国家と見なした、彼がオーストリアをそのようなものとして何年も考えていたからである。だがボイストは、どんな特殊な政策にも情緒的に執着しなかった、つまり官僚制を支配する単一帝国の伝統、貴族の疑似歴史的野望、従属民族を保護する王朝の「使命」には、どれもこれも無関心であった。彼の唯一の関心は、オーストリアの国内事件をどうにかして解決することであった。そうすればオーストリアが外国でもう一度自信を鼓舞できるし、彼が反プロイセン連合を作り始めることができるのである。だからボイストは、官僚や貴族たち、シュメアリングやベルクレディが同じく逃れていた事実の中心を真っ直ぐに見た。唯一の重要なことはハンガリーと協定をすることであって、そうする唯一の方法は、ハンガリー人が要望することをハンガリー人に与えることであった。この事実をボイストが摑んだことで、先行者たちがすべて失敗したところで彼は成功したのであり、帝国の側に立って見れば、彼を二重帝国の創造者としたのである。だが国内問題でこれが成功したこと自体が、彼の対外政策を運命づけた。ボイストは、マジャール人と、度合は少ないがドイツ人に、帝国の問題への発言権を与えた。そして彼らは、プロイセンに反対する報復戦争を決して支持しようとしない二つの民族であった。マジャール人は、彼らの成功が一八六六年のオーストリアの敗北に負っていることを知っていた。ドイツ人は、プロイセンにたいして恨みを持っているにもかかわらず、ドイツ民族国家に反対して進もうとはしなかった。こうして、極端なパラドックスによって、プロイセンに反対する戦争の代表者〔＝ボイスト〕が考案した政治体制は、ビスマルクの事業を永遠に確かにしたのである。

ベルクレディ〔国家大臣〕には、「外国人」〔＝ボイスト外相〕が彼の背後でオーストリア問題を解決するだろうとは、決して思い浮かばなかった。ベルクレディは、非ハンガリー諸国の州の野望を刺激しながら、自分の道をゆっくりと進んだ。中央の帝国議会を嫌っていたベルクレディでさえも、個々の州議会がハンガリーに十分影響力を与えてはいないことを悟った。他方で彼は、一八六五年九月に「停止」されていた二月勅令を復活させようとしなかった。彼はそれゆえ、一〇月特許状の文言に戻った。同法は、「臨時帝国議会」という形で非ハンガリー諸国の臨時の会議を規定していた。彼はこうして二月勅令の選挙条項を逃れることができた。諸州議会は、各選挙区域が別々に投票するのではなくて、単純多数によってその代議員を選出するよう指示されようとしていた。そうすればその結果は、帝国議会では、「選挙の幾何学」がドイツ人自由派の多数派を作り出すのではなくて、スラヴ人保守派が多数派になるはずであろう。ハンガリーとの交渉は、こうして漠然と長引かすことができた。その間、クロアチアは、ハンガリーに反対して要求するよう奨励され、こうして内部からハンガリーを弱体化することができた。

〔国家大臣〕ベルクレディが、「選挙の幾何学」を組織的に変えようと準備している間に、ボイスト外相は行動した。ボイストはブダペストを訪れ、アンドラーシと緊密な協定を結んだ。つまり両人は対外政策の件を考えた、そして両者はベルクレディの教条主義、フランツ・ヨーゼフ皇帝の躊躇、さらにデアークの誠実を我慢できないと考えた。ボイストは、一つの協定が可能だということでひとたび満足すると、フランツ・ヨーゼフ皇帝に、国王と州議会との「交渉」という伝統的な方法を放棄するよう説得した。ハンガリーの指導者たち〔＝アンドラーシたち〕は、一八四八年の法律に従って、責任政府として見なされた、そして〔彼らは二重帝国を作るべく〕直接交渉をしようとウィーンに来た。これは決定的な一歩であった、というのは、フランツ・ヨーゼフ皇帝は、責任政府と協定することによって、ハンガリーの綱領に同意したわけだったし、またハンガリーの大臣たちが皇帝から譲歩をさせられたのではなく、皇帝がハンガリーの大臣たちから譲歩をさせられねばならなかったからである。ウィーンでの交渉は、奇妙な非合法の性格のものであった。アンドラーシと彼の仲間は、すでにハンガリーを代表しており、オーストリアの大臣たちは、法律上はまだ帝国の大臣であったが、単に非ハンガリー諸国、つまり二重帝国によって作られる狭いオーストリアだけを代表した。フランツ・ヨーゼフ皇帝は、ハンガリーの申し出が軍隊と対外問題の支配を彼から取り上げるだろうと、ひとたび信じると、急いで〔交渉を〕終らせようとした。いつものように、皇帝は長いこと躊躇したが、我慢できなくなった、そして彼は古い義務と顧問たちを投げ捨てた。一八六六年一二月に、クロアチアの代表者がウィーンに来て、ハンガリーと等しい立場で帝国と共同統治する申し出をした。だが彼らはぶっきら棒にこう告げられた、イェラチッチの勤めは一八四八年にそうであったようには好意をもって見なされていないし、またクロアチアはできるかぎりうまくハンガリーと協定しなければならない、と。〔国家大臣〕ベルクレディは、さらに一八六七年一月二日の勅令を、「臨時帝国議会」の会議に向けて、発布することができた。だがこれは無駄な処置であった。彼と他のオーストリアの大臣たちは、皇帝がすでに決定をしてしまったことがわかったので、ハンガリーの申し出をただ傾聴するだけで、悲しげに黙認せざるをえなかった。一八六七年二月七日に、〔国家大臣〕ベルクレディと「伯爵たち」〔つまり大臣たち〕は解任された。そしてボイスト〔外相〕は、数人の役人とともに、古いオーストリアの結末をつけるために、ひとり残った。この特徴的な方法で、二重帝国が、あたふたと作り上げられた。そしてオーストリア＝ハンガリー帝国の構成は、ザクセン人の一政治家〔＝ボイスト〕とマジャール人貴族〔＝アンドラーシ〕によって決定されたのである。

オーストリアのすべての大臣やベルクレディ、同様にシュメアリング、の意図、そして〔ハンガリー政治家〕デアークの本来の意図は、二つの「帝国の半分」の間を調停することであった。ハンガリーは確かに相談を受けていた。そして二重帝国は、一八六七年三月のハンガリー議会で法律ができるまで、効力を持たなかった。もう一方の、名前のない「半分」は、発言権がなかったし、フランツ・ヨーゼフ皇帝は、その発言権を与えないで調停した。実在しない帝国議会の同意を待つことは、不必要に見えた。その上、帝国議会は、ハンガリーがすでに受け入れていた諸条項を議論したかもしれなかった。ところでハンガリー人は、非ハンガリー諸国が調停を変えたり拒否できないが、調停に賛成すべきだと主張した。〔外相〕ボイストは、それゆえ、二月勅令を復活させたのである、二月勅令は全帝国のために企画されていたが、偶然〔帝国の〕「半分」に適用されていた。勅令のいう「より狭いほうの帝国議会」は、それ以来、立憲的オーストリアの「正常の帝国議会」となった。この方策は、ベルクレディの最後の遺産とは反対に進んでしまった。一八六六年の一月と一二月に彼の管理の下で選出された州議会は、連邦主義者または保守主義者であった。(原注1)五つの最も重要な州は、二月勅令を認めることつまり帝国議会に議員を送ることを、拒否した。これらの反抗的な州議会は突然解散され、シュメアリングの「選挙の幾何学」が復活し、ボヘミアでさえもドイツ人多数派が作り上げられるような勢いであった。チェコ人とスロヴェニア人は、無益に帝国議会をボイコットし続けた。帝国議会は立派な議会としての外見があった、そして一八六七年一二月の「基本法」で調停〔＝妥協〕を受け入れることによって、二重帝国を正式に完成したのである。

二重帝国はもっぱら、皇帝とハンガリー人との「妥協」であった。ハンガリー人は、戦争と対外政策のための単一の大国家が存在するべきことに同意した。フランツ・ヨーゼフ皇帝は、ハンガリーの国内問題を「マジャール民族」に任せた。ハンガリー人はまた、帝国の残りの国との、一〇年ごとに更新される関税同盟に同意した。こうして三つの分離した組織ができた。〔一つは、〕永久の「共通君主制」、それは対外的世界では大ハプスブルク権力をまだ代表する。〔二つは、〕オーストリア＝ハンガリーの一時的経済同盟である。(原注2) そして〔三つは、〕二つの分離国家、つまりオーストリアとハンガリーである。「共通君主制」(原注3)は、皇帝と宮廷、外務大臣、軍事大臣に限定された。そこには共通の首相はおらず、共通の内閣はなかった。〔外相〕ポイストは、帝国を分裂させた成果のおかげで、帝国大臣という肩書きを与えられたが、二つの国家〔オーストリアとハンガリー〕の政庁の上に立つ権威を振るおうと試みた、そして後の外務大臣カールノーキーはそれを真似た。これらの試みに対してハンガリー人はうまく抵抗した。皇帝の皇室会議は、非公式でまた憲法に規定されなかったが、共通の内閣として行動した。そこには二人の首相、共通大臣たち、数人の大公、参謀総長が出席した。彼らは皇帝に助言する以上のことはできなかったし、「重大政策」の決定権は皇帝の手中に残った。これは、フランツ・ヨーゼフ皇帝が妥協をするときの動機であった。対外政策では彼はまだ最高の権威であった。

共通君主制はしかし、代議員団に構造的に表現された。〔オーストリアとハンガリーの〕各代議員団は六〇名であった。ハンガリーでは、マグナート議院〔＝上院、貴族院〕は、直接投票によって二〇名を選び、そのうち一人はクロアチア人でなければならなかった。下院〔＝衆議院〕は、直接投票によって四〇名を選び、そのうち四名はクロアチア人の議員が選ばれた。オーストリアでは、二〇人が、直接投票で上院から選ばれた。四〇人が下院から、種々の州からの選挙団体会員によって選ばれ、州の規模に比例して代議員の数を選出した。それぞれボヘミアの一〇名からティロルやフォアアールベルクの一名までというふうに数が異なっている。こうしてハンガリーの代議員団は、弱々しいジェスチャーをして、クロアチアを認めてハンガリー統一国家を代表した。オーストリアの代議員団は、保守的な夢を持った所領地総会の最後の変種であった。ハンガリーは、帝国人口の五分の二を有し、帝国の税の三分の一を支払っていたが、決定的に〔オーストリア側と〕平等な発言権を持った。〔二つの〕代議員団は別々に協議した。共通大臣たちの要求に彼らがひとたび同意すると、二つの国家の議会は、論議なしで必要な資金と兵士の割当てを提供しなければならなかった。不賛成の場合には、両代議員団は会合し、一緒に黙って投票することになっていた。これは共通君主制の最高の表現であった。実際にはハンガリー人は彼らの主権が侵害されることに抵抗した、だがそれは決して行なわれなかった。これもまたフランツ・ヨーゼフ皇帝に合っていた。というのは、代議員団は慎重であったので、決定権は彼の手に残った。ここでもまたハンガリー人は、帝国の他の民族と共同行動をすることを拒否して、皇帝の権力を復活させたのである。

〔オーストリアが〕統治権を譲り渡しても、それは経済問題には及ばなかった。また経済問題では、代議員団は発言権がなかった。彼らは、二つの議会の間の直接交渉によって調停させられた。バッハの時代に作られた郵便や貨幣鋳造のような多くの共通の制度は、ひき続き残された。そして数多くの論争がなされた後で、単一の国民銀行が一八七八年に創設された。論争の二つの主題は、「分担額」(4)つまり共通費用の割当てと、関税政策であった。そしてこれらについて、危機が一〇年ごとに起きた。ハンガリーは、初めは三〇%だけ支出した。そしてその割当ては最後には三四・四%に上がったが、関税政策によってその代価がハンガリーにますます有利に支払われた。オーストリアは工業国家へと発展したが、安い食糧を必要とした。ハンガリーは、大領地の利益のために高い小麦関税を主張した、そしてオーストリアの産業はハンガリー自由市場を失いたくなかったので、通商同盟を放棄するというハンガリーの脅かしはいつも成功した。さらにオーストリア議会はときどき後ずさりし、そのとき不正規な手段で「妥協」が強要されねばならなかった。これは例えば、一八九七年の政治的大危機〔=第十四章参照〕の一つの理由であった。事実、一〇年ごとの経済交渉はオーストリア=ハンガリーでも定期的に爆発した。それは帝国ドイツで七年ごとに軍隊補助金が与えられたときと同じであった。両国ともにそれぞれ繰り返される危機は、国家の基礎そのものを問題にしているように見えた。

二つの立憲的国家ができたことになった、オーストリアとハンガリーである。ハンガリーの憲法は、「三月法」にもとづいていた、そして国内問題については一つだけ修正が行なわれた、つまりパラティンあるいは大守が消滅し、国王〔=ハプスブルク皇帝〕が憲法による任務を直接に執行することであった。これは実際的な修正であって、ブダペストから四時間以内でウィーンに達するという鉄道の発達によって作られた。この新しいハンガリーは統一国家であり、昔のハンガリーよりも大きかった。つまりそれはトランシルヴァニアを含み、また「軍事的国境」つまり一八世紀にトルコから解放されて以来オーストリア軍が支配していた南ハンガリーの諸国を含んだからである。だがここを獲得しても、マジャール人の誰にも利益はほとんどなかった。マリア・テレジアの治世の時に連れてこられた植民者は、スロヴァキア人、ドイツ人、ルーマニア人、セルビア人であった。これらの人びと、とくにセルビア人は、一八四八年にハンガリーと猛烈に戦った。今度は皇帝によって見捨てられて、彼らは和解を切望していた。〔ハンガリーの政治家〕デアークはまた譲歩を行なった。この結果は、一八六八年の民族法であって、理論的にはコッシュートの排外主義から出発をしていた。この法律は、マジャール民族国家をハンガリーにいる他の民族と和解させようと試みたものであった。同法は少数民族に権利を与えた、だがそれは多民族国家を作らなかった。少数民族は、自分たちの言語で地方政府を管理することができた。非マジャール人の郡では、彼らは主要な行政職を手に入れることになった。そして「かなりの数で」一緒に生活していたどの民族でも、国立学校では、「高等教育が始まる時まで」彼ら自身の言語で教育を受けることができるはずであった。それは賞賛すべき法律であった。もっとも、いかなる事項のうちの一つも機能しなかったのであるが。

デアークの〔作った〕ハンガリーはまた、コッシュートのクロアチア併合を再開しようとはしなかった。その代り、二つの州議会の間で「妥協」が交渉された。クロアチアは皇帝に見捨てられ、事実、アンドラーシ〔一八六七年以降、つまりこのときはハンガリーの首相、国防相〕とデアークが提出した条項を何でも受け入れねばならなかった。さらにこの妥協に欠点ができたのは、マジャール人の脅しによるよりもむしろ、クロアチアの指導者が政治的に後れていたからであった。クロアチアは、その分離した存在、言語、州議会を保った。クロアチアは、ハンガリー王国の共通の費用のうち、固定した割合を支払った、そしてクロアチア州議会は、四〇人の代議員をハンガリー議会に選出した。彼らはクロアチア語で話す権利を与えられ、「大ハンガリー」の問題が討議されるときにのみ参加した。そこには一点だけ明らかな誤りがあった。クロアチア人はリエカ〔イタリア名、フィウメ〕を要求した、ハンガリー人はそれが自由都市であると主張した。クロアチアが頑張ったので、ハンガリー人はトランプ詐欺師のようなトリックでリエカを取った。つまり妥協が提案されてフランツ・ヨーゼフ皇帝に認めてもらおうとしたときに、協定には達することができないというクロアチアの声明の上に、ハンガリー人は、彼らのマジャール語の文をクロアチア語訳したものを貼り付けたのである。この交渉にはもっと深い裂け目があった。一八六六年にハンガリーは近代的憲法を持った。だがクロアチアは欠陥だらけの伝統的な憲法だけであった。そしてその上、フランツ・ヨーゼフ皇帝がハンガリーの国内問題に関わるのを放棄しているので、クロアチアは、もはやウィーンをブダペストに反目させることができなかった。財政はブダペストで決められた。そして当惑しているクロアチアのジェントリー〔=小地主〕は、共通費用問題で彼らが会合するよう求められたのだが、それが、「大ハンガリー」〔=つまりクロアチアも含む〕の費用なのか、または彼らが関与しないハンガリー固有の費用であるのかどうか、決定することができなかった。そこには責任ある省庁がなかった。クロアチアの総督はこれまで皇帝に任命されていたが、今度はハンガリーの官庁に任命され、かつ辞職させられた。そしてクロアチア州議会は、伝統的な機能を持っただけで、反対しても不平を言っても不毛であった。ウィーンと連絡することは禁止された。そして〔クロアチアの〕総督でさえ、ブダペストのクロアチア担当大臣を通じてのみ皇帝と連絡が取れた。実際、ハンガリーにおける諸民族と同じように、クロアチア人はマジャール人の善意に依存していた。

ハンガリーでは〔一八四八年革命のときの〕「三月法」へ復帰することができた。オーストリアでは二月勅令はドイツ人にとってさえも役に立つものではなかった。〔帝国大臣〕ボイストは、ドイツ人に会う用意があった。ザクセン首相として憲法の主役としての長い経験を持った彼は、自由派へ譲歩しても、議会が行政を支配することにならないかぎり、現実権力を動かすことにはならないことを知っていたし、これらの自由派的な譲歩はドイツ人自由派の要求するすべてであることを知っていた。自由派は、国家から個人を守ることが自由主義の義務であると思ったし、大衆が支配する国家、とくに自分たちが支配する国家を想像することはできなかった。ドイツでのように、国家はまだ遠いもの、オープリッヒカイトつまり「権威」であった。偉大な国家を操縦する責任を引き受けることは、その考えに慣れて成長した世襲的王朝または世襲的支配階級を除けば、誰にとっても空恐ろしい展望であった。イギリスでは、イギリスの土地所有階級と商業階級が冒険をしようとする以前に、ほとんど三〇〇年（およそエリザベス(5)の治世の初めからジョージ三世の治世(6)の終りまで）が経過した。フランスではブルジョワジーが、大革命の後、あらゆることをして失敗して、第三共和制(7)で責任を引き受けるのが逃れられなくなるまでは、責任を避けるためのあらゆる種類の絶望的な手段、つまり帝国、復活した君主制、疑似君主制、疑似帝国(8)に頼った。そしてそれでさえ真の支配階級が居なかったことによって滅びたのである。オーストリアでは、ドイツでと同じく、王朝は投げ捨てられなかった。そして権力を放棄する意図もなかった。そして自由派は、二月勅令の注解として付け加わった一連の「立憲的法律」で満足した。

これらの立憲的法律は、今度でさえ、二月勅令を転換して責任政府の体系へと作り上げなかった。こうして緊急の場合には帝国の専制政治を復活させるために、道が空けて残された。さらに、この諸法律はハンガリーか帝国ドイツにおけるよりももっと本当に個人の解放の体系を作った。そこには法の前の平等、市民的結婚、表現の自由、移動の自由があった。一八五五年の宗教協約は取り消された。国家のローマ・カトリック教会への支配が再び確立し、教育がまた聖職者の支配から解放された。均衡予算と三〇年以上も安定する通貨がつくられた。メッテルニヒの官憲国家はまだ存在していた(その点では、フランスが第三共和制でさえも「官憲国家」であったように)、だがそれは公衆の批判にさらされて、市民的行動をとるように制限された官憲国家であった。一八六七年以降のオーストリア市民は、ドイツよりももっと市民として保証され、フランスやイタリアよりももっと正直で有能な役人に支配された。事実、オーストリア市民は、国家が民族を励ましていないことを除けば、うらやましい存在であった。そして王朝はこれに代る「使命」を見つけられなかった。ドイツ人自由派は、国内問題でさえも、一定の自由主義を試みた、そして学校や役所で、かなり曖昧だが言語の平等を主張した。憲法の条項は、曖昧さを残していて将来に論争されるはずであった。なぜならばそれは、「州の言語」と「州で使う言語」との両方について書いていたからである。チェコ人は、チェコ語とドイツ語がボヘミアの二つの「州の言語」であり、それゆえチェコ語はボヘミア中で学校と公用で使ってよいと主張した。ドイツ人は、もっぱらドイツ人のいる地域ではチェコ語が「州で使われる言語」ではないと答えた。ボヘミア議会では、ドイツ人多数派は、帝国議会の自由派の指導者でもあったが、第二の義務的な「州の言語」〔=チェコ語〕を教えるのを禁止する布告を可決した。彼らは、すべてのチェコ人がドイツ語を学ぼうとしていることを知っており、自分たちを守って、チェコ語を学ぶ必要がないようにしようと願った。さらにこれらのトリックにもかかわらず、オーストリアは、初めからハンガリーよりももっと自由な民族政策の体系を持っていて、その後数年間、諸民族にますます発展の機会を与えたのである。

一八六七年に自由派が憲法を作成するときの最悪の欠点は、選挙の幾何学の体制を改良できなかったことであった。ドイツ人自由派は、都市の選挙権を拡張する試みさえしなかった。都市はドイツ人的なのだから、さらにドイツ人多数派を選出するはずであった。帝国議会の自由派は、当時の言葉でいえば、「国家という馬車の御者席によじ登る」のに熱心であった。そして彼らが手綱を握ることを許されないことに注意を払わなかった。〔帝国大臣〕ボイストが最も誇る行為は、一八六八年一月のいわゆる議会主義的政庁の任命であった。これは真の責任政庁ではなかったが、そこから一政党の指導者が首相に任命され、それから彼の閣僚を選んだ。大臣たちは、ボイストの助言でフランツ・ヨーゼフ皇帝によって選ばれた。そして彼らは政党としてではなく個人として選ばれた。この内閣は、共通の綱領がなく、共通の責任がなかった。大臣たちはお互いに対して陰謀を企て、その一人は、法相ヘルプストについてこう言った。「彼はわれわれすべてを批判する、そして彼は、同じく法相を攻撃できないことを絶えず残念がっている。」この「ブルジョワ内閣」は、「伯爵たちの内閣」の後だったので、自由派の勝利に見えた。しかしバッハ〔元内相〕と彼の多くの仲間も、低い身分の出身であったのである。決定権は、皇帝と彼の信頼する数人の大臣にあった。そしてほとんどの大臣は行政部の長にすぎなかった。政治的問題はいまや、制限なしで議論され、ドイツ系オーストリア人はとにかく自分が自由だと感じた。だが実際は、昔は自由派だったというドイツ人中間階級の役人が支配するバッハ体制へ復帰したことと少ししか変らなかった。ただこれらの役人がもはや大衆に仕えたり、あるいは高官の意見に従うことが必要でなくなっただけである。建て前ではオーストリア＝ハンガリーは、二つの立憲国家の共同統治となった。一つはドイツ人に、他はマジャール人の主導性に基礎をおいた。この立憲的装いの背後で、ハプスブルク帝国が残っていた。この帝国では、実際に支配者〔＝フランツ・ヨーゼフ皇帝〕が国内問題にたいする直接の支配権を一部譲り渡していた、しかし支配者がまだ最高権力を執行していた、そして多くの未解決の問題があったので、この権力を維持するために支配者は、無制限の余地を持って策略を行なっていたのである。

（原注1）ボヘミアとモラヴィアにはチェコ人保守派の多数派がおり、クラインはスロヴェニア人多数派がおり、ガリチアはポーランド人多数派、ティロルはドイツ人保守派の多数派がいた。選挙の幾何学でさえ、クラインのスロヴェニア人多数派を覆せなかった、そこではスロヴェニア人が人口の九八％であり、そして州議会は改めて解散された。選挙の幾何学は、ガリチアでも役に立たなかった。そしてポーランド人は特別な位置という約束を果してもらった。

（原注2）法的には、「オーストリア帝国」は、まだ全体を意味していた。そしてオーストリア＝ハンガリー帝国は、イギリス的になぞらえれば、「イングランド‐スコットランド」ではなく、「グレート・ブリテン‐スコットランド」である。そして「共通君主制」は、「帝国」という言葉が嫌われたため、それを避けようとしたハンガリー人の工夫である。非ハンガリー諸国には名前がなかった。それらは、「帝国の他の半分」、つまり厳密にいえば「帝国議会に代表される諸国」であった。それらは、ゆるやかに「オーストリア」と呼ばれた。それは一九一五年まで正式ではなかったが、これから、私はこの便利ないい方を用いよう。

（原注3）第三の共通の大臣、大蔵大臣は、重要な機能を持たなかった。彼は、オーストリアとハンガリーの蔵相たちにたいして共通君主制の経費を与えることができただけであって、そのためにはそれに必要な課税を行なわなければならなかった。〔大蔵大臣として〕任用されないときは、その者は、帝国の半端仕事に移された。例えば彼は、一八七八年にボスニアとヘルツェゴヴィナが占領されたと

き、両国の担当にあてられた。
(1) ドイツ国民議会があった。
(2) オーストリアとハンガリーが、二重に、つまり相対的に独自に統治する帝国。
(3) ハンガリーがハプスブルク帝国の中で独自の独立国家を作りたいということ。
(4) 交渉は一〇年ごとに行なわれる規定になっていた。
(5) エリザベス一世〔在位一五五八～一六〇三年〕。
(6) ジョージ三世〔在位一七六〇～一八二〇年〕。
(7) 一八七一年〔ナポレオン三世の没落〕から一九四〇年〔ヒトラーの占領〕まで。
(8) ナポレオン一世の帝国、ルイ一八世とシャルル一〇世のブルボン王朝、ルイ・フィリップのブルボン＝オルレアン王朝、ナポレオン三世の第二帝政。

第十二章　自由派の凋落、オーストリアにおけるドイツ人の優勢、一八六七〜七九年

二重帝国は一連の政治的方策の後に続いたものだが、二重帝国は最後の方策ではなかった。フランツ・ヨーゼフ皇帝は、プロイセンに対する報復戦争に必要な序曲として、急いで二重帝国を受け入れたのであった。そして皇帝は、そうするやいなやその交渉を悔んだ。彼の憤慨は、ドイツ人に対するよりもマジャール人に対してはより少なかった。マジャール人の成功は、かなり大きかったが、それは皇帝の目の前で勃発したのではなかった。ブダペストは四時間離れていた、そしてマジャール人の大臣たちは、自由派だったが、貴族であり、宮廷に親しい人びとであった。〔一方、ウィーンにある〕帝国議会は、かつてのように力はなかったが、皇帝がホーフブルク〔＝ウィーンの宮廷〕を離れる時はいつでも、皇帝の注意を引き付けた。そして自由派の大臣たちは、皆お追従屋で、反聖職者的な見解を持つ、中間階級の衒学的な法律家たちであった。その結果として、無害で忠誠心があったが、ドイツ人自由派の支配は、常に脅かされ、一〇年間続いただけであった。マジャー

ル人の主導性は、それが帝国を運命づけてしまうまで妨げられないでいた。一層重要なことがあった。ドイツ人の支配は、オーストリアの他の民族とくにチェコ人を、ドイツ人に反目させることによって、緩和されあるいは倒すことができた。またチェコ人とドイツ人が和解したときだけ、〔オーストリアと〕ハンガリーとの調停には、挑戦することができた。そしてオーストリアの諸民族同士が本当に一致すれば、マジャール人を弱体化するであろうが、皇帝の至高権をも危険にしたであろう。マジャール人に主導性を与えておくことは、フランツ・ヨーゼフ皇帝が、対外問題でも国内問題でも、彼自身の権力を維持しておくのに払いたい代償であった。そしてこのマジャール人の主導性がハプスブルク帝国を破壊したのだから、フランツ・ヨーゼフ皇帝は、彼自身を破滅させた仕掛け人なのであった。

一八六八年に、ブルジョワ政庁が創設された後、帝国の政策にとってさし当たり必要なことは、チェコ人を実際政治に取り戻して、ドイツ人に反目させることであった。チェコ人指導者は、〔元の国家大臣〕シュメアリングの選挙の幾何学が復活したので、絶望に陥っていた。彼らはオーストリアがドイツ人の強国として続くときの災厄を恐れていた。だが、たとえオーストリアがドイツから排除されたとしても、彼らは災厄に遭った。チェコ人の主要な指導者リーゲル〔一八一八〜一九〇三年〕は、粗野な路線を採った、つまりロシアで汎スラヴ主義を語り、「母なる町モスクワ」と言った。ロシアのツァー制度は、このとき、ハプスブルク帝国を瓦解させるつもりもなければ、また実際壊せなかった。その上、リーゲルの唯一の同盟者であるボヘミアの貴族は、汎スラヴ主義のために〔リーゲルから〕離れた。一八六八年に、チェコの知識人とボヘミアの貴族は、その同盟を更新した。汎スラヴ主義は捨てられ、その政治的要求は〔ハンガリーの政治家〕デアークのモデルによって定式化された。帝国議会から脱けた八〇名のボヘミア人は、彼らの目的を宣言した。つまり彼らは、ボヘミアのチェコ人の平等な民族的権利と選挙制度の改革を求めた。彼らは、聖ヴァーツラフの諸国の統一をも、そしてハンガリーが獲得したのと同じこの「大ボヘミア」の独立をも要求した。チェコ人指導者たちはハンガリーの例によってうっとりとした。彼らは、マジャール人が歴史的権利と関連させることによって民族的自由を達成したと、大変正しく見たし、チェコ人の民族的自由を達成する道は、ボヘミアの歴史的権利を要求することだと思った。だがチェコ人指導者たちは、ハンガリーの歴史的権利が現実的であり、ボヘミアの歴史的権利が想像上のものだということを見なかった、またそれらを要求するときに、チェコ人は新たな武器を取るのではなく、新たな負担を引き受ける、ということを見なかった。さらに、彼らの求めた代償は大き過ぎたのだが、その宣言をしたことによって、彼らは政治的な取り引きの場に押し戻された。

この〔チェコ人の〕宣言は、首相代理であるターフェ〔一八三三～九五年、ボヘミア貴族〕によって一部分、推し進められた。シュメアリングがレヒベルクに責任を負わされたように、ブルジョワの大臣たちは、ターフェに責任を負わされた。ターフェ首相は、真の「皇帝の家来」であり、アイルランド出身の貴族であったが、当時は彼の領地がティロルにあるという意味でドイツ人であった。アイルランド的な巧妙さで、ターフェは、ドイツ人自由派とチェコの知識人の両方に自分を合わせることができ、皇帝自身と同じく、彼らとうまくやっていった。彼は知的な関心はなかったが、如才なく慎重であった。ターフェは、自分の階級の欠点を持っていた、つまり解決を与えるために、精力よりもむしろ時間に頼った。彼は自分自身の能力を含めてすべてを疑った。ターフェは巧妙にもオーストリアの諸民族を和解させるつもりであったが、その諸民族が帝国政府に参加するのに適しているとは、一瞬たりとも信じていなかった。ドイツ人の独断を持たないターフェは、民族的平等の体制のために働くつもりであった。他方で、ボヘミアに領地を持たないので、彼は、ボヘミアの「歴史的」権利というつまらない保守主義を逃れたし、連邦主義には同情しなかった。ターフェの実際目的は、チェコ人がボヘミアで公正な扱いを受ける代りに、帝国議会に出席してオーストリアの統一を認めるべきだということであった。そしてこの目的は、ドイツ人の大臣たちには受け入れられるものであり、彼らは、何年かの災厄の後なので、オーストリアの統一を承認するためにかなりの犠牲を払うつもりでもあった。

だがこの〔ターフェの〕申し出は、チェコ人政治家たちによって拒絶された。追随者を持たない指導者たちであったが、彼らは貴族との同盟を放棄しようとしなかった。ハンガリーの諸民族とは違って、チェコ人政治家は、寛容な取り扱い以上のことを求めた。彼らは、マジャール人がハンガリー人であるように、チェコ人がボヘミア人であると主張した。だから実際、彼らチェコ人政治家は、チェコ人とドイツ人の両方の中にいた。彼らは、自分たちを復活させた歴史に結びついていたし、オーストリアの少数民族ではなく、ボヘミアの「国民」であることを要求した。これはチェコ人とドイツ人との単純な衝突ではなかった。それは、歴史的なボヘミア王国と、ボヘミアを含む同じ歴史的な「ドイツ国民の神聖ローマ帝国」との間の不一致であった。チェコ人は、ボヘミアでの少数者の権利にはもう満足することができなかった。ドイツ人がボヘミアを帝国の一部、あるいはとにかくオーストリアというドイツ国家の一部として見なすことになれていたのと違って、チェコ人は彼ら自身の国家としてボヘミアを要求した、もっとも後年〔＝第一次大戦後〕はチェコスロヴァキアの少数民族の権利で満足することになった。それ以上にチェコ人の代弁者は、自分たち以外は少ししか代弁しなかった。だから、官僚制の中で職を熱心に求める大勢の追随する民族主義者は、彼らを支えなかった。それゆえ公職の割当て、つまり実際的な民族主義の闘争点には、ほとんど彼らは関わらなかった。実際、彼らがもしボヘミア王国を創り上げたならば、それを管理することができるチェコ人はこの時いなかったであろう。いつものように、民族運動は大衆的支持が少なく、それだけにその要求は極端であった。その一世代後に、実際に意識あるチェコ民族が出たとき、ボヘミア王国の歴史的権利は、その政治的存在としては取るに足らなかったし、そのとき、官職に雇用されることはもっと重要となった。とりわけ、一八六八年に、自分たちの弱さを意識したチェコ人は、ドイツ人の善意に信頼を寄せなかった。帝国の大臣としてドイツ人自由派は、宥和的に見えた。だがボヘミア州議会の議員として、この同じドイツ人は、チェコ人を侮辱して扱い、その人工的多数に酔った、そして彼らは、チェコ人が立ち上がるときはいつでも一団となって壁ぎわまで引き下がった。ドイツ人は皆、つまり一八四八年のフランクフルト〔国民〕議会の自由派からヒトラーまで、心の中ではボヘミアをドイツの保護国と見なした。これを避けるために、チェコ人はハプスブルク皇帝の保護を求めてもよかった。だが彼らはドイツ人と手を結ぶつもりはなく、皇帝に立憲政府を課する気はなかった。

一八六八年の諸交渉は何にもならなかった。〔チェコ人の政治家〕リーゲルは再び絶望し、無駄なことだったが、ナポレオン三世に助けを求めた。だがナポレオン三世自身、ハプスブルク帝国からの援助を死に物狂いで必要としていた。ドイツ人の大臣たちは、余儀ないと思えたが、一八七〇年の初めに、帝国議会の直接選挙を選挙区民に与えることによって、チェコ人が帝国議会をボイコットしているのをやめさせようと提案した。これによって、一層和解しようという首相代理ターフェの望みが終り、彼は辞職した。ちょうどそれが成功した瞬間に、〔外相、帝国大臣〕ボイストが外交政策で失敗したので、ドイツ人自由派は滅びた。ボイストは、プロイセンに対抗してヨーロッパの連合を作りあげようと狙っていた。ナポレオン三世とフランツ・ヨーゼフ皇帝はザルツブルクで会見した。ボイストは、ローマ問題についてイタリアとフランスを仲介しようと試みた。そしてオーストリアは、ドイツの印象をよくするために、ドイツ国家として誇示された。これは不毛な見せかけであった。ボイストは、プロイセンに対抗するドイツ人の支持を求めた。しかしドイツ人の自由主義にとって最も大切なものは、ドイツの統一であった、そしてそれは、プロイセンによって達成されようとしていたのである。だがオーストリアのドイツ人は、その見せかけに参加する用意があった。それがオーストリアでの彼らの特権を保証したからであり、そのうえ、一八六六年に〔普墺戦争の敗北で〕破られていたドイツとの結合を回復したいと思っていたのである。ボイストは、オーストリアの外にいるドイツ人に向かって、魅力的なものを差し出さなかった。彼は、自分の個人的な虚栄心を満足させるために、彼ら〔＝オーストリアの外のドイツ人〕自身が民族の敵〔＝オーストリア〕と同盟すべきだと提案したのであった。

フランス‐オーストリア同盟はしかし、ローマ問題〔＝ナポレオン三世が教皇を守るためにローマに軍隊を送った事件〕で難破した。オーストリアの将軍たちは、もしもイタリアの攻撃から安全でないならば、プロイセンに反対する新しい戦争に向かおうとはしなかった。イタリアは、フランス軍がローマから撤退しないならば、同盟に入ろうとしなかった。ナポレオン三世は法王の保護を捨てることはできなかった、それは彼の威信の最後に残った点であった。ザクセン出身のプロテスタントである〔外相、帝国大臣〕ボイストは、教皇権を放棄することにためらいがなかった。だがハプスブルク家にはカトリックにたいして根深い忠誠心があったので、それが彼の手を縛った。そして反宗教改革の伝統のために、王朝がそのドイツ的な地位を回復する最後の機会を失った。〔フランスとオーストリアの〕交渉は一八六九年中引き続いた。友情の宣言がなされた、そしてビスマルクに印象づけようという無駄な試みであったが、軍事使節が行き来した。何も決まらなかった、そしてフランス‐プロイセン戦争が一八七〇年七月に勃発したとき、フランスとオーストリアは同盟していなかった。もしプロイセンが勝てば、ボイストはビスマルクにたいして彼の恨みをはらそうとしなかったであろうし、彼はイチかバチか戦争をやってみるつもりであった。だが彼は支持を受けなかった。将軍たちは敗北を恐れたし、ドイツ人の大臣たちは、オーストリアがドイツから排除されるにもかかわらずビスマルクに熱狂した。そしてハンガリーの首相アンドラーシは戦争に抵抗した。つまり戦争は、一八六六年の決定を取り消すにちがいないし、だからその結果である一八六七年の妥協を壊すことになり、あるいはオーストリアがもう一度敗北するにちがいないからである。ドイツ人とマジャール人は、もしボイストがヨーロッパ連合を作ることができたとしたら、踏みにじられたはずであろう。事実はそうでなかったので、ボイストは自分の任用条件を満たさないことになった。結局、小さなドイツの一国家〔ザクセン〕の首相として長年勤めて駄目になっていた、虚栄心の強い、表面だけの外交官〔ボイスト〕を、ビスマルクに勝利する好敵手だと思うことは、期待のしすぎであったのである。オーストリア＝ハンガリーは中立に留まっていた。そしてビスマルクのドイツをヨーロッパの支配的な強国として受け入れた。ボヘミア州議会だけが、フランスに同情を表明し、アルザス・ロレーヌの併合に反対して抗議した。この姿勢は道徳的な支持だったが、フランスに有益であるよりも、むしろドイツ人にたいする挑戦であった。これに対して、同じく無駄であったが、一九三八年にフランスが同情の表明をして恩返しをした。(2)

ひとたび〔プロイセンへの〕報復政策が放棄されると、フランツ・ヨーゼフ皇帝は、もはやドイツ自由派に関わらなかった。事実、彼は、ハンガリーとの妥協に挑戦さえもできなかった。一八七〇年の秋、彼はもう一度ターフェを用いた。ターフェの和解の試みは、チェコ人とドイツ人両方で失敗した。チェコ人は完全な勝利が見えていると信じた。ドイツ人は、彼らの代りに置き換えられた人物〔＝ターフェ〕とは交渉しようとしなかった。フランツ・ヨーゼフ皇帝がドイツ人自由派を再び採用しようとしなかったので、残されたのはたった二つの選択だけであった、つまり〔一つは、〕まだシュメアリングに指導された教条的なオーストリアの中央集権主義者であり、〔二つは、〕ベルクレディを最後の代表者にした連邦主義の貴族であった。マジャール人は、シュメアリングをオーストリアの首相として決して認めないと主張した。このようにハンガリー人がオーストリア問題に干渉したので、フランツ・ヨーゼフ皇帝はより一層決心して、ボヘミアの権利を認め、それゆえハンガリーのユニークな地位を奪おうという内閣を任命した。一八七一年の二月に、「諸党派の上に立つ内閣」が発足した。その綱領は連邦主義であり、だが――自由派の反対にもかかわらず――閣僚は主にドイツ人であった。首相ホーエンヴァルトは、ドイツ人貴族であり、連邦主義が帝国を強化するだろうと信じた。その内閣の知的指導者は、商相シェフレであり、貴族でさえもなかったドイツ人であった。シェフレは、バーデン出身の急進派で、一八四八年の真の理想を抱く、数少ないドイツ人の一人で、〔革命が〕敗北した時代にも理想を抱いていた。急進派でプロテスタントであったが、彼は、ウィーン大学の政治経済学の教授になり、レッセ・フェール〔＝自由競争経済〕全盛時〔なの〕に社会福祉の経済学を教えた。彼のドイツ愛国主義は、プロイセン軍隊を尊敬することではなく、精神的な伝統に捧げられた。彼は、もし帝国で人種的支配を無くせるなら、この〔精神的な〕伝統がハプスブルク帝国で復活するはずだと信じた。シェフレは、諸民族の階級区分を把握したほとんど初めての人であった。そして彼は、自由主義にたいする、同時にドイツ人の独占にたいする武器として、普通選挙権を主張した。理想主義者として自信が無制限にあったシェフレは、ドイツ人が彼らの特権的な地位の喪失を静かに受け入れ、また普通選挙権がオーストリアをあまねく満足させるし、そのためにマジャール人の主導権にも挑戦できるであろうと、信じた。普通選挙権はフランツ・ヨーゼフ皇帝にはあまりに大胆な説であった。だからシェフレは、選挙権の少しばかりの拡大で満足しなければならなかった。だがそれは、チェコ人がボヘミア州議会を支配するのには十分であった。さらに、シェフレの考え〔＝普通選挙権〕は、心の動きが緩慢なフランツ・ヨーゼフ皇帝に根づいた。そして三五年後に、予期しなかったが〔普通選挙権が〕実現されることになるのであった。

ホーエンヴァルト＝シェフレ政府の主な目的はボヘミアと妥協することであった。〔一八六七年にハンガリーとの間で行なったのと同じ妥協を、ボヘミアとの間で行なおうとした。〕そしてチェコ人指導者は、その〔妥協の〕瞬間がやってきて、〔ハンガリーの〕デアークとアンドラーシの成功を繰り返すと思った。彼らは、ボヘミアのドイツ人少数派に寛大な条件を与える用意があった。そして公職に就こうと望んでいる学歴のある階級がいなかったので、マジャール人とちがって、彼らの約束を守ろうとした。(原注1) チェコ人指導者たちの目的は、ハンガリーが持っているようなあらゆる権利と自分の政府とを備えたボヘミア王国の復活に、集中していた。聖ヴァーツラフの諸国〔＝チェコ〕の統一は、トランシルヴァニアとクロアチアがブダペストの下に置かれていたように、モラヴィアとシュレジアをプラハの下に置くことによって回復されるはずであった。だがこれらは表面上は類似していたにもかかわらず、そこには基本的な相違があった。トランシルヴァニアとクロアチアがマジャール人に反対して立ち上がろうとしたように、モラヴィアとシュレジアはともにチェコ人の計画に抵抗した。マジャール人は、帝国軍隊が引き上げるやいなや、彼らの力で、トランシルヴァニアとさらにクロアチアさえ従属させた。チェコ人はモラヴィアとシュレジアとを滅ぼすためには、帝国軍隊が必要であった。それ以上に、王朝の全く別の仕事は、ルーマニア人またはスロヴァキア人を見捨てることであった。王朝にとってもう一つの全く別の仕事は、少数派だがモラヴィアを所有し、かつシュレジアでは多数派となっているドイツ人を弾圧することであった。というのは、この民族〔＝ドイツ人〕は、役人、資本家、知識人を、全帝国に供給し、首都と、さらにある意味では皇帝を扶養したからである。そのうえチェコ人自身は、ボヘミア王国がハンガリー王国と同じ重さは持ちえないと、「彼らの基本法[3]」で述べていた。ボヘミア、ハンガリー、「オーストリア」という三国主義、つまり〔チェコ人のボヘミアが〕畏縮して名もない「帝国の第三番手」になると提案する代りに、チェコ人は帝国の全領土にわたる連邦主義体制を提案した。それは、ハンガリーを除き、「諸州からの代議員の会議」に転形した帝国議会をもつものだった。二重帝国は、オーストリアの代議員団が諸州議会で直接に選出されることを除けば、残存することになった。チェコ人は、マリア・テレジアが作った統一国家が分裂することを現実に想像することはできなかった。その上、彼らはドイツ的諸州では保守派の貴族と同盟していた。だが、連邦主義は、パラツキーがクレムジール〔議会〕で見ていたように、新しく民族的区分を作り上げなければ、民族的な意味はなかった。この〔連邦主義の〕考えは、保守的な貴族には全体として受け入れられなかったし、それは「歴史的」ボヘミアの破滅を意味し、同様にチェコ人自身にも嫌なことであった。

連邦制がなくても、また「大ボヘミア」の復活がなくても、〔チェコ人の〕基本法は、ドイツ人の抵抗を呼び起こした。シュメアリングの蔵相、兄プレナーは、ドイツ人の地位をこう表明した、「ボヘミアのチェコ人の願いは、ドイツ人に死刑判決を与えることである。ドイツ人はボヘミアでは少数派なので、中央議会によって、他の州のドイツ人と一つの全体をなすことを願うし、また願わざるをえない……われわれは、ポーランド人のためにルテニア人〔＝小ロシア人〕を犠牲にし、マジャール人のために、スラヴ人、ルーマニア人を犠牲にできた、なぜなら、ルテニア人とスロヴァキア人は、ポーランド化あるいはマジャール化することができた、しかしドイツ人はチェコ化されえない。」(4) ここに言われているボヘミアのドイツ人にとっての危険は、後年オーストリア政治の普通の特徴となるはずのものを生みだした。つまりウィーンの街頭での暴動である。宮廷と議会の術策を理解しただけのホーエンヴァルト〔首相〕と、書斎の理想主義者シェフレ〔商相〕は、どうやって事を進めるかに困惑していた。

これは〔ハンガリー首相〕アンドラーシのチャンスであった。彼は、ボヘミアでの調停が、帝国におけるハンガリーの優勢を破壊し、ハンガリーの内部でさえマジャール人の支配を揺るがすであろうと、いつも悟っていた。チェコ人が、帝国の国民の列に持ち上げられれば、彼らはもはやハンガリーでのスラヴ人の条件に無関心ではいないだろう。そしてチェコ人がマジャール人の至上権に対して攻撃すれば、帝国に忠実であり続けるドイツ人がそれを支持するであろう。他方、チェコ人との平等を拒否するドイツ人は、ハプスブルク帝国を壊そうと求めるであろう、そしてその不可避的な結果は、ハンガリーが大ドイツへ従属することであろう、それはもしロシアがそのスラヴ人の兄弟を救援に来なければの話であり、もしロシアが来たら、もっと悪くなりさえするであろう。〔アンドラーシはそう考えたのである。〕アンドラーシは、困難が必ず起こるであろうと確信して、遠隔の田舎の荘園に引退し、フランツ・ヨーゼフ皇帝のお呼びを待った。お呼びは来た。そしてアンドラーシがいやいやの素振りを見せてからウィーンに来たとき、競技にはもう勝っていた。アンドラーシは、ボヘミアの綱領を軽蔑して語り、そして諸州議会がオーストリア代議員団を選挙することと、郡会議がハンガリー代議員を選挙することとを比較した、つまり「歴史的」諸州を尊大に軽蔑したのであった。アンドラーシは、ホーエンヴァルト〔首相〕に言った、「貴方はボヘミアの国家の権利を大砲で承認するつもりですか？　もしそうでないなら、この政策を始めてはいけません。」ホーエンヴァルトはあえてそれに答えなかった。チェコ人には、〔ハンガリー政治家〕デアークが一八六五年に交渉したような、「交渉」の機会が与えられなかった。つまりホーエンヴァルトがより狭いボヘミアの自治を与えようと最初に申し出たのをチェコ人が拒否したとき、フランツ・ヨーゼフ皇帝は、忍耐心を失い、アンドラーシの反対論に屈したのである。〔こうしてチェコ人との〕交渉は決裂し、ホーエンヴァルト政権は辞職した、一八七一年一〇月にフランツ・ヨーゼフ皇帝は、〔政権を〕唯一の交代者であるドイツ自由派のブルジョワ内閣に戻した。

ホーエンヴァルト〔首相〕の政策は、二つの民族と新しく衝突するという犠牲を払って実行できただけであろう。そして二つの民族の反対が帝国を二〇年間弱めたのである。チェコ人は、まだ人数と統一と多大な富がなかった。彼らは、疑いなく、ボヘミア諸国の統一を主張していると誤解された。彼らの本当の失敗は、脅かしを用いるほど十分強力ではなかったことであった。脅かしはフランツ・ヨーゼフ皇帝が理解できる唯一の議論であった。だが、ドイツ人もまた、自分たちの強さによって官職に復帰していたのではなかった。彼らはマジャール人によってオーストリアに押し付けられていた。マジャール人は一八七一年の勝利者であった。マジャール人は、オーストリアにおける民族的衝突を永続化したし、こうして、対外的状況が変化して彼らの優位をかなり不必要にしたその瞬間に、彼ら自身の優勢を確保したのである。〔外相〕ボイストは失敗し、当時、辞任させられていた。彼の後を継いだ外相は、アンドラーシであった。アンドラーシは、亡命から帰って以来ずっと欲しがっていた地位をこうして手に入れた。アンドラーシは皇帝を外国政策へ向けさせた、だが外国政策といってもそこにはプラハの戴冠式か、または一八六七年の調停の改訂以上の話はなかったのである。(5)

新ブルジョワ政権〔＝首相はアドルフ・アウェルスペルク公〕は、フランツ・ヨーゼフ皇帝と、同じく〔新外相〕アンドラーシによって軽蔑されて認められていたものであるが、自由派的熱情をすべて失っていた。新政権は、立憲国家の統一を維持することで満足していた。シェフレ〔前商相〕の穏健な選挙改革によって、チェコ人はボヘミア州議会で多数派となった、そしてこれが今度は、帝国議会への議員の選出を拒否した。そこで一八七三年にこの政権は、帝国議会を地方の選挙人から直接選挙することにし、同時に、もっと立派な議会的外見を与えるために帝国議会の議員数を増やした。この変化によってチェコ人の棄権政策が無意味になった、そして青年チェコ派の一部はすでに、国家の諸権利を固苦しく要求することを非難し始めた。この新しい世代は、チェコ人の先駆者たちの歴史的熱狂には動かされず、官職という実際的条件のことを考えた。彼らは、和解的に取り扱われれば、統一国家の側に引き入れられていたかもしれなかっただろう。だがそうではなく、ドイツ人の大臣たちは、ボヘミアはドイツ人的性格の国なのだと主張し、ハンガリーがバッハの騎兵に支配されていたのとほとんど同じく、厳しく〔ボヘミア〕を支配した。

ドイツ人は一つの民族〔ポーランド人〕にたいしてだけ譲歩した。〔前外相〕ボイストは、すでにガリチアに行政的自治を約束していた。ハンガリーと調停するために多数派を作るという彼の戦術の一部としてである。そしてポーランド人は、とくにボヘミアと交渉している間は、他の民族に同じような自治を与えることに抵抗して、有名になっていた。一八七一年に、ポーランド人は褒美としてその一人がガリチア問題特別大臣になった。それ以来ポーランド人は、彼ら自身の州〔＝ガリチア〕の行政を管理し、彼らの代表をまた中央政府に持ったのである。ポーランド人は特権をうまく用いたので、帝国が没落する前に、ガリチアで多数派に転換することに成功した。ハンガリーでマジャール人が決してやらなかった芸当である。一八四六年にガリチアには二五〇万人の小ロシア人がいた、そして二〇〇万人のポーランド人がいた。一九一〇年に、帝国の最後の調査によると、四七五万人のポーランド人と三〇〇万人をちょっと越えるだけの小ロシア人がいた。これは、ハプスブルク帝国においてさえ、一つの「歴史的」民族の最も驚くべき成果であった。だがポーランド人は、ハンガリーのマジャール人よりも、無情にではなく、不正直にではなく、それを行なったのである。小ロシア人は、学校や新聞さえも許されていた。彼らには、合同東方カトリック教会の知的指導しかなかった。わずかな小ロシア人の知識人には、彼らがどの民族に属するかさえはっきりしていなかった。一時彼らは大ロシアによる解放を夢見た。後に彼らは、反ポーランド・反ロシアの計画、つまり独立「ウクライナ」の幻想にそそのかされた。そしてツァーリ政府が小ロシア人の感情をハプスブルク帝国に反対する武器として鼓舞するか、またツァーリ制度への危険としてそれを抑圧するかどうかを決められなかった、そのため小ロシア人は、ハンガリーのセルビア人かルーマニア人がセルビア・ルーマニア独立王国から引き出した着想、つまり国境の外からの着想を何も受け取らなかった。(原注3)

ガリチアでの特権的地位はポーランド人を際立たせた。ドイツ領ポーランドでは、ポーランド人が過酷なドイツ化に従属させられていたからであり、ロシア領ポーランドでは、そのロシア的性格によってもっと憎まれているツァーリズム絶対主義があったからである。ドイツとロシアから自分たちを守るために、ガリチアのポーランド人は、ハプスブルク帝国を温存することを望んだ。同時に彼らは、将来はちょっと想像できないにしても、ガリチアをポーランド国家の典型として見なし、ガリチアをただちに切り離せるような形でハプスブルク帝国を保とうと望んだ。ガリチアの総督で後の国家大臣ゴウホフスキはこう言った、[6]「われわれはポーランドの一部である、そして連邦的組織を作ることは、未来の行程に障害物を置くことであろう。」ポーランド人は、こうして最も忠誠心あるオーストリア人であり、(ガリチアに拡大しない限りで)強力な中央権力を利己的でなく主張する者であった。その間、彼らはドイツ人自由派と同盟し、スラヴ人が帝国議会をボイコットしたのをやめさせた。だがポーランド人は、(ドイツ人にとって)頼りにできない同盟者であった。彼らが忠誠なのは、皇帝に対してであって、ドイツ人にではなく、さらに自由主義にではなかった。そしてガリチアの特別な地位を危険にしないことがわかれば、皇帝の好むどんな体制の政府も支持するつもりであった。

ドイツ人の至上権に対する、さらにドイツ人の自信に対する最初の打撃は、一八七三年の経済恐慌から来た。それは一八五七年の経済恐慌がバッハ体制を揺るがしたのと同じく、オーストリアとドイツ、両方のドイツ自由主義を厳しく揺るがした。ドイツ自由主義は、レッセ・フェールの成功にその命運を賭けていた。ドイツ自由主義は、平和の条件と政府の干渉からの自由とが与えられれば、無限の繁栄の時代になるにちがいないと、確信をもって信じていた。一八七三年の崩壊〔＝恐慌〕によって、ドイツ人の経済的思想の、それゆえその政治思想の誤りが現われた。偉大なドイツ人中間階級は、もし経済的報酬を貰えなければ、ハンガリー人への屈従と皇帝への追従が無駄であったと感じた。ドイツ人の政治的指導者、資本家、資本家の連合は、財政スキャンダルで信用を失い、いつものように経済的楽天主義の崩壊がそれに続いた。他の諸民族、とくに勃興しているチェコ人資本家は、権力の外見を持っているドイツ人を非難した。レッセ・フェールは失敗した、そして一般的には王朝に責任が帰され、王朝だけがいつでも責任を負うのであった。一八七三年以後、ドイツ人上層中間階級は、その自由主義原理を背後に押し込み、資本家的利益を守ることに専念した。さらに、彼らはその利益の促進を国家に求めたので、国家権力にたいする不信を放棄したわけであった。国家への不信は今まで自由主義の最大原理であったのである。

オーストリアにおけるドイツ人の指導性はしかし、それが始まったときと同様に、外国問題での事件によって終った。〔帝国外相〕アンドラーシは、一八六七年に作られたオーストリア＝ハンガリーを守り、ヨーロッパ秩序をそれと調和させておこうと狙った。一八四八年にロシアと戦ったことがある彼は、ハプスブルク帝国が改造されたその時、メッテルニヒの政策に帰り、ロシアとドイツとの保守的な同盟を回復した。この同盟、つまり初めての三帝連盟は、メッテルニヒが一八一五年以後の急進主義の危険を見せびらかしたように、インターナショナル[7]の危険を見せびらかした。神聖同盟と同じように、三帝連盟は、近東でのロシアの消極政策に依存した。一八七五年にバルカン諸国で騒乱が起き、それはメッテルニヒの時代のギリシャの反乱よりもひどくて、ロシアは傍観することができなかった。東方問題が再び始まった。そしてこれによってハプスブルク帝国の存在は、トルコの存在自体とほとんど同じく、危険に陥った。アンドラーシはこれを知った。彼は一八六七年にこう言った、「もしトルコがないとすれば、これら〔民族主義〕の鼓舞は皆、われわれの頭上に落ちて来るであろう。……もし一つの新しい国家がそこで〔つまりバルカンで〕形成されれば、われわれは、破滅するし、『病人』の役割を演ずるにちがいない。」アンドラーシはロシアを中立にしておこうと努力しながら、トルコを改革しようと試みた。トルコ人は、ヨーロッパがそれに不賛成を表明しても影響されなかった。彼らは、〔ドイツ帝国宰相〕ビスマルクが近東問題からドイツを離しておこうとしていること、フランスが弱すぎて戦争を避ける以外はどんな対外政策も取れないことを、知っていた。イギリスでは首相ディズレーリ〔保守党政治家〕が、トルコに味方して荒々しく語った。オーストリア＝ハンガリーではマジャール人が、反スラヴ熱でロシアに反対して騒いだし、ブダペスト市は、一八七六年の戦争でセルビアを負かしたトルコの将軍に名誉の剣を贈った。事実トルコ人は、ロシアに対する戦争で、イギリスとオーストリア＝ハンガリーの支持を当てにした。この方向はアンドラーシには魅力がなかった。彼は、ロシア一国に対する戦争の傾向さえも恐れた。そして彼は同じく勝利を恐れた、勝利すればハプスブルクが自信を回復し、それゆえに一八六六年〔＝普墺戦争〕の敗北の結果〔＝二重帝国〕を取り消しにしてしまうからである。

ロシアがトルコを改革しようと決心し、こうして戦争が不可避となったので、〔帝国外相〕アンドラーシは次に、ロシアの狙いを穏健な限度内にして置こうとした。これが一八六七年のザークピー〔ドイツ名、ライヒシュタット〕協定の目的であった。ロシアは、一八五六年に失ったドナウ河沿いの帯状の領土である、ベッサラビア〔の取得〕で満足せねばならなかった。ロシアは、大規模な〔トルコ領土の〕分割を準備していた。もし、ロシアがコンスタンチノープルと黒海沿岸を取ることができたら、セル

オットー・フォン・ビスマルク

ビアと西バルカン諸国からサロニカまでの主導権をオーストリア=ハンガリーに与えるつもりだった。オーストリアにとって、〔ロシアによるこの〕領土分割は不可能であった。分割すれば、依然最も重要な経済的ルートであるドナウ河口と黒海からの出口とを、ロシアの支配下に置いてしまうであろう。分割すれば、トルコの抑圧に対して長い抵抗をしてきたためにもう統御できないスラヴ人を、オーストリアはしょい込むであろう。とりわけ、ドイツ系オーストリア人の資本のバルカン地方への進入、とくに、ベオグラードからコンスタンチノープルへ敷こうというオリエント鉄道は、トルコの統一に依存しており、トルコが分割されたら破滅するのであった。アンドラーシ〔外相〕は、メッテルニヒのように、ツァーの保守主義に依存しなければならなかった。これは彼が汎スラヴ主義に反対する唯一の手段であった。彼にはもう一つの方策があった。つまり一八七六年にビスマルクは、ドイツはオーストリア＝ハンガリーの破壊を許すことができないと、ツァーに通告した。だがこれさえも疑わしい方策であった。ビスマルクはトルコの分割に反対していなかったし、アンドラーシと違って、それをハプスブルク帝国の破壊と同じこととは見なしていなかった。

その結果オーストリア＝ハンガリーは、一八七七〜七八年の露土戦争を、中立を保って見つめていた。この注意深さにフランツ・ヨーゼフ皇帝は怒った、彼は将軍たち、最も近い顧問たちと共に、帝国権力を強く主張しようと望んだ。〔帝国外相〕アンドラーシは、状況は危ないと、しつこく主張した。この危機は一八七八年二月にやって来た。それは、ロシア軍が勝利したので不注意になったロシアが、トルコに汎スラヴ的な講和を命じたときであった。アンドラーシは、ロシアの条件には従おうとしなかった。他方で彼は、イギリスとの同盟を避けた、同盟すればイギリスは、ロシアが降伏して戦争を空虚な形式にしてしまうまで、アンドラーシに戦争を行なわせたであろう。ロシア軍は、一八七七年の奮闘で動揺し、大ヨーロッパ戦争にひるみ、その極端な条件を引っ込め、彼らの勝利の結果がベルリン会議で取り消しにされるのを許した。ベルリン協定によって、トルコと、かくしてオーストリア＝ハンガリーに、違った世代が存在するようになった。だが同協定は、トルコの強さにも、オーストリア＝ハンガリーの強さにも依存していなかった。ベルリン協定は、イギリスの権力と、多分ドイツの権力さえも、二つの倒れそうな帝国〔＝オーストリア＝ハンガリーとトルコ〕を支持するだろうという、ロシア人の信仰から生じた。両国とも、あらゆる不利益を持っているが、ヨーロッパの必要物であった。

一つの問題が残った。ボスニアとヘルツェゴヴィナは、一八七五年に反乱が始まったトルコの二州であるが、トルコの支配下には戻れなかった。ロシアは、オーストリア＝ハンガリーに領土分割の例を作るようそそのかして、いつもオーストリア＝ハンガリーに両州を押し付けた。この理由のために、〔帝国外相〕アンドラーシは、その申し出を避けようとしていた。他方、彼は、スラヴ人国家セルビアとの連合を、まだ作れなかった。ベルリン会議で、彼は不可能なことを企てた。大列強国は、この二つの州の責任を持つように、オーストリア＝ハンガリーを厳粛に説得した。この二州はオーストリア＝ハンガリーに管理されたが、トルコ帝国の一部として残った。そしてアンドラーシは、一世代以内に、両州を、改革されたトルコに戻すことができると、本当に思った。さらにトルコ領の一部、ノーヴィ・パザールのサンジャック地方が、オーストリア＝ハンガリーの駐屯兵を置きながら、トルコの管理下に留まった。これもまた、アンドラーシの計画であった。これは、トルコとオーストリア＝ハンガリーの運命がいまや結びついていることを表わしたと、彼は思った。

ボスニアとヘルツェゴヴィナは、併合されたことがなかった。だからこの二州は、オーストリアにもハンガリーにも含まれえなかった。その代りこの二州は、「共通君主制」の単なる領土を表わし、つまり統一帝国をかつて指導した大ハプスブルク帝国の最後の名残りとなった。この二つの州は、オーストリア・ハプスブルクの「白人の負担」であった。他のヨーロッパ列強が意図的にアフリカに植民地を探している間に、ハプスブルク帝国は、ボスニアとヘルツェゴヴィナにその余分な知的産物を輸出した、つまり行政官、道路建設者、考古学者、民族学者、さらに移民たちを送り出した。二つの州は、帝国支配の利益をみな受け取った。つまり重々しい公共建築物、占領軍のためのモデル兵舎、銀行、ホテル、カフェ、また、行政の中心地のため、そして行政官や軍の士官が帝国のつらい勤めを癒す田舎の保養地のための上水道である。だがオーストリア＝ハンガリーの実際の成果は、示されなかった。帝国が一九一八年に倒れたとき、人口の八〇％は、まだ字が書けなかった。ハプスブルクの行政官は、南スラヴ民族主義を恐れて、教育や自治の運動をいずれも妨げていた。カーレイは、二〇年以上もボスニアとヘルツェゴヴィナの行政を監督した共通蔵相であったが、彼自身が執筆した『セルビア史』の流布を禁止した。一つの「歴史的」民族〔＝マジャール人〕が他の民族に呼び掛けた、そしてマジャール人はとくに、二つの州でマホメット派〔＝イスラム教〕の主導権を好んだ、ところでそれは、三〇〇年前にマジャール民族をほとんど滅ぼした民族であった。マホメット派は、大土地所有者であった、だから、ハプスブルクの行政は、トルコ支配の最悪の特徴であった封建的土地保有の体制を温存した。公共建築でさえ、まがいのトルコ流の型であって、それは帝国の精神を本当に表わしていた。〔二つの州にいる〕キリスト教徒の多数派にとって、ただ一つの変化がおきた。つまり彼らは、彼らの支配者にたいしてもはや反乱を起こすことはできなかった。だからこのことは、ハプスブルク王朝の「使命」を終らせたのである。

ボスニアとヘルツェゴヴィナの獲得によって、ドイツ人の大臣たちの活動が終ることになった。彼らは、絶対主義の時代のクリミア戦争の間に絶対的であったように、外国問題から排除されるのを拒否していた、不安定で人工的な多数派であることがわかっていた彼らは、いかなるスラヴ人も帝国に加えることに抵抗した、そしてドイツ人の大臣たちは、実際に、代議員団では〔帝国外相〕アンドラーシの政策に反対投票をした、これは、フランツ・ヨーゼフ皇帝が行なった交渉を破壊したものであった。ドイツ人は、皇帝が自分で行なっていた外国問題に、干渉することを要求していた。そしてその上、皇帝の失敗の記録をぬりかえた一つの成功〔＝二州の併合〕を批判していた。フランツ・ヨーゼフ皇帝は、彼らとやって行かねばならないと決意した。そしてアンドラーシは、ドイツ人を職務につかせるのを助けたのだが、もちろん彼らを支援するつもりはなかった。ドイツ〔帝国〕で政治状況が変化したことが、また、ドイツ系オーストリア人に反対に作用した。〔ドイツ帝国宰相〕ビスマルクはまた、一八七八年の経過の中で自由派と縁を切り、新しく保守派の連合を作った。彼は増大するドイツ人感情の力を管理するのがますます困難になった。そして彼は、汎ドイツ主義の危険よりもハプスブルクへの忠誠心が復活するほうを好んだ。必然の展開によって、ビスマルクは、小ドイツの作り手であるが、チェコ人に好意のあるオーストリア政府の保護者になった。

ついに、一八七八年の諸事件で、〔帝国外相〕アンドラーシも破滅した。成功には限度があったが、彼が恐れたように、この成功は王朝の威信を回復した、そしてフランツ・ヨーゼフ皇帝は、アンドラーシがマジャール人の主導権の利益のために自分の希望を破るのを、拒否した。だが、とても馬鹿馬鹿しいのだが、マジャール人はアンドラーシの穏健さをも拒否した。アンドラーシは、辞職する前に、ハプスブルクの将来に一つのかなり決定的なもつれを与えた。一八七九年の一〇月に、彼はドイツとオーストリア＝ハンガリーとの同盟をビスマルクと締結し、こうしてハプスブルクの外国政策に、神聖同盟の崩壊以来欠けていたしっかりした基礎を与えた。オーストリア‐ドイツ同盟は、四〇年続き、それが壊れる前に、ヨーロッパの支配権のための戦争〔＝第一次大戦〕に仲間の国ぐにを引き込んだ。だが、戦争を準備することではなく妨げることを、ビスマルクは、そしてアンドラーシも計画したのだった。その唯一の具体的な文言では、ロシアに直接攻撃された場合に、ドイツがオーストリア＝ハンガリーを援助することが約束されていた。これはオーストリア＝ハンガリーがイギリスとフランスに支持を求めるのを妨げ、そして「クリミアの連合」を復活するのを妨げるために、ビスマルクが払える最小の代償であった。イギリスとフランスの支持を得たら、ハプスブルク帝国に「西欧的」性格を回復させ、そのドイツ的野望を復活させたにちがいない。そうしたらビスマルクのドイツは、孤立させられたか、唯一の仲間であるロシアと一緒に残されたかであろう。そうなったら惨めな選択であった。さらにこの代償は、穏健であった。一八七八年以後には、ロシアは、オーストリア＝ハンガリーとさえ戦争を行なう条件にはなかった。この〔オーストリア‐ドイツ〕同盟の現実の意義は、それが取り残したところにあった。つまりこの同盟は、ハプスブルクがバルカン諸国に野望をもっているのに対してはドイツの支持を約束していなかった。こうして「七千万人の帝国」〔＝ドイツ人の帝国〕は、ある程度ついに達成された。だが、その創設者が考えた形ではなかった。ブルック、シュヴァルツェンベルク、シュメアリングは、ハンガリーさえも含む大ドイツを意図した。ビスマルクとアンドラーシは、ドイツの不統一とハンガリーの独立を永続化したのである。「七千万人の帝国」は、南東ヨーロッパでドイツの主導権を促進するものであった。オーストリア－ドイツ同盟は、オーストリア＝ハンガリーをバルカン諸国での保守的な政策に縛りつけ、トルコ帝国を温存した。同盟は、ビスマルクの見解を表明した、「バルカン諸国は、一人のポンメルンの擲弾兵の骨に匹敵しない。」[8] それはまた、アンドラーシの最後の力作であった。ハンガリーは、その同盟を、ウィーンからベルリンに移した、つまりオーストリアのドイツ人から、〔ドイツ〕帝国のドイツ人に移した。彼らは、あまり無理強いをしない、もっと信頼できる仲間であった。オーストリアのドイツ人は、ドイツおよびハンガリーの両方によって捨てられた。彼らの政治的主導権は承認されなかったのである。フランツ・ヨーゼフ皇帝は、諸民族の均衡を保つことによって彼の権威を回復することができた。一八七九年六月の総選挙で、帝国の諸勢力はドイツ人に反対して投票し、ドイツ人自由派はその多数派を失った。一八七九年八月にターフェ首相になった。[9] オーストリアのドイツ人の主導権は終ったのである。

（原注1） チェコ語とドイツ語は、共に公用語になることができた。「補助言語」〔つまり第二の言語〕

は、有権者の五分の一をもつ言語であれば、どの自治体でも、またプラハで、合法的となりえた。これはドイツ人に有利であった。彼らはチェコ人より豊かなので、〔財産資格選挙権のために、〕しばしば有権者の五分の一の少数派を確保することができた。さらに、ドイツ人はプラハの有権者の五分の一ではなかった。州議会の三分の一は「ボヘミア人」（つまり、チェコ人）、四分の一がドイツ人であり、ここでもまた正当な彼らの数よりもっとドイツ人に有利な比率であった。

（原注2）これらの民族は自分たちを「ルーシン」と呼んでいる。この正式名は、ガリチアとハンガリーでは共に、「ルーテーン」であり、これはルーシンのラテン語である。後年、ロシア人と区別しようと試みられ、「ウクライナ」民族が発明されたのであった。ウクライナとは単に、国境のロシア人で、——〔イギリスの〕ウェールズとボーダー国境地方と等しいものである——ウクライナ人は国境の諸民族である。ロシア人は中央ロシア（「ルースキー」）の住民を、大ロシア人と呼び、国境の人びとを小ロシア人と呼ぶ。双方ともロシア人であり、イングランドのアングロ・サクソン人と低地地方スコットランドのアングロ・サクソン人が密接であるように、とにかく関係している。ガリチアの小ロシア人は大部分、合同東方カトリック教会（ローマ・カトリックと〔ギリシャ〕正教教会の混合物）に所属した。このことは確かに、彼らを大ロシア人とロシア正教の小ロシア人から区別した。だがそれはさらに、彼らをローマ・カトリックのポーランド人と区別した。

（原注3）ポーランド人が成功した理由は他にもあった。一八四六年の国勢調査は、ほとんどドイツ人である帝国の役人によって行なわれた。一九一〇年の調査はポーランド人によって行なわれた。一八四六年には、ポーランド人であると主張した人だけがポーランド人として数えられ、一九一〇年には、他の民族だと主張しなかった者は皆ポーランド人として数えられた。同様に、一九一〇年にはほとんどのユダヤ人はポーランド人として数えられた。これはごまかしというのではなく、ユダヤ人を「国

家の人民」の中に自由主義的に編入することではあった。

(1) 現在、ウィーンからブダペストへ鉄道でゆくと四時間かかる。

(2) ヒトラーがボヘミア〔=チェコ〕を占領したのに対して。

(3) 一八七一年にチェコ人のつくった要求書。オーストリア議会とは別個に、ボヘミア、モラヴィア、シュレジアに共通議会を置く、などの要求が含まれている。

(4) 西ウクライナ人の古称。

(5) オーストリアとハンガリーの妥協。

(6) 原文では「前」とある。

(7) 国際労働者協会、一八六四年創立。いわゆる第一インターナショナル。

(8) ドイツ北東部の一州。現在は、ポーランド領。

(9) エドゥアルト・ターフェ伯(一八三三―一八九五)。ティロルとアイルランド系の貴族。ウィーンうまれ。皇帝の学友でもあった。一八六八年、オーストリア側の首相、閣僚は、自由主義ブルジョア、多くはドイツ人。チェコとドイツ人の宥和をはかるが、ドイツ人の抵抗で失敗、一八七〇年辞職、一八七九年、第二次組閣。「鉄の輪」を作り、「言語令」を出す。内閣は一八九八年まで続く。

第十三章　ハプスブルクの復活、ターフェの時代、一八七九〜九三年

ターフェが任命されたことは、皇帝の政治的独立を回復した。ターフェはこう言って彼自身の地位をはっきりさせた、「余はいかなる政党にも属していない、そして政党の大臣ではない。余は王冠によって任命された大臣であり、もしこういう表現を用いてよいならば、皇帝大臣である。皇帝の意志は、余にとって決定的でなければならないし、そうであろう。」ターフェは諸民族を和解させようとねらった、「種々の民族のいずれも、決定的な支配権を獲得するべきではない。」その代り、諸民族はオーストリアの統一を受け入れるべきであり、その代表者たちは帝国議会に出席するべきことになった。党の多数派に従わないで、ターフェ首相は、「鉄の輪」という政府ブロックを作った。彼の最も単純な訴えは忠誠心にたいしてであった。政府を作れという皇帝の命にターフェが従ったように、良きオーストリア人はターフェを支持せよというのである。この訴えは大土地所有者とポーランド人になされた。彼らは、以前には支配的ドイツ人に味方していた。というのは、支

配的ドイツ人は帝国の望みと一致することしか政治的原理がなかったからである。もっとも、帝国の望みが彼らの社会的特権を脅かさないかぎりでであった。ターフェはまた、ドイツ人のローマ・カトリック農民に支持された。彼ら農民は、ドイツ人の中央集権主義と反教権主義を好まなかったからである。ターフェはさらにそれ以上の成果を上げた。つまり彼は、チェコ人を説得し、そしてチェコ人の指導に従うスロヴェニア人をも説得し、〔彼らの議員を〕帝国議会に選出させ、「鉄の輪」を大きくすることになったのである。

リーゲル〔チェコ人の政治家〕は、一八七一年〔=オーストリアとボヘミアとの妥協〕の失敗の後、彼の民族〔=チェコ人〕を〔帝国議会の〕ボイコット政策に留めておくのは、ますます困難になったとわかった。チェコ民族というものが現われようとしていた。チェコ人は、他の民族で最も偉大な人びとと比較して対抗できる作家と音楽家がいる文化を再び持った。(原注1)一八八一年に、チェコ人の国民劇場が大衆の寄付によって建てられ、独立したチェコ人の大学がプラハに作られた。新しいチェコ人の中間階級は、リーゲルの貴族の仲間に少ししか同情しなかったし、その「歴史的」綱領には何一つ同情しなかった。ボヘミアの貴族は官僚の支配を好まなかった、だからボヘミアの自治を要求した。新しいチェコ人の世代は、ドイツ人ではなくチェコ人の官僚に置き換えることを主に望んだ、だが、その代替を完成するためにウィーンに行く気はなかった。一八七八年にリーゲルは手早く退却した。彼は、フィッシュホフ〔ドイツ人自由派〕と妥協をする提案を仕上げた。フィッシユホフは、まだクレムジール〔議会〕の精神を信じた（実際にはユダヤ人の）数少ないドイツ人であった。この〔リーゲルとフィッシュホフとの〕「エンナースドルフの綱領」は、もはや選挙の幾何学ではない民族法と、二重帝国の修正を支持するために、チェコ人が帝国議会へ出席することを提案した。諸州はガリチア型の行政的自治を与えられるはずであった。つまりボヘミアがハンガリーとの平等を要求した時代以来の穏健な要求である。

ターフェ〔首相〕は、チェコ語の立場を変えた。つまり彼は、チェコ語とドイツ語を、ボヘミアの「対外業務」[原注2]の二つの言語にしたのである。その代りチェコ人は帝国議会に入ることに同意した。チェコ人はまた、国家という馬車の御者席の上によじ登って、ドイツ人を追い出すのを助けた。ボヘミアの歴史的権利は、ある声明で虚しい挨拶を貰っただけだった。これは、帝国の終るまで会議の開会ごとにチェコ人が行なったものであり、チェコ人がボヘミアへの帝国議会の権威を論難したという声明である。現実には、リーゲルは、統一オーストリア国家を受け入れ、「憲法に忠実な」党としてのドイツ人自由派にとって代った。一八八二年に、チェコ人は一層の報酬を受け取った。「五フロリンの人」、つまり教権主義のドイツ人農民、チェコの農民と店主に、選挙権を与えるために、選挙資格が低くされたのである。それ以降、チェコ人は、チェコ語を「対外業務」に入れる保証を貰おうとして、ターフェ首相を支持し続けた。

ターフェ〔首相〕とリーゲル〔チェコ人の政治家〕が提携したことは、立憲オーストリア

ターフェ

の統一にとっては大きな勝利であった。オーストリアを壊す代りに、諸民族はオーストリアの官僚制の中に職を得ようとして競い、中央政府に気に入られようとした。建て前では、ターフェは、衝突している民族の諸要求を最終的に調停しようと望んだ。実際には彼は、「不満が穏やかな均衡した国家の中に、全民族を繋いでおこう」と狙った。この奇妙な偽物の立憲体制の中で、ターフェは比類のない巧妙さを発揮した。政府の多数派は、ここに新しい学校を、あそこに新しい道路を、という行政的譲歩では統一していた。そして既存の政党指導者は、首相と交渉し、広い議事堂の廊下を尊大に急いで歩きながら、いかなる基本的変化も体制に押し付けるのをやめていた。調停の必要は忘れられていなかった。将来いつか民族的衝突が調停されるだろう、統一したオーストリアがハンガリーとの妥協を修正すると主張するだろう、と思われた。その間皇帝は満足し、ターフェ首相は満足し、政党指導者は満足した。その上、もしも協定が諸民族の間で達成されたならば、帝国議会は議会主義的政府を実現しよ

う と欲するであろうし、そうなったら皇帝大臣ターフェの終りがやって来るであろう。ときどきターフェは、チェコ人とドイツ人の指導者たちが協定に近づいているかどうかを見ようとして、打診した。ターフェは、彼らを推し進めようとは試みなかった。シュメアリングよりももっと正当性をもって、ターフェはまた待つことができた。メッテルニヒ以来の多くのオーストリアの政治家のように、ターフェは究極的な成功をあまり望まなかった。一〇年も経って起こる事には悩まないで、〔議会の〕会期が〔無事に〕終ることで十分であった。

だが、ターフェ首相の「何とかやって行く」体制は、オーストリアに安定を与え、そのような静けさはフランツ皇帝の時代以来享受したことがなかった。一〇年の間、苦しみは公共生活から去っていた。旧敵であった貴族と官僚は和解した。官僚はまだ管理するべき大国家を持っていた。ターフェは、官僚が貴族に好意的な精神で国家を管理するであろうという保証であった。官僚自体は、もはや一八四八年のドイツ人のかつての自由派からは構成されていなかった。それは、オーストリア国家には能力を発揮する価値があると思ったあらゆる民族の野心ある人びとからなっていた。新しい「オーストリア」観念が生まれた、つまり法律と衛生の基準を遠隔のブコヴィーナにさえ及ぼす忠実な国家の召使のいるオーストリア、という観念である。その上、ターフェが中央の帝国議会を承認しようと固執したにもかかわらず、諸州には、管理機能がますます与えられた。というのはオーストリアには、選挙の複雑さというもつれがあったが、同様に二重の行政のもつれを持たざるをえなかったからである。こうして一九一四年まで、自治規則がまだなかったが、ボヘミアはプラハに行政機関を持っていた、それはウィーンの帝国機関とほとんど同じくらい大きく、そして連合王国とイギリス帝国の問題をロンドンで執行するイギリスの役所より大きな、行政機関であった。メッテルニヒと、後年の執政官の「文化的自治」のように、ターフェの「行政自治」は、政治的自由に代る無害な代替物であった。

ターフェ〔首相〕の時代に、オーストリア＝ハンガリーは、ヨーロッパの強国としての偉大さと独自性を回復した。カールノーキーは、一八八一年に外相になったのだが、確かにフランツ・ヨーゼフ皇帝の、最も成功した、恐らく最も有能な外相であった。帝国の双方〔オーストリアとハンガリーと〕に領地があった彼は、マジャール人の召使ではなく、帝国の政治家であると自分を見なしていた。彼は、バルカン諸国に対するロシアの善意を信じていなかった。そして一八八一年に〔ドイツ帝国宰相〕ビスマルクが三帝同盟を新しく作ったのだが、カールノーキー〔外相〕は、ロシアの勢力拡張に対して新しい連合を作ろうといつも意図した。ビスマルクはまた、オーストリア＝ハンガリーとイタリアとが和解するよう強いた、つまり一八八二年に三国同盟を作ったのである。ハプスブルク帝国は、民族イタリアの存在をしぶしぶ認めた、そしてその代り、ロシアと戦争した場合にはイタリアが中立となる保証を受け入れた。カールノーキーはしかし、イタリアがバルカン諸国の仲間として認めて貰おうとしていることに反対した。彼自身の政策は、一八八一年に行なわれたセルビアとの秘密条約で表わされた、それはセルビアをハプスブルクの保護国に転化するものであった。そしてオーストリア＝ハンガリーは、セルビアが一八八六年の戦争でブルガリアに負けたときに、この保護を公然と示した。事実、解体されたオブレノヴィッチ王朝の〔セルビア〕国王ミランは、自分の王国をハプスブルク家に売るつもりであった。カールノーキー〔外相〕は、それを買う価値がないと考えた。というのは、彼は、セルビアが帝国に併合されるときには、民族的困難を伴わずに優位にセルビア人を従属させるとすでに考えていた。ますます大きな成功は、一八八三年の〔オーストリア＝ハンガリーと〕ルーマニアとの同盟であり、ビスマルクの下書きした同盟であった。これは、独立ドナウの原理を保証した。

新しい危機の時代が一八八五年に近東で始まった。カールノーキー〔外相〕は、ロシアと領土の分割を行なえというビスマルクの助言を拒絶した。彼は、セルビアに支配力を持っていたが、ロシアのブルガリアに対する要求にも抵抗した。〔前外相〕アンドラーシの留保を一つも持たずに、彼はイギリスとの同盟を模索して、一八八七年一二月の地中海協定で実際にそれを達成した。イギリスは一艦隊を提供し、黒海に入る用意をした。オーストリア＝ハンガリーは、一軍隊をガリチアから提供して、ロシアを攻撃する用意をした。第三の同盟者イタリアは、この二つの現実の強国の環となった。これは、〔ドイツ帝国宰相〕ビスマルクにとっては、「クリミア連合」の復活よりも危険の少ない同盟であった。そして彼は事実、それを促進するのを助けた。だが、彼はこの同盟がロシアとの戦争になることを許すことができなかった。そして一八八八年の初めに、警告として、オーストリア-ドイツ条約の条文を公表した。とくに、これをアンドラーシが当時関係していた好戦的なハンガリー人に対して公表した。その条文は、ドイツがバルカン戦争でオーストリア=ハンガリーを支持しないであろうというものであった。その上、ビスマルクは、あまりにも独立している仲間を好まなかった。そしてカールノーキー〔外相〕は、成功したにもかかわらず、もしビスマルクが一八九〇年に権力から追い落とされていなかったなら、何か具合の悪い驚きを経験していたかもしれなかった。「七千万人の帝国」という恐れにずっと支配されて、ビスマルクは、オーストリア=ハンガリーがバルカン諸国を征服するのを助けるよりはむしろ、ハプスブルク帝国をロシアと分配したかもしれなかった。そしてドイツがオーストリアにいるドイツ人の運命に無関心であるよりも、この態度のために、彼はもっと強くきわだったのである。

オーストリアのドイツ人は、こうしてターフェ〔首相〕の時代には、国内でも国外でも共に敗者であった。彼らはまだ、ドイツ人としてもオーストリア人としてもともに、偉大でありたいと願った。オーストリアのドイツ人は、帝国ドイツの威信がチェコ人かスロヴェニア人に対し優越させるはずだと考えた、それらの民族はヨーロッパでその名前を大書するような大民族国家を持っていないのだ。そして、大帝国の首都ウィーンの一市民は、ベルリンから運命が決められるような小国の首府であるミュンヘン、ドレスデン、ワイマールの一市民と同等の地位に置かれることは望まなかった。その上に、ドイツ語は数世紀の間、文学と文化の唯一の言語であった。そしてドイツ人は、自分たちの文学と文化のために、他の民族の希望を理解することができなかった。多くのドイツ人は、「改宗者」であった、そして他国民が彼らの例に従わないことをとくに拒絶した。生まれはチェコ人の、一人のドイツ人自由派が、一八八五年にこういう見解を表明した。「もしボヘミアのチェコ人がドイツ人にされたら、それは私の考えでは大罪ではない。というのは、彼らは低い水準から高度に文明化した民族の輝く高みへ昇ることだからである。しかしボヘミアのドイツ人をチェコ人化しようとすることは、全く別の事柄である。それは世界史のページの中で聞いたことのない恥辱であろう。」

帝国議会では、年長の自由派がドイツ人反対派を代弁した。彼らは公務についていた時代に不毛だったので信頼を失っていたし、彼らでさえ信じていなかったすり切れた自由派の文言を言っていた。彼らは、すべてのことに失敗した人びとであった、革命家として失敗し、大臣として失敗し、彼らの持ち味なのだが、議会で破壊的な批判をすることでさえ失敗した人びとであった。素朴な経済決定論によって、彼らはドイツ人の利益を上層中間階級と同一視し、選挙権のいかなる拡大にも抵抗した。どこでもそうだが、ドイツ、フランス、イギリスで、資本家的自由主義政党には未来がなかった。そしてドイツ人自由派は、あからさまな資本家的利益の政党となった。その数人のメンバーは、「ポケット・バラ」つまり人工的なドイツ人多数派の商業会議所を代表した。彼らはドイツ人によってさえ大衆的に支持されなかった、そしてドイツ系オーストリア人の資本の利益のために帝国を護りながら、オーストリア中央集権主義者としてわずかな人数となった。

若いドイツ人指導者たちは、大衆に離反されることを望まなかった。というのは、結局、従属民族の大衆と同様に、ドイツ人の大衆がいたからである。これらのドイツ人急進派は、先立つ三〇年の失敗と失望を体験していなかった。彼らは、一八四八年以後の王朝の強さを学んでいなかった。マジャール人反対派に対してハンガリーを統治しようと試みたことがなかった。また彼らをドイツから排除したビスマルクのような人物を知らなかった。彼らは、ドイツ人の優越性が没落したのを、その指導者の臆病さと、王朝が変節して「国家の民族」〔＝ドイツ人〕を棄てたせいにした。これらの若いドイツ人は、一八四八年の急進派の言葉を繰り返した。だが、急進主義を実行しようという誠実さと気高さをしばしば欠いていた。野心があったときには、彼らは、帝国でのドイツ人の独占を再建するよう切望した。彼らがいうには、それは二〇〇年間存在し、またとにかくバッハとシュメアリングによって数年間安泰だったものであった。〔これが第一のものである。〕彼らがかなり向こう見ずになっていた時には、スラヴ人の干渉から、寛大に理解されたドイツ人地域を守るために、帝国を破壊するつもりがあった。〔これが第二のものである。〕第一のものは、主にウィーンのドイツ人の見解であった。彼らはチェコ人やクロアチア人の侵入を実際に経験していなかった。第二のものは、「人種的国境」で脅かされたドイツ人の意見であった。そこではスラヴ人が目覚めていたので、彼らは少数派となっていた。さらに人種的国境地域では、乱暴な民族主義は少数派の政策であり、そして普通はいかがわしい少数派の政策であった。つまり、より良い学位をもったチェコ人に先を越された学校教師、事故を起こしてチェコ人の上司に叱責された踏切番、スロヴェニア人の判事の前で裁判に負けた弁護士、であり、この人びとは、その人種の旗手であった。

新しいドイツの急進主義は、一八八二年にリンツで三人の若者が起草した綱領によって、初めて表明された。彼らは皆、次の三〇年間のオーストリアの歴史で、きわめて異なっているが大きな役割を演じる運命であった、つまりゲオルク・フォン・シェーネラー(1)、ヴィクトル・アドラー(2)、ハインリヒ・フリードユング(3)、であった。三人は皆、「自由知識人」の階級に属し、大工業と結びついているという、古い自由派の信頼を失わせた汚れはなかった。アドラーとフリードユングは、双方とも自分をドイツ人民族主義者と見なしていたが、ユダヤ人であった。アドラーは真面目な急進派で、一八四八年の精神に信頼を持っていた。彼は、民族的尊大さのない民族的誇りを持ち、そして間もなく、国際社会主義のために民族主義を放棄した。フリードユングは、才能ある作家で、ウィーンがかつて生み出した最も偉大な歴史家であって、彼の学識は断固たる暴力によってだけ損われるのであった。彼は、まもなく反セミティズム〔＝反ユダヤ主義〕によってドイツ民族主義党から追われた、だが彼の反ユダヤ主義は支配的な調子となり、特徴的な頑固さをもって彼が死ぬまで狂信的ドイツ民族主義として残った。シェーネラーは、三人の中で唯一のドイツ人だが、ドイツ系オーストリア人のコッシュートまたはパーネル〔アイルランドの独立運動指導者、一八四六〜九一年〕でありたいと熱望した。知恵がなく内容がないが、彼は、邪悪で破壊的な言葉の才能と群衆を嘲笑する趣味があった。自分の発明した反ユダヤ主義によって、より真面目でより寛大な急進派から、ドイツ民族運動を盗みとることができた。だが反ユダヤ主義は、シェーネラーにとっては、第一歩にすぎなかった。彼は、最も手近で最も防御のない標的であるユダヤ人に反対して、憎悪を向けた。彼は、帝国の他の諸民族にたいし、またさらに全身で民族主義に打ち込まないドイツ人に対してさえ憎悪を向けようとした。

リンツ綱領は、ドイツ人が覇権を握った英雄時代に帰ろうと言った。一八四八年の急進派のように、これらの急進派は、「歴史的民族」の要求をたやすく認めた。ガリチアは、ポーランドに支配された一つの分離体となるべきで、ダルマチアは、そのわずかなイタリア人少数派に譲り渡されるべきだというのだった。〔一八四八年の〕一〇月革命を真似して、リンツの急進派は、ハンガリーとの同君連合に同意し、マジャール人がオーストリアのドイツ人を支持する代りに、ガリチアとダルマチアをハンガリーに付け加えようとさえした。また一八四八年のように、オーストリアのドイツ人はドイツ〔帝国〕の支援を求めた。ドイツ帝国は、オーストリア‐ドイツ同盟を続ける代償として、王朝に干渉し、オーストリアを無理に統一ドイツ国家に転化しなければならない、というのであった。最終的には、もし一八四八年のようでなくても一八四九年のように、リンツの急進派は、ハンガリーに譲歩することさえ本気に考えなかった。ひとたびオーストリアがドイツ国家になったとすれば、ドイツ〔帝国〕とドイツ系オーストリア人はハンガリーとの妥協を投げ捨てて王朝を支持するだろう、というのである。こうして、リンツ綱領は、その急進的な言葉を取り去って、シュメアリングの体制に帰ることを提案した。それもビスマルクを、その敵ではなく保証人としてであった。

リンツの急進派がドイツに支援を求めたとき、ドイツ系オーストリア人がオーストリアで独占を維持するために力も文化的な覇権も持っていないと彼らは告白した。彼らはまた、ドイツ系オーストリア人が勝手にドイツ民族国家を断念したこと、ドイツが最初の呼掛けで彼らを支援しに来るであろうこと、そしてだから、ハプスブルク帝国を破壊しなかったことで彼らが褒められていい、と思った。これらの仮定は間違いであった。ドイツ系オーストリア人はドイツを放棄したのではなかった。彼らはビスマルクによって、決定的にドイツから排除されていたのである、そしてビスマルクは、ドイツ系オーストリア人の野望を後援する意図はなかったし、オーストリア＝ハンガリーを破壊する意図はなおさらなかった。ビスマルクは大ドイツを恐れたのである。大ドイツは、プロイセンのユンカーの支配力を越えてしまうであろう。そして彼はまた、ヨーロッパにおけるドイツのでしゃばった主導権を恐れた、それにヨーロッパ連合が刺激されて抵抗するであろう。独立したオーストリア＝ハンガリーを維持することは、ビスマルク政策の中心点であった。つまりロシアやフランスから確かに独立していること、しかし、またとにかくドイツから独立していることである。結果として、オーストリア＝ハンガリーのドイツ的性格を最小にしておくことは、ビスマルクの利益であった。結局彼は、もし必要ならドイツ人の支配をいつでも主張することができるということがわかった。リンツ綱領は、ドイツ人の支配が不必要だと主張するようビスマルクに勧誘していた、だからそれは魅力がなかった。

ドイツ民族主義者は孤立していることを感じた、その孤立を、彼らの英雄ビスマルクが拒否したことにではなく、ハプスブルク王朝のずるさに帰したのだが。彼らがオーストリアでのドイツ人の覇権を要求し続けているとき、彼らがその場しのぎの政策をとっていても、ドイツ人自身の民族領地へスラヴ人が侵入してくることに対する抵抗となった。彼らの指導者の一人がこの政策を表明した、「チェコ人のボヘミアでは、彼ら〔＝チェコ人〕を好きなようにさせよ、ドイツ人のボヘミアではわれわれは好きなようにするだろう。」これはリンツ綱領では全然なかった。それは統一オーストリア国家の否定であった。ドイツ人は、以前には、統一オーストリア国家の偉大な後援者であったのである。穏健派チェコ人指導者がかつて国家の権利のために献身するのをやめたときに、ボヘミアを行政的に区分することは、事実、彼らの望んだことそのものであった。しかし、老年チェコ党は、(4)民族運動の支配力を失っていた。チェコ人にはまた、この三〇年間の敗北と失望を何も知らない急進派が出て来た。〔この〕青年チェコ党はチェコ人の強さと意識が毎年増大していると見て、彼らが全ボヘミアをかち取ることができると確信した。(5)彼らは、ボヘミアをチェコ人地域とドイツ人地域に分割することを拒絶した、たとえこれが直接的な成果をもたらそうとも、であった。国家の権利の綱領が復活した。だがそれは、もはや貴族的保守主義の方策ではなく、急進的民族主義の表現であった。

帝国議会の穏健派のチェコ人とドイツ人は、自国の急進派の危険によって一緒になった。ドイツ人自由派は、ドイツ人急進派によって捨てられたとき、もはや統一国家を守ることができなかった。老年チェコ党は、青年チェコ党の批判を黙らせるために、実際に成功することが必要となった。ターフェ首相の任期中の一八九〇年に、チェコ人とドイツ人の委員会が、ターフェが待っていた実際的な協定をとうとう取り決めた。彼らは、一民族以上を持つ諸州が民族的配分に従って行政的に区分されるべきであり、州政体(控訴裁判所、行政の中心、等)が二重になるべきだと、ごく単純に提案した。このようにして、例えば、ボヘミアの最高裁の四一人の判事のうち一五人が、チェコ語を知れとはまだ要求されなかった。(原注3) 競い合う諸民族〔＝ドイツ人とチェコ人〕は、官僚の職を十分に作れば両者は満足して買収されるはずであった。この格好の悪い計画は、一つの民族が単独で居たいと単純に望んだ所でだけ機能することができた。この種の調整に、ティロルのイタリア人が満足した。イタリア人の地域は、区分され、イタリア語を話す行政のもとに置かれ、インスブルックの州当局には名目的に従属しただけであった。イタリア人は、ティロル州のことを何も心配しなかった。彼らはイタリア民族国家に加わることを欲し、そして自治を次善の策として受け入れた。その上、彼らは国境周辺の稠密な地域に住んでいたので、州都インスブルックに何も要求をしなかった。その時はそうであったが、後年イタリア人は、インスブルック大学で自分たちの言語で教育せよと要望し、それは暴力となり、好い結果をえたのは、ドイツ人反対派であった。(原注4) そしてイタリア人は、「歴史的民族」であって、その文化への要求をドイツ人によってさえも論難されなかった。

ボヘミアではチェコ人とドイツ人の両方が一八九〇年の妥協を拒絶した。ドイツ人は、もっぱらドイツ人地域を要求したにもかかわらず、プラハを〔チェコ人に〕譲り渡そうとはしなかった、こうして、ボヘミアの統一を主張したのであった。この論理の帰結は、ドイツ人が少数派で我慢すべきだということだったが。青年チェコ党も、すべてのボヘミアがチェコ人のものでなければならないという要求の準備として、ボヘミアの統一を主張した。結局チェコ人とドイツ人の急進派はともに、お互いに戦うことによって強くなったし、彼らがもしもひとたび分離したら、大衆の支持を失っていたであろう。ターフェ〔首相〕の待ちの政策は、間違った考えのために成功していた。彼は政治的な指導者に急進主義の愚かさを示そうと考えていたのである。だが、その代り急進主義はその政治指導者を破滅させると脅かした。穏健な不満が暴力的な不満に変わっていた。そして帝国議会の指導者たちは、ターフェの身から出た錆を救おうと試みた。彼らが和解したことは、民族的な敵意が低下したのではなく増大したという証明であった、そしてその和解したことで彼らは破滅したのである。一八九一年の選挙で〔チェコ人の政治家〕リーゲルは裏切者として非難され、彼の追随者は青年チェコ党によって敗北させられた。ドイツ人自由派は、名目的には反対派を形づくってきたが、政府の影響力を大いに発揮させたので、有罪とされなければならなかった。ターフェは、有権者を支配できなくなっている、と悟った。そこで彼は、普通選挙権を導入すれば中間階級の民族主義者が沈没するにちがいない、という結論を引き出した。

民族主義は貴族と大衆の双方とは違う中間階級の運動であるということは、一九世紀の保守主義の間では通説であった。だから、貴族が政府を独占しておけないならば、中間階級の民族主義と自由主義に反対して大衆が呼び込まれるはずであった。帝国が後進的民族に訴えることは、新しいものではなかった。実際は、それは一八四八年にラデツキー〔将軍〕に勝利をもたらした観念であった。一八七一年に、半分社会主義的な急進派であるシエフレ〔商相〕は、マジャール人とドイツ人に反対させるのに従属民族を利用しようと考えて、貴族ホーエンヴァルト〔首相〕を味方につけていた。一八九三年に、もう一人の社会主義的経済学者シュタインバッハは、すべての民族の知識人に反対している大衆の投票を利用しようと考えて、ターフェ〔首相〕を味方につけた。フランツ・ヨーゼフ皇帝は、もっと簡単な議論で説得された。皇帝は、オーストリアの社会民主党の成長に脅かされていたし、またビスマルクがドイツで用いていた抑圧的手段を使って、弱々しい造りのオーストリアの憲法を揺るがすのを好まなかった、そこで彼は、普通選挙権がオーストリアの労働者をかなり満足させるか、またはとにかく労働者をあまり革命的にはさせないであろう、と思った。

ターフェ〔首相〕は議会政党を持たなかった。彼は、聖職者、地主、ポーランド人の「鉄の輪」という利害集団に支持されただけであった。これらが皇帝の大臣としての彼を支えたのである。そして「鉄の輪」の支援は、彼らの特権や存在を危険にするようなことをターフェがしないことが条件であった。ターフェが一八九三年に提案した普通選挙権を四階級選挙権の代りに置くことは、自由党反対派と同じく、ターフェ自身の陣営をも脅かした。「鉄の輪」は、皇帝に対する忠誠から出て自殺するよう求められたのである。そしてこの忠誠は、彼ら自身の地位を防御する以上の何ものでもなかった。大土地所有者は、農民からなる議会を恐れた。ホーエンヴァルト〔前首相〕は、長い間シェフレ〔前商相〕

の考えを忘れていて、「有産階級から無産階級へ政治のバランスを移すこと」に反対した。ポーランド人は、自分たちの州であるガリチアで非常に多く〔の議員〕を小ロシア人によって失うはずであった。ほんの数人の聖職者だけは、教会が多くの政治体制を生き延びたように、普通選挙に熟達するだろうと信じた。ターフェの最も信頼できる支持者、老年チェコ党は、一八九一年の選挙で追い払われていた。そして青年チェコ党は、中間階級の投票に依存していたし、彼らの存在が脅かされること〔=普通選挙〕に対応して、ドイツ自由派とさえも共通の主義を作ろうと用意していた。

ターフェ首相に反対する連合が進められた、そして多分それはカールノーキー〔外相〕によって組織された。ビスマルクが退陣〔=一八九〇年〕した二年後は、ハプスブルクがバルカン諸国で優越していた全盛期であった。イギリスとオーストリア=ハンガリーは、共に密接になっていた、イギリスがうわさの「四国同盟」に実際に入らなくてもよいほど、二国はほとんど同盟国であった。ドイツ帝国の政策は「新航路」を採った。公然と反ロシアで、オーストリア=ハンガリーにはバルカンで無制限に支援をした。一八八九年に、ドイツ皇帝ヴィルヘルム二世は、フランツ・ヨーゼフ皇帝に言った、「オーストリア=ハンガリーの動員の日は、理由が何であれ、ドイツの動員の日でもあろう。」ビスマルクが保留していたことは捨てられた、そして、ひとたびドイツがバルカンで軍事行動を起こしたら、決定権がベルリンからウィーンへ渡る、という結果をビスマルクは予見していた。

〔外相〕カールノーキーの支配力はしかし、グラッドストーン〔イギリスの自由党政治家〕が一八九二年六月に公務〔＝首相〕に復帰すると、揺らいだ。〔イギリス〕自由党内閣は地中海協定を拒否し、オーストリア＝ハンガリーを疑いの目で見た。グラッドストーン自身は、彼が一八八〇年に行なった判断から決して揺れなかった、「そこに指を置いて、そこでオーストリアは良いことをしたということができる点は、地図全体にはない。」ディズレーリが一八六七年にホイッグ党を騙したトリックを、もしターフェ〔首相〕がオーストリアの保守主義の利益のために演じることを当時許されたとしたら、それは、自由派の疑惑を確かにし、仲違いをさせたことであろう。もっと深刻なことだが、近東でイギリスが撤退したので、カールノーキーはますますドイツが必要となった。自分ではイギリスを交渉によって揺るがすことができなかったので、ドイツに頼んで、イギリスがもっと積極的な路線をとるように丸めこむか、強いるようにした。もしすべての誘導が失敗したら、オーストリア＝ハンガリーは、バルカンでのドイツの直接的な支持をそれだけもっと必要としたことであろう。

ドイツ政府は、奇妙な様式の短期間の民主的政策を行なった。ビスマルクの後継者カプリヴィ〔宰相〕は、ドイツ進歩党と社会主義者〔＝ドイツ社会民主党〕の味方をしようとした。彼がバルカンでオーストリア＝ハンガリーを支持したことでさえ、一八四八年の大ドイツ主義に復帰したことをあらわしていた。ウィーンとベルリンは、両方の側で独立を宣言したにもかかわらず、その運命を分つことはできなかった。一八四八年にメッテルニヒが没落したので、プロイセンの君主制が揺らいだ。六〇年代にシュメアリングが反ドイツ主義を採ったので、ビスマルクを強いてドイツ民族主義者にさせた。一八七九年にビスマルクが国民自由党と断絶したので、ターフェ首相を登場させた。いまやカプリヴィと共に、ベルリン政府と民主的諸党との間に友好関係ができたので、ターフェはウィーンに留まることができなくなった。もしオーストリア政府が公然と保守主義で、教権主義で、反ドイツであったならば、カールノーキーは、ドイツの支持をあてにできなかった、その上、カプリヴィは、一八四八年以来の唯一の、ポーランド人に友好的な、ドイツ人の大臣であった。これは再びターフェ首相には不利に作用した。カールノーキー〔外相〕はドイツ系オーストリア人に何も求めなかった。彼は、ドイツの支援をおおいに望んだ。カプリヴィが急進派の支持を求めてデマゴーグとして振舞っていたので、カールノーキーはまたドイツで急進派の支持を求めて演技した。これは結局、何も失うことのないゲームであった。というのは、ビスマルクがかつて見たように、大ドイツ主義がその見解であったドイツ人の急進主義は、いつもベルリンよりもウィーンを好まねばならなかった。こうしてカールノーキーは、彼の外交政策のために、オーストリアでは自由主義政府を必要とした。外見的には立憲主義で、そしてドイツ人とポーランド人に支持される政府である。多分また彼は、オーストリアの首相をその地位から下ろしたかった、そして「共通」外相として、彼が

〔ドイツ〕宰相の後継者であり、他のあらゆる大臣より上位の大臣であることを、示したかった。

ターフェ〔首相〕への最後の打撃は、フランツ・ヨーゼフ皇帝からやって来た。というのは、ターフェが究極的に依存したのは帝国の支持であって、「鉄の輪」ではなかったからである。フランツ・ヨーゼフ皇帝は、しばしば矛盾した政策を採った。彼自身の精神の最も深い矛盾はドイツ人に向かっていた。ある意味で、ドイツ人は皇帝の主要な反対者であった、そして皇帝は大権に干渉しようとする彼らの試みを拒絶し続けた。他方で皇帝自身はドイツ人であり、数世紀間続いていたドイツの覇権を受け継いでいた。彼が最も誇る記憶は、一八六三年のフランクフルトでの諸君主の会合であった。そして一八六六年〔＝普墺戦争〕に敗北したことは、彼の最大の屈辱であった。その上彼は、重々しい凡庸さのために、完全に典型的なドイツのビーダーカイト〔＝愚直さ、正直さ〕になった、それはシュニッツラー〔オーストリアの文学者〕が愚かさとずるさの混合として定義したものである。皇帝は、ドイツ人的鈍感さをいくつかうっかりして暴露した。彼は、クロアチアの国王に即位してクロアチア人に訴えるべきだ、と初めて提案されたとき、びっくりしてこう答えた、「しかし余はドイツの君主だ。」そして一八六八年に訪問したとき、彼は悦に入り、チェコ人に愛されなかったのだが、こう言った、「プラハはまったくドイツ的な外見である。」だがこれは彼の最高の誉め言葉であった。フランツ・ヨーゼフ皇帝は、仕事以外でドイツ人自由派と喜んで会おうとしたし、帝国議会ではターフェによって裏をかかれていた。皇帝は、普通選挙権がドイツ人自由派を破滅させるだろうと、警告されていた。そのうえ、青年チェコ党が一八九〇年に妥協を拒否したことは、ドイツ人と君主制の両方に脅かしとなるように見えた。

フランツ・ヨーゼフ皇帝にとってはもっと悪いものがあった。ドイツ人自由派、ポーランド人、青年チェコ党、大地主の連合は、普通選挙権に反対してのみ結合した。もし普通選挙権が実施されるならば、「議会主義の」政府が任命されるであろうというのである。ターフェ首相が存在する唯一の理由は、議会主義の政府を拒むことであった。彼にはそれができそうもなかった。だから、フランツ・ヨーゼフ皇帝は他の手段を採らなければならなかった。皇帝は、以前に歴史的民族を扱うのにしばしば用いて、また再び使わねばならない方法を用いた。彼は、もし自分の権力が元のままでないならば大衆と協同する、と脅かした。もし議会の指導者が、彼に政府を押し付けようとするならば、彼はターフェを支持し、何とかして普通選挙を実施するだろう。もし彼らが皇帝の条件で大臣になるとすれば、「選挙の幾何学」は触れられずに残るはずである。政治家たちは権力を欲しなかった。彼らは、自分たちの民族または階級の特権的地位を保全することだけを望んだ。だが彼らは熱心に皇帝の条件を受け入れた。ターフェ首相は一八九三年一一月に辞任させられた。だが彼ら連合の政府が、見かけは議会主義的だが、続いた。ターフェと同じように、政府はその存在を皇帝の意志に負った。従属民族は、平等を遠い先の展望として示されていた。いつものように、その申し出は、王朝がその権力を維持するための、戦術的な動きでしかなかった。ターフェ首相は、オーストリアに一四年の息継ぎ期間を与えた。だがそれは良い目的のために用いられたことはなかった。さて最後のときに、王朝と帝国議会は新しい機会を与えられた。その結果は、立憲オーストリアを基礎まで揺るがすことであった。数年の間には、誰もが、「鉄の輪」とターフェ首相の「何とかやって行く」という安易な時代を残念がることであろう。

(原注1) オーストリアの大歴史家A・F・プリブラムは、そのとき亡命ユダヤ人としてイギリスにいたが、本書の初版の書評で、ドヴォルザークとスメタナがブラームスとワグナーと比較して対抗できるというこの私の示唆を強く非難した。ドイツ人の文化が優越しているという、これ以上奇妙な証拠はありえない。

(原注2) これは、行政と立法で役人が大衆と関わるときのものである。「対内業務」は、つまり役人がお互い同士交わるものであって、もっぱらドイツ語によっていた。

(原注3) この時ロンドンの最高裁判所は二一人のメンバーがいた。だがボヘミアの最高裁判所は単に州の機関であり、多くのもののうちの一つであった。これは、諸民族が闘った成果の尺度であり、官僚を満足させるために作られねばならなかった官僚制の重みの尺度となる。

（原注4）ティロルのイタリア人は、その代りトリエステ大学でイタリア語の教育を行なうと提案された。トリエステがいつの日かイタリアの民族主義者によって要求されるということは、誰にもイタリア人にとってさえも考えつかなかった。

（1）ヴィクトル・アドラー（一八五二―一九一八）オーストリアの医師、ユダヤ人、社会主義者になり、オーストリア社会民主党創立者、政治家。

（2）ゲオルク・フォン・シェーネラー（一八四二―一九二一）。オーストリア・ハンガリーの地主で、政治家。汎ゲルマン主義、ドイツ民族主義を主張。反ユダヤ主義になる。ビスマルクを崇拝、リンツ綱領を執筆。帝国議会議員になる。オーストリア＝ハンガリー帝国の解体とドイツへの併合を望んだ。

（3）ハインリヒ・フリートユング（一八五一―一九二〇）。ユダヤ商人の子、ウィーン商業学校教授、その後、ジャーナリスト。

（4）老年チェコ党。チェコの貴族階級と上層ブルジョアジーを代表。一八三六年結党。リーゲルが中心人物、九一年選挙で敗れる。

（5）青年チェコ党。国民自由思想党。自由主義ブルジョアジーと小市民を代表、オーストリア、ハンガリー、チェコ三国通商を提唱した。

第十四章　混乱の時期、ターフェからバデーニへ、一八九三〜九七年

ターフェ首相の失脚で、オーストリアの政治が行き詰まり状態になった。彼の体制は、完全にオーストリアの諸状況に適しており、次は何で置き換えればよいのかは誰にもわからなかった。議会の諸集団は、交渉の下ごしらえとしてターフェを脅かすことに慣れていて、ついに彼らの脅かしを成し遂げた。彼らは、ターフェ首相を交代させる希望はなかった。皇帝は、彼の失脚の理由を理解させずに、また交代者について何も考えずに、彼を辞めさせた。新しい皇帝大臣は役に立たないであろう、その者はターフェの奇術を用いずに単にターフェの体制を継続するだけであろう、というわけであった。だが、皇帝が採用できる体制は他になかった。というのは、ターフェの反対派は、反対することだけで統一されていたからである。フランツ・ヨーゼフ皇帝は、ターフェの失脚を事実決定したのであるが、それゆえに、帝国議会に対して責任を負ったのである。帝国議会が帝国政府を承認することを拒否したので、疑似議会的政府が持たれ、それは何かましなことができるかど

うかを示さねばならなくなった。

一八九三年から一八九七年までの諸事件が、奇妙で倒錯したやり方であるが、一八四八年と一八四九年の諸事件をもじって繰り返された。ターフェ〔首相〕は、メッテルニヒをもっと冷笑的で小さくした人であって、帝国の支持に依存し、また諸民族と諸階級の間の均衡を取ることによって帝国権力を維持していた。だが一八九三年の一一月に、帝国の〔ターフェへの〕支持はひっこめられていて、宮廷が一八四八年三月一一日の「帝国の革命」を耐え忍んだように、政治的陰謀は企てられなかった。メッテルニヒが去ったようにターフェが去ったので、王朝は困り、無愛想にその臣下に問題を投げ掛けた。あたかも臣下たちだけが一切の困難を引き起こしたかのようにであった。とうとう忍耐心を失って、王朝は暴力の人を呼び寄せた。初めの〔一八四八～四九年の〕場合はシュヴァルツェンベルク〔首相〕であったが、次のとき、つまり今度の場合は、バデーニであった。王朝が自分の失敗を救おうとして、また断固とした行動で秩序を回復しようとするためであった。同じことというのは、あまり時が離れすぎては、押し付けられないものである。一八四八年の事件は現実であり、一八九三年から一八九七年までの事件は、演技であった。現実のことが危くなったのに気がつかない、選ばれた俳優による演技であった。だが、大袈裟な言葉と見掛け倒しの登場人物の背後には、現実の基盤があった。立憲オーストリアは、帝国議会という劇場の舞台の上で破壊されていた。そしてこのことが、中央ヨーロッパの数百万人とそれ以上の人びとの運命を決定したのである。

ターフェ首相の後を継いだのは、議会主義的だと自称した政府であり、政党指導者からなる政府であって、それゆえ建て前ではほとんど立憲主義的であった。現実には、諸政党は憲法を決して受け入れていなかったし、賛成する根拠がなかった。各政党は、「利益団体」にとどまり、当時の大臣から特殊な理由で譲歩を引き出すことを狙っており、それから一般的問題では政府の多数派に投票しようとした。諸政党は統一はしていたが、皇帝への忠誠心によってではなく、また政治的見解が同じだからでもなかった。彼らは、反対派としての共通の戦術を発展させることさえできなかった。ポーランド人と大土地所有者は、政府が彼らの特権、つまりガリチアや大領地を損いはしないかと、議会で監視していなければならなかった。ドイツ人は、建て前では自由派であり、「国家の人民」としてのドイツ人の地位を維持することだけを努力した。青年チェコ党は、チェコ人を基礎とするボヘミアの統一を完全に承認してもらうまで、ますますもめ事を引き起こそうと意図した。これらの雑多な無責任な勢力を連合させても本当の政府を作り上げることはできなかった。その解決の仕方は、オーストリア立憲制が茶番であるという特徴を示した。つまり諸政党を買収することが、帝国議会からこの政府に移されたのである。政党指導者は、「連立」政府に入り、そこでお互い同士で衝突を続け、もし彼らの派閥の要求が満たされなければ、辞任するとか、自分の党の投票を反対派に投ずると言って、絶えず脅かした。そこには連立の綱領を作り上げようとか、ターフェを敗北させた諸問題に対して一致した協定を達成する試みはなかった。ターフェ時代の政治的せり売りが続けられた。だが、もはや一人の競売者もいなかった。そして今度は入札者のほうが、空になった職務を占めようとして競争した。政府は停止した。そして三月前期のように、行政がそれに置き換った。国家の中心が脆弱で、そこが混乱していることは、官僚制という鉄の枠によって結合されている国家だけが持てる贅沢であった。そしてオーストリアは、それが存在した最後の二〇年は、おびただしい集団である国家の役人の中でだけ生きながらえたのである。役人たちは、政治生活が消滅してしまってからずっと機能し、国家を存在させ続けたのである。この矛盾のために、二〇世紀初頭の現代の研究者は当惑した。というのは、鉄具で強く支えられた巨木が、葉を茂らさないからというだけで死んでいると信じることは、難しいからである。

疑似立憲主義的政府の二年間は不毛な論争で明け暮れ、それは政府連合のための票を買収するか失うかという手段としてだけ意味があった。これらの議論の一つは確かに決定的であることがわかる。そして偶然に、この決定的な議論はツェリェの小学校をめぐるものであった。つまり、オーストリアのあらゆる病弊と紛糾した民族的論争のすべてがそこに露われた問題である。ツェリェのあるシュタイアーマルク州はドイツ人が多数派で、その北部はもっぱらドイツ人であった。南部の商業町はドイツ人であるが、まわりの田舎はスロヴェニア人であり、田舎からの移住民によって徐々に町の人口が増えており、これらの町もますますスロヴェニア人的になった。スロヴェニア人は、町が彼らの文化的必要を満たすべきだ、とくに国立の小学校の教育をドイツ語と並んでスロヴェニア語で行なうべきだ、という要求を出し始めた。この要求はシュタイアーマルクの州議会で頑固に拒絶された。そこでは古いドイツ人が多数派であった。そこでスロヴェニア人は、帝国議会を通じて要求を獲得せざるをえなかった。そこでは彼らはチェコ人に支持されたのである。一八八八年にターフェ首相は、南シュタイアーマルク最大の町マリボー〔ドイツ名、マールブルク〕の小学校に、スロヴェニア人の学級を作っていた。これに鼓舞されたスロヴェニア人は、次にツェリエの小学校にスロヴェニア人の学級を作れと要求した。ツェリエは、かなり小さな町で、さらにスロヴェニア人地域に入ったところであり、ドイツ人の優位はすでに揺らいでいた。ツェリエでは、マリボーとは違って、熱意が揺れ動いた。マリボーは、まだ本当にドイツ人的であり、たとえスロヴェニア人の子供が彼ら自身の言葉で教育されていても、町はドイツ人的であり続けるはずであった。だが、ツェリエでは一度スロヴェニア人が中等教育を受けると、誰もその文化的言語としてドイツ語を使おうとせず、ツェリエは〔ドイツ人から〕失われそうになった。同じ闘いが、ボヘミアの無数の村や小さな町で、チェコ人とドイツ人の敵対する学校労働組合によって闘われていた。だからツェリエは、シュタイアーマルクのドイツ人とスロヴェニア人の争いをたまたま浮かび上がらせたのであり、こうしてオーストリア中のスラヴ人とドイツ人の間の衝突の象徴となったのである。

ターフェ首相は、ツェリェにスロヴェニア人の学級を作ると約束して、一八八八〜八九年の予算への賛成票をスロヴェニア人から買い取った。だが彼は特徴的な器用さでその約束をごまかした。一八九三年にターフェが失脚したので、ツェリェの小学校の授業はまだもっぱらドイツ語で行なわれていた。その後、連合政府が登場し、雑多な公約を広範に行なうことで、急いで多数派を集めようとした。政府は、これらの約束のうちで、かつて一八八八年にスロヴェニア人に対して行なった約束を確認した。この政府がその約束を実行し始めたとき、ツェリェの小学校の難しさはとほうもなくなった。もしスロヴェニア人の学級が作られたとすると、シュタイアーマルクのドイツ人代議士だけでなく、ドイツ人の全集団が政府から抜け出るだろうし、もしスロヴェニア人の学級が作られなかったならば、スロヴェニア人が抜けるだろうし、チェコ人が一緒に行動するであろう。ツェリェの問題は一八九四年中オーストリア政治の中心であった。ドイツ人は、「南部のドイツ文化の開拓者たちを見捨てる」のを拒否した。一方スロヴェニア人は、ドイツ人が伝統的に根づいていないどこか他の町で、もっぱらスロヴェニア語で行なう小学校を一つ作るという政府の申し出に満足しなかった。この妥協は成り立たなかった。一八九五年の六月に、政府は帝国議会を通してツェリェの小学校にスロヴェニア語の学級を作る許可を出した。ドイツ人は政府から脱退し、議会主義的連合は壊れた。こうして、オーストリアにおける最後の立憲的政府の試みは終った。これ以降オーストリアは帝国役人によって支配されたのであり、役人の一部は、帝国議会からいやいや黙認を引き出し、多くの役人は帝国議会を無視したのである。

立憲オーストリアは、政治指導者の無責任のために衰え消滅した。これら政治家の多くは、強力な帝国の必要を認めていたし、またドイツ人の極端主義者を除けば、帝国を破壊しようという希望などはなかった。ただ政治家たちは、自分たちを信頼しないで帝国が彼らに依存していることを、決して評価しなかった。政治家たちは「権威」へ依りかかることを前の世代から受け継いでおり、いったん大臣になっても、彼らが「権威」になったことを認めなかった。政治家たちは、大臣になることが、自分たちの特殊な利益をもっと強力に交渉できる地位に就いたにすぎないのだと思った。その上、オーストリアは、三つの憲法体制、つまり一〇月特許状、二月勅令、一八六七年の「憲法」を機能させるという、法的混乱に悩んだ。これらは一方が他方の上に重なっており、それらの矛盾は解くことができないのであった。諸州は毎年行政的自治を増大させることを習得した。封建的な保護者でさえ狙ったような、民族的衝突を州の内部でおさえておくことに、諸州は慣れていなかった。その代り、諸民族の集団は、彼らの州内の議論を帝国議会に移すのを許すから、中央国家を承認するようにと誘われた。いつものように、ハプスブルク国家は、粉々に引き裂かれるという犠牲を払ってさえも、〔中央国家の〕承認を求めたのである。ツェリェのドイツ人少数派は、シュタイアーマルク中のドイツ人を頼った。そして彼らは、ボヘミアのドイツ人、ウィーンのドイツ人、そしてブコヴィーナのドイツ人の支持さえも勘定にいれた。ツェリェのスロヴェニア人多数派は、シュタイアーマルクのドイツ人多数派に反対されて、ケルンテンのスロヴェニア人を頼った。そして彼らは、チェコ人と、カルパチア山脈のむこうからの代議員たちつまり小ロシア人の支持を勘定に入れた。帝国議会は、その名前にもかかわらず、民族諸集団の衝突の会合であって、帝国の議会ではなかった。大地主でさえ、表面上はオーストリア人であったが、オーストリアと大領地が同義語であると思った。政治的指導者が無責任だったために、皇帝は、現実の権威を自分の手中に握るよう励み、また強いられもした。だが、責任を持つことだけが、彼らを正気にすることができたのである。民族的衝突は、オーストリアを破滅させたのだが、それは、オーストリアが永遠であることを普遍的に信仰している証明であった。皇帝は、無責任な政治家に権力を分ち与えまいと、毎年ますます決意を固めた。政治家は、権力を分ち持つことを否定し、年ごとにますます無責任になった。

違った方面でもまた、オーストリア国家はその強さのために苦しんだ。オーストリア国家は、レッセ・フェールが成功した時代に、その一連の行動を決してゆるめなかった。それゆえ、民族的衝突はずっと多く勃発した。私立の学校や病院はなかった。独立の大学もなかった。国家は、その無限の家父長主義によって、獣医の手術から建物の検査まで種々の業務を行なった。すべての学校教師、鉄道の荷物運び人のすべて、すべての病院の医師、徴税人のすべてを任命したので、それは民族闘争の合図となった。その上、民間産業は、関税料金と補助金の助成を国家に頼った。これらは全地方で「結託」を生み、民族主義はその結託をますます大袈裟にした。ドイツ人の産業は、彼らの特権的地位を保つために、国家援助を要求した。チェコ人の産業は、過去の不平等を償って貰うために、国家援助を要求した。民族的に対抗した最初の世代は大学が産み出したものであって、彼らは最高水準の知的職業への任命をめぐって闘った。彼らの争いはたった数百の官職に関係するだけであった。彼らの次に続く世代は、普通基礎教育の結果であって、どの村にもある取るに足りない公職を求めて闘った。それゆえ、この世紀の終りには、より大衆的な民族的衝突が発生したのである。

学歴のある人にとって、ジャーナリズムと、ある程度の法律職を除けば、官職はどんな経歴の者でも就けた。なお、この二つの独自の職業〔＝ジャーナリストと弁護士〕は、民族主義に最も依存した。両方とも、民族闘争を行なうのを助けたし、両方ともそれによって生きた。ともにもっぱら都市の職業であった。それゆえ両方とも、古いオーストリアではもっぱらドイツ人の職業であった、それだけに、十分学歴のあるドイツ人がいなかったハンガリーでは、ユダヤ人がその位置を占めることになった。民族主義は、読み書きができる農民が新聞を読みたいと思った時、そして解放された彼らが訴訟に行こうと願った時に、起きた。民族が目覚める前には、ジャーナリストになろうとした大望ある一人のスロヴェニア人は、地方のドイツ語新聞社に職を見つけられただけであった、そこではドイツ人の同僚と比べると彼は不利であった。だが、ひとたび農民と非熟練労働者が字を読めるようになると、彼らは、二流のスロヴェニア語の新聞を取ろうとするだろう。こうしてかつてのドイツ人でさえ、スロヴェニア語の記者として出世できるようになる。こうして一世代以上の間、ケルンテンのスロヴェニア人指導者は、まぎれもないドイツ名を持った。トリエステでは、スロヴェニア人指導者はイタリア名を持ち、イタリア人指導者はスラヴ名を持った。両者ともより出世し、彼らがもし自分たちの民族の下にいて注目されるよりも、もっと彼らの能力は賞賛をかちえた。民族主義は、弁護士をも出世させ、または少なくても評判にした。訴訟好きな、半ば文字が読めるルーマニアの農民は、完全に訓練をつんだ〔ドイツ人の〕弁護士には、ドイツ語で口ごもって話さなければならないので、彼よりも、ルーマニア語を話せるひどい弁護士のほうを好んだものだった。その民族の弁護士は、どんな小さな町でも民族運動の中心であった。彼だけが自分の民族の人びとに助言することができ、彼らの要求を公表する法廷を見つけることができたからである。

知的職業人でさえ多数は誠実で勤勉に働いた。民族主義は悲惨な人びとの頼りの綱であった、つまり、利潤が低下した製造業者、学位の取れなかった大学生、手術で失敗した外科医である。わずかな人びとが人生に成功して満足した。それゆえ多くの人びとは、早晩、民族主義の訴えに感じ入るのであった。産業労働者、農業労働者、豊かではない農民は、一九世紀の終りにはまだ「民族主義に届かな」かった。彼らは、ラデツキー〔将軍〕の時代よりはかなり疑いを持ったが、まだ「権威」を受け入れていた。オーストリアは工業化されるようになっていた。重工業は、ボヘミアの伝統的な工芸に影を投げかけ、製鉄所がケルンテンとシュタイアーマルクの渓谷に設立された。工場は伝統と尊敬を死なせるものである。農民は領主に挨拶をした。そして皇帝を、非常に遠い、より大きな地主と考えた。一八四八年のクードリヒの業績〔＝農民解放〕にもかかわらず、農民は「所有され」ていた。工場所有者は誰にも挨拶をしなかった。工場労働者は、雇用主に挨拶をしたかもしれないが、彼によって所有されていなかったし、彼の権力を抑制するために労働組合を組織した。町と村は切り離されなかった。そして尊敬の欠如が人から人へと広がった。大衆はもはや無意識のうちではオーストリア人ではなかった。彼らはまだ意識的には民族主義者ではなかったし、もしオーストリアが大衆に何か与えるものがあったとしたら、彼らは多分オーストリアの側についていたかもしれなかった。

伝統的なオーストリアの諸階級は、領主貴族と官僚であって、かつては敵であり、今は和解していた。両者はその地位と考えのために人民との関係を持てなかった。貴族は、オーストリアの人民のことを自分の農民を延長したものであると思い、人民の唯一の役目は貴族に贅沢をさせておくことであると見なした。官僚は、人民を単に行政の対象物と考えたし、オーストリア精神を自分たちの事務机よりも大衆には求めようとしなかった。その上、これら「オーストリア的」諸階級が結合した環となったのは、皇帝への忠誠心であった。そして彼らの全精力は、皇帝の独自権力にとっての恐れである「自由主義」に反対する闘いに投入された。フランツ・ヨーゼフ皇帝自身は、躊躇せずに、諸民族の間で策を弄し、諸民族の対立をあおりさえした。皇帝の唯一の目的は、軍隊と外国問題への干渉にはどれも抵抗することであった。これらは、実際の自由主義の二つの決定的な要求である。ついに九〇年代に、自由主義を敗北させた代償が明確になった。ハプスブルクの軍隊を議会の統制から守るために、中間階級は民族闘争へ転換させられていた。そしてこれらの民族闘争は、オーストリア国家を、そしてハプスブルク軍隊さえも、瓦解させるほど脅かしていた。最高軍事司令官〔＝皇帝〕への忠誠心は、士官として勤務する貴族にとって、軍隊のために税を徴集する官僚にとって、かつて下士官と兵卒となった文盲の農民にとって、とても立派な大義であった。だがそれは、工業的なまた知的な中間階級にとっても、工業労働者にとっても、十分立派な大義ではなかった。それは、一度基礎教育を受けた農民にとっても、十分立派な大義ではなかった。

フランツ・ヨーゼフは思想のない皇帝であった。このことは彼の強みであり、彼を生き延びさせた。だが、一九世紀の終りまで、思想が国家を作ったし国家を助けていた。ハプスブルク帝国は、ホーエンツォルレルン君主国が行なったように、民族的な転換行為を行なえなかったので、「オーストリア観念」を発見しなければならなかった。言葉はどこにでもあったが、それを実践に転化することは決して生じなかった。王朝には一つの伝統的な思想があった、それは、ヨーゼフ二世によって一時的に捨てられたものであったが、ローマ教会との同盟であった。以前にハプスブルク王朝は、反宗教改革によって滅亡から救われたことがあった。そして最後まで、オーストリア家は、ローマ教皇と共に国際主義の性格を分ち持った。フランツ・ヨーゼフ皇帝は、ヨーゼフ二世の決定を取り消すために、またローマ・カトリック教会を自由主義に反対する同盟者として復活させるために、初期の時代に彼の絶対権力を使った。そしてターフェ首相は、ブルジョワ政府が反教権主義を採った後に、この同盟を更新した。それは完全な同盟ではなかった。教会の枢機卿は、「オーストリア人」であり、ドイツ人地域の聖職者たちは、彼らの農民を自由主義のウィーンに反対して励ますつもりがあった。さらに、〔ローマ・カトリック〕教会は、勃興する諸民族を遠ざけておく余裕はなかった、とくにギリシャ正教会と合同東方カトリック教会が挑戦しているのでなおさらであり、両方〔の教会〕とも〔ローマ・カトリック〕教会の見るところ、文句なく民族的であった。教会は、ハプスブルク家より以前に存在していたし、それ以後も存在するものであった。教会は王朝を好んだが、未来への予防策も取らねばならなかった。

それにもかかわらず、最後の型の「オーストリア観念」は、動揺した形ではあるが王朝と帝国を生き残らせる思想であり、ローマ・カトリックが作った物であった。キリスト教社会党は、ルエーガーに組織されたが、大衆と共に進もうという、教会の初めての試みであり、ドイツの片割れである〔カトリック〕中央党より民主的で、そしてよりデマゴギー的であった。キリスト教社会党は、農民の伝統的な教権主義に訴えたし、また農民を地主への依存から解放した。その上、キリスト教社会党は、農民が都市に敵意を持っているにもかかわらず、農民を大産業の進展によって脅かされた店主・職人と同盟させた。事実、キリスト教社会党は、教会に反対せずに共同行動する点を除けば、フランス急進党の（または英国のロイド・ジョージの急進主義も）オーストリア版であった。同党は、有限会社や労働組合から、銀行やチェーン・ストアから、また、大領地や機械化農場から、「小営業者」を守ることを目的とした。それは、勃興する政治的情熱を、教会にとって危険でない方向へ変えようと努めた。それは、反自由主義者で、反ユダヤ主義で、反マルクス主義で、反資本主義であった。この運動の指導者たちは、彼らが何をしようとしているのかを、正確に知っていた。彼らは、基本的な感情、とくに反セミティズム（反ユダヤ主義）に訴えたが、彼らが〔大衆から〕引き出した情熱をいつでもコントロールできると思った。〔ドクトル・カール・〕ルエーガー〔キリスト教社会党党首〕は宣言した、「誰がユダヤ人であるか、私が決める」、そして自由主義とマルクス主義から離れているユダヤ人をしっかりと守った。後の指導者ザイペルは、彼の党の反ユダヤ主義について言った(1)、「それは、貧民窟のためのものである。」彼は、その貧民窟が、ある日彼の後継者を殺すだろうとは気が

ドクター・ヴィクトル・アドラー

つかなかった。キリスト教社会党は、脂《やに》に触れても汚されまいという試みであった。「小営業者」の党として、この党は「申し合わせによって」帝国的であった。その支持者は、大公たちに贔屓してもらう価値を知っていた。伝統的なオーストリア人は、最初にキリスト教社会党のデマゴギーにショックを受けた。そして九〇年代にフランツ・ヨーゼフ皇帝は、ウィーン市長として〔選挙で当選した〕ルエーガーを承認するのを二度[2]も拒絶した。だが一八九七年にはルエーガーは〔ウィーン市長として〕承認された、そして王朝は新しい同盟者を見つけたことを認めたのである。

九〇年代に、民族的な嵐が起きたときに、別の大きな国際的な運動が、オーストリアで確立し、そして国際的帝国と王朝に、かなり予期しなかった支持を与えた。一八八九年に、ヴィクトル・アドラーはオーストリアの散りぢりのマルクス主義者をオーストリア社会民主党に統一した。これは、第二インターナショナルの創立の年でもあった。そしてマルクス主義は、すでにその創始者の意図からずっと押し流されていた。マルクスの政治的戦略は、一八四八年〔のヨーロッパ革命〕の失敗から生じていた。洞察力のある展望で、マルクスは、ドイツ自由派が政府を引き受ける責任を嫌がっているとみた。この忌避は、彼らの財産を失う恐れに帰し、労働階級は財産を持たないのでこの忌避を持たないであろうと信じた。(3) マルクスは、終始、革命家であった。彼は、社会主義を達成するために革命を説いたのではなかった。彼は、革命を達成するために社会主義者となった。彼は、社会主義党が賃金や労働条件についての日常的な闘争を指導することによって大衆の信頼をかちとるべきだと認識したが、彼の目的は、社会主義者が権力を握り、現存の社会を終らせるその瞬間に焦点を当てた。ドイツ社会民主党は世界で最大の「マルクス主義」政党であったが、まもなく、この権力の獲得を遠い未来のものとした。そしてオーストリア社会民主党はドイツの例に従った。彼らの非難した自由派と同じように、彼らもまた、責任にひるみ、彼らが大変な重荷だと思った任務〔＝政権を取ること〕を王朝に肩がわりさせた。キリスト教社会党がデマゴギー的であるように、社会民主主義者が革命的であるのは、ただ言葉の上だけだった。

マルクスの社会主義は建て前では国際的であった。それは、祖国を持たない労働階級の統一を説いたし、国家間の戦争と民族の憎悪のない社会主義ヨーロッパを想像した。伝統的な支配階級と同じように、マルクスの社会主義は、民族主義とはもっぱら中間階級のものである、というのである。民族的衝突は敵対している資本家の策略であり、外国の競争者〔＝資本家〕にたいして国家権力を用い、また本当の敵を攻撃することから労働者階級をそらすためのものだと、それを見なした。実際には、マルクスは一八四八年の革命的心理にとらわれていた。彼は歴史的民族の要求だけを認めた。もっともこの場合、歴史的に革命的な民族ではあったが。それらは、ドイツ人、ポーランド人、イタリア人、マジャール人であった。(原注1) マルクスは、スラヴ民族主義を反動的なペテンだとして片づけた。彼は、ルテーン人――ガリチアの小ロシア人――なるものが革命的ポーランド人にたいする武器として、ハプスブルクによって「発明」されたのだという、ポーランド人の命題を採用した。彼は、一八四八年のチェコ人とクロアチア人の運動が純粋に王朝的で封建的であり、オーストリアのスラヴ人は、「民族的存在の第一条件そのものを欠いている」が、革命的社会主義のドイツに吸収される運命にある、というエンゲルスの意見を承認した。一八四九年にロシアがハンガリーに干渉したが、それはスラヴ人と反動とは関連があるという彼の連想を確証させた。六〇年代に、汎スラヴ主義のバクーニンが挑戦し、ついにマルクスがもっていた第一インターナショナルへの支配力を壊した。このことは、スラヴ人にたいするマルクスの敵意をなおいっそう強めた。スラヴ人への憎悪は、マルクスとエンゲルスを奇妙な道へと導いた。狂信的反ロシアである彼らは、トルコ帝国が資本主義への転化の時期を持たずに社会主義へ真っ直ぐに進んで行くかもしれない理想的な国家であると確信した。彼らは、グラッドストーン〔イギリス自由党政治家〕がバルカン諸国の民族に対し熱心であるのを、イギリスの資本家的ごまかしだと書き、そしてディズレーリ(4)をツァーリズムにたいする自由主義と社会主義のチャンピオンとして持ち上げさえした。こうして、マルクスが待ち望んだ社会主義ヨーロッパは、マジャール人、トルコ人と、出来ればポーランド人が、仲間として認められるはずのドイツ的ヨーロッパであった。

この見解を、ドイツ人自由派も、またその点に限っては、現存している二重帝国の形のハプスブルク帝国も抱いた。その考えではまた、マジャール人、ポーランド人、そしてボスニアではトルコ人が、「国家の人民」としての特権を分ち持った。産業がドイツ人地域で最も進展していたので、オーストリアの初期の社会民主党指導者はドイツ人であり、民族問題をほとんど認識していなかった。民族問題が存在したとしても、それはチェコ人やスロヴェニア人の低い生活水準の労働者をドイツ人の労働組合の人びとに対するスト破りとして導入する策略だと考えた。それ以上に、マルクス主義には社会主義の国際貿易理論がなかったので、オーストリア社会民主党員は、無邪気なコブデン主義(5)によってハプスブルク帝国を見たし、それを「大自由貿易領域」として歓迎した。結局、野心的な労働組合の書記が、組合員を数えるのに、ウィーンとその周辺のいくつかの町に限るよりもむしろ、カルパチア山脈からアルプス山脈まで、リヴィウからトリエステまで入れるほうを選んだのである。その上、ハプスブルク帝国は、ウィーンの大資本家を繁栄させたので、これはまた、これらの資本家に雇用されるウィーンの労働者にも繁栄をもたらした。こうして、民族問題に関する指導的な社会主義的著述家カール・レンナーは、ハンガリーの完全な独立の要求に同情する人びとを非難した、というのは、「ハンガリー市場がオーストリア資本にとって、モロッコ市場がドイツにとってよりも、比較にならないほどいっそう重要であるから」である。ドイツ社会民主党員は、少なくとも、モロッコへのドイツ帝国主義者の計画に反対した。だがオーストリア社会民主党員はハンガリーでの、そしてさらにはバルカン諸国での、ウィーンの経済的帝国主義を支持した。全く同じ精神で、あるドイツ社会主義者は、第一次ドイツ戦争〔＝第一次大戦〕の間に、「ドイツ産業の破滅は、ドイツ労働階級の破滅である」と言って、ドイツ帝国主義を支持した。そして後年、あるイギリスの労働組合の書記は外務書記官となったが、イギリスが東部地中海とペルシャ湾を帝国主義的に所有していることを弁護した、その理由はこうである。もしこれらが失われたら、イギリス労働者は給料袋で損失を感じるだろう、と。もし労働者が彼の主人の略奪品の分け前を求めるならば、主人の破滅にも付き合わねばならない、というわけである。

さらに、社会民主主義の政治家がハプスブルク帝国の統一を支持し、だから大衆の民族的要求を否定しながらも、彼らは、自分たちの民族的自由を主張した。マルクスは、労働者階級の指導者がその考え方では労働者的であるままだと考えた。実際には、社会主義の政治家や労働組合の役員は、教師や官僚と同じく中間階級の知識人であった。社会主義の指導者たちは、学歴のある人たちで知的能力があり、マルクス自身のように、生産からはずっと切り離されていた。彼らは、自分の階級の民族主義的観念から逃れられなかった。一度、非ドイツ人の労働者たちが組織されると、彼らは自分たちの代弁者を作りあげた、そしてこの人びとは、自分の仲間の知識人と同じように民族主義的な意識を持つようになった。その結果として、オーストリア社会主義者たちは、労働組合と党さえ民族的に組織を分け、ただ党名で統一していただけだった。このように、党と労働組合の仕事は、民族の境界線によって配分されかつ重複していた。だがこの社会民主主義者たちは、この原則を他の諸党にたいして、否定した。他の諸民族の社会主義者は、確かに彼らのマルクス主義によってドイツ的色合いを取り入れた。そしてこの意味で、オーストリア社会民主党は、「オーストリア観念」を広げたのである。党はウィーンで最強であった。そしてウィーンはこの運動の思想家と著述家を出した。この人びとは、真にウィーン的な形態で、大胆な議論とおとなしい結論とを結びつけた。彼らは、大「オーストリア」の地主と資本家の愛顧で生活しているウィーンの労働者たちの展望を帝国中に広めるべく、革命的な言葉を用いたのである。

キリスト教社会党と社会民主党は共に、九〇年代に破壊的であると見えた。さらに、一八九五年に連合政府が失敗したので、フランツ・ヨーゼフ皇帝は、一八六七年以来自由主義的あるいは保守主義的な形で営んできた政治体制を放棄せざるをえなかった。だが諸政党は政府をつくることはできなかった。そして政党と交渉することは無益であった。唯一の出口は、強力な人物、上からその権威を課すであろう救世主であるように思えた。この新しい救世主、それが出現するときは君主制の最後の救世主となるのだが、それは、ガリチアの総督バデーニであった。バデーニ〔首相〕は、ポーランド人的な適応力があり、あらゆる資格があった。彼は、貴族で、皇帝の忠実な召使であった。同時に自由派であり、穏健な類の反教権派でさえあり、あらゆるポーランド人と同様、中央集権主義者であった。バデーニは、行動的で、成功した総督であり、さらにその政治思想は時代に合っていると思われた。彼は利口だったので、議会主義の政治家を挫折させた普通選挙権の問題に取り組んだ。彼はその原則を受け入れ、その上それが無害だと請け合った。一八九六年に、五分の一の選挙民が現存の「選挙区」制度に組み込まれ、普通選挙によって七二名の代議士を選出した。バデーニ首相は、民主的な代議士が永久に少数派で満足するであろうと、貴族的な軽はずみから思った。

これはバデーニ首相にとっては、どのみち気まぐれであった。彼の前後の他の多くの人と同様、彼は、チェコ人とドイツ人の間の衝突を調停できると確信した。彼は、一八九七年に行なわれるはずのハンガリーとの経済的妥協に、さしあたり注意を払った。そして彼は、ポーランド人、ドイツ人、和解したチェコ人という「自由派」のブロックによってこれを行なおうと望んだ。その上、彼は、オーストリアの強さを回復し、それでハンガリーとの協定に新しい条件を一緒に課そうと考えた。外国の諸事件によって突然、バデーニは行動の自由を得た。オーストリア＝ハンガリーは、あらゆる利益と不利益とを意味しながら、ヨーロッパの必要物であることをやめた。一八九三年にカールノーキー〔外相〕がドイツの自由主義的感情へアピールしたが、それは、行なわれるとほとんどすぐに失敗した。一八九四年までに〔ドイツ宰相〕カプリヴィは注意深くなっていた。彼はフランスに反対してドイツの後援を〔オーストリアに〕与えようとはしなかった。その後援は近東での軍事行動で〔オーストリアが〕イギリスに勝つために必要であると、カールノーキーは考えた。その代りカプリヴィは別の政策に移り、ナイルの谷の争いによって(6)イギリスを中欧列強から遠ざけた。一八九四年の秋にカプリヴィは辞任し、新しいドイツ宰相ホーエンローエが、ビスマルクの保守的政策に復帰した、つまりロシアと友好的に関係を更新しようとし、もはやポーランド人を助けないという政策である。カールノーキー〔外相〕の対外政策とオーストリアの〔政府派閥〕連合は共に、ドイツの支持を失った。カールノーキーは、一八九五年にイギリスでソールズベリ〔イギリスの保守党政治家〕が〔第三次ソールズベリ内閣をつくって〕復職したとき、チャンスが再びやってきたと思った。イギリスの艦隊は最後に、〔ボスフォラス－ダーダネルス〕海峡に入る準備をした。この政策は、もはや実行できなかった。それはフランス－ロシア同盟のために技術上できなかった。それは、アルメニア人の大虐殺のために、感情の点でできなかった。一八九五年の終りに、イギリスはトルコ帝国の防衛を実質的に放棄した。オーストリア＝ハンガリーは独り残され、イタリアがアビシニアで悲惨な事態に陥ったとき、その最後の弱い同盟国を失った。カールノーキー〔外相〕は絶望的に孤立し、ヴァチカン〔＝ローマ・カトリック教会の総本山〕の好意を求めようとした。これは、フランス－ロシア連合に反対する唯一の望みだと彼は信じた。ヴァチカンを喜ばすために、カールノーキーは、ハンガリーの政治に干渉し、マジャール排外主義にとっての最後の共鳴板であった反教権主義をくい止めようと試みた。だがその代り、カールノーキーは、ハンガリー人の抗議によって辞職を強いられた。しかし彼の後継者ゴウホフスキは孤立し、近東で迫る惨事に直面した。ロシアはボスフォラス〔海峡〕を占領する決意とみえた。そしてドイツもイギリスもそれに対してオーストリア＝ハンガリーを援助しようとはしなかった。突然、一八九六年の終りに危険がなくなった。フランスはロシアの動きを制止した。そしてどのみち、ロシアの目は極東に向けられた。そこにロシアは、容易に手に入れられて、より大規模な褒美を見たのである。

こうして、一八九七年に〔外相〕ゴウホフスキは、彼自身の手柄によってではなかったが、メッテルニヒ以来あらゆるオーストリアの政治家が回避したロシアとの協定に到達した。そして彼は、メッテルニヒが必要と思った保守的な連帯を誇示せずに、それを達成しさえした。ゴウホフスキは、ポーランド人として、ロシアに疑いと敵意を持ち続けていた。ただ彼が孤立していたのと、ドイツの圧力のために、強いられてロシアの申し出を受け入れたのであった。一八九七年五月に、オーストリア゠ハンガリーとロシアは、ロシアに極東で自由行動を与え、オーストリア゠ハンガリーはそれをやむをえないとする、近東協商を正式に締結した。それは、ハプスブルク帝国がいままで受け入れられる唯一の形の協定であり、できる限り東方問題を延期する協定であった。当時の言葉によれば、近東は「氷の上に」置かれたが、期待に反して一〇年間氷の箱に入りっぱなしであった。オーストリア‐ロシア協商は、オーストリア゠ハンガリーを大いに救い、さらに大いに危険にした。オーストリア゠ハンガリーは、もはやロシアとの戦争を恐れることはなくなり、もはや同盟国を探し求める必要がなかった。イタリア人の感情に頼ることをやめ、ドイツに関してトラブルさえ起こさなかった。他方で、ロシアの危険が取り払われたので、オーストリア゠ハンガリーは、その「ヨーロッパの使命」の最後の残りかすも失った。危険が何もなければ、情熱は抑制されなかった。とくにドイツ人とマジャール人は、ロシア軍の進軍を最も恐れた二つの「国民」であったが、今度は、一八四八年にほとんど破壊的であったように、ハプスブルク帝国への反対に向かうことができた。オーストリア‐ロシア協商によって、帝国の長い危機の時代が、その内部からの危機の時期が始まった。これらの危機は、克服されなかったので、一九〇八年に始まる外部からの危機〔＝ボスニア危機〕という新しい時代に直面する以上に、帝国を弱くさせたのである。

バデーニ首相の大きな仕事は、近東の危機の終りと一致した。オーストリア‐ロシア協商の結果がその影響をまず示した。この仕事は一八九七年四月五日の法令であって、チェコ語とドイツ語が、ボヘミア中の「州内業務」の言語であるべきだというものであった。(原注2) 表面上公平な同法は、民族間の闘争つまり官僚制の内部の職を求める闘争で、チェコ人を勝利させた。すべてのチェコ人は、国際語としてドイツ語を学んだ。ボヘミアのドイツ人の学校は、一八六八年の州議会布告で、「州の第二の言語」つまりチェコ語を教えることを禁止されていた。ひとたび、州が人を雇用するとき両方の言語の知識が必要だとされると、チェコ人はボヘミアで公職を独占しようとした。バデーニ首相は、いかなる準備もなくその法令を打ち上げた。一〇月特許状の人びとのように、彼は、大衆の抵抗とか大衆の支持とかを想像することができなかった。オーストリアのために本当に心配したオーストリア貴族と、皇帝自身とは、窮地におちいって、逃れられなくなった。つまり帝国は、オーストリアの民衆の支持をかち取れるときだけ生き残れる、だが民衆は、ひとたび和解すると、貴族の特権と帝国権力を終らせるだろうという板ばさみであった。

一八七九年以来、さらには一八六六年以来積み重ねて来たドイツ人の独占が縮小することに反対するドイツ人の怒りが、バデーニの法令に対して噴出した。ボヘミアのドイツ人は、ドイツのドイツ人と、オーストリア中のドイツ人に訴えた。シェーネラーがとうとう機会をつかんだ。彼が一八八五年に創立したドイツ国民党は、暴力的な騒がしい少数派として残っていた。シェーネラーは、ドイツ人を基礎とする帝国の統一を再び主張しようとするドイツ人の指導者になった。彼自身はそれを狙わなかった。彼は、自分の鼓舞した暴力が帝国を破壊し、大ドイツへの道を準備するだろう、と信じた。ドイツ諸民族は、「国家の人民」の代弁者であったが、あたかも抑圧された少数民族の代表者であるかのように振舞った。そして彼らは、もっと穏健なドイツ人によって、ドイツ社会民主党員によってさえ、支援された。彼らは、ウェストミンスターでアイルランド人が妨害したときの戦術を典型とした。アイルランド人は単に、イングランドとの併合を終らせようと願っただけであった。だがドイツ人は、とにかく建て前では、強力な帝国を護ろうと望んだ。それはあたかもイングランドの議員がアイルランド人に反対するデモンストレーションをして妨害しに行ったかのようであった。帝国議会のドイツ人は機知と器用さの持ち合わせさえなく、アイルランド人の例に威厳を添えられなかった。乱暴なちんぴらだった彼らは、「国家の人民」の代表者としての価値があったというものだ。民族主義的代議士は、数時間も続けて叫び、足を踏み鳴らしたし、机をどんどん叩き、発言者にインク壺を投げつけ、そのため、ついに警察が呼ばれ、この代議制政府のパロディを終らせた。シェーネラーとその友人たちは、帝国議会から街頭へ訴えた。ウィーン、グラーツ、ザルツブルクでは、裕福で立派な市民の群は、一八四八年〔革命〕の飢えた群衆の暴力をたっぷり持って、デモンストレーションをした。集会はドイツ中で行なわれ、同情のメッセージが集まった。有名な歴史家で気高い自由派、モムゼンは書いた、「チェコ人の頭脳は

ゲオルク・リッター・フォン・シェーネラー

理性を理解しない、しかし殴打は理解する。これは生死の闘争である。」この危機で、バデーニ首相は、ハプスブルク帝国の前もって決められていた救世主では全くなかったことを示した。バデーニは、小ロシア人のはっきりしない不平に慣れていたので、生活の豊かなドイツ人反乱者にたいしては、なすすべがなかった。彼は、帝国の資本家に対して軍隊を派遣できなかったし、中間階級からキリスト教社会党と社会民主主義の大衆運動に対しても、訴えようとしなかった、これらの人びとは民族的暴力主義にはあまり支配されていなかった。バデーニはいつも、一八世紀の物言わぬ農民大衆を扱っていると仮定していた。彼の貴族的な意志に対して大衆が抵抗するというのを、決して計算に入れたことがなかった。全オーストリアが震撼した、そして一八九七年一一月に、フランツ・ヨーゼフ皇帝は、帝国を救うために呼んでいたこの人を解任したのである。

一人の大臣を強いて辞任させようとする大衆的デモンストレーションは、一八四八年以来、先例がなかった。ドイツ人民族主義者はこの成功に驚いた。彼らに従った大衆はさらにもっとびっくりした。というのは、もしシェーネラーが完全に野望を遂げ、「権威」を打ち倒したら、ドイツ中間階級は、最も悩みまた最初に悩んだことであろうから。シェーネラーは、ハプスブルク帝国を倒し、その領土をホーエンツォルレルン家のドイツ帝国に合体させようと望んだ。これは、ドイツ系オーストリア人の広い多数者の希望ではなかった。ウィーンの群衆は、ウィーンが大ドイツ帝国の首都であり、州の都へ格下げされないよう望んだ。バデーニ首相に反対する運動は、ドイツ人の反対行為の頂点であって、それはハプスブルク君主制を破壊することそのものであった。ドイツ人は、ドイツ人の民族国家としてのオーストリアを保全するには、十分強力ではなかった。彼らは、それが非民族的国家に転換されることを許そうとしなかった。彼らは、王朝を奪うことができず、また王朝をあえて投げ捨てなかった。彼らは、王朝が建設的なことを試みるときに、王朝を妨害することができただけであった。

確かに、王朝は失敗をするに値した。憲法の経験がなかったポーランド人貴族〔＝バデーニ〕が民族を宥和させようとする試みからは、失敗だけが期待できたのであった。フランツ・ヨーゼフ皇帝は、人民とその指導者の政治的無責任さの背後に隠れた。その上、人民に政治的経験をさせなかったのは、王朝権力を執拗に防御するためであった。フランツ・ヨーゼフ皇帝は、善意で帝国を保全し臣民を守ろうと、願った。彼のできなかったことは、自分が受け継いだ権力のいかなる部分をも放棄することであった。大オーストリアの構造は、ハプスブルク家をめぐって作られていた。それは、ただ王朝がその独占をやめさえすれば生き残ることができた。これが、オーストリア＝ハンガリーが倒れたことを説明するものである。バデーニの法令は、王朝がオーストリアの民族的衝突の膠着状態を打ち破ろうという最後の試みであった。それ以後、改革計画がなかったわけではないが、フランツ・ヨーゼフ皇帝は、より良いものへの変化を望むのをやめ、より悪いことへの変化に対してだけ闘った。二〇世紀の初期の計画と努力は、防衛的であった。だがバデーニ首相の後、王朝は自分の棺を守ることで満足したのである。

（原注1） ドイツ人以外の、この要求でさえも、留保付きでのみ認められた。イタリアは「つねにドイツに支配されるだろう」。ハンガリーは実際は一八四九年の一〇月に（革命の）ウィーンに到達しなかったのだが、援軍を送ったというわけで支持された。ポーランドの復活は、ロシアとの革命戦争を起こすために必要とされ、それをマルクスはドイツの統一にとって必要と考えた。しかしもしロシアに革命が起これば、マルクスとエンゲルスは、ポーランドをロシアとドイツの間で分割する、という提案をした。エンゲルスは、一八五一年の五月二三日にこう書いた、「もしロシア人が前進して来れば、彼らと同盟せよ、そしてポーランド人を無理に退かせよ。」

（原注2） ドイツ語は、軍事行政、郵便と電信、国家財政の問題で、他の州および中央政府と交流する

唯一の言語として残された。

(1) 一九三四年に殺害された首相ドルフス。

(2) 原文は、四度、とされている。ウィーン市長選は、三回行なわれ、ルエーガーは反セミティズムを掲げていたので、皇帝は二度も任命を拒否した。三度目も当選したので、やむをえず、一年おくれて市長に任命した。

(3) エンゲルスの『革命と反革命』、マルクスの『フランスにおける階級闘争』など、革命後に書かれたその他の作品を参照。

(4) ベンジャミン・ディズレーリ(一八〇四—八一)。イギリス保守党政治家、二度、首相になる。改宗ユダヤ人。ライオネル・ロスチャイルドと非常に親しい。

(5) コブデンは、イギリスの自由貿易主義者。

(6) イギリスは、アフリカ縦断政策のために、ナイル川上流のタンガニーカ湖岸を永久租借しようとした。これはフランス、ドイツが反対して、失敗した。

(7) つまり、エチオピア。一八九六年、イタリアはエチオピア戦争に敗れ、三国同盟には形式上入っていたが、そこから離れ、フランスに接近し、一九〇〇年には伊仏秘密協定を結ぶ。

(8) 中国東北部や中国北部。

第十五章　一八六七年以後のハンガリー、カーロマン・ティッサとマジャール人ジェントリー

二〇世紀初期にオーストリアとハンガリーの政治危機が同時に爆発した。双方とも中間階級の民族主義によって引き起こされた。オーストリアではこれは産業の発展に、ハンガリーでは農業の衰退に起源があった。一八六七年にフランツ・ヨーゼフ皇帝がハンガリーに屈服したこと〔=妥協〕は、矛盾した効果を持った。マジャール人のジェントリー〔=小地主〕は、経済的に破滅した瞬間に、政治的に成功したのである。一八四八年の賦役の廃止はバッハの騎兵によって忠実に実施されたのだが、それは小ジェントリーを没落させ始めた。鉄道と、アメリカの小麦との競争は、それを完成させた。彼らの領地はマグナート〔=大地主〕に渡り、マグナートは、賦役の廃止で得をし、〔領地を〕資本主義的に整え、世界競争の嵐を乗り切ることができた。一〇万以上の独立地主が、一八六七年からこの世紀の終りまでに、消滅した。ハンガリーの三分の一以上がマグナートの物になり、ハンガリーの五分の一が三〇〇家族によって所有された。

ジェントリーは土地から引き離されたが、新しい性質のハンガリー国家がその没落を救った。一八四八年以前にはハンガリー国家機構は、ウィーンのハンガリー領事と、ブダペストの総督府の数人の役人からなり、彼らは法令を写し、それらを六三の郡に送った。郡は、土地を所有したジェントリーが、趣味で管理した自治体である。フランツ・ヨーゼフ皇帝が一八六七年に引き渡した国家〔＝ハンガリー〕は、オーストリアをモデルにした広い官僚的な組織で、国有鉄道、国立郵便局、国家衛生事業と国家教育があった。この国家はバッハ〔内相〕の騎兵がつくったが、今度は土地なき「ジェントリー」を雇用した。郡はその歴史的自治を回復したが、これは取るに足りなかった。郡の唯一の独自機能は、課税し、地租を徴収することであって、かつては、唯一の収入源であったが、他の郡と同じように、今では面白い遺風であった。一九世紀初期のジェントリーの型は、非文明的農民で、伝統的法律だけを学び、多分生涯で一度、代議員としてブラティスラヴァの議会に行ったことを除けば、郡の町より遠くには行ったことがなかった。二〇世紀初期のジェントリーの型は、役人で、ブダペストに住み、大ていは由緒のある家屋敷があり、土地はなかったが、多分持っていたとしても利益を生まないその領地を自分の給与と「役得」ではまかなえなかった。こうしてジェントリーは、歴史的には中央集権国家の反対者であったが、いまやそれと一体となった。そして二〇世紀まではこの官僚機構がマジャール人ジェントリーの二五万人の雇用の基となった。

ジェントリーは郡で素朴な行政の経験があった。役所での本当の資格はマジャール人だということであった。オーストリアでのように、民族問題は、官僚制の中で職を求める闘争となった。ハンガリーでは闘争はすでに勝っていた。民族的闘争の危険に直面して、マジャール人ジェントリーは、一八六八年の民族法の諸規定を実施しようとはしなかった。他方彼らは、仕事を容易にするために、ハンガリーのすべての住民にマジャール語の知識を要求した。〔マジャール人以外の〕どんな少数民族にも国立の小・中学校は与えられなかった。スロヴァキア人が自分たちで設立した中学校は一八七四年に閉鎖された。一八八三年にマジャール語がすべての学校で必修となった。この政策の最高の表現は、一九〇七年にアポニが推進した教育法であった。それは、全教師に特別の忠誠心の誓約を課し、もし彼らの生徒がマジャール語を知らなかったら、教師を辞職させることにした。同様に、マジャール人ジェントリー〔=小地主〕は、諸民族のどんな政治的表現も攻撃した。ごく少数の議員さえ議会から追い出し、彼らの組織を非難した。これらの手段により、マジャール人ジェントリーは、国家の雇用と自由職業を独占し維持した。二〇世紀の初めに、国家の役人の九五％、郡の役人の九二％、医者の八九％、裁判官の九〇％が、マジャール人であった。八〇％の新聞はマジャール語で、残りはほとんどドイツ語であった。三〇〇万のルーマニア人は二・五％の新聞を持ち、二〇〇万のスロヴァキア人が〇・六四％、三〇万の小ロシア人が〇・〇六％であった。国家の雇用を求めてマジャール人ジェントリーはクロアチアにも入っていった。行政をマジャール人の総督が支配していたので、クロアチアの議会は救いようがなかった。ブダペスト〔＝ハンガリーの首都〕によって支配された鉄道制度は、クロアチア中にマジャール人役人を送りこみ、クロアチアの防備のなさを増すためにさえ用いられた。ハンガリーの行政はザグレブとウィーンとの間を結ぶ鉄道を妨げ、クロアチアの鉄道制度は人工的にブダペストに中心を作るよう強制された。クロアチア議会自体でさえ、一八八七年には、役人がすでにハンガリーに家を持ち、だから〔ハンガリーで〕一票を持っていたとしても、一時的にクロアチアに住むその役人に一票を与えたので、一部は〔ハンガリー人によって〕選出されたのである。

マジャール民族主義は排他的ではなかった。二重帝国を獲得したことが示したように、ハンガリーの民族は無比の政治的技術を持っていた。ハンガリーではマジャール人が少数であることを知っていたので、マジャール人ジェントリーは、数人の「民族的」知識人を味方に引き入れることによって、諸民族を無力にしておこうと狙った。彼らは、自分たちマジャール人「民族」を増大させることよりも、むしろスロヴァキア人かルーマニア人の勃興を妨げていた。そしてマジャール人農民を教育することはあまりしなかった。結局、マジャール人の中では独立農民党が、ジェントリーの独占に挑戦したかもしれなかった。マジャール人の支配階級はあらゆる民族から補充者を獲得した、それは主にドイツ人とユダヤ人であった。ドイツ人は、ウィーンとさらにはドイツに見捨てられ、商業と工業で支配的となり、その過程ではしばしばマジャール的性格を帯びた。ユダヤ人は、ジェントリーがコミタート〔＝県〕から抜け出したように、ゲットー〔＝ユダヤ人居住区〕から抜け出して、一番先に〔支配的民族への〕「同化」を擁護したのであり、土着のジェントリーに欠けていた才気を文学と芸術で発揮した。

ハンガリー本土の諸民族のいずれも組織的抵抗ができなかった。トランシルヴァニアのルーマニア人は、いつもブカレストから激励を受けた。[1] 南のセルビア人は、あまり激励を受けなかったが、独立セルビアをすでに体験していた。他方、一八七七年から七八年のロシア＝トルコ戦争の後の一世代のルーマニア人は、ロシアを恐怖して生活していた。そしてセルビアは、一八八一年から一九〇三年まではウィーンの属領であった。北ハンガリーのスロヴァキア人と小ロシア人はまだ事情が悪かった、というのは、彼らが頼れる民族の故郷が〔帝国の〕国境の向こうにはなかったからである。スロヴァキア人は、彼らの歴史のいかなる時代よりも、チェコ人から切り離されていた。共通の「チェコスロヴァキア」語を作る試みは放棄されていた。そしてただスロヴァキア人プロテスタントの少数派だけがチェコ人に同情した。スロヴァキア人のルター主義でさえ、マジャール人に敵意があったのだが、プラハよりもドイツに教えを頼った。数人のスロヴァキア人代弁者はローマ・カトリックの聖職者であった、そして彼らはハンガリーの聖職者党と同盟を作りながら、反セミティズム〔＝反ユダヤ主義〕をスロヴァキア人の民族主義の主な綱領にした。こうしてスロヴァキア人は、マジャール人とドイツ人の自由主義が彼らに反対して作り出したあらゆる非難にふさわしいようにみえた。つまり彼らは、反動的で、聖職者的で、反ユダヤ主義で、親ハプスブルクであるということであった。そこでマジャール人は、スロヴァキア人の非宗教的な中間階級を奪った、そしてマジャール人がそれに成功したので、ハンガリーでまた彼らが独立を達成したとき、スロヴァキア人を、中央ヨーロッパの全民族のうちで政治的に最も未熟で無責任な民族にしたのである。

亜カルパチアの小ロシア人は、さらに政治的経験が少なかった。その民族生活は、東方合同教会の司祭にとりしきられているだけであった。ガリチアと同じように、この東方合同教会の宗教のために、彼らはどこからも支持をされなかった。つまりその宗教は彼らをポーランド人から遠ざけた、それは彼らを同じくツァーリズム・ロシアから遠ざけた。そしてハンガリーでは、小ロシア人はあまりに後れていたので、独立ウクライナ国さえも夢見るほどであった。一つのことで、スロヴァキア人と小ロシア人両方が感激した。〔というのは〕彼らはアメリカに、新しい民族的故郷あるいはそれの代替物を見つけた。農民が、ひとたび自分の土地を離れたら、一番近い町に留まるべきだという理由はない。彼はまたちょっと大洋を横断してもいいわけだ。そして一九世紀の後半に、スロヴァキア人と小ロシア人は、ヨーロッパで発展させられなかった民族文化をアメリカに持って行った。あらゆる移住民と同様、彼らは故国に残った人びとよりも自分たちの伝統にいっそう忠実であった。彼らは金持の「アメリカの従兄弟」となり、故郷へ帰ってアメリカ的方法で民族闘争を行ない、または海外からそれを援助した。その上、アメリカのスラヴ人移民は、アメリカ人の政治的見解さえ転換させた。彼らは民主主義を守るという本源的な思想に対して、民族自決を促進するという新しい理想を付け加えた、こうしてハプスブルク帝国の運命を決定した一九一七年のアメリカの仲裁への道を開いた。(2) こうしてまたマジャール人は、帝国を破滅させた張本人であるといえるかもしれないのである。

クロアチアは、マジャール人とクロアチア人自身との両方に特別な問題を出した。一八四八年とその後に、クロアチア人は、クロアチアの民族解放のためではなく、歴史的権利のために闘った。イェラチッチ〔将軍〕は、「イリュリア」の思想のために一時的に熱狂したのだが、それは、革命の偉大な年を特色づける一つの異常な先取り思想であった。クロアチアのジェントリー〔=小地主〕は、帝国の保護に頼ったが、今度はフランツ・ヨーゼフ皇帝に見捨てられ、新しい政策を考えることができなかった。クロアチアの州議会は、権利党に支配された。同党は、クロアチアの「国家の権利」を要求し続け、またハンガリー人が免れていた中世法の夢の世界にまだ住んでいた。権利党は、聖職者的で、保守的で、親ハプスブルクであった。唯一容認した民族主義は、セルビア人への敵意であった、それは一八六八年に「軍事国境地帯」をクロアチアに編入してから、セルビア人が、〔クロアチア〕人口の四分の一となっていたからである。抑圧された階級や民族の最大の慰めは、さらにもっと抑圧された者にたいして自分が優越していると感じることである。そしてクロアチアのマジャール人支配者は、セルビア人をわざと贔屓して、セルビア人にたいしてクロアチア人を刺激した。権利党の一部の党員が、躊躇して、セルビア人との衝突を唯一の政治行動にはしなかった。そのとき党の多数派は、自らを純粋権利党として再び主張した。どんな現実の痕跡からも純粋だという意味である。いつものように、この厳格な愛国主義をもった最も狂信的な代表者は、改宗者であった。純粋権利党の指導者フランクは、聖職者的熱狂心からクロアチア人になったユダヤ人であった。

クロアチアは、きびしいハンガリー国境によってオーストリアから人工的に切断され、リエカ〔＝フィウメ〕にある自分の港の管理さえも否定され、二〇世紀まで後れた農業国として留まった。さらに、知的職業の中間階級がザグレブで成長した。それは、近代思想と近代教育のある階級であった。大学が、プラハほどの評判はないが、一八七四年にザグレブに建てられた。そして知識人はついに、民族政策を出した。それは、これ以降「クロアチア民族」をなしたジェントリーと退役将校が要求した「歴史的権利」よりも不毛ではない政策であった。この新しい運動の指導者は、ギャコヴァの司教シュトロスマイアー〔一八一五～一九〇五年、カトリックの司教、人民自由党の指導者〕であり、教会で出世し、その民族的忠誠心を発展させる以前は、宮廷でさえ出世した農民の息子であった。シュトロスマイアーは、南スラヴ思想の真の創造者であり、だからこれがもし真に実現したならば、南スラヴ民族の父となったであろう。イリュリア主義の創始者ガイ〔一八〇九〜七一年、クロアチア人〕は、共通言語だけを力説した。シュトロスマイアーは、共通文化を期待し共通の過去を追想した。この信念の行為は、高級な知的離れ業であった。セルビア人、クロアチア人とスロヴェニア人は、歴史により、政治的忠誠心により、はっきりと分けられていた。彼らは、宗教により文化により分けられていた。事実、共通のスラヴ的性格を明らかにするには、民族誌学者と先史家が必要であった。ここから、南スラヴ的感情をつくるのに考古学と「民族博物館」が重要となる。セルビア人はギリシャ正教であった。遠い昔だが、偉大なビザンチン〔帝国〕の過去があった。クロアチア人とスロヴェニア人はローマ・カトリックであった。クロアチア人は、「歴史的」国家があった。スロヴェニア人は、統一オーストリアの一部で、帝国議会に代表を送っていた。セルビア人は、トルコ人とハンガリー人両方によって抑圧されていたが、ついに小さいけれども独立の国家を持った。セルビア人は彼らの自由への道を闘ったし、トルコ人とハプスブルク両方にたいしてもっと闘うつもりであった。クロアチア人は、戦士でもあったが、ハプスブルクのために戦い、ハプスブルクの保護をもう一度貰って彼らの「権利」を取り戻そうと望んだ。クロアチア人は、野蛮なセルビア人とそのバルカン的なやり方を軽蔑した。実際にセルビアの知識人は、その文化を直接パリから受け入れ、一方、クロアチア人は、その文化をドイツ経由で歪めて粗くして受け入れた。

二つの民族は、決してその過去で分けられてはいなかった。「南スラヴ」思想は、知的な創作物であって、民族的発展の産物ではなかった。シュトロスマイアーは、反抗はしたが、ハプスブルク世界の人であった。不毛な王朝思想に絶望していた彼は、もっと創造的な思想を求めた。彼の目的は、〔南スラヴ〕諸民族を一緒にすることであって、彼らを民族国家に区分することではなかった。そして彼は、共通の文化を創造することによってそれを行なえると信じた。クロアチア人が、彼の指導でアカデミーつまり民族闘争での有力な武器を創設したとき、それを南スラヴ・アカデミーと名づけた。そして彼は、初期イタリアの絵画のユニークな収集品をそこに寄贈した。これは、南スラヴ運動の知的な基礎を完全に表現した。シュトロスマイアーは、美術館を訪れる階級にアピールをしたのだ、そしてイタリア人の原始的なものを見ることによって、彼らを南スラヴ思想へとかち取れると信じた。彼の信念はうまく形になった。ザグレブの知的中間階級はシュトロスマイアーの指導に従った。そしてザグレブは南スラヴ運動の誕生地となった。クロアチアは南スラヴ同盟を支配できなかった、そしてクロアチア人の「国家の権利」は、ボヘミアの「国家の権利」がチェコ民族主義に入り込んだようには、南スラヴ民族主義に入り込むことができなかった。だから、ザグレブの知識人は純粋に単純に南スラヴ人になった。セルビア人は他方で、彼ら自身の国家をすでに持っていたし、イタリアの原始的なものへの訴えにはあまり感動しなかった。彼らの実際的な野望はセルビアを拡張することであり、彼らは最後まで、南スラヴ思想が二次的な武器以上の何ものでもないと見なした。真の民族的国家の代表者であるセルビア人は、王朝、歴史、文化を、南スラヴ同盟の中に与えようと期待した。クロアチアの伝統が入る余地はあろうはずがなかった。この結果、明らかに、クロアチアの愛国者は南スラヴ思想の最も手厳しい敵となり、それはベオグラード〔＝セルビアの首都〕では全く考えられない敵意であった。こうしてザグレブは南スラヴ運動の故郷となり、またそれの反対派の中心地にもなったのであった。

セルビア人とクロアチア人との間には実際の協同行動はわずかしかなかった。セルビアにはクロアチア人はいなかった。クロアチアでは、いつもこの二つの民族の間で衝突が起き、敵対しあっていた。だが彼らはただダルマチアでは一緒になった。ここはお互いの「民族の故郷」ではなかったし、また両者ともオーストリア立憲主義の自由な条件を享受したからである。ダルマチアのクロアチア人は、確かにクロアチアと再び合同することを希望していなかった、そうしたら彼らはハンガリーに支配されてしまうのであった。ダルマチアのセルビア人は、ボスニアとヘルツェゴヴィナによってセルビアから切り離されており、セルビアとの同盟は希望できなかった。それゆえに両民族とも、イタリア人にたいして「南スラヴ人」として結合することができた。セルボ－クロアチア連合は、オーストリアの政治家の最後の世代に警告を与えたのだが、オーストリア政治から生まれたのであり、もしセルビアとクロアチア〔の両国〕しかなかったならば、決して存在しなかったであろう。それは、「チェコスロヴァキア」がチェコ人とモラヴィアのスロヴァキア人のあるいは一層遠くの合衆国の創作物であるように、民族の故郷の伝統と嫉妬心とがない人びとの創造物であった。理論的には南スラヴ思想はスロヴェニア人も含んでいた。実際はスロヴェニア人は、厳格なハンガリー国境によってそれから切り離されていた、そしてベオグラードやさらにザグレブよりもウィーンのほうに近かった。ドイツ人やイタリア人に対抗しているスロヴェニア人の同盟者は、チェコ人であって、クロアチア人やセルビア人ではなかった。そしてスロヴェニア人は、この同盟を守るために、統一オーストリア国家が必要であった。こうして南スラヴ問題は、クロアチア人とセルビア人の間の関係に依存した。そして彼らは、ダルマチアを除くと、マジャール人の大間違いや民族的暴力がなければ、シュトロスマイアーの気高い激励だけでは、決して一緒にされなかったであろう。(原注1)

民族的情熱をもったマジャール人ジェントリー〔＝小地主〕は、少数民族に対抗して官職の独占を守ることだけを考えたのではなかった。民族的情熱は、ジェントリーがマグナート〔＝大地主〕にいつも反対して行なった闘争では新しい決定的な武器でもあった。マグナートは、大領地が危くなっていたコスモポリタン的廷臣であるが、サトマールの平和〔＝ハンガリー対オーストリアの戦いでハンガリーが敗れ、一七一一年に和議を結んだ〕以来ずっとハプスブルク家との妥協を好んでいた。ジェントリーは、「コミタート〔＝県〕を越えて外を見てはいなかったが、いつもハプスブルクとの繋りを嫌がっていた。これは一八四八年の型であった。ジェントリーの多数は、コッシュート〔執政〕を支持した、そしてマグナートは、アンドラーシ〔後年のハンガリー首相、帝国外相〕のような例外がいく人かいたが、コッシュートを見捨てた。それは二重帝国に先行する時期の型でもあった。アンドラーシを含むマグナートともっと啓蒙的なジェントリーとは、デアーク〔ハンガリー議員〕を支持した。ジェントリーの多数派は、カーロマン・ティッサ〔ハンガリー議員〕の反対論を応援した。一八六七年に状況は変った。マグナートは、宮廷でお追従をして特権を求める代りに、大規模な独立農業資本家になった。ジェントリーは、コミタートですねていた代りに、国家の勤務に就いて、それに依存するようになった。ジェントリーは、ハンガリーを大国家としておくために、今度はハプスブルクとの結合を必要とした。同時に彼らは、この国家〔＝ハンガリー〕を利用するために、ハプスブルクの干渉から解放されたいと願ったし、軍隊と外交問題で王冠がもつ特権を尊重することによって、彼らの自由を買いとろうというつもりであった。カーロマン・ティッサは、この変化の象徴であって、実際この新しいハンガリーの作り手であった。彼は、自分の党とデアークの追随者とを合一し、一八七五年に〔ハンガリー〕首相になった。それ以後彼は、フランツ・ヨーゼフ皇帝の忠実な役人であった。そしてハンガリー人は誰も、ティッサよりも、決して「二重帝国主義者」ではなく、対外政策で柔順でなかった。ちなみにティッサは、かつては〔オーストリアとハンガリーの〕妥協への反対派の指導者であった。事実、一八八七年のブルガリア危機で、ティッサは、アンドラーシ〔外相〕の攻撃から帝国の外交政策を守ったのである。

〔ハンガリー首相〕ティッサとジェントリーの追随者たちは、自己利益を訴えるだけでは自分たちを維持できなかった。コッシュートの影響〔＝極端なハンガリー民族主義と排外主義〕はあまりにも深くしみ透っていた、そして民族感情は、一八四九年から一八六七年〔＝オーストリアの支配〕の苦い経験によって燃えていた。ティッサと彼の「奴隷」たちが、諸民族に対抗して〔マジャール人排外主義を〕やむことなく宣伝することは、フランツ・ヨーゼフ皇帝に追従したにもかかわらず、良いマジャール人であり続けているという証拠として必要であった。マジャール人排外主義(3)のこの訴えでも、十分ではなかった。マジャール人住民のいる中央ハンガリーの選挙民は、感情では明らかにコッシュート主義者のままであった。これにたいしてティッサは、期待されていない「選挙の幾何学」を用いた。マジャール人の住んでいる選挙区は、巨大で、しばしば一万人の投票者があった。民族的少数派が住んでいる選挙区は、わずか二五〇人の選挙人がいるちっぽけなもので、これらのうちわずかしかマジャール語がわからなかったので、決定権は数人の役人のものになった。こうしてマジャール人の独占体制は、非マジャール人の住む「不公平選挙区」によって維持された。

この特質ある制度は、マグナート〔＝大貴族〕の野望をうちまかした。彼らは、二重帝国が栄光と高い利益を得られる地位を与えるだろう、と思っていた。イギリスのホイッグ党のように、マグナートは、自分たちを政府の役職へ任命することが貴族を救済する体制だと思った。だがそれらの地位は、困窮したジェントリーによってとって代られた、つまりもっと勤勉であまりにも過大な要求を持たない人びとにである。そしてマグナートはほとんど役所から排除された。マグナートは、一八七一年にアンドラーシが職を去って以来、〔ハンガリー〕首相にはなっていない。そしてティッサは、一八七九年にアンドラーシ〔帝国外相〕が失脚して以来、ハンガリーのマグナートを外務大臣に任用しようとさえしなかった。テーブルは回っていたのである。マグナートは、皇帝につけ入ろうとしてジェントリーと協同しようとした。その代りにジェントリーは、マグナートをだまそうとして、皇帝と協同した。マグナートは損をした。彼らは、宮廷での影響力という伝統的な方法を使えなかった。彼ら自身の行動によって、フランツ・ヨーゼフ皇帝は、〔一八六七年の妥協により、〕ハンガリーでの直接の権力を放棄していたのである。そしてどのみち、尊大で無責任なマグナートよりもティッサを好んだ。その上、マグナートは、その経済政策のために、ハプスブルクとの結びつきに対する敵だという見かけをとらざるをえなかった。つまりマグナートは、大領地で膨張した利益を守るために、高率穀物関税が必要であった、だから、一〇年ごとに関税率の妥協が更新されるとき、オーストリアに対してハンガリーの嫉妬をあおり立てなければならなかった。農業を保護するために、ハンガリーのマグナートはマジャール民族主義者に変った、ちょうどプロイセンのユンカー〔=前近代的地主〕がドイツ民族主義者に変ったようにであった。そしてオーストリア人はもちろん、ハンガリー人も、この「民族的な理由」のために高価なパンを食べなければならなかったのである。

こうしてマグナート、つまり教育ではコスモポリタンで、歴史的には独立ハンガリーの裏切り者は、もっと本当のマジャール人でカルヴァン主義者の地主ティッサと、マジャール民族主義で競争しなければならなかった。彼らは「国内の」排外主義では競争することができなかった。ティッサとその「奴隷」が諸民族に反対する宣伝をしているので、もっとましなものがなかった。〔マグナートから見た〕ティッサの唯一の弱点は、ユダヤ人を歓迎したことであった、そしてこれは、聖職者的、反ユダヤ主義の人民党の指導者、アラダル・ツィッヒー公によって利用された。だが成功はしなかった。ガリチアから来たユダヤ人の商人と金貸しは、マジャール人よりもスロヴァキア人や小ロシア人を冒した、そしてツィッヒーは反ユダヤ主義に熱中し、事実上スロヴァキア人のチャンピオンに変った。これはマジャール人には好ましい道ではなかった。ティッサよりももっと理想主義的路線を取り、民族的協同の政策を主張しても、何も得るものはなかった。「マジャール民族」は、役人、郡の地主、豊かな農民からなっていた。彼らの誰も知的才能はなく、彼らはマジャール人の文化的進歩をユダヤ人に任せた、そしてユダヤ人は改宗者となったが、同じく寛容ではなかった。デアークの穏健ささえ純粋に戦術的であった。そして彼の戦術は、ほとんどのマジャール人が大っぴらに冷たい目をするので、そうだということが確かめられていた。マジャール民族主義は、アカデミックな中間階級に率いられるには、あまりにも深く歴史と社会状況に根づいていた。その理由のために、シュトロスマイアーやマサリック〔後のチェコスロヴァキア大統領〕のような、高貴な性格の人を生み出すことができなかった。帝国の終りに、最後のマグナート、ミハーイ・カーロイ〔ハンガリー大統領〕が、民族的平等を説いたとき、彼は大ハンガリーの敵として憎まれることになっただけであった。

　こうしてマグナートは、ティッサに反対する闘いでは、「外国への」排外主義以外には代えるものがなかった。彼らは、「マジャール化」の競争に勝てなかったので、外国問題で愛国主義を示さねばならなかった。例えば、アンドラーシ〔前外相〕は、ブルガリアを護るための戦争をしなかったことでカールノーキー〔外相〕を一八八七年に攻撃した。それは一八七八年に、カールノーキーがトルコを護って戦うことを拒否した対ロシア戦争であった。だが、ロシアはコッシュートの第二の敵にすぎなかった。王朝が第一の敵であった。一八四八年にコッシュートの敵であったマグナートは、〔今になって、〕王朝にたいするコッシュートの闘争つまりカーロマン・ティッサが競争できなかった唯一の闘争、を採り上げた。ティッサとジェントリーは、二重帝政の防衛者になった。二重帝国の製作者の息子アンドラーシ[4]、ハプスブルクの外交官の世代の子孫アポニ、そして後の、サトマールの平和の作り手の子孫ミハーイ・カーロイは、独自のハンガリー軍と、それとなく独自のハンガリー外交政策とを要求する「同君連合」の擁護者となった。亡命中のコッシュートは、この綱領を長い間放棄していた、そしてハプスブルク家から解き放たれたドナウ連邦をつくろうと主張した。これを聞いてマグナートは思い留まらなかった。彼らはコッシュートが一八九四年に死んだときに彼〔の身体〕を奪った。コッシュートの身体は、ブダペストへ勝利のうちに持ち帰られた。そして彼の取るに足らない息子〔＝フェレンツ・コッシュート〕も帰ってきて、独立党の指導者に祭り上げられた。またマグナートの愛国主義は、この世紀の終りに農業がひどく窮迫したことによって、拍車をかけられた。農民反乱者に直面し、さらに農業労働組合に脅かされて、マグナートは、その不満を大領地からホーフブルク(6)へと向けた、そしてハンガリーのあらゆる弊害の原因が軍隊でドイツ語を命令用語として使うことだと考えた。その上、一八九七年五月にオーストリア－ロシア協商が成ったので、反ロシア政策という安全弁がはずれた。近東にはロシアの危険がなかった。だから王朝は、マグナートの愛国主義の打撃のすべてを受けたのであった。

オーストリアの立憲政府がバデーニ〔首相〕の失敗とともに崩壊したので、マグナートに残されていた躊躇がなくなった。彼らに対抗して統一オーストリアが軍事動員されるだろうという恐れはなくなった。さらに、一八九七年に更新される予定の関税協定でさえ、帝国議会は権限が及ばなかったので、実行されなかった。そして古い条件は一九〇三年まで延長されねばならなかった。これによってハンガリーは再び護られ、新しい用語上の譲歩が生み出された。つまりフランツ・ヨーゼフは、一人の人物、皇帝・国王であることをやめ、二人の人物、つまり皇帝と国王になった。オーストリアが混乱したので、フランツ・ヨーゼフ皇帝は、二重帝国への攻撃に抵抗することはできないと思えた。そして共通軍隊に反対する宣伝が〔ハンガリーによって〕真面目に始まった。こうして〔一八六七年の〕妥協が作られた三〇年後に、立憲政府はオーストリアで倒れた。そして二重帝国は、ハンガリー議会の揺るぎない多数派によって挑戦を受けた。オーストリアの危機は帝国の危機への道を開けた。ドイツ人はこれまで、「国家の人民」だったが、最初の危機〔＝一八四八年革命〕を引き起こした。マジャール人は、まだ「国家の人民」であったが、別の危機〔＝一八六七年の妥協〕を引き起こした。これらの二つの特権的民族は、第三の危機が数人のクロアチアの知識人の心の中で成熟していることをあまり悟らなかった、それは、王朝がクロアチアを荒廃させたこととマジャール人がクロアチアを抑圧した結果として作られた。そして一〇年以内に、南スラヴ問題が、混乱したオーストリアの立憲主義と、同じくマジャール人の〔民族主義的〕宣伝とに、影を投げかけるのであった。そして二〇年以内に、南スラヴの挑戦が、ハプスブルク王朝とドイツ人優位と大ハンガリーとを終らせたのである。

（原注1） シュトロスマイアーの「南スラヴ」思想は、ブルガリア人を含んだ。ブルガリアで文化思想が何故政治思想に転化しなかったのかということを調べるのは、ハプスブルクのテーマから離れすぎるというものであろう。

（1） ルーマニアの首都、帝国の外側にあった。

（2） アメリカ大統領ウィルソンの一四か条＝平和の条件、ただしこれは一九一八年一月に発表された。

（3） 外国、外国民族を排斥する考え方。

（4） 二重帝国を作ったのは、デアークとユリウス〔＝ジュラ〕・アンドラーシ。この息子も父と同名のユリウス〔＝ジュラ〕・アンドラーシ二世。

（5） アレクサンダー〔＝シャーンドル〕・カーロイ。

（6） ウィーンの宮廷。

（7） オーストリアとハンガリーに共通の統一した帝国軍隊。ハンガリーは独自の軍隊を要求するのである。

第十六章　民主主義の装い、ハプスブルク帝国の小春日、一八九七〜一九〇八年

オーストリアでバデーニ〔首相〕が失脚し、またハンガリーで〔オーストリアとハンガリーの〕共通軍隊に反対する宣伝がなされ、これによって、王朝が一八六七年に作ったドイツ人中間階級とマジャール人ジェントリー〔＝小地主〕との共同統治が終った。外国から彼らを脅かす危険がなかったので、この「国家の人民」たちは、一八四八年の綱領をとり上げて真似ることができた。王朝の反動は、一八四九年の時よりもゆっくりであって、最後にはもっと力を持った。これらの「国家の人民」たちは、自分を偉大にしておくために王朝が必要であった、また王朝は、実際に支持を取りやめると脅して、彼らを従わせることはできた。だがフランツ・ヨーゼフ皇帝は、こういう脅かしをすることを躊躇した。彼は軍隊の強さしか決して何ものも信じなかったし、今度はそれさえも信じなかった。愚かな皇帝フェルディナントの時代に、人びとは、フランツ・ヨーゼフが成長し、若く精力的な皇帝によってオーストリアが救われるまで、時を数えた。今度は年とったフランツ・ヨ

ーゼフ皇帝がおり、人びとは、彼が死んで、若く精力的な後継者がオーストリアを救うのを期待した。最初の救世主は、フランツ・ヨーゼフ皇帝の一人息子ルドルフであった。諸問題をとても批判的に扱う彼は、ドイツ自由主義というもっと激しい投薬によって帝国を救おうと意図し、ドイツについて同様な計画を持っていたフリードリヒ三世とともによいペアとなったであろう。彼と他の人びとにとって運命的であったが、ルドルフは自殺[1]した。次の新しい救世主が、世紀の終りに批判の声をあげ始めた。それはフランツ・フェルディナント大公であり、彼は皇帝の甥であった。激しい、反動的で専制的なフランツ・フェルディナント大公は、狂信的に王朝権力に固執したが、同時に、王朝の規則に反して、皇族出身でない女性と結婚した。聖職者主義が彼の政治計画の支柱であった。激しく専制的であるにもかかわらず、彼は、ドイツ中間階級に対抗するためにキリスト教社会党と、またマジャール人ジェントリーに対抗するためにスロヴァキア人とルーマニア人の農民とを共働させようと企てた。後年、彼は、連邦主義を支持すると主張した。だがこれは、州の自治を拡大することでしかなく、一〇月特許状の磨き上げであり、民族解放の体制では全然なかった。というのは、あらゆる保守的な先行者と同じく、フランツ・フェルディナント大公は、民族運動が民主的になるとすぐ憎んだからであり、彼はドイツ人と同様、チェコ人にたいして、さらにクロアチアの中間階級に敵意を持っていた。フランツ・ヨーゼフ皇帝は、大公の干渉を拒否し、彼の計画を無視した。さらに、絶えず批判されたので、最終

皇太子ルドルフ（最後の年）

的に彼は、とくにマジャール人の要求にも抵抗するようになった。

バデーニ〔首相〕の後は、オーストリアで三年間の空位期間が来た、その期間は、大臣たちが後継者選びに当惑したが、彼らは、バデーニが永久に打ち砕いた断片を一緒に接ぎ合わせようとして、手品のような仕掛けで試みた。ちょうどバデーニがターフェ〔首相〕の「穏健な不満」に帰ることに満足したように、バデーニ以後の大臣たちは、民族的諸党がツェリェの小学校について闘ったあの安易な時代へ帰ることで満足したであろう。大臣たちはもはや民族問題を「解決」する夢を見なかった。彼らの最高の希望は、帝国議会の議員が話し手にインク壺を投げるのをやめよ、ということであった。どんな「解決」もできなかった。ドイツ人は、もしバデーニの法令が引っ込められないならば、反乱するであろう。チェコ人は、もし引っ込められるならば、反乱するであろう。一八九八年の初めにオーストリア政府は妥協を試みた。チェコ語とドイツ語は、ボヘミアの〔チェコ人とドイツ人の〕混在地域でのみ「州内業務」に用いられることになった。両方の言語の知識が、これらの地域で勤務するはずの役人だけに必要とされることになった。このことは両方の民族を怒らせた。チェコ人は「歴史的」ボヘミアの統一を主張した。ドイツ人は、〔二つの民族の〕混在地域をチェコ人に与えて失ってしまうことを恐れた。こうして妥協は放棄されねばならなかった。チェコ人は、バデーニの法令が存在し続ける限り満足した。だが、二つの言語の知識は、新しく勤務を始める人に対してだけ必要だったので、その法令は、実際には意義がなかった。ドイツ人は、実際に機能する以前に法令が改定されるか引っ込められるだろうという保証を貰って、なだめられた。

中間階級のドイツ人の大多数は、熱烈な民族主義者であったが、ドイツ人たちがシェーネラーの指導に従っているのを見て、ショックを受けていた。そして実際、シェーネラーは一八九七年の成功を繰り返さなかった。彼とその小さな集団は、ハプスブルク家と王朝に関係するすべてに、公然と敵対的になった。彼らは、ハプスブルク帝国の解体を主張し、王朝の宗教であるローマ・カトリックにも反対の宣伝をした。シェーネラーを嫌った穏健派ドイツ人指導者たちは、一八九九年の聖霊降臨節綱領を起草することにした。これは、一八八二年のリンツ綱領から一九一五年のイースター綱領までの間で、ドイツ人の目的についての最も重要な声明である。リンツ綱領と違って、これは、ドイツ人が帝国に対して忠誠であるという見解を表明した。彼らは帝国を保全し強めることを望んだ。これらドイツ人はまた、リンツ方策を採用した。そして二つの州〔＝ガリチアとダルマチア〕をオーストリアから切り取る提案をした。二州には、少数民族ドイツ人〔の存在〕が大きくないので、安全に歴史的民族に引き渡すことができる州であった。ガリチアとダルマチアは、前者はポーランド語、後者はイタリア語という、その州の言語を享受するはずであった。[原注1] オーストリアの残りの〔ハンガリー以外の〕州では、諸民族は、地方的問題で自分たちの言語を用いる（すでに行なっていた）ことが許されるはずであった。ドイツ語は、唯一の「便宜の言語」として残るはずであった。これはドイツ人の誠実さの本当の表現であった。ドイツ人は、小ロシア人とクロアチア人にはかなり不公平であったが、ポーランド人とイタリア人を特別扱いするつもりであった。これを別にすると、ドイツ人の唯一の譲歩は、ドイツ語を「国家の言語」から「便宜の言語」へ転形することであった。確かに、一八九七年のドイツ人の行動の後は、ドイツ語を優れた文化の言語として守ることは難しくなっていたであろう。

　さらに、聖霊降臨節綱領は、ドイツ人が立憲政治へ復帰し、「解決」を探るのに協力すると考えているように見えた。彼らをなだめるため、バデーニの法令が一八九九年一〇月に引っ込められ、ドイツ語は「対内業務」の唯一の言語として復活した（それはいつも実際そうであった）。チェコ人は、交渉を始める出発点は、法令以前の体制でなく、法令だと見なしていた。彼らは、闘うのではなく、譲歩を得たいと願った。それゆえ、チェコ人が妨害を組織する番となって、彼らはドイツ人の例からよく学んだ。もう一度机が帝国議会でがんがん鳴り、インク壺が飛び、チェコ人市民がプラハの街頭でデモンストレーションをした。バデーニの法令は引っ込められたが、単にバデーニのエピソードを終らせただけではなかった。それは、オーストリアの中間階級の立憲主義の時代を終らせた。フランツ・ヨーゼフ皇帝は、帝国議会の多数派に支持されねばならないような政府をつくるのはやめた。彼は、憲法の必要条件を満たすような試みや、帝国議会の同意を得て課税するような試みさえ放棄した。ターフェ〔首相〕の失脚以来、常任の役人が実際に大臣の行なう仕事を遂行していた。一九〇〇年に、フランツ・ヨーゼフ皇帝は、議会の大臣を廃止し、官僚をその省の長に昇格させた。当時首相と呼ばれた官僚の長は、帝国議会と一定の連絡をとることを各省の仕事に付け加えただけであった。

新しい体制は、一九〇〇年に首相になった常勤役人ケルバーが発明し、完成した。ケルバーの武器は、一八六七年の憲法第一四条であった、それは、必要の場合、皇帝が「緊急令」を出す権限を規定していた。予算から始まってすべてのものが、今度は緊急規制の対象となった。建て前では、帝国議会の多数派はこの規制に挑戦することができた。ケルバー〔首相〕はそれを恐れなかった。つまり帝国議会は、他のどんな目的に対してもそうだったが、この規制に対決するために多数派を形成することができなかった。とにかくケルバー〔首相〕は、地方的な譲歩によって諸政党を「甘く」しておいた。学校、

ドクトル・エルネスト・フォン・ケルバー

鉄道、道路であり、〔ドイツ宰相〕ビューローがドイツで同時代に自分を支えた「結集」政策を、もっと皮肉にしたオーストリア版であった。帝国議会は、ケルバー〔首相〕と党指導者の間で交渉をする会合場所として以外は重要ではなかった。それは政策への影響力がなかった。そして議員になっても出世したと思えなかった。彼らは中央ヨーロッパの政治家の最高の野望を手に入れた。つまり終りがなく、取るに足りない反対派というのがそれである。ケルバーは、むき出しの官僚制を覆いかくすため、彼の政府に何人かの政治家を誘い入れようとして、自分に加担するようドイツ人の指導者たちを招いた。だがその返答は、彼らが反対派のほうを選んだということであった、こうしてオーストリアの立憲政府の復活をいずれも閉ざしたのである。ドイツ人指導者たちはこう言った、「ドイツの諸党は、首相にたいしてドイツ人の利益を守るために、国務大臣の地位を捨てねばならない。しかし、もし誰かが任命されても、諸党はそれを、闘いを始める理由にはしないであろう。」

ケルバー〔首相〕は、バッハの時代以来のすべての先輩官僚と同じく、将来いつの日か立憲形態に帰ることを本当に望んだ。一九〇二年に彼は、予算を通し、ついに、合法的なやり方でハンガリーとの関税交渉を実行した。〔しかしその後は〕成功は繰り返されなかった。政治家たちはひるんで、予算に賛成したり、反対投票する責任さえとらなかった。帝国議会は、「劇場」としての性格を採った。それはシュメアリング時代に始まっていた。政府は、一八四九年のときのように、「臨時」となった。五〇年たっても、ハプスブルク君主制を存在させている以外に、何も行なわれなかったのである。メッテルニヒと三月前期の人びとは、ケルバーのオーストリアにまだくつろぎを感じたことであろう。帝国議会は政治的な重みと意義を失った。これは皮肉にも、民族的緊張を減じたし、一つ以上の州で民族の相違を固定化することになった。州の苦情を帝国議会に持って行っても、何の成果も得られなかった。それゆえ、いろいろな民族の人びとは、それで結構だと思い、お互い一緒に生活したのである。

この時代の最大の成果は、モラヴィアでの妥協であり、一九〇五年にモラヴィアの州議会で承認された。(原注2) この妥協によってモラヴィアは多数派住民の言語で管理される民族区域に区分された。その最大の斬新さは、個人的投票であり、それによってチェコ人は、どんな地域に住んでいてもチェコ人として、ドイツ人はドイツ人として、いつも投票するのであった。その二つの民族は、州議会の支配を求めて闘うことはできなかった。そこではある。〔議員の〕比率が永久に固定され、チェコ人は三七名、ドイツ人は四〇名となったからである。この賢い考えは、モラヴィアの民族的衝突を終らせ、オーストリアの残りの州への例として示された。これは、民族というものを、人民の意志の表現から、白い肌というように単に個人的な性格に低めた。〔民族主義に対して〕軽蔑的な評価を、とくにレンナーや他の社会主義者が抱いた。彼らは、民族主義を、「大自由貿易帝国」の厄介な妨げだと見なした、もちろんそれが社会民主党の内部の仕事を分配するようになったときは除くのであるが(4)。確かに、モラヴィアの妥協は、二つの違った民族が同じ州にどうやって一緒に生活することができるかということを示した。だがそれは、二つの民族が、衝突する歴史的要求をいかにして調停できるかを示さなかった。モラヴィアは、千年以上前にモラヴィア王国があったにもかかわらず、ドイツ人にとって、またチェコ人にとってさえ、神聖ではなかった。それは単に、ハプスブルク家が作った行政単位に過ぎなかったのである。モラヴィアは、チェコ人とドイツ人の民族的故郷ではなかった。チェコ人は、彼らの民族的故郷をボヘミアに持ち、ドイツ人は、国境で制限されていない母国ドイツに持っていた。これまで各民族は、モラヴィアに関しては妥協することができた。モラヴィアのチェコ人は、歴史的な「聖ヴァーツラフの諸国」の統一を見捨てていると、プラハから実際に攻撃された。モラヴィアのドイツ人は、その歴史的使命を怠ったと非難された。こうして、両民族とも、ボヘミアの従兄弟たちからの非難に対して、田舎っぽい陰鬱な恨みをいだいて一緒になった。だが、もしチェコ人かドイツ人の〔ボヘミアの〕従兄弟が、ボヘミアを民族的故郷またはその一部として要求するのをやめたならば、両者ともに憤慨したであろう。

二つの民族は、もし歴史と文化の衝突がその民族的相違を強めなければ、仲よく生活することができる。モラヴィアで示されたこの原理は、オーストリアの残りの州からガリチアによって切断された忘れられた州、つまり遠いブコヴィーナで、顕著に示された。ブコヴィーナは、どんな民族の人にも民族的故郷だと要求されえなかったし、闘い取れる歴史がなかった。〔その住民である〕ルーマニア人と小ロシア人は、過去のない民族であった。ドイツ人は、ドイツ的使命をもっていたにもかかわらず、ガリチアでの隣人ポーランド人とハンガリーでの隣人マジャール人が尊大なので、みすぼらしくさせられていた。ブコヴィーナは、個人的民族性というモラヴィアの原理と、州議会では民族の固定した比率を受け入れ、うまく機能した。ティロルでは、違った理由によって、正式ではなかったが、イタリア人とドイツ人の間で同じ体制が機能した。つまりイタリア人は、民族イタリアに加われるまで単独でいたいと願い、そしてドイツ人は、イタリア人がティロルのドイツ人的性格に干渉しようとしない限り、彼らを単独にしておいた。

スロヴェニア人は、イタリア人とドイツ人の間に割り込んでいたが、チェコ人と同盟して働いたし、シュメアリングの時代以来ずっとチェコ人を真似していた。彼らの実際の状況はそれぞれ違っていた。チェコ人は、暗くされていたが、過去があり、その過去によって、「歴史的」地域だと宣告された。スロヴェニア人は、小ロシア人を除けば、ハプスブルク帝国のどんな人民よりも過去があまりなかった、だから単純な民族的要求をすることができた。他方、チェコ人は、「歴史的」に偉大であるにもかかわらず、全体としての彼ら自身の州がなかった。スロヴェニア人は、オーバー・エスターライヒとニーダー・エスターライヒがドイツ人的であるように、クラインをスロヴェニア人の州として偶然しっかりと持った。クラインは、とにかくスロヴェニア人の民族的故郷の代替物であった、そこでは彼らは文化的自由を受け、政府職を独占した。彼ら自身の責任ではなかったが、その文化は高くはなかった。ハプスブルク帝国が崩壊するまでスロヴェニア人の大学はなかった。それゆえ、スロヴェニア人の要求は、中等学校の水準であって、彼らは、州のちっぽけな職の任命で満足し、帝国の職をよこせとは要求しなかった。矛盾しているのだが、クラインを解放することは、意識的持続的なドイツ化政策にさらされていたシュタイアーマルクとケルンテンで、少数民族スロヴェニア人には不利益であった。というのは、クラインでは数人のスロヴェニア人指導者は、職を与えて買収することができた。ほとんど全く農業的な州であるシュタイアーマルクでは、闘争はあまり猛烈ではなかった。ここにドイツ人は、発展した鉄産業があり、またトリエステへの大鉄道の通路であった。ケルンテンは地中海にいたる「全ドイツ」の経路を計画した、ここで彼らは、最大の、最も無遠慮な民族的な成果を獲得した。この「人種国境」で、ドイツ人は、ボヘミアのチェコ人が彼らにたいして用いた議論を採用して、現存の州を守った。スロヴェニア人は、希望はなかったが、民族の線によって州の境界を引き直すことを欲した。だがその計画は、ハプスブルク帝国が崩壊した後も、また、二つの世界戦争の後でさえも、彼らには与えられなかった。ケルンテンとシュタイアーマルクのスロヴェニア人は、苦情があっても、オーストリアには敵対しなかった。彼らはウィーンに向かって保護を求めた。保護が少し与えられ、そのためドイツ人は、「イレデンティスト」〔＝分離主義者〕シェーネラーに追随した。シェーネラーは、帝国の拘束から解放して貰おうとしてドイツに頼った。スロヴェニア人はまだ、彼らの背後に第二の敵、つまり〔アドリア海〕沿岸の諸州のイタリア人を持つことによって、さらにもっとハプスブルクの側に強制された、そして彼らの間で衝突がおきたので、この地域は各民族の論争点の典型的縮図となった。ゲルツ、イストリア、トリエステ自由都市、の三州は、歴史的ではないが地理的な統一があった。スロヴェニア人は農民が基本であった。イタリア人は都市の上流層を基礎にした。トリエステでさえ、人口の多数は、イタリア語を話したが、スロヴェニア人の血統であった。時が経つにつれ、歴史的民族と非歴史的民族の間の区別がぼやけると、トリエステは、疑いなくスロヴェニア人的になったであろう、プラハがチェコ人的に、ブダペストがマジャール人的になったようにである。スロヴェニア人の不運は、あまりにも時代に後れて意識を持つようになったことであった。イタリア人は、多数派であることが架空で不確かであることに気づいて、ドイツ人がボヘミアで用いた議論、富と優越した文化の議論を利用した。優越した文化は、同じく暴力と不寛容とを示すことになった。結局、民族的な正義は、イタリア人にあまり影響を与えなかった。(5) イタリア人は、人口の三%に過ぎなかったが、セルボ-クロアチア人に対して、至上権を要求した。

トリエステでイタリア人とスロヴェニア人が衝突したことは、王朝の政治家にとって厄介な問題となった。イタリア人は歴史的民族であった。他の支配人種と同じように、王朝は、彼らの民族的要求に抵抗し、また同じ政治的言語を話した。(原注3) さらに、民族国家イタリアが三国同盟でハプスブルク帝国と講和をしていたのだが、イタリア人は危険なままであったし、王朝は、ポーランド人としたようには彼らと同盟をすることができなかった。(6) トリエステは、地理的にも経済的にもイタリアの一部ではなかったが、イタリアの分離主義の目的物としては南ティロルと同格に考えられた。王朝は、バランスを取るために、スロヴェニア人のために寛容な条件を守らなければならなかったし、こうして民主的な進路をとったように見えた。確かに、従属民族は、支配的人種とは違って、帝国の他のどんな地方でもあまり公平に認められていなかった。究極的に王朝は、トリエステをドイツ人の影響範囲に置くことによって、この歓迎されない同盟を避けようとした。これは、スロヴェニア人地域を通ってトリエステへ至る、一九〇七年に完成した鉄道の目的であった。この真に「オーストリア的」解決が達成されるまで、王朝はしかめっ面をしながらスロヴェニア人を保護した。スロヴェニア人は、他の点では無力であったが、彼らの民族運動をずいぶん聖職者的に保守主義的にしていた。これはつまり、一〇月特許状の時代に計画された王朝と農民の間の同盟が最後にこだましたものであった。

地方的な相違を一般的に調停するときに、一つの州〔＝ガリチア〕が例外となっていた。ガリチアは、小ロシア人が民族的に目覚めたにもかかわらず、まだポーランド人に独占されていた。帝国議会が制限選挙制によって選出される限り、小ロシア人は発言権がなかった。一九〇七年に普通選挙制に変った後、小ロシア人はウィーンに苦情を持って行くことができたし、こうして過去一〇年間のドイツ人とチェコ人の妨害に対抗したのである。さらに小ロシア人はガリチアで、もっと公平に待遇せよと要求したが、ハプスブルク帝国を破壊する希望はなかった。またツァーリズムのロシアや新しい民族的ポーランドに編入されることも、小ロシア人にとっては魅力にはならなかった。オーストリアのおびただしい住民の多数は、事情が同じであった。彼らは、ハプスブルク帝国にたいする熱狂はなかったが、帝国が崩壊した後に危険が続くよりは、帝国そのものを選んだ。チェコ人は大ドイツに編入されることを恐れた。スロヴェニア人はドイツまたはイタリアへの編入を恐れた。ほとんどのドイツ人は、ベルリンから支配されることと帝国内での地位を失うことを恐れた。イタリア人だけがハプスブルクの支配から脱することを望み、また帝国の残りの州

〔＝オーストリア〕を、ドイツとイタリアの間の緩衝地帯にしておくことさえ望んだ。その上、一〇月特許状以来ひきつづき、諸州の復活が進んでいたので、期待された効果を生んだ。つまり民族派知識人の要求を十分満足させる官職が州にはあった、だが帝国行政は元のままであった。

真実であるが、ボヘミアでは民族的相違を調停するとき一致点がなかった。そしてチェコ人は抑圧された民族では全くなかった。彼らは自分たちの大学と文化生活を持ち、ボヘミアの行政でますます持ち分を増していた。ボヘミアの地方的状況はとくに難しくなかった、事実、それはとくに容易で、モラヴィア境界での調停は、モラヴィア内部の調停よりも簡単であっただろう。ボヘミアでの衝突は性質の違ったものであった。それはハプスブルク帝国の性質に関する衝突であった。それは、我慢のできる生活条件のための衝突ではなかった。二つの民族〔＝チェコ人とドイツ人〕の間の衝突であった。それぞれがその歴史的伝統を主張することを決めた、だからそれは、聖ヴァーツラフの王国とドイツ民族の神聖ローマ帝国との間の衝突であった。この衝突は平和的解決ができなかった。チェコ人は、彼らの言語の使用では満足することはできなかった。その上彼らはすでにそうしていたのである。彼らは民族的故郷を所有しようと要求し、また要求せざるをえなかった。この要求がもし認められたならば、ボヘミアのドイツ人は少数派となってそれを黙認したであろうし、こうして「国家の民族」としてのドイツ人の位置を、それとなく終らせたであろう。

ドイツ人は、ボヘミアで退けられたら帝国でも退かざるをえなくなり、そうすればオーストリアはドイツ人国家ではなくなるであろう。その上、一つの「国家の民族」の打倒は他の民族の打倒を含まざるをえない。それゆえ、ポーランド人、マジャール人、そしてさらにイタリア人が〔帝国で〕優越していたために、ボヘミアで民族的衝突が続くことになった。そしてハンガリーの諸民族は勿論だが、同じくスロヴェニア人と小ロシア人は、ボヘミアでチェコ人が勝利することによってのみ、帝国の内部で自由を達成することができた。そこで、オーストリアの残りの州のドイツ人は、ポーランド人に支持されて、ボヘミアのドイツ人を激励した。〔原注4〕一方、モラヴィアのチェコ人、およびスロヴェニア人は、安んじてチェコ人を支持した。結局、地方条件の調停よりももっと基本的な問題があった。ハプスブルク帝国はまだ帝国組織として存在したのである、だから究極的には、帝国なのだということを宣言しなければならなかった。

古いオーストリア、つまりメッテルニヒのオーストリアは、王朝に寄りかかり、民族を定義することを避けていた。このオーストリアは一八六六年には消滅した。オーストリア＝ハンガリー帝国は、王朝が二つの支配民族であるマジャール人とドイツ人とを和解させた象徴であった。王朝は、マジャール人に〔ハンガリーの〕国内的独立を与えることによって、外国問題での行動の自由を手に入れ、そしてドイツに対して友好的な対外政策を行なうことによって、同じく「オーストリア」問題での行動の自由を達成した。ハプスブルク帝国は、いつも「オーストリアの使命」を語ったにもかかわらず、外国政策を実行し、大軍隊を維持する組織であった。福利でなく、力が、その基礎であった。この本質的な点は、ベルリン会議後三〇年続いた平和の中で不明瞭になった。ドイツが平和を続けるかぎり、王朝の両義的な地位は問題にならなかった。ひとたびドイツが「世界政策」に転じるとなると、もし王朝が支配的人種と関係を断たないならば、ハプスブルク帝国の人民は、ヨーロッパの覇権を求めるドイツのための戦争に引き込まれてしまうのであった。明白な脅かしが一九〇五年のモロッコ危機で与えられた。つまりフランスとロシアを戦争で脅かしてドイツの支配に入れようというドイツの最初の試みである。一九〇五年は、ヨーロッパについていえば、オーストリア＝ハンガリーの危機の年であった。それは、独立した地位を回復しようとする王朝の最後の試みをしるした。オーストリア＝ハンガリー、つまりハプスブルク家の王朝国家は、ドイツから独立した外交政策を続けることができるのか？これは、あらゆる「オーストリア問題」の議論の下に横たわっていた現実であった。連邦オーストリアを作ろうというすべての素晴らしい計画は、それらが立憲的機構の問題に向かうかぎり、価値がなかった。(原注5)本当の問題は、王朝が一八六七年の仲間から逃れることができるか、ドイツ人に、さらにもっとマジャール人に、連邦制を課すことができるかどうかであった。

大ハンガリーは、ビスマルクが初めから理解していたように、ハプスブルクとドイツ

〔帝国〕との友好を保証した。この理由そのもののために、王朝は、ドイツ帝国を怒らせないで、オーストリアの諸民族間で均衡を取ることができた。こうして正反対の理由のために、ハンガリーの特権的地位は破壊されずに護られた。それは、純粋「オーストリア」人、つまり帝国が支配的人種の支配から逃れることを望んだ忠実な帝国主義者、によって擁護された。それはまた、全ハプスブルク帝国を主にドイツ的国家に転換したいという多くの人の綱領でもあった。結局、「七千万人の帝国」が、ブルックとシュメアリングの時代以来の大ドイツ人の綱領であった。そして歴史家フリードユングのような激しいドイツ人民族主義者がハンガリーの格下げを説いた。ハンガリーにたいする闘いは社会主義者さえも取り上げた。このようにして彼らは、自分たちのドイツ民族主義を放棄しないで従属民族を擁護することができた。たいていは彼らは、ハンガリーに力点を置いて革命的な文句を使うことができた、だが王朝への攻撃は避けた。事実彼らは王朝と同盟に入ることさえできた。民族問題での彼らの指導的な著述家カール・レンナー〔社会民主党員〕は、とにかく、ハプスブルク帝国が民族諸国家に対して優越していることを十分に立証した、(原注6) そしてオーストリア人民がハンガリーに反対するように、王朝に頼んだ。シートン＝ワトソン教授は、これに好意的な研究者だが、彼の書の中でこう言っている。「それは、グリルパルツァーの有名な詩『いつ皇帝は馬に乗るのか？』の社会主義的変種と言ってよいかもしれない。」社会民主党の最初の目的が皇帝を馬からひき下ろすことでなければならなかったことは、レンナーの心には浮かばなかった、皇帝が人民の背に跨がっていて、彼らの利益のためにこの席を占めているのでないことも、考えなかった。レンナーは単に帝国を強化するためにハンガリーに対する闘いを要求した。オットー・バウアーは、もっと革命的な良心があって、王朝から革命的綱領を要求した。彼は、普通選挙制を敷くために、農業労働者の労働組合を確立するために、ハンガリーを軍事法下に置くべきだと論じた。政治責任を引き受けるのを恐れたこととドイツ人の愚直さのために、オーストリア問題に多くの奇妙なねじれが生じた。それらのうちで、ハプスブルク軍隊のありさまよりも奇妙なものはなかった、つまり反宗教改革と反ジャコバン主義の軍隊でありながら、その肩に民主主義と社会主義の旗をかついでいる軍隊であったのだから。以前の世代の自由派のように、社会民主主義者は、理論のチャンピオンを王朝に見出すふりをした。その理論を自分でかち取るには、彼らは勇気と信念を欠いていた。

フランツ・ヨーゼフ皇帝は、レンナーやバウアーが提出した革命的役割を、そう寛容には受け入れなかった。彼は、古いオーストリアの唯一の救世主であり、敗北を拒絶するにもかかわらず、一八六六年の事件〔＝普墺戦争〕を元どおりにできないことを知っていた。ハプスブルクの強さではなく、ビスマルクの穏健さが、ハプスブルク帝国を生き延びさせることを許した。そして小ドイツ主義政策は、ハプスブルク帝国の人民が享受する制限された民族的自由の基礎であった。彼らの運命は、ウィーンではなく、ベルリンで決められ[7]

た。そしてひとたびドイツの支配者が大ドイツ主義に対する抵抗をやめたなら、ハプスブルク帝国はその人民にとって無用となるのであった。ドイツは、ハプスブルク帝国が真に独立した強国として復活するのを許そうとはしなかった。これはサドヴァ〔=ケーニヒグレーツ〕の勝利〔=普墺戦争で、プロイセンが勝利した〕の果実を放棄することになるからであった。その上、ハプスブルク帝国は、ドイツの支持なしでは存在できなかった。とくにイギリスが近東から手を引いた後ではそうだった。これは東方問題が「氷の上に」乗った一八九八年から一九〇七年の間にはあまり明らかではなかった。それゆえにハプスブルク帝国は相対的に自由な行動をとることができた。一九〇五年にロシアが極東で敗北した〔=日露戦争〕、否応なくヨーロッパに戻った。このようにしてまた一九〇五年は、ハプスブルク帝国の危機の年でもあった。それは、独自の政策を続けることが望める最後の瞬間であった。

政策でなく事件によって、フランツ・ヨーゼフ皇帝は行動に引き込まれた。彼はハンガリー憲法に反対して行動したが、それは、二重帝政を保全し、破壊しないためであった。フランツ・ヨーゼフ皇帝は、ハンガリーのマグナートが無責任にも共通軍隊に反対の宣伝をしたことによって、行動に駆り立てられた。一九〇三年にハンガリー議会は、もしマジャール語がハンガリーの徴募兵の「命令用語」にならないならば、軍隊の割当てを許可しないことにした。フランツ・ヨーゼフ皇帝は、公的警告（軍命令としてとくに発行された）を出して、ハンガリーの憲法が一八六七年の約束を遂行することに依存しているのだと、答えた。ハンガリーで二重帝政を強めるために新しい人物が必要とされた。フランツ・ヨーゼフ皇帝は、カーロマン・ティッサの息子シュテファンにそれを見た、彼はその父と同じように、マジャール・ジェントリーが生き残るためにハプスブルク王朝が必要だと確信していた。シュテファン・ティッサはきわめて大胆な手腕を発揮した。マグナートの愛国主義的場当たり行為と競い合うことはできなかった、彼は、マグナートに責任を与えることによって彼らを政治的に破滅させようと決心した。ティッサは、彼の父を権力につけていた政府の影響力と腐敗の体制を放棄した。そして一九〇五年一月に、二重帝政のハンガリーでこれまでで唯一の自由な選挙を闘った。二重帝政に忠実なティッサとその党は敗北した。共通軍隊に反対する多数派が、大挙して議会に戻った。フランツ・ヨーゼフ皇帝はこの挑戦を受けて立った。彼は立憲主義的に行動するのをやめ、共通軍隊を守って攻勢的に主張する将軍フェーイェルヴァァリを首相に任命し、彼の下に、無名の官僚の集団を付けた。この警告は十分ではなかった。〔ハンガリー〕議会の連合はさらに、マジャール人軍隊を作ることが任務を行なう条件であると主張した。一九〇六年二月に、ハンガリー議会は、兵士の一団によって追い出され、憲法は停止された。四〇年間の立憲時代の後、ハンガリーはバッハとシュメアリングの絶対主義へ戻った。[8]

このとき抵抗も拒絶も起きなかった。立憲ハンガリーは中央集権的官僚国家であった。

そして官僚は、ジェントリーではあったが、その地位と恩給を危険にさらせなかった。かつてハンガリーの自由の柱であった郡の抵抗は、力を失っていた。郡は、ほんのわずかな分野の行政を扱っただけであった、そしてどのみち、郡の役人も、いまや常勤の官僚であり、領地があるから心配はないというジェントリーではなかった。これらのジェントリー役人は、マグナートの宣伝が単にコッシュートの言葉を反復したかぎりで、それを賞賛していた。コッシュートは彼らの祖父たちに犠牲を要求していたのだが、彼らはそれを行なうことには尻ごみした。マジャール新聞は、激しく愛国主義的で「自由派」的であったが、ドイツ人とユダヤ人の手中にあった、彼らは勝利する側にいたいと思ってマジャール人になっていたが、今度は同じ理由で王室委員を支持した。こうして、憲法を停止することは簡単であった。だがその解決を見出すのはそう簡単ではなかった。オーストリア政府がシュヴァルツェンベルクの「臨時」絶対主義に帰ったように、フランツ・ヨーゼフ皇帝は、「バッハの騎兵」の一時的独裁に戻っただけであった。そこにはシュメアリングを敗北させた問題が続いた。つまり領主に反対するハンガリーの農民大衆と王朝が、あえて同盟をするかどうか、である。

この計画は、ハンガリーの特権に対してハプスブルクの伝統的嫉妬心を持ったフランツ・フェルディナント大公〔皇帝の甥〕により、推し進められた。フェーイェルヴァリ〔ハンガリー首相〕は、それを適用すると脅かした。彼は、労働組合を激励し、彼の政府が普通選挙制を導入するという意志を一九〇五年一〇月に声明した。これは、「マジャール民族」に対する二重の挑戦であった。つまり彼らの民族的特権と階級的特権とに対して同時に挑戦したのである。普通選挙権は、マジャール人を他の民族にたいして少数派にしてしまうであろう、さらにそれは、ジェントリーをマジャール人農民と都市労働者にたいして少数派にしてしまうであろう。この普通選挙という脅しは、マジャール人貴族でもあった帝国の将軍〔＝フェーイェルヴァリ〕にとっては、あまりにも向こう見ずであった、それは、フランツ・ヨーゼフ皇帝の治世時代の以前の脅しのように、安全装置でしっかり止められているピストルであった。結局、ヨーゼフ二世皇帝が自覚したように、皇帝と農民の同盟計画は、一七八九年七月一四日〔＝フランス革命、バスチーユ監獄攻撃の日〕以後は時代に合わなくなっていた。農業改革をし農業労働者の労働組合をつくるという計画は、フェーイェルヴァリ〔首相〕にはおよそ考えられなかった。[9]都市の労働組合は、彼らが都市にいるかぎりは、あまり害がなかった。そして実際ホルティの時代でさえもその条件で我慢させられた。また、スロヴァキア人とルーマニア人の同盟は、フランツ・フェルディナント大公があまりよく知らずに激励したにもかかわらず、マジャール人の将軍〔＝フェーイェルヴァリ〕には大きすぎた。唯一の立派な動きは、クロアチア人の場合であった。そしてクロアチア人の態度は、決して彼ら自身に好ましいやり方ではなかったが、この危機の成り行きを決定したのである。

もし「クロアチア民族」というものが、退役陸軍士官に限定されていたとすれば、〔ハンガリー首相〕フェーイェルヴァリには、彼らが理想的な同盟者であったであろう。この同盟は、一八四八年に、そして最後は一八六六年に、可能であったであろう。だがクロアチアの新しい指導者たちは、中間階級の知識人であり、自由派的見解をもっていたので、イェラチッチの例に従ったり、王朝と同盟したりはしなかった。また彼らは、帝国の将軍やマジャール人貴族との友情には魅き付けられてもいなかった。これらクロアチアの自由派は、彼らの歴史を知っており、一八四九年と一八六七年に二度も王朝に捨てられたことを記憶していた。その上、普通選挙権は、ハンガリーやオーストリアと違ってクロアチアでは中間階級の民族主義者によってあまり歓迎されなかった。他方で、彼らは自由主義そのもののために、たやすくマジャール人の口先のうまさの犠牲となった。結局、ハンガリーのジェントリーは、自由主義ハンガリーの神話をヨーロッパ中に押し付けたのであり、これらクロアチア人の新米よりもずっと経験のある議会人を騙したし、騙すことになった。ハンガリーの連合の指導者たちは、ハプスブルク家から民族を解放するために闘えと要求し、ハンガリーの勝利が南スラヴ人の解放をもたらすだろうと、約束した。純粋権利党の不毛な王朝主義に反発していたクロアチアの自由派は、ハンガリーに反対することではなく協同することで解放がかち取れると説得された。一九〇五年一〇月に、フェーイェルヴァリ〔ハンガリー首相〕が普通選挙の政策を声明したその瞬間に、クロアチアの自由派は、リエカ（フィウメ）でイストリアとダルマチアから選出されたクロアチア代議員と会合した。その「フィウメ決議」は、ダルマチアをクロアチアと再統合することを要求し、クロアチア人を公平に取り扱う見返りに、マジャール人反対派を支持することに同意した。そのすぐ後、クロアチアとハンガリーのセルビア人代表者がザダール〔イタリア名、ツァラ〕で会い、この綱領を受け入れた、こうしてそれはセルボ－クロアチア連合の基礎になった。

「フィウメ決議」は、ほんのわずかな意味でさえも、ハプスブルク帝国の存在を脅かさなかった。その決議は、ほとんどのオーストリアの諸民族とイストリアとダルマチアのクロアチア人さえも享受している民族的解放を求めただけであった。唯一の「共同の」要求は、南スラヴ国家のためでもなく、帝国内部の南スラヴの統一のためでさえもなかった。それは単に、ダルマチアを再統合してクロアチアを拡大することを求めただけだった、つまり一八六七年とそれ以前にさえクロアチア人が行なった要求である。クロアチア人の指導者は、セルビアについて何も知らなかったし、ほとんどその存在を気にしていなかった。セルビア人指導者でさえ、事情を少ししか知らなかった。ザダール決議は、うつろな南スラヴ感情を含んだ、つまり「クロアチア人とセルビア人は一つの民族である」というものだった。つまりクロアチア人とセルビア人の間に嫉妬を起こさせるという伝統的なマジャール人の政策を穏やかに拒否したものであり、それ以上ではなかった。そして中間階級の知識人は、ばらばらの諸政党の中に居つづけた。彼らが連合することでさえ、セルビア人とクロアチア人の民衆にはあまりに多くを求めすぎるものだった。民族的な混合体は、諸民族が意識を持たないときにだけ、存在できる。一八四八年のプラハの極端主義者のうつろな「チェコスロヴァキア」感情が、チェコ人とスロヴァキア人両方の政治的未熟さの証拠であったように、である。いまやセルビア人とクロアチア人は同じ行動をする段階を通り過ぎていた。セルビアは、一九〇三年にオブレノヴィッチ王朝が崩壊して、民族的ルネッサンスの時期に入っていた。新王ペーター・カラジョルジェヴィッチは、民族的確信がとうとう成熟したと表明した。クロアチアでも、シュトロスマイアーの南スラヴ理想主義は、クロアチアの農民大衆がザグレブの知識人を圧倒し始めたときに衰えた。その証拠は、クロアチア農民党であった。同党は、シュテファン・ラヂッチに組織され、民主的社会的綱領を持っていたにもかかわらず、ジェントリーの純粋権利党のように、攻撃的で排他的なクロアチア人〔の党〕であった。

南スラヴ思想は、南スラヴ民族の間にあまり反応を起こさなかったし、知識人でさえ、とってつけた言葉として使っただけだった。だが、これは王朝とマジャール人両方から、概して大袈裟な応答を引き起こした。無邪気なザダール〔決議〕の文句が、両者には運命のトランペットのように聞えた。帝国とマジャール人の政治家は共にのぼせ上がり、過去の時代には大変得だとわかっていた妥協と策略の政策を放棄し、抑圧するより他に工夫ができなかった。確かに、セルボ－クロアチアの連合があるために、フランツ・ヨーゼフ皇帝とハンガリーのマグナートとの間で和解がされた。ハンガリーの反対派は、ハンガリー大衆に選挙権を与えると脅かされて、すでに柔順になっていた。というのは、マグナート〔＝大地主〕は、諸民族を恐れるよりも彼ら自身の農民を恐れたからであり、実際、「民族闘争」は、階級の敵対性というずっと深いものを隠すために行なわれた。その上に、マグナートは、自分たちの綱領が勝利すると彼ら〔＝マグナート〕が破壊させられるだろうと、ついに悟った。つまりもしハンガリーがオーストリアから「解放」されれば、オーストリアの消費者は、ハンガリーの〔保護関税によって高い〕小麦から解放されることになり、外国から安い食糧を買うことになるというわけである。

フランツ・ヨーゼフ皇帝は、彼のほうで急ぐ動機があった。ハプスブルクの外国政策は、ドイツからの独立を確保することを狙っていた。そしてハンガリーとの衝突は、この目的のために君主国をもっと強くしようと計画されたものである。〔国家大臣〕シュメアリングが対プロイセン戦争を準備するためにハンガリーを服従させようとしたのと同じであった。だがその反対に、衝突は帝国をかつてよりも弱くした。一九〇六年二月に、オーストリア＝ハンガリーは、イギリス、フランスとアルヘシラスの会議[10]でドイツの後について行かされた、そしてモロッコのために、イギリス、フランスと喧嘩をするようにさせられた。イタリアでさえ、もっと独立した進路を採っていた。フランツ・ヨーゼフ皇帝は突然方針を変えた。彼は、反ドイツの動機をまだ持っていたが、一八六七年にそうだったように、再びハンガリーとの調停を熱望した。ハンガリーと衝突してもドイツに対して帝国は強化されていなかったので、ハンガリーと調停することで、帝国を強化しようと期待した。その計画は、ボイスト〔外相〕の時代と同じように、間違いであった。ハンガリーのマグナートは、彼らの特権にはドイツの支持が必要だということをはっきり見たし、ハプスブルクがいかに真に独立の外国政策を試みてもそれに抵抗したであろう。事実、オーストリア＝ハンガリーが、ちょうど「決闘場で光輝ある介添え人」として行動したことは、彼らにとって妥協が容易になった。このハプスブルクの政治家を辱めたけばけばしい文句は〔ドイツ皇帝〕ヴィルヘルム二世によるものである。

一九〇六年四月二日、フランツ・ヨーゼフ皇帝とハンガリーのマグナートは、サトマールの平和以来ずっとおなじみの型で妥協を更新した。マグナートは「民族的」主張を捨てた。フランツ・ヨーゼフ皇帝はハンガリーの大衆を捨てた。ハンガリーの連合派は、共通軍隊に対する反対と、オーストリアとの関税同盟への反対を取り下げた。フランツ・ヨーゼフ皇帝は、普通選挙をとりやめ、立憲政府を任命した。普通選挙は、実際に一九一八年までの各ハンガリー政府と同様に、この政府の計画の上では残された。〔普通選挙を〕延期した言い訳はいつも見つけられ、この時改悪された制限選挙制は、大ハンガリーが一九一八年に倒れたときまで、事実上変えられずに残った。セルボ－クロアチア連合になされた約束は、同様に無視された。一九〇五年にフェレンツ・コッシュートは、フィウメ〔＝リエカ〕を共同統治する申し出にこう答えた、「われわれは、愛と希望のうちにあなた方を待つ。」一九〇七年にフェレンツ・コッシュートは、このときハプスブルクの大臣であったが、クロアチアでさえハンガリー鉄道ではマジャール語を唯一の言語にするという法案を通過させた。アポニ〔ハンガリー大臣〕は、すでに、ハンガリー自由主義の「偉大な老人」であったが、私立学校からさえその民族性を奪うという教育法を起案した。これらマジャール人の愛国者たちは、ひとたび職務につくと、ティッサ父子と同じ進路に従わざるをえなかった。ハプスブルク帝国への降伏を覆うため、彼らは、少数民族の犠牲で彼らの民族主義を掲げた、そして国家の職がまだもっとあると期待させて、ジェントリーの支持を取り戻した。

フィウメ決議ではなく、コッシュートの鉄道法によって、セルボ-クロアチア連合が初めて現実のものになった。それはセルボ-クロアチアの知識人を理想主義から救い出し、彼らを権力との関係で考えるようにさせた。彼らは自分たちを、王朝に頼るクロアチアのジェントリーよりもっと遠目がきくと思っていた。それどころか、彼らはもっと愚かでさえあることを立証した。彼らは、王朝と同じくマジャール人に対して使用できる、あるいは使って脅かせる武器を探した。その武器は、独立セルビアとの同盟でしかありえなかった。一九〇七年に初めて、セルビアは「南スラヴのピエモンテ〔＝サルデーニャ〕」である、という言葉がいつの間にか聞えた。この言葉はウィーンで危機を引き起こした。これは、決して癒すことのできない傷に触った。つまり古いオーストリアの敗北を予告した一八五九年〔＝対イタリア戦争〕の恐ろしい事件を思い出させた。一九〇七年から一九一四年の間のハプスブルクの政策のすべてのしくじりは、イタリア人と南スラヴ人の運動とを間違って同じだと考えたことから生じた。イタリア民族主義は真に非和解的であった。それゆえ南スラヴ民族主義も非和解的だと思われた。力が、イタリア民族主義に対抗する唯一の救済策だと思えた。だからそのとき、南スラヴ人に対抗してますます力が主張された。だがクロアチア人の多数者が、そして帝国内部のほとんどのセルビア人さえもが、もしその民族生活にとって寛容な条件を獲得できるならば君主制を維持したい、と願ったのである。実際の障害物は、南スラヴ極端主義や非和解的民族主義ではなかった。それは、ハンガリーの支配階級の無慈悲な「マジャール化」であって、それとフランツ・ヨーゼフ皇帝は一九〇六年に再び妥協していた。一九〇五年にフランツ・ヨーゼフ皇帝は、一八六七年の屈服〔＝オーストリアとハンガリーの妥協〕を元に戻す機会を無理に求めていた。彼は、一八六七年と同じように、一九〇六年には、従属民族や従属諸階級と協同する政策を歴史的には採ることができなかった、そして彼はこの機会をつかむのに失敗した。これは、破滅にいたる道の最後の里程標であった。

ハンガリーの危機がオーストリアに跳ね返るとは予期されていなかった。王朝は、一方の〔ハンガリー〕議会では普通選挙を擁護できず、他方の〔オーストリア〕議会では普通選挙に反対できなかった。そのうえ一九〇五年の一一月に、ロシアのツァー制度さえ、〔一九〇五年〕革命の刺激によって、普通選挙を行なうことを言明した。ハンガリーでは、普通選挙は、統一した「マジャール民族」によって反対された。オーストリアでは、帝国議会に統一がなかったし、普通選挙によって破滅するはずの政党の間にも統一がなかった。唯一の組織された反対派は、ポーランド人であった。彼らは小ロシア人を犠牲にして過度な代議員を要求し、そして獲得した。直接普通選挙権は、オーストリアでは、帝国の意志によって強制された。奇妙にも行動をのびのびにするという精神作用があるフランツ・ヨーゼフ皇帝は、〔学者〕シュタインバッハとターフェ〔首相〕が一八九三年に提出した議論によって突然動かされた。そして一度動かされると、もう延ばすのを我慢できなかった。ハンガリーでは、普通選挙はもう戦術的な恐れでしかなかった。オーストリアでは、中間階級政治家たちの民族主義的衝突から逃れる道だと思えた。他方、オーストリアの大衆は、労働者も農民もかなり政治的に成熟していた。ハンガリーでは、フランツ・ヨーゼフ皇帝は、「農民皇帝」にならなければならなかったであろう。オーストリアでは、二人の尊敬すべき年を取った紳士、つまり皇帝のようにオーストリア人でウィーン人であるカール・ルエーガー〔キリスト教社会党〕とヴィクトル・アドラー〔社会民主党〕が組んだときにのみ、民主主義は皇帝を脅かすことができた。フランツ・ヨーゼフ皇帝の最も深い憎しみは、自由主義にたいしてであった。彼は自由主義に反対して、民族主義を呼び入れた。今、この試みによって、彼は自由主義と民族主義の両方に対抗する民主主義を演じた、そして一八六七年以来今までもっていた以上に大きい行動の自由を回復したのである。

一九〇七年の〔普通選挙による〕議会では、キリスト教社会党は最大の政党であり、社会民主党は第二番目であった。これは帝国思想の勝利であった。つまり、キリスト教社会党と社会民主党は、ともに民主主義の言葉を使っているにもかかわらず、ハプスブルク帝国を保全しようと望んだ。彼らはお互いに闘っていたが、赤と黒の試合は、帝国の机の上で演じられた。民主的な議会は、実際、政府の方策に賛成する多数派を擁した。予算は立憲的形式で通過し、ハンガリーとの一〇年目の妥協によって、ついにオーストリアに都合のよいいくつかの条項が示された。帝国議会によって普通選挙を導入した首相ベックは、忘れられた過去の立憲的実践を復活させ、数か月の間、彼の政府に議会指導者を入れた。だがフランツ・ヨーゼフ皇帝は、いつものように、成功が明らかな瞬間に、自分の大臣に対して反対することになった。彼は素早い成果を望んでいた、そしてその成果は留保なしで満足できるものではなかった。民族的政党はまだ存在していた、そして民族主義は「帝国」のキリスト教社会党と社会民主党の間でさえ主張されていた。キリスト教社会党は、その教権主義にもかかわらず、ドイツ人がウィーンを独占していることを擁護した。社会民主党は別個の民族的政党に分裂し、チェコ人社会主義者は、あらゆる民族問題で他のチエコ人グループと共に活動した。労働者と農民が民族主義から解放されるだろうと思われていた。これは大衆が文盲の時代には正しかった。だが当時オーストリアは、概して初等教育が行き渡っていた、そして読み書きのできる者は誰でも自分の民族的忠実さをはっきりさせているはずであった。

フランツ・ヨーゼフ皇帝は、ベック〔首相〕に信頼を失い、一九〇八年一一月に彼を辞職させた。だが、ベックの失脚を国内的失敗に帰すことは、同時代の研究者のあやまちを繰り返すことになるであろう。彼らは国内的「オーストリア問題」だけを論議し、真の問題は大国としてのハプスブルク帝国が演じた役割なのだということを見落した。近東でのオーストリア－ロシア協商は、ハプスブルク帝国にその独立を回復する息継ぎを与えた。一九〇七年にその息継ぎ期は終った。それは良い目的に使われていなかった。オーストリア＝ハンガリーは、大衆にアピールする「オーストリア」愛国主義が創られたときにだけ、独立の強国になることができたのであった。教権主義と王朝への忠誠心は、二〇世紀には大帝国を支えることができなかった。だが、フランツ・ヨーゼフ皇帝は、自分の権力のどんな部分でも人民の手に渡すことを許すよりは、むしろ帝国を失いたいくらいだった。ベック〔首相〕の辞任は、「上からの革命」が決して真面目でなく、公然と見捨てられたことのしるしであった。フランツ・ヨーゼフ皇帝は、六〇年にわたって妥協と譲歩をしてきたのだが、一九〇八年一〇月に、彼の治世がそれで始まったもの、つまり軍隊への信頼に戻った。ハプスブルク帝国はオーストリア＝ハンガリー軍隊の中でのみ生きた、そして未来にとって唯一の問題は、この軍隊が戦争に勝ち残れるかどうか、あるいはさらに、敗北しても生き残れるかどうかであった。

（原注1） これらの「譲歩」は、支配民族への譲歩であって、民族的正義への譲歩ではなかった。ポーランド人はガリチアでは明らかに少数民族であり、イタリア人はダルマチアの人口の三％であった。

（原注2） しかし少数民族に対する保証と、少数民族が州の法廷に地域から訴えることができる規定とがあった。

（原注3） これは、文字どおり、トリエステに関しては真実である。この港は帝国当局によってわざわざ造られたのだが、イタリア語が一九世紀初期に戦時の「国家の用語」であったという事実によって、イタリア的性格を持っていた。

（原注4） ドイツ人が得意にした策略は、二〇世紀の初めにまず採用されたが、ドイツ人諸州の州議会で発布された布告であった、それは州全体でチェコ語を教えるのを禁じていた。ザルツブルクのように、チェコ人住民がいない州では、布告は目ざわりなものにすぎなかった。それは、ニーダー・エスターライヒの州境のチェコ人と、ウィーンの数千人のチェコ人に、大きな困難を課した。この布告は、憲法が規定する民族的平等の原理と矛盾するとして、皇帝によって拒否されたが、しばしば実施された。ウィーンではチェコ人（彼らは一三万人を数えた）は、私立学校さえ奪われた。

（原注5） そして、フランツ・フェルディナント大公とその仲間の計画のように、現存の人工的諸州の

連邦を提案するとき、それは疑いもなく価値がなかった。

（原注6） このようにカール・レンナーは民族国家を低く評価したのだが、一九三八年にヒトラーがドイツ民族国家を完成〔＝オーストリア併合〕したことを、その考えにもかかわらず彼は歓迎したのである。

(1) 彼は、マイアーリングで恋人と情死した。この事件は、小説や映画になった。
(2) 聖霊降臨節〔＝復活祭後の第七日曜日〕から一週間またはその三日間。
(3) 復活祭。
(4) 社会民主党は、民族ごとに党組織を区分せざるをえなかった。
(5) ダルマチアの混交民族。
(6) 分離主義、未回収主義、つまりイタリアの領土を回復しようという考え方。
(7) 小ドイツ主義。オーストリアを含めずにドイツを統一すること。
(8) またはイシュトヴァーン、二度首相になる。
(9) 一九二〇〜四四年のハンガリーの摂政、反革命の指導者。
(10) 一九〇五年の第一次モロッコ事件を調停する、列国会議。主にドイツとフランスが争う。

第十七章　暴力による解決、一九〇八～一四年

カール・レンナーは、「皇帝はいつ馬に乗るのか?」と問うた。ウィーンではいたる所で軍事行動を起こそうという意欲があった。ハンガリーと憲法で衝突して平凡な結論を得ても、またオーストリアで普通選挙をしてその民族諸政党へ不確定な効果を与えても、その意欲は満足されなかった。ハプスブルク帝国は、権力を失っている年取った人のように、力強さを見せてその若さを回復しようと努めた。「オーストリアの使命」の信者は、文化と生活水準を増進するために軍事行動を要求した。社会主義者は労働組合と土地改革の名前で、それを要求した。帝国のドイツ的性格を再び主張したいドイツ民族主義者がそれを要求した。ますますじれったくなったフランツ・フェルディナント大公がそれを要求した。コンラート・フォン・ヘッツェンドルフが、それを要求した、彼は一九〇六年に参謀総長になり、帝国と軍隊の両方の弱さを救済する策は戦争だと考えた。国内的な軍事行動、つまりハンガリーに対する誇りある戦いは、何にもならなかった。外国で軍事行動を起こさ

ねばならなかった。人事では、エーレンタールが一九〇六年に、ゴウホフスキの代りに外務大臣になった。彼は、外交的魔術によって帝国を復活させると約束した多くの魔法使の、最後の人であった。自信があり、尊大で、生意気なテリアのようにけたたましかった、彼は、アンドラーシ以来のあらゆる前任者を軽蔑し、ベルリン会議でオーストリア＝ハンガリーが受けた誇りある独立を回復する、と提案した。事実、彼と帝国がもっと長く生きのびさえしたなら、二〇世紀の初期は、エーレンタールの時代として知られていたかもしれないのである。

ヨーロッパの状況によって、どのみちエーレンタールは軍事行動を強いられた。ハプスブルク帝国は、アルヘシラスの会議(1)で演じなければならなかった卑屈な役割によって辱められていた。ゴウホフスキは、疑いなく、ガリチアの安全を得るための犠牲をあまり高く考えなかった。他の者は皆、帝国のドイツ人でさえ、彼の政策の結果に怒っていた。エーレンタール〔外相〕は、国内政治には少ししか知識がなかったが、もっと独立の路線を取ろうと提案した。彼は、サンクト・ペテルスブルクの大使であった、そして三帝同盟あるいはむしろ神聖同盟を復活することができると、うぬぼれた。というのは彼は、メッテルニヒのように、もしロシアとオーストリア＝ハンガリーが真の保守主義で和解するならば、ドイツは目下の同盟者の位置に下げられるであろうと思った。彼は、オーストリア－ロシア関係に関しては、メッテルニヒより野心的で自信があった。メッテルニヒは、近東でのロシアの平和政策を、〔ロシアとの〕友好条件として主張した。エーレンタールは、ロシアが極東で失敗した後に必ず積極的なバルカン政策をとることと、トルコが衰退することを、共に認めた。(2) だが彼は、ロシアに対して抵抗を組織する代りに、ロシアと一緒に行動することを提案した。彼は、メッテルニヒを越えて昔に戻って行き、ハプスブルク帝国がバルカンにも野望を持ったヨーゼフ二世の政策を復活させると提案した。メッテルニヒとすべての後継者は、もしオスマン帝国〔＝トルコ〕が壊れたならば、その破片が彼らの頭に落ちかかるだろうと、恐れた。エーレンタールは、トルコを一押しする用意があった。だがそれは、臨終際の豪胆さというものであった。

現実には、彼は、自分が理解したほど独立していなかった。彼の行動の形態でさえ、事件が決めたものである。一九〇六年に〔オーストリアは〕ハンガリーとの妥協を更新したが、それは、不可避的に「セルビア問題」をつくった。それは、騙され失望させられてセルボ－クロアチア連合という形でセルビアの国内問題をつくった。そしてセルビアは、メッテルニヒが「革命」を三月前期のあらゆる麻痺だといって非難したように、このために非難されねばならなかった。ハンガリーとの妥協を更新したことで、〔オーストリアは〕さらにセルビア自身と経済的に衝突した。セルビアの農業生産物とくに豚の禁止関税は、ハンガリーのマグナートが共通軍隊を受け入れる見返りとして、一九〇六年に〔オーストリアが〕払った代償の一部であった。セルビアは、オブレノヴィッチ王朝の時代のようにオーストリアの衛星国であることを拒絶した。一九〇六年にセルビアは、経済的独立を主張し、オーストリアの負債を拒否した。セルビアは、パリで資金を調達し、挑発的であるが、武器をボヘミアのスコダ工場からではなくフランスから買った。セルビアは、トルコ領を通ってサロニカに家畜類の販路を見出した。そしてドイツは、自分のバルカン政策がなかったし、エーレンタールを怒らせることになるが、セルビアに市場を提供した。それはオーストリア＝ハンガリー市場の喪失を償う以上のものだった。エーレンタール〔外相〕は、遅れをとったが和解を試み、一九〇六年に非難したものよりも有利な通商協定を、一九〇七年にセルビアに申し出た。これは、帝国議会とハンガリー議会の両方によって拒否されたほど、あまりにも〔セルビアに〕有利すぎることがわかった、そしてエーレンタールは、それがセルビア人の悪意ある敵意のためだったと言って、自分の失敗を隠さねばならなかった。

こうして外国政策の最大の一撃は、セルビアに対する一撃とならざるをえなかった。そして「南スラヴの謀反」を負かすことは、これ以降、ハプスブルク帝国のあらゆる困難の解決策となった。エーレンタール〔外相〕は、ブルガリアと共に、セルビアを分割しようと夢見た。これは本当に南スラヴ問題をつくってしまう奇怪な計画であった。彼の実践的な目的は、一八七八年以来ハプスブルクが占領していたトルコの二州、ボスニアとヘルツェゴヴィナを併合することであった。併合すれば、トルコ帝国の崩壊によって二つの州を取得しようというセルビアの望みを終らせるはずであった。併合すれば、一九〇八年七月にトルコ議会で青年トルコ党が創設されてつくられた法的な紛糾をも解決したであろう。これらすべて以上に、併合は、「オーストリアの使命」を実行する道をついに掃き清めるであろう。だが「自由貿易帝国」への最大の狂信者でさえ、三〇年のオーストリア支配が二つの州の住民にあまり利益をもたらさなかったことを認めざるをえなかった。そこには、保健事業、標準軌道の鉄道、大衆的学校、村の自治さえなかった。そこですべての弱点は、占領が異常だったせいにされた。もし二つの州がハプスブルク帝国の本当の一部になったとしたら、議会、学校、労働組合、土地改革、道路、鉄道を造ってもらっていたであろう、というのである。つまりウィーンの一部の著者や教授にとって「オーストリア観念」が表わしたことは何でもである。〔外相〕エーレンタール自身は、「オーストリア観念」という言葉を語り、一九〇八年の春にトルコ領から海にいたる鉄道を計画しさえした。鉄道は現実的ではなく、決して建設されなかった。だがそれは、エーレンタールを進歩的見解の人だと思わせるのに役立った。

ボスニアとヘルツェゴヴィナの併合は、オーストリア＝ハンガリーのバルカン政策に革命をひき起こした。アンドラーシ〔前外相〕は、トルコ帝国が生き残ることにすべてを賭け、それゆえ占領を主張した。エーレンタール〔外相〕はトルコ帝国を手放すつもりであって、ロシアとの交渉に賭けた。この交渉は、一九〇八年の九月になされた。ロシアの外務大臣イズヴォリスキーは、ロシア・ツァーリズムの威信を取り戻すために、素早く成功することに気を配ってもいた。彼は、もしエーレンタールが、見返りにロシアの戦艦が〔ボスフォラス、ダーダネルス〕海峡を通行するのを支持するならば、二つの州の併合を黙認しようと同意した。これが、ブーロフでの交渉であり、衰退する二つの帝国が外交的に独立しようという、最後の無益な一蹴りであった。エーレンタールは、ロシアとともにバルカン諸国の対立を調停したと考えた、だがロシアはハプスブルク帝国をドイツに依存させたのである。イズヴォリスキー外相は、ツァーの二次的野望であるコンスタンチノープル〔＝現在のイスタンブール〕を手に握ったと考えた。ロシアの賛成を確保して、エーレンタールは、一九〇八年一〇月五日に二つの州の併合を宣言した、そして「ボスニア危機」を噴出させたのである。

事は、エーレンタールとイズヴォリスキーが期待したようには動かなかった。イギリスとフランスは〔ロシアの戦艦が〕海峡を通行することに同意しなかった。ロシアの首相ストルィピンは、ロシアの世論が海峡については全然心配せず、バルカンのスラヴ民族についてずっと心配していると、かなり厳粛に主張した。これは、イズヴォリスキーにも、ほとんどのロシア人にも思い起こされなかった。エーレンタールがセルビアを辱めようとし始めたときにだけ、ロシア人はセルビア人に同情した。ロシアのセルビアへの支援は、こうして、エーレンタールの作ったものであった。それ以上に、セルビアのセルビア人は、オーストリア＝ハンガリーのセルビア人について骨を折らなかったし、ボスニアとヘルツェゴヴィナについてもあまり思いを寄せさえしなかった。エーレンタールは、セルビア人にユーゴスラヴ人たれと教えた。エーレンタールの大仕事は、南スラヴ問題を調停するものではなく、それどころかこの問題をひき起こした。セルビア人は、ボスニアのセルビア人とクロアチア人を擁護しないではいられなかった、とくにイズヴォリスキーが自分の大間違いを隠すために彼らをそそのかしたときはそうであった。ボスニア危機は、セルビアの敗北に終ったのだが、セルビアを辱めなかった。それは、セルビアの水準に引き下ろされたオーストリア＝ハンガリーのほうを辱めた。ピエモンテ〔＝サルデーニャ〕と昔闘争したときのように、ボスニア危機はセルビアの立場を高めた、そしてオーストリア＝ハンガリーは侮辱されたので、ハプスブルク帝国の困難は全部「南スラヴのピエモント」のせいだ、と言った。ボスニア危機は、オーストリア＝ハンガリーをドイツへの依存から解放もしなかった。ハプスブルクの外交は、もしドイツが一九〇九年三月に、イズヴォリスキーに強制してセルビアを最終的に放棄させなかったならば、結末を見つけずに混乱してしまったであろう。オーストリアの政治家は、このドイツの保護に不平を言ったかもしれなかった。だが世界中の目には、彼らがドイツに保護されていると映った。

エーレンタールは、さらに、ドイツのロシアへの最後通牒にもかかわらず、セルビアと戦争をすることができた。そしてセルビアの破壊は、彼の本来の目的であった。それを実行に移し始めるときに、彼は答えられない問題に直面した、つまり、セルビアとの戦争で、もし成功したとしても、一体何が得られるのか？ 併合すれば、帝国に憤激した南スラヴ人をそこに住まわせることになるだろう。もしセルビアが併合されなかったら、セルビアは、ハプスブルクが宣伝によってイメージを作っていたのだが、現実には不満の中心になるであろう。エーレンタールの政策が成功すればするほど、帝国にとってもっと運命的となるだろう。その適用が十分であればあるほど、それが作り出す問題は解決できなくなるだろう。こうして、時機を失して、エーレンタールは、メッテルニヒからアンドラーシやカールノーキーまでのすべてのハプスブルクの外相にとってわかりきった結論に到達した。つまりオーストリア＝ハンガリーはバルカン領土を取得する余裕はない、だから、たとえロシアに対する敵意を意味しても、バルカン諸国の現状を支持しなければならないというものであった。一九〇九年二月に、オーストリア＝ハンガリー軍がすでに動員されたとき、エーレンタールは戦争しないと決めた。フランツ・ヨーゼフ皇帝は、軍隊の強さに疑いを持ち、彼を支持した。フランツ・フェルディナント大公でさえ、セルビアを屈服させることとは好んだが、戦争には反対した。彼はその上、マジャール人を喜ばすことは何もしたくなかった。戦争の擁護者、コンラート〔・フォン・ヘッツェンドルフ参謀総長〕は、突然自分が孤立したことがわかった。そして、軍隊がとにかく動員はできる、という証拠で満足せざるをえなかった。

こうして軍事行動への大きな一押しは、二つの州の立場から見て小さな法的な変化を除けば、何事もなく終った。ロシアとの保守同盟は回復されなかった。その代り、ロシアのバルカン諸国における利益は復活された、そしてロシアの政策はオーストリア＝ハンガリーに対して反対に向かった。セルビア人は、オーストリアの攻撃がただ延期されただけだと信じたままであった、だから本気に反オーストリア政策を始めた。たまたまセルビアの政治家は、自分たちの任務を恐れて和解の提案を行なった。だがそれはエーレンタールによって軽蔑されて拒否された。こうして「オーストリア観念」は、二つの州では蘇生できなかった。そこでは「経済の改善」や新しい学校はなく、ただ大官僚群と占領軍だけがあった。この二州は、オーストリア型の議会を受け取った。州議会が当時行政的機能を大部分行なっていたので、大領地の地主を守ることが重要であった。だから、帝国議会には普通選挙制が導入されたにもかかわらず、州議会は、古い制限選挙と「選挙区」選挙人の体制のままで残された。ボスニアとヘルツェゴヴィナも、これらの不思議な選挙区の中に入れられた。加えて、三つの選挙区（大領地、都市、田舎の共同体）は、固定された比率で、三つの宗教、つまりギリシャ正教、ローマ・カトリック、イスラム教の間にそれぞれ分けられた。この回りまわった仕方で、イスラム教徒の地主は二重に代表権を持った。ハプスブルクの支配によって、多数派民族セルボ‐クロアチア人は社会的に劣等にされた。「オーストリア観念」は、二つの州に大きなことを約束していた。だがいつものようにその約束は果されないまま残った、そして一九〇九年以後、ウィーンの理論家は、ボスニアとヘルツェゴヴィナの貧困化した文盲の農民から注意をそらしたのである。

ボスニア危機は厄介な遺産を残した。この危機の間に、クロアチアのセルボ＝クロアチア連合の指導者に対して反逆だという非難が、戦争の言い訳としてねつ造されていた、そして今度これらの非難は、公開の訊問を受けねばならなかった。最初の見せ物は、柔順なクロアチア人の裁判官を前にした、ザグレブでの馬鹿げた謀反裁判であった。作られた証拠は、クロアチアのハンガリー人支配者の信用を落しただけであった、被告は有罪となったが、ただちにフランツ・ヨーゼフ皇帝によって許された。一八四八年の革命以来半世紀がたっていたので、ロシアとオスマン帝国を除く全ヨーロッパには、「法の支配」が確立していた。ハプスブルク帝国でさえ西ヨーロッパの基準を受け入れていた。ザグレブ裁判は、かなり文明化された公平な国家の原理から、初めて、目にあまるような逸脱をしたものであった。それは一世代後にヨーロッパ大陸を覆うことになる不正直で政治的な裁判の時代を開いた。「ハンガリー民族」は、自由主義を誇っているにもかかわらず、この野蛮さを勝利させた創始者としてふるまったのである。

もっと悪いことに、エーレンタール外相は、尊大で愚かな行為で、同じく帝国の信頼を下落させた。彼も、セルボ＝クロアチアの指導者に反対するキャンペーンを激励し、大歴史家で粗野なドイツ民族主義者で、このときはハプスブルク権力の礼賛者に変っていたフリートユングのジャーナリストとしての助力を求めた。エーレンタールもフリートユングも、〔セルボ－クロアチアが反逆したという〕証拠を吟味しなかった。フリートユングの書いた論説は、セルビアに対する戦争を正当化するためのものであった。そしてひとたび戦争が始まったら、誰も戦争の論拠を吟味しようとはしないのである。だが戦争をしないことが決まったので、エーレンタールは、セルボ－クロアチアの指導者に機会を与えることになった。ウィーンの法廷でフリートユングに対して名誉毀損の訴訟を起こす機会である。そこで彼らは、かくれもなくオーストリア＝ハンガリー外務省が提供したその文書が、お粗末な偽造であることを、容易に立証した。その上、有名なチェコ人の教授マサリックが「フリートユング事件」を取り上げ、そして代議員の会議でエーレンタールに反対して、これは偽造だといって非難をした。エーレンタールは抗弁しなかった。彼は、全ヨーロッパの見るところ、ぶかっこうな偽造者として信用を落し、決して評判は回復しなかった。実際、ザグレブ裁判とフリートユング事件は、ハプスブルク帝国の道徳的破滅であった。それらは、立派な外見を与えている文明的行動の構造を破壊した、そして帝国を力以外には基盤がないものにした。(原注1)

とても道理に合わないが、エーレンタール〔外相〕は、そうするにはあまりに誇り高かったが、弁明をした。マサリックは、偽造文書を作ったベオグラードのオーストリア公使館を非難した。現実には、セルボ－クロアチアの謀反をすでに確信していたこの公使館は、巧妙な偽造者によってたやすく犠牲になった、そしてマサリックがその罪を立証した文書は、その同じ偽造者が製作したもっと進んだものであった。オーストリア外務省はこれを知っていた。実際マサリックよりも専門家である彼らは、本来の「フリードユング」文書についてエーレンタールに警告して注意していた。エーレンタールは誇りが高すぎて不注意を認めなかった。さらに彼は、ベオグラードにいた長官フォーガッチの無能力を認めようとしなかった。フォーガッチは、うぬぼれによってしくじりをしたが、どんな外交的職務でも高い地位についたことであろう。彼の態度は、ハプスブルク帝国の真の精神を暴き出した。それは、専制的でも野蛮でもなかった、それは単に堕落であり、死にかかりであった。彼は、積極的な悪事が非難されるのを忍ぼうとする態度をとった、そして弱さとか失敗という実際の欠点を認めるのではなく、それらの責任を負う気持も能力もなかった。エーレンタールは、フリードユング文書をこしらえる機転があったことを喜んだであろう。その後一九一四年に、ベルヒトルト〔外相〕は、衰退する体制のこのような愚かな操り人形となるよりも、むし

晩年のフランツ・ヨーゼフ皇帝

ろ戦争の仕掛け人となるほうを選んだのであった。

ボスニア危機は、不満足な結末とその薄汚い成り行きとなって、ハプスブルク帝国の最後の精力を枯渇させた。帝国の主導権は、外国問題と国内問題で止ってしまった。オーストリアの政治家は、もはや出来事を待とうともしなかった。彼らの唯一の望みは、何も起きないことであり、つまり行き詰り状態になった都合のよい国家の中で、物事がいつもそのままであってほしいということであった。エーレンタールは、先輩たちの平和政策に戻り、ロシアとはまずまずの関係を回復し、セルビアまたはイタリアからどんな挑発がきても、応答するのを拒否した。彼が手はじめに取り上げた政策は、フランスと良い関係を作ろうという試みであった。一九一一年のモロッコ危機の間に、彼は、ドイツに支援を与えることをこれ見よがしに避けた。だが、ボスニア危機のときにドイツは、彼に支援を与えたのである。そして彼は、無駄ではあるが、オーストリアとハンガリーの借款のためにフランスで取引所を開くことを求めた。フランスとオーストリアの保守的共同行動はたぶん、メッテルニヒとギゾーの時代には可能であった。それは一八六七年から一八七〇年の間に、ボイストとナポレオン三世によって、最後に見せびらかされた。一八七〇年の大動乱〔＝普仏戦争〕の後は、フランスもオーストリアも、自分の足で立てる大強国ではなかった。フランスは、ドイツから独立を保つためにロシアの支持を必要とした。オーストリア＝ハンガリーは、近東でロシアに対抗するのにドイツの後楯を必要とした。だがビスマルクの初期の時代にひとたび失った機会は、決して復活しなかった。エーレンタール〔外相〕は、彼が捨てた攻撃的政策に代る策が見つからなかった。コンラート〔・フォン・ヘッツェンドルフ参謀総長〕は、孤立していて、イタリアに対し、セルビアに対し、とにかくどこかの国に対して防衛戦争をするという彼の万能薬をさらに説いた。誰もが彼の頑固な好戦性に不賛成であり、彼はそのしつこさのために、一年ぐらいで、職務から解任された。だが彼は、積極的な政策に最も近いものを主張し、長い目で彼のやり方を実現するつもりであった。イタリアに対する戦争は、ハプスブルク帝国にさえ勝利の強壮剤を与えたことであろう。というのはイタリアは、愚かにも大強国を模倣した国であり、職業的外交官と文芸好きの訪問者だけを魅きつけたからである。ここで再び、ビスマルクの影が道をふさいだ。独立イタリアはビスマルク体制の一部であり、それを破壊すれば、ドイツ人がハプスブルク帝国で完全に支配することをただ早めるはずであった。

国内問題ではまた、実際的なことは何もなかった。帝国議会は、さらに会合し、予算の通過を拒否し、それから、予算が緊急令によって通過させられる間には、目をそらした。演説がなされ、決議が通った。一方、舞台の背後で、帝国官僚は、今まで以上に途方もない書類の山を作り上げた。ボヘミアでのチェコ人 - ドイツ人関係は、まだ交渉の終らないものであった。新しい計画が提出され、討議され、修正され、最後には拒否された。一九〇八年に首相としてベックの後を継いだ下積み官僚ビーネルトは、ポーランド人の無任所相がガリチアの利益を守ったように、チェコ人とドイツ人の利益を守るためにチェコ人とドイツ人の無任所相を置くことを提案した。ドイツ人は、ボヘミアがチェコ人の国であると認められそうだとかぎとり、ビーネルトにその考えを放棄せよと強いた。一九一二年に首相になったもう一人の官僚シュトゥルクは、より一層の調停計画を作り上げ、そしてチェコ人とドイツ人を、「たった一枚の紙の厚さ」の壁で分離しておくと宣言した。彼は、この一片の紙が通り抜けられない厚さだとはわからなかった。それは、文学的考えであったし、終始彼らを分離していたのは、二つの歴史的要求の衝突であった。当時ドイツ人は、ドイツで民族的尊大さがひどく高まっていたので、もっと強情になっていた。そしてチェコ人は、ドイツ人とスラヴ人の間の戦争では、ドイツ人の側に立って戦わねばならないと、かつてよりもっとわかるようになっていた。帝国議会で妨害した最大の典型は、小ロシア人であり、ガリチアでのポーランド人の特権を拒絶していた。そして彼らは、スラヴ的連帯の原理によってチェコ人とスロヴェニア人に支持された。

ドイツ人は彼らのほうで、同じ妨害の方法をボヘミア州議会で適用した。州の行政を管理していた州議会の委員会でさえ壊れた、そして一九一三年にシュトゥルク〔首相〕は、ボヘミアの憲法を停止した。頑固な計画作成者たちは、帝国政府が積極的な指導をするよう、もう一度希望した。だが何もなされなかったし、〔憲法が〕停止されて、ウィーンの創造力が枯渇した。帝国議会は一九一四年三月に、フランツ・ヨーゼフ皇帝の治世で最後の会合をした。だがその会合は、小ロシア人によって数日で壊された。一九一四年八月に、戦争が勃発したときに、帝国議会も停止され、オーストリアは、フランツ・ヨーゼフ皇帝の治世が始まったあの「臨時絶対主義」に、明からさまに復帰した。

古い旋律がハンガリーでも奏でられた。ハンガリーのマグナート〔＝大貴族〕は、一九〇六年に彼らが敗北しても正気にならなかった。彼らは、改めて共通軍隊への攻撃を行なった。この政策は、マジャール人のジェントリー〔＝小地主〕に全くアピールしなかった。ジェントリーは、この憲法闘争の間に官僚としての地位を脅かされているとみたのである。ジェントリーの役人は、一九一〇年の総選挙で作られた政府派閥連合を破壊するために、暴力と汚職の技術を用いた。そして〔ティッサの〕「奴隷」の多数者が復活した。シュテファン・ティッサは、初めは、舞台の裏におり、その後一九一三年六月に首相となり、彼の父が独裁的であったのを凌駕する地位に立った。彼は、軍隊法案を強制的に通過させたし、共通君主制を忠実に支持する人物として振舞った。その代り彼は、自由に、ハンガリーの諸民族にたいするキャンペーンを行ない、マジャール人大衆を政治から排除しておいた。彼は宣言した、「非マジャール語のわが市民は、まず第一に、一つの民族国家つまり種々の人種の混合体ではない国家、の共同体に属しているという事実に、慣れなければならない。」選挙法案がさらに導入され、選挙権を拡大すると時どき約束されたが、〔取りやめの〕言い訳はいつでも見つかった。一九一四年の法案は、戦争の勃発によって放棄されたのだば、ハンガリーが享受したであろう民主的な体制の詐欺的な証拠として残った。それは「もし」戦争が干渉さえしなければ、ハンガリーが享受したであろう。

現実に、ハンガリー国家は、ジェントリー、つまり経済的基礎を失ってハプスブルクの後楯で権力についている階級に独占されていた。この後楯は、危っかしい疑わしい支持であった。だからジェントリーは、もっと多くの支持が必要であった、そして、ドイツ人とハンガリーのユダヤ人資本家との同盟を支持者にした。ハンガリーの民族主義は、コッシュートが最初にリスト〔ドイツの保護貿易主義経済学者〕の経済学説に呼応して以来、保護貿易を好んでいた。そしてオーストリアと関税同盟を作ったことは、共通軍隊と同じようにコッシュートの敗北であった。関税同盟はより安全な攻撃目標であった。そしてオーストリアとハンガリーの間の関税障壁を回復しなくても、ハンガリーの産業を促進するためには、政府の行動によって多くのことを行なうことができた。帝国が崩壊した後、「継承諸国」はハンガリーの例に従った。そしてオーストリア＝ハンガリーが経済的単位であったあいだに、この統一体は、一九一八年よりずっと以前からハンガリーによって掘り崩されていたのである。経済的民族主義には二重の利益があった。〔第一に〕それは、共通軍隊への攻撃の代替物となった。〔第二に〕それは、「マジャール化した」ユダヤ人とドイツ人の熱狂を強めた。彼らは、そうでなければ、ハプスブルクへの忠誠に後戻りしたかもしれなかった。ドイツ人資本家は、メッテルニヒからヒトラーの時代まで、ハンガリーでは潜在的な「第五列」を表わした。そして、商工業では無能な貧困化したジェントリーによって政治的に我慢して従属させられる代りに、恒常的な経済的報酬を求めたのである。ティッサが勝利したことで、マグナート〔＝大地主〕を政治権力から排除した。産業の成長は、資本家の百万長者を作り、〔マグナートの〕経済的特権にさえ挑戦しようとして脅かした。マグナートは、従属民族にアピールすることによってのみ、ティッサの民族主義に対応することができただろう。彼らは、大衆へ民主的なアピールをすることによってのみ、経済的民族主義に応じることができただろう。だが、両方の道は危険でありすぎた。そしてマグナートは、どうしようもなく傍観し、あるいは資本主義的事業に身を投じた。彼らは、世襲的「支配階級」であることを放棄していた。最も大胆で、一番富んでいるといえる一人のマグナート〔＝カーロイ〕が、この臆病な進路を拒否した。ミハーイ・カーロイは、かつて、若い〔＝息子〕アンドラーシの仲間だったが、コッシュートが亡命先で遅くなって説いた綱領に、ついに到達した。彼は、民族の平等、農業改革、そしてその当然の結果として、ドイツとの絶交を主張し始めた。というのは、スラヴ人の隣人と良い関係にある民主的ハンガリーは、もはやハプスブルクやドイツ軍隊の後楯を必要としなかったからである。この綱領は、カーロイよりも主義が高潔でないマグナートに、とてもできない犠牲を要求した。それは、戦争で敗北した後でだけ達成できるのであり、そのときには遅すぎるものであった。

マジャール人の極端主義はまたクロアチアでも広がった。マジャール人ジェントリーは、職場をしっかり握っておくために、すべてのクロアチア人をセルボ-クロアチアの反逆者として一緒に取り扱った。一九一二年にクロアチアの憲法はすべて停止され、ハンガリーの統治者〔＝ティッサ〕は、大勢のマジャール人の追随者とともに、独裁者となった。そして南スラヴの理想主義は、数人の中間階級知識人に限られていた。クロアチアのジェントリーと軍士官は、純粋権利党に組織されていて、ハンガリーに敵意があったが、もっと狂信的に反セルビアであり、帝国に忠実であった。その上、クロアチア農民党は、当時大衆の間で支持者を拡大しており、かなり民主的な言葉を用いたが、同じ路線を取った。その指導者ラヂッチは、「オーストリア観念」を説いた。君主制の任務は「ドイツ的でなく、マジャール的でなく、スラブ的でもないのである。キリスト教的で、ヨーロッパ的で、民主的である」と彼は言った。南スラヴ思想は、総合的で知的であったが、教育のある中間階級だけをかちえた。彼らは、シュトロスマイアーの絵画の収集を頼りにした。大衆民族主義は、他の国と同じくクロアチアでも土壌から発生し、その最も近い隣国を憎んだ。オーストリアでは普通選挙権は、民族主義的熱狂を殺しはしなかったが、弱めた。クロアチアでは普通選挙は、〔もし実施すれば〕ハプスブルク家に好意を持ちハンガリーの支配に敵意を持つカトリック農民党を引き立てたであろうが、南スラヴ運動を殺したであろう。どのみち、ハンガリーではあらゆる手段によって普通選挙を避けたマジャール人ジェントリーは、クロアチアにそれを導入できなかった。こうして、彼らは唯一の決定的な武器を自ら否定し、広がった南スラヴ運動の想像上の危険を永続化せざるをえなかった。一九一四年までにハプスブルク君主制の立憲的使命は、どこでも不毛な失敗で終っていた。そして人びとは、ハプスブルク帝国が終る前の最後の数年に較べても、帝国の将来に自信がなかった。死後硬直が始まっていたが、捨てられた死体を生き返らせる計画は、そこにないわけではなかった。社会主義者の書いた本は「諸民族の上にある」帝国に栄光を与えており、ドイツ人の書いた本はドイツ文化の旗手としてオーストリア＝ハンガリーをほめており、フランス人の書いた本はドイツの権力にたいする大きな障壁としてオーストリア＝ハンガリーをほめていた、軍士官、カトリックの僧、イギリスの自由派、さらにルーマニア人の書いた本があった。すべてがその弱さ、官僚制の重さ、民族の諸要求の衝突を認めていた。だがすべてが、例外なしに一つの「解決」を求めていた。一般的に期待されたこの解決は連邦主義であった。これは雑多な計画にとっては魅力的な名前であった。ドイツ人の著者にとって連邦主義は、ハンガリーを他の州つまりドイツ的帝国のあらゆる州の水準に引き下げることであった。チェコ人にとって連邦主義とは、少数派として我慢しているドイツ人とマジャール人がいて、スラヴ人を優勢とした帝国を意味した。ウィーンのアカデミックな理論家にとって連邦主義は、民族感情が一般的に低下していることであった。〔カール・〕レンナーが評価したように、民族主義は、個人的な特性へと縮小するものであろうというのである。外国人、つまりフランス人とイギリス人にとって連邦主義は、敬虔な祈りであり、ヨーロッパ戦争という恐ろしい代替物に直面するのを拒否することであった。その戦争はハプスブルクの使命の失敗を意味するはずであった。これは、連邦主義者の夢の本質であった、すべての者が、ハプスブルクというミイラが崩壊した後に続く衝突にひるんでおり、またその代り、人民が何かの奇跡によって、カール・レンナーやレートリッヒ教授、M・アイゼンマンやシートン＝ワトソン教授〔原注2〕のように、近代的で啓蒙的になるだろうと望んだ。フランツ・ヨーゼフ皇帝の治世の歴史は、「解決」が容易であることを示した。つまり、帝国のすべての民族が良い経済的条件と民族的にかなりよく生きられるという計画を無数に作ることは容易であった。問題は、「解決」を受け入れさせることであった。そしてこの背後に本当の問題があった、つまり、ハプスブルク帝国は、ドイツ人がヨーロッパを支配する道具になることを逃れられるかどうかであった。その問題には「解決」がなかった。ハプスブルク帝国の運命は一八六六年の戦争〔＝普墺戦争〕によって決定されていた。同国が一層独立することは、ビスマルクの恩恵に負っていた、そしてビスマルクの後継者がその穏健な進路を捨てるや否や、それを失うはずであった。人びとは、〔帝国〕国内構造を変革することによって、ハプスブルク帝国のヨーロッパにおける地位を変えようと思った。実際には、国内構造を変化させるには、ヨーロッパでの地位の変化、またはむしろ破局の後で行なわれることができただけであろう。

フランツ・ヨーゼフ皇帝（右）と
フランツ・フェルディナント大公

「こうして戦前の時代のすべての計画は、不可能なことを主張したのである。もし帝国が一八六六年に敗北さえしなかったならば、もしマジャール人がスラヴ人を同等者として受け入れようとしてさえいれば、もしドイツ人がドイツ帝国を頼りにしようとしさえしなかったならば、もし帝国の諸民族が再び字の読めない農民になり、また反宗教改革時代の王朝に対するようなしっかりした忠誠心に戻りさえしたら、もしハプスブルクが労働組合と農業改革を促進してさえいたら、そのとき、問題は解決されていたであろう、というのである。だが実際、それは存在していなかったのである。だから、死の床のまわりに立ちながら、会葬者はこう言ったかもしれない、「もし死んだ人が息をしさえしたならば、彼はまったく大丈夫であろう。」この望みの寄せ集めは、統一した合唱に転じた。もしフランツ・ヨーゼフ皇帝が死んで、フランツ・フェルディナント大公が後を継ぎさえしたら、そのとき種々の解決がすべて本当になったであろう、と。だが、フランツ・フェルディナント大公を頼る人たちは、大公の性格を少ししか知らなかった。大公は変化を代表した、そして彼らは愚かにも、いかなる変化も改善の変化であろうと思った。フランツ・フェルディナント大公は、ハプスブルク家が生み出した最悪の一人であった。反動的で、教権的で、残忍で、高慢であって、またしばしば気違いじみていた。フランツ・ヨーゼフ皇帝にはあの悲観主義と躊躇があったので、どうにか支配者となっていたのだが、大公にはそれがなかった。フランツ・フェルディナント大公の唯一不変の政治的見解は、二重帝政への敵意であった。マジャール民族主義が抑圧している民族に同情せずに、彼は、ハンガリーの自由を王朝的に嫉妬していた、そしてハンガリーを他州と同様に従属政体へ引き下げようと望んだ。彼は、同じくチェコ人とドイツ人自由派に対してさえも、敵意を持った。ただしドイツ民族主義に対してではないが。彼の理想は、一八四九年にシュヴァルツェンベルク〔首相〕が作った絶対主義的軍国主義であった。もっともこれは、諸事件によって教訓を得るまで、フランツ・ヨーゼフ皇帝の理想でもあった。

フランツ・フェルディナント大公が王位についたら実行しようという建設的な計画については、多くのことが書かれた。大公は、一八六七年の協定〔=妥協〕が取り消されるまで、ハンガリー国王になるのを拒否した。このことは大いに明白であった。その後、彼の計画は煙のように消えた。彼は、スロヴァニア人の間の教権的民族主義を激励し、ルーマニア人に同情し、とりわけクロアチアの純粋権利党の王朝的民族主義を歓迎した。彼はまた「連邦主義者」であった。これは、ハンガリーから切り離されまた皇帝に直接依存するクロアチア王国を復活させる以上のものではなかった。彼は、ハンガリーのセルビア人地域とクロアチアとの統一さえも提案しなかった、というのは、これは、南スラヴ思想を認めることになるからであった。そして彼の「三重帝政」の計画は、ナポレオンのライン同盟がドイツ人を分裂させたように、南スラヴ諸民族を分裂させようと計画していた。「三重帝政」は、事実、今まで以上に南スラヴ人の不満を駆り立てたことであろうし、マジャール人を帝国の反対者に追いやったことであろう、そしてボヘミアのチェコ人とドイツ人の間の衝突を調停するためには何にもならなかったであろう。それ以上に、フランツ・フェルディナント大公のこの計画は、諸民族の協同を思い描かなかった、あるいは、古い保守党の場当たり的な「歴史的政治的個人」をこえて前進しなかった。フランツ・フェルディナント大公は、帝国が依存していたマジャール・ジェントリーおよびドイツ人官僚と、関係を絶つかもしれなかった。彼は、ヨーゼフ二世からバデーニ(首相)までのあらゆる改革者を困らせた問題、つまり、いかにしてハプスブルク家の人物がボナパルトのような人物、農民大衆の皇帝になることができるか? という問題に、さらに直面したことであろう。フランツ・フェルディナント大公の仲間は、職業軍人と疑似封建的貴族、ヴィンディッシュグレーツとベルクレディの古い保守党のブロックであった。ほんの数人の教権的政治家が加わっていたが、それは、彼らが代表しようとした諸民族が政治的に未熟である証拠であった。一〇月特許状は、フランツ・フェルディナント大公の展望の極限を代表した、そしてその法令は一八六〇年には二〇〇年も時代後れであったが、五〇年が経過してももっと近代的にされていなかった。

ハプスブルク家のどんな人物に希望をおいても、ハプスブルクの本性を理解することに失敗するはずであった。コッシュート〔執政〕は、ハプスブルク王朝の打倒が中央ヨーロッパを再構成する第一条件であると認識して、彼のすべての欠点をつぐなった。ミハーイ・カーロイ〔後のハンガリー大統領〕は、この説の結果を見、受け入れた唯一のハンガリー人であった。オーストリアでは人びとは、皇帝の肉体的存在にあまりにも畏敬の念があったので、王朝のない中央ヨーロッパを想像することができなかった。最も進んだ社会主義者でさえ、王朝の主導権による民主的社会主義を夢見た。そしてハプスブルクの支配を憎んだドイツ人は、その代りホーエンツォルレルン家の支配を望んだ。孤立したチェコ人の教授マサリックだけは、人民を信じ、人民が政治的責任を行なって現実を学ぶことを望んだ。他の人びとは民族主義を狂信したが、マサリックは知的に誠実であれという大義を狂信した。彼は、中世初期の聖なるチェコの文書を、一九世紀の偽造物であると示して、チェコ人の狂信主義者をへこました。彼は、儀礼的殺人で告訴されたあるユダヤ人を弁護したので、チェコ人とドイツ人の極端主義者に憎まれた。マサリックは、真実にもとづいて、とくにボヘミアの「国家の権利」が人工的で陳腐な伝統だという真実にもとづいてのみ、チェコ民族が自由をかちとれると信じた。彼は、ハプスブルク帝国が、もし陰謀や王朝の利益の代りに、正直さと大衆の意志に依存すれば、新しい生命力を見つけられるとさえ信じた。他のもっと反動的なチェコ人は、政府職が与えられるまで民族的な宣伝を行なったのに、マサリックは、ハプスブルクからは独立を保ち、またハプスブルク帝国を転換することを望んだ。マサリックは同じく、汎スラヴ主義の装いを憎んだ。彼は、ロシアのツァーリズムの本性を理解した、そして汎スラヴ主義が西洋文明との断絶となることを認識した。彼はそうではなく、プラハを民主的なスラヴ文化の中心にすることを狙った。この後、彼をフリートユング裁判の主役にしたセルボ‐クロアチアの指導者との友情が生まれた。

マサリックとカーロイは、一九一八年にハプスブルクの後継者に、そして王朝の敵になった。どちらも、ハプスブルクがかつて作った諸民族の統一を破壊することを望まなかった。両者とも自分の民族に献身し、事実、二人はその民族の最高の型を代表した。そしてどちらも、排他的な民族主義者ではなく、民族主義の国家という見地からは考えなかった。カーロイは、ハンガリー人の指導性のもとではあるが、大ハンガリーを平等な諸民族の連邦に転化することを望んだ。マサリックはまた、チェコ人の指導性のもとで、民族が協同することを望んだ。それぞれが真にハプスブルクから独立していた。カーロイは貴族的な自信から、マサリックは知的力から、であった。マサリックは、一人であったが、チェコ人民との強い環があった。チェコ人民は、文化では当時進歩した民族で、貴族的政治家とは縁を切り、上から下まで中間階級で、ヨーロッパの他のどんな国よりも知的な指導に深い尊敬を払っていた。カーロイは、生き残る唯一の機会を大ハンガリーに与えた、だがその犠牲は高価すぎた。一八四八年の「ハンガリー民族」は、狭いけれども真の理想主義があった。だが二〇世紀初頭の「ハンガリー国民」は、マグナートの大領地とジェントリーの官僚的独占しか信じていなかった。ハンガリーでのカーロイの支配は一九一八年にやってきたのだが、その後たった六か月続いた。マサリックは、チェコ人の支持を受け、二〇年続く多民族国家をつくった、そしてそこで、諸民族と諸政党のバランスを取りながら、彼は、より高貴で上手なフランツ・ヨーゼフ皇帝として行動した。だが一九一四年以前の時代に、カーロイは、マサリックよりももっと明白にものを見た。マサリックは、道徳的変化が統一ハプスブルク帝国を保全するであろうと最後の瞬間まで思った、つまりフランツ・ヨーゼフ皇帝、エーレンタール〔外相〕、またはコンラート〔・フォン・ヘッツェンドルフ参謀総長〕からは望むことができないことであった。カーロイは、本質的な変化が外交政策にあるはずだということを摑んだ。これはまた、ヨーロッパ戦争が起きないと望めないことであった。

ハプスブルク帝国の白骨化した死体は、それ自身の重みでバランスを取っていた。〔帝国の〕巨大な構造を壊した衝動は、どこからもやって来るはずがなかった。その構造は、多くの効果を達成することはできなかったが、その内部ではすべてが腐敗してはいなかった。ハプスブルク帝国は、国内の不満勢力とさらに外国の敵から生き残ることができた。両方共に、帝国の重要性を過大に見、帝国がヨーロッパにとって必要だと考えた。だがハプスブルクが切り抜けられなかったものは、帝国が必要であることを否定したことであった。唯一の答は、そのような否定の力と思えた。そして帝国が脅かされればそれだけ、それは無用であることがわかった。イタリア民族主義は、かつては古いオーストリアを倒したダヴィデ(3)であった。セルビア民族主義はオーストリア＝ハンガリーのダヴィデであった。メッテルニヒとブーオル〔外相〕のイタリアでの間違いは、今度はセルビア人にたいして繰り返された。ハプスブルクの政治家は、存在を挑戦され、荒々しく追いたてられて、均衡を取り対策を打つ巧妙さを失った。イタリアがそうであったように、彼らにとってはセルビアが、強迫観念になった、そして彼らが一歩進むごとにその困難が増した。ボスニア危機はセルビアの危機をつくった。セルボ－クロアチアの指導者にたいするキャンペーンは、セルビアに強力な武器を与えた。独立セルビアは宗教ではギリシャ正教であり、長い間トルコ帝国の一州であって、ハプスブルクの土地にあまり利害がなかった。セルビア人は、まだトルコの支配下にある彼らの兄弟を解放し、かつて歴史的にセルビアだったすべての土地を回復しようと望んだ。この野望はボスニアとヘルツェゴヴィナに広がったが、それを越えなかった。セルビア人は、確かに、クロアチア人、ローマ・カトリック、親ハプスブルクの人びと、「西洋」の文化、に愛情を感じる理由がなかった。彼らは、ハンガリーのセルビア人や、またベオグラードの趣味から見てあまりにも「西洋的」なものにも、少ししか同情しなかった。大セルビア計画は、ハプスブルクが固執する場合だけ、セルビア人に採用されたし、南スラヴ計画は補助的な武器でしかなかったのである。

ヨーロッパのオスマン帝国を維持することは、メッテルニヒからエーレンタールまでのハプスブルクの外交政策では、本質的な要素であった。一九一二年に、最後にオーストリア＝ハンガリーは、列強諸国の連合によってバルカン地方に平和を課そうと試みた。この動きはロシアに支持されたが、バルカン諸国の勢力がなだれのように殺到したので脅かされた。ロシア自身がそれを準備して助けていたのである。メッテルニヒ的保守主義の同盟は、これが最後となって登場したが、幽霊のようで効果がなかった。バルカン諸国は、ロシアが自分たちに対して軍事力を行使しないであろうし、またロシアの援助なしにトルコを負かせると確信していた。一九一二年の一〇月に、ヨーロッパのオスマン帝国は、旧秩序の最後のはかない支えであったが、粉々に壊れた。〔第一次バルカン戦争であった。〕そしてハプスブルク帝国は、自分の没落も準備されていたのに、何もできずに傍観していた。ベルヒトルトは、エーレンタールの死後、外務大臣になっていたが、世紀後れの政策という難破船からアルバニアという切れ端だけを救った。アルバニア〔の創設〕は、セルビアに拒否されたが、オーストリア＝ハンガリーが一列強国としてまだその意志を執行できるという証拠であった。だが、アルバニアの山賊の首領たちの疑似的独立が大帝国の存在にとって大切だとされねばならないことは、不名誉なことであった。アルバニアの創設さえも、動員を繰り返し、反復するごとに力を失って費用のかかる演習を行なって、やっと達成されたのである。そしてアルバニアを創設したにもかかわらず、トルコは消滅した。民族原理が、ハプスブルク帝国のすべての国境で勝利した。ゲンツ〔政治理論家〕、アルベルト・ソレル〔フランスの歴史学者〕、アンドラーシ〔かつての外相〕の予言が、真実であることがわかった。オーストリア＝ハンガリーはいまやヨーロッパの病人になったのである。

バルカン戦争は、大強国としてのハプスブルク帝国が実際に終ったことをしるした。バルカン諸国は、オーストリア＝ハンガリーの「影響力の範囲」にあった。だが、その影響力はこの危機で何も獲得しなかった。アルバニアでさえ、イタリアの援助でのみ救えたのである。ベルヒトルト外相は、セルビアに反対するブルガリアを激励することによってセルビアを制御しておこうと試みた。だが、ブルガリアが数日で敗北したので、これはまた失敗であった。それがもっと成功したとしても、ブルガリアとの同盟は、ハプスブルクの弱さの証明であった。それはオーストリア＝ハンガリーをバルカンの一国家の水準に落としたからである。政治と同様、軍備でも、オーストリア＝ハンガリーは、大列強国の列から落ちてしまった。五〇年前、シュヴァルツェンベルク首相とラデッキー将軍の時代に、古いオーストリアは、フランスやロシアと同じ規模の軍事予算を執行していた。(原注3) オーストリア゠ハンガリーは、一九一四年には、人口ではロシアとドイツに次ぐだけの位置にあったが、どんな列強国よりも軍備費は少なかった。ロシアやドイツの支出の四分の一、イギリスやフランスの三分の一、さらにイタリアより少なかった。(原注4) ハプスブルクの「軍事的君主制」は、事実、ヨーロッパで最低の軍事国家であった。同国には、軍事的趣味と産業資源とがあった、しかしそれは、民族統一とおおいなる愛国的努力がなかったのである。

ハプスブルク帝国はドイツに支持されて存在し続けていた。その支持でさえ危険があった。躍動する大強国であるドイツは、ハプスブルクの妨害政策に満足できなかった。とくにそれが不成功だとわかったときにはそうだった。ドイツ人は、ベルリンを中心とした新しいヨーロッパをぼんやり展望していた。このヨーロッパではウィーンは大きな地位を占めなかった。オーストリア－ドイツ同盟は、古いヨーロッパを護るための提携であった、そして本質では、「ハプスブルク王朝と「ハンガリー民族」とドイツが排他的に行なった提携であった。だが、ひとたびビスマルクの保守的路線を捨てるとなると、この排他的な提携は、ドイツ人には不適当なものになった。結局、バルカン戦争は、ハプスブルク帝国には災厄であったが、必ずしもドイツにとっての災厄ではなかった。戦争は民族諸国家の勝利であった。それゆえ民族諸国家のうち最大のもの、つまりドイツにとっては刺激となった。バルカン戦争の後、ドイツ人は、セルビアとルーマニアに対して和解政策を推し進めた、これがハンガリーと断絶したとしてもであった。この政策は、その論理的結論に行きつくのだが、ドイツを強化したであろうし、ハンガリーはその本当の民族的規模に縮小されるであろうし、ハプスブルク帝国の残りの〔オーストリア側の〕州は、ドイツ帝国に合体されるであろう。ドイツ人は、ヨーロッパを支配する第二の試みとして、意識的にこの路線をとった。一九一四年以前にはドイツ人は、王朝のためらいによって、さらにビスマルクの警告を痛いほど知っていたので、まだ拘束されていた。この意味で、ハプスブルク王朝は、ドイツの支配にたいする本当の障壁となっていた。ドイツが平和的手段で拡張するのを助けるだけであるが。

ドイツがセルビアに対して譲歩すると主張したことは、ドイツ人の反スラヴ人感情に訴えたことによって沈静させることができた。以前の国内問題のように、外国問題で、スラヴ人とチュートン人の間で仮想の反目をさせることは、王朝を沈没させないでおこうというハプスブルクの考案であった、もちろん、またドイツ人の権力を、その特殊の利益のために利用しようというマジャール人の考案であった。バルカン戦争は、同様に、トランシルヴァニアにいるルーマニア人の民族的希望を引き起こした。だがこの州では、ドイツ人が〔戦争に〕共鳴しているのに反対することは、かなり難しかった。〔ドイツ皇帝〕ヴィルヘルム二世とフランツ・フェルディナント大公は、動機は違っていたが、ハンガリーに譲歩をせよと促した。シュテファン・ティッサ〔ハンガリー首相〕は頑強に抵抗した。ハンガリー問題でドイツが干渉を始めたので、ハンガリーとハプスブルク家が再び結合した。そして、二重帝国の反対者の息子であるティッサは、ハプスブルク帝国の最後の強い男になった。ティッサは、一世代前のアンドラーシと同じように、ハンガリーの特権的地位にたいして戦争が影響を与えるのを恐れた。他方、ハプスブルクがまだ生きていることを立証するために強さを表示することは、必要であった。というのは、ハプスブルク帝国はしばしばハンガリーには一つの危険であったが、帝国が崩壊すれば、いろいろな危険をさらに大きなものにするだろうからである。過去には、オーストリア＝ハンガリーの中では、ハンガリーは、好戦的政策を妨害した主な国であった。だが今度はハンガリーは、帝国を軍事行動へと促した。一八五九年の状況〔＝対イタリア戦争〕が繰り返された。それから後、オーストリアは、既存の体制を突き倒したのである。この体制は、自分に最も利益を与え、また没落したら何も獲得できないものであった。一九一四年にオーストリア＝ハンガリーは、考えうるかぎり戦争からは何も得られない唯一の大強国であった。だがすべての大強国の中で、オーストリアだけが意識的に戦争をする決心をしたのである。

さらに、ハプスブルクの経歴にはすべて、目的と成果との間にいつも大きなギャップがあった。そして、あらゆることに能率があがらなかったハプスブルク帝国は、戦争を引き起こせないで、大強国によって全く忘れられてしまったかもしれなかった。というのは、

暗殺者プリンチプ捕まる

一九一四年に、世界の衝突の中心は、バルカン地方から小アジアに移っていたからである。奇妙な皮肉で、フランツ・フェルディナント大公は、ことごとく無駄な努力をした後で、ハプスブルク帝国に、大強国として行動する〔つまり、戦争の〕最後の機会を与えたのである。一九一四年六月二八日、彼は、サライェヴォで一人の南スラヴ狂信主義者によって暗殺された。その殺人は王朝を軍事行動へと揺さぶった。フランツ・ヨーゼフ皇帝でさえ、この出来事に絶望したが、戦争を望んだ、そして、それについて言えば、[6]〔皇帝は、〕フランツ・フェルディナント大公の結婚によって破られていた王朝の純粋さの原理が、大公の死によって護られたのだと思って慰めた。他方、この殺人によって、〔ドイツ皇帝〕ヴィルヘルム二世の王朝的感情が揺り起こされた、こうして疑いを押えて、ドイツは〔戦争〕政策を採った。一八五九年と同じく、オーストリアの外交は戦争を引き起こした。セルビアへの最後通牒は、確実に戦争をすることを計画していた。それはフォーガッチによって書かれた。彼は一九〇九年の〔フリートユング事件で〕騙した人あるいは犯人で、彼の名前はヨーロッパの大使館にとってはほとんど保証とはならなかった。さらに最後通牒の内容は問題ではなかった。それは長い行き詰まりを終らせ、危機を引き起こし、こうして遅かれ早かれハプスブルクの運命を確実に決定したのである。

戦争を引き起こした人びとは、ベルヒトルト外相、コンラート〔・フォン・ヘッツェンドルフ参謀総長〕、その他であるが、何を獲得したいかという考えがなかった。あらゆる種類の計画が公表された。つまり、懲罰遠征隊に続いて賠償金、セルビアの一部の併合、ブルガリアとルーマニアによるセルビアの分割、ハプスブルク帝国の内部にセルビアを独立王国として合体すること（フランツ・フェルディナント大公の「三重帝政」の最後の遺物）、であった。だがこれらの計画はティッサによって排除された。彼は決断と明白な目的を持つ唯一の人であった。ハンガリーに必要なものには忠実であった彼は、オーストリア＝ハンガリーがセルビア領を少しも取得するべきではないという条件でのみ、戦争に同意した。変化なき戦争は、大ハンガリーを維持することができる唯一の道であった。だがそれは、大ハンガリーが二〇世紀まで生き残ることより大変ではなかったが、不可能なことであった。ティッサの拒否権は、戦争が目的を持っていたとすれば、戦争を無意味にさせたであろう。だが実際は、戦争が目的であった。戦争はそれ自体で終りであった。大いに長びいて続いていた無数の問題を〔戦争で〕すべて帳消しにすることができた。「臨時の絶対主義」は「継続する絶対主義」となった。ハンガリーにはもう選挙法案がなくなり、チェコ人とドイツ人との間にはもう交渉はなくなり、帝国議会ではインク壺の投げ合いはもうなくなった。ティッサとジェントリーの役人、シュトゥルク〔オーストリア首相〕と彼の官僚、年老いた皇帝と参謀、彼らは、五千万人民の生命を管理した。戦争反対派はなかったし、一定の熱狂さえあった。〔帝国の〕ドイツ人は、オーストリアで小さくなっている主導権を戦争が回復してくれるだろうと、考えた。マジャール人は、フランツ・フェルディナント大公が排除されたことでほっとし、ドイツ勢力が反スラヴ十字軍に補充されるのを歓迎した。ガリチアのポーランド人は、ロシアに反対する戦争を喜んだ。(7) クロアチア人は、わずかな南スラヴ知識人を容易に追い払っており、セルビアに反対する戦争には最も熱心であった。スロヴェニア人でさえ、戦争がイタリアに反対に向かうように望んだ。チェコ人だけが心ならずも従っていた。戦争は、「オーストリア観念」を持つ大学教授たちを落胆させなかった。彼らは、ボスニアの併合を歓迎したように、戦争を歓迎した。そして戦争が行動を起こしたので、その行動が改革をもたらすであろうと思った。戦争は、ハプスブルク帝国ができうるかぎりの軍事行動を起こした。だが戦争は精神の変化を起こすことはできなかった。戦争はただ加速することができる。それは独裁的政府をもっと独裁的にする、民主的な政府をもっと民主的にする、工業国家をもっと工業的にする、そしてオーストリア＝ハンガリーでのように、腐った国家をもっと腐らせるのである。ツェルニーンは、オーストリア＝ハンガリーの最後の外務大臣であったが、正しく判断した、「われわれは死にそうである。われわれは死に方を選ぶ自由がある、そしてわれわれは最も恐ろしい方法を選んでいる。」

（原注1）　戦争反対の決定は、最初の論説が現われるはずの前日になされた、そしてその公表は、後年の論説がそうであったように、止めることができた。外務省の役人は、その論説の煽動的な本質を十分に悟らなかった、そのいくつかの論説はまだ戦争を望んでいた。概して、オーストリア体制は急速な行動ができなかった。

（原注2）　シートン＝ワトソン教授は、ザグレブとフリートユング裁判の評価を、「南スラヴ問題を解決するのに必要な才と勇気を持っているであろう政治家」にゆだねた。奇跡を作る人は、ウィーンのユダヤ人レートリッヒ教授となるはずであった。

（原注3）　ほとんど一九世紀の間、大英帝国は他の列強国よりもより軍備費に費やした。イギリスは大海軍と常備軍隊に依存した。両方とも小銃を装備するだけの徴兵の軍隊よりももっと費用がかかった。

（原注4）　ベルリン会議後の三〇年間に、ドイツの軍備費支出は五倍に増加した。イギリス、ロシア、フランスは、三倍で、イタリアでさえも二倍半に増加した。オーストリア＝ハンガリーは二倍にならなかった。

（1）　モロッコ危機の後一九〇六年に、スペインのアルヘシラスで開かれた国際会議。形の上ではドイツが正しいとされ、オーストリア・ハンガリーはフランスに味方した。

(2) 日露戦争。
(3) 旧約聖書中の、イスラエルの王。
(4) オスマン帝国は、アジアとヨーロッパにまたがっていた。
(5) 中欧にかつて住んでいた民族、ゲルマン人。ここでは、ドイツ人のこと。
(6) 王朝出身の女性と結婚しなかったこと。
(7) 大戦開始時に、ロシアはセルビアを援助することになり、オーストリアの敵になった。

第十八章　暴力の報い、ハプスブルク家の終り、一九一四～一八年(1)

セルビアに宣戦布告することによって、オーストリア＝ハンガリーは独立した大強国としての地位を再び主張するつもりであった。だがその代り、それは偉大さと独立性を終らせてしまった。ハプスブルクの強さは、柔軟さと策略とにあった。オスマン・トルコからナポレオンまでの危険に直面して、彼らは「しなう」ことができた。彼らが危険を冒すことのできないものは、妥協の展望が最後までない、生死をかけた闘争であった。というのは、この闘争の中では、より洗練されていない戦闘国が生き残るであろうからである。一八五九年にハプスブルクはイタリア民族主義を破滅させようとし始めた。一九一四年にはセルビアを「破滅」させようとし始めた。両方とも不可能事であって、たとえハプスブルク軍隊が勝利したとしても、一八五九年でのように、一九一四年にはさらにそうであったが、軍事力に訴えることは失敗であった。オーストリア＝ハンガリー軍は、セルビアに侵入したのだが、追い出され、その代りセルビア軍がハンガリーに侵入した。というのは、セルビア軍は、一八五九年のイタリア軍とは違って、現実に戦闘力のある実際の人民だったからである。オーストリア軍の大部分は、ロシアの攻撃を迎え撃つために派遣され、それはまた敗北した。ロシア軍はガリチアのほとんどを侵略し、カルパチア山脈の峠に到達した。ただもっと北のタンネンベルクでドイツ軍が大勝利したので、ハンガリーに侵入することは妨げられた。ハプスブルクの歴史で似ているすべてから類推してみると、この時は講和をする瞬間であったであろう。ロシアと、そしてセルビアとさえ、かなり譲歩の余地があったはずである。しかしハプスブルク帝国は存在し続けようとしたのである。

その代り、オーストリア＝ハンガリーは、ドイツによって「救われた」。この「救助」は、ハプスブルクの本当の終りをしるした。ハプスブルクは、ドイツの支配に代るものを求めていた。その代るものは、ドイツがオーストリア＝ハンガリーを軍事的・政治的に監督したとき、存在するのをやめたのである。一九一五年初期に、ドイツ軍とドイツの将軍は、ロシア軍をガリチアから追い出した。一九一五年の終りに、ドイツの将軍は独立セルビアを破壊する戦闘を指導した、そして中欧列強諸国をサロニカの入口まで進めていった。ドイツは、いまやヨーロッパの支配権を得ようとしていた、そしてハプスブルクは、ドイツの補助者以上のものではなかった。ただヴィルヘルム二世には王朝的感傷主義があったために、ドイツ軍がハプスブルク軍を解消することだけは妨げたのである。実際、フランツ・ヨーゼフ皇帝は、ザクセンやバイエルンの国王よりも独立性はなかった。イタリアが一九一五年に参戦したが、それに先立つ交渉の際に、オーストリア＝ハンガリーは、取るに足らないものとして扱われた。ドイツは、オーストリアの領土を提供してイタリアを買収しようとした。ウィーンは、その相談に与らなかったし、知らされもしなかった。その提供物は有益ではなかった。一八六六年のように、イタリアは、軍事的成功によって民族統一を達成しようと望んだ、それゆえ、戦闘なしで取得できる領土を要求して参戦すると主張した。一八六六年のように、イタリアは、軍事的失敗の後に領土を取得した。オーストリア＝ハンガリーは、その威信を再び主張する最後の機会を与えられた。だが同国は機会をつかめなかった。一九一六年のイタリアに対する戦闘は、コンラート〔・フォン・ヘッツェンドルフ〕が大袈裟に計画したのだが、帝国が没落したという証拠としてしか重要ではなかった。つまりイタリア軍さえ敗北させることができない大強国だということになり、確かにそういう強国は去ってしまった。もう一度、ドイツ軍とドイツの指導が、オーストリア＝ハンガリーの危っかしい前線を強化するために必要になった。

ドイツの軍事力によってロシアから、セルビアから、イタリアからさえ護られて、王朝は、作戦の自由をすべて失った。ドイツ系オーストリア人は、真実、「国家の人民」になった。ドイツの民族主義と、オーストリア帝国の支持とはとうとう見分けがつかなくなった。一九一五年のイースター〔＝復活祭〕に、社会民主党を除くドイツ人の全政党は、一八八二年のリンツ綱領を再述した宣言で結合した。その当時は、それは数人の民族主義的狂信家の要求であったが、今度はドイツ系オーストリア人すべての一致した希望であった。ちょうどこの時、ドイツ系オーストリア人は、実際にイタリアとの戦争をしていて、まだ確かにポーランド人とは和解をしていないが、「支配人種」の諸要求を認めるつもりであった。そしてガリチアをポーランドに、ダルマチアをイタリアに譲渡する提案をした。このように、五〇〇万の南スラヴ人をイタリアに屈服させることによって、彼らは、イタリアを騙して南ティロルとトリエステを取ろうと望んだ。これらの二つの困った付加物〔＝ガリチアとダルマチア〕を解除すれば、オーストリアは、ドイツ語を単一の公用語とした統一国家として維持されるはずであった。セルビアは、帝国の軍事的・経済的支配のもとに入れられるはずであった。そして南スラヴ人は、ひとたび善良な行動という証拠を出せば、南スラヴ人の単位を帝国の内部に作るという展望を与えられて、丸め込まれるはずであった。多くのドイツ系オーストリア人は、諸民族の間の協同の思想に転換したことを、昔は公言していた。だがこれらの立派な文句は今度は消えた。ひとたびドイツの支援が保証されると、ドイツ系オーストリア人は、シュメアリングのドイツ中央集権主義に変ってしまい、ドイツがウィーンの利益のためにセルビアを征服した、と思った。シュメアリングのときのように、彼らは民族自治をうつろに申し出ていたが、それは、マジャール人支配下の諸民族に制限されていた。〔オーストリアの〕ドイツ人のこのずるい企ては、現実を無視していた。マジャール人は、聖シュテファンの諸国の解体に黙従するつもりはなかった。

第一次ドイツ戦争〔＝第一次大戦〕でのマジャール人の政策と見解は、ハンガリー史の最大の力作であった。ハプスブルク帝国の他のすべての民族は、プロイセン国王のために働いた。プロイセン国王はマジャール人のために働いた。かつてはビスマルクと小ドイツの仲間であったマジャール人は、同じあつかましさで、大ドイツとドイツ軍の同盟者となった。他のすべての民族は独立を失うであろうが、彼らは、その独立は維持できると思った。ティッサは、ドイツの支持を受けてオーストリア＝ハンガリーの実際の支配者になった。尊大で、独立的な彼は、スラヴ人と一緒にやって行くことにはまだ頼るはずがなかった。一九一五年のはじめに、外相ベルヒトルトは、ティッサの命令で辞任させられた。彼の後継者ブーリアンは、アンドラーシ以来外務大臣になった初めてのマジャール人であった。そして彼は、実際の主人から指示を受け取るために、ティッサと個人専用の電話を設けた。衰える王朝の空虚な位置と、揺るぎないマジャール人の強さとの間の相違は、一九一六年に示された。それは、ドイツ軍が前年にイタリアとの間で失敗した交渉をルーマニアと繰り返そうとしたときであった。というのは、ルーマニアは、トランシルヴァニアの一部、つまり聖シュテファンの諸国の不可欠の領土を割譲してのみ、買収することができた。そして、ティッサは、最初から交渉を阻止した。マジャール人は、二重帝国の主要な作成者であったが、今度は、王朝の没落を認識して、独立ハンガリーの準備をした。建て前では〔オーストリアとハンガリーとの〕関税同盟を継続したにもかかわらず、ハンガリー政府は、小麦の輸出を管理し、政治的譲歩の見返りとしてだけ、オーストリアとさらにドイツに小麦を出した。マジャール人の自信は限りがなかった。ハンガリーの内部では少数民族である彼らは、ハプスブルク帝国を支配していた。いまや一千万の民族である彼らは、七千万人の一強国ドイツとの同等性を要求し、確実にした。

こうしてついに王朝は、二つの「支配民族」つまりドイツ人とマジャール人の手中に落ちた。両民族は、実際に大ドイツと大ハンガリーの利益のために王朝を投げ捨てた。だが王朝はまだその古い存在の規則に従っていた。そしてハプスブルクは、解体に瀕した帝国だが、その生命の無い手をポーランドに伸ばした。帝国議会のポーランド人議員は、他のすべてのスラヴ人が沈黙しているときに、戦争を支持すると宣言した。そして何人かのポーランド人は、軍事的冒険家ピウスツキに指導され、ハプスブルクの権威のもとで、ポーランド軍団を形成した。ピウスツキは、ロシアでもドイツでもない代りのものがハプスブルクだと思ったのである。そして彼の夢、大ポーランドの、つまり東ヨーロッパでの独立した大強国は、ハプスブルク自身と同じく、時代後れであった。ロシア軍が、ポーランドから追い出されたとき、政治的策略が続いた。ドイツ軍は、ロシア領の「議会派」ポーランドを認めることだけ、そしてそれでさえ、戦争が終るまでドイツの軍事的支配下に残すことを提案した。ハプスブルクの政治家は、王朝を強化する最後の機会を見、「オーストリア-ポーランド」決議を考案した。つまり、「議会派」ポーランドとガリチアが統一され、ハプスブルク帝国の第三の仲間をなすというものであった。だがこれはマジャール人に反対された。マジャール人は、第三番目がポーランド人であるか、南スラヴ人であるかのいずれにせよ、三者のうちの一つになることに反対したし、その上、ガリチアがオーストリア統一国家の一部として残ることを望んだ。そのためポーランド人はドイツ人を補うことになった。だがドイツはまたその計画を拒否した。というのは、再統一されたポーランドはドイツのポスナニアと、いわゆる「回廊」(2)を不可避的に要求することになるからである。オーストリア-ポーランド計画はある宣言に公表された。しかしそれは、ドイツとマジャール人両方の拒否権にあって実行することができなかった。この計画は、五〇〇年間ハプスブルクを支えていた王朝の野望が、最後に現れた亡霊であった。そしてその幽霊のようなものがこの数年に、もっと広く東ヨーロッパに取りついた。

王朝は、ポーランド人あるいはポーランド人地主にとって、影のような魅力をまだ持っていたかもしれない。王朝は、他の従属民族には何も与えられなかった。従属諸民族は、いまや「文化的民族主義」の本当の意味がわかったし、オーストリアの現実が、「諸民族を越える国家」であると、わかった。また「オーストリアの使命」とは、ドイツ人がヨーロッパで指導権を戦いとるためにスラヴ人を強制するにほかならないということが判明した。戦争の勃発まで、マジャール人の至上権を壊し、自由な諸民族が統一した「連邦主義」を夢見ることはできた。いまや、これらの想像上の可能性は消滅し、数人の頑固な聖職者やかたくなな理論家の心の中にしかなかった。独立したハプスブルク帝国は存在をやめていた。ドイツが勝利すれば、帝国の骨組を維持するかもしれなかったが、現実は、ドイツのオーストリア支配、マジャール人のハンガリー支配となるであろう、つまり一八四八年の急進派の綱領である。一八四八年には、王朝は、まだ従属諸民族と共に活動ができ、真の「オーストリア人」を見出すことができた。いまや、そのことは、大ドイツと大ハンガリーのための薄っぺらな見せかけであった。スラヴ人とルーマニア人は、長い間ハプスブルクの保護にしがみついていたが、いや応なく、ハプスブルク帝国の敵にならざるをえなかった。

ハプスブルク帝国の破滅は、協商諸国の綱領の重要部分ではなかった。(3) イギリスは、単にドイツに反対する戦争を行なったのであり、コッシュートが人民の英雄であった時代と同じ感情で、オーストリア＝ハンガリーのことを考えた。事実、ハプスブルクとハンガリー人は、共に、ドイツからの「救援」を必要としていると思われた。フランスの政策は、オーストリア＝ハンガリーが、将来はドイツに対する天秤の重りとして役に立つと見た、あるいは、一九一五年にロシアに対して行なったコンスタンチノープルと海峡（＝ボスフォラス、ダーダネルス）に関する約束を踏み倒すときに、うまくやってくれる同盟国であるとさえ見なした。ロシア帝国は、一九一四年にガリチアに進軍しているとき、ある大公のもとで、ボヘミア王国について漠然とした会談をした。その会談は、ロシア軍が退却したときに終り、どのみち、ロシアの要求をどこでも強めるということ以外には真面目な目的はなかった。協商諸国は確かに、ハプスブルク帝国が以前にしばしばこうむっていた領土の切断をもう一度行なう準備をしていた。これらは、帝国の存在への挑戦ではなかった、実際はその確認であった、そして領土の切断というのは、死人にたいして行なわれるのではない。セルビア人は、ボスニアとヘルツェゴヴィナ、そしてたぶん南ハンガリーを取得したかった。彼らの野望は、「大セルビア」に局限されていた、そして彼らは、ハプスブルク家自身と同様、真の南スラヴ国家に対して敵対心があった。イタリアは、ロンドン条約(一九一五年)でハプスブルクの領土、つまり南ティロル、トリエステ、ダルマチア北部を貰うことを約束されたため、協商国の側に立って参戦した。これは、南スラヴ思想にとって一層の災厄をもたらす打撃であった。ダルマチアの人口は、圧倒的にセルボ - クロアチア人であった。後のイタリアの政治家チアーノ侯の言葉によると、「石だけがイタリアである。」だがイタリア人は全ダルマチアを要求した。ロンドン条約でダルマチアを分割したことは、セルビアの承認を意味した、だから南スラヴの要求の否定であった。リエカ[=フィウメ]は、交渉外となった。こうしてそれは、まだクロアチアを支配している大ハンガリーが存在し続けるであろうことを仮定していた。その上、イタリアは、伝統的な帝国の一部であるトリエステと、三〇万人のドイツ人のいる南ティロルを要求することによって、ドイツ人の民族感情を憤慨させた。その結果としてイタリアは、南スラヴ人とドイツ人両方に反対する同盟諸国として、ハプスブルクまたはそれに代る国を必要とした。事実、イタリアが後年〔=第二次大戦〕にハンガリーおよび疑似独立の「オーストリア」と同盟したことは、ロンドン条約に内在していたのである。ルーマニアも、トランシルヴァニアを約束されて参戦した。それも〔帝国の〕領土切断であり、〔帝国の〕死刑ではなかった。ルーマニアは、他のどの国よりも、東西の間でバランスを保っていた。そして〔ドイツ〕帝国から遠くにあり、ドイツがハプスブルク帝国を支配しても悩まされなかった。ルーマニアは、ハプスブルク領土を取得するつもりであり、その後、反ロシア陣営にひっくり返るつもりであった、それはルーマニアがほとんどその揺り籠の時代から始めた政策であった。

こうしてスラヴ諸民族は、戦争が始まる前と同じように、同盟国がなかった。彼らの唯一の同盟は、戦争それ自体であり、戦争は倒れそうなハプスブルクの機構を疲れ果てさせた。南スラヴ思想は、現実の緊張に対抗できなかったし、セルボ-クロアチア連合は壊れた。ただ数人のダルマチアのスラヴ人だけが、亡命して主義を維持し続けた。平和時には、政治は思想と議論の問題であった。戦時には、政治は実行の問題になった。クロアチアの大衆は、セルビアに反対する熱心な行軍によって、「足で投票し」た。ラヂッチは一九一四年に言った、セルビア人は、「尊い王朝、われわれの君主国、そしてとくにクロアチアの生活様式のふらちな敵」である、と。これは一時的な突発ではなかった。一九一七年でさえ、スロヴェニア人の多数を代表した教権主義の党の指導者コロシェッツは、こう言った。「わがクロアチア・スロヴェニアの人民は、君主制および支配するハプスブルク家に、死ぬまで真実で忠実であることを、固くかつ完全に、決心している。」一九一八年の六月、クラインの州議会は、ほとんどもっぱらスロヴェニア人であったが、亡命している南スラヴ民族の主要代弁者トゥルムビッチの「背信的」活動を非難した。これらの声明は、疑いもなく戦術から生じた。クロアチア人は、マジャール人とイタリア人の間で、スロヴェニア人は、ドイツ人とイタリア人の間で、窮境に陥れられた、そこで両民族は、ハプスブルクにしがみついた、それは他のひどい国から逃れる方法であった。さらにそこにはもっと深い要因があった。「南スラヴ思想」は、知識人と中間階級のものであったが、聖職者と農民には疎遠であった。事実、いわゆる「南スラヴ人」、つまりクロアチア人とスロヴェニア人は、「国家の人民」であるドイツ人とマジャール人がハプスブルクを頼るのをやめていた後でも、ずっと長い間、ハプスブルクを頼った。

ハプスブルクにたいして本当に挑戦したのは、チェコ人であった。つまり、平和時には、ハプスブルク帝国が必要だと一番はっきり認識していた民族である。パラツキーは、チェコ人を守るために、もしハプスブルク帝国が存在していないのならば、それを「発明」しようとした。自分たちを保全するために、チェコ人は、一八四八年にハプスブルクを支持したし、一八七九年にはターフェ〔首相〕と講和をした。戦争勃発の前に、彼らは連邦主義をきわめてまじめに主張した。そして他のどんな民族よりも真面目に、彼らは、強国としてのハプスブルク帝国の独立を回復しようと望んでいた。だがハプスブルクの独立は失われ、取り返しがつかなかった。現実主義者であるマサリックは、ハプスブルク帝国を転換しようとしていた、だがその後、今度は、同じ単純な目的を持っていたが、帝国を破壊しようとした。すべてのスラヴ民族のうちで、チェコ人だけが、単一の敵〔＝ドイツ人〕を持ったのである。ポーランド人は、ドイツ軍とツァーリズムの両方によって脅かされていた。クロアチア人は、マジャール人、セルビア人そしてイタリア人によって、スロヴェニア人は、イタリア人とドイツ人によって、小ロシア人は、マジャール人とポーランド人によって、セルビア人は、マジャール人、クロアチア人、ブルガリア人、そしてもっと遠いがトルコ人によって脅かされた。チェコ人は、ドイツ人によってのみ脅かされていた。(原注1)彼らは、ドイツ人が勝利したらあらゆることを恐れねばならず、ドイツ人が敗北しても恐れることは何もなかった。チェコ人は、教権主義によってもハプスブルクに結びつけられていなかった。というのは、彼らのローマ・カトリック教は、民主的で民族的な、独特のフス的性格をもっていたからである。(4)チェコ人がハプスブルク帝国を捨てたとき、帝国をひどく非難した。帝国は、ルーマニア、セルビア、イタリアの領土を切断されてもそれに耐えて生き残れたかもしれなかった。だがボヘミアの独立は、帝国を殺すことであった。

戦争の最初の冬にマサリックは、ハプスブルク帝国が存在をやめ、中央ヨーロッパつまり「七千万人の帝国」がウィーンの指令でなく存在する、という歴史的決定をした。チェコ人民は、あまり意識的ではなかったが、同じ決定に達した、そしてチェコの兵士たちは、千人のうち一〇人がロシア軍に移った。マサリックはハプスブルク帝国を「破壊」しなかった。それはドイツ人とマジャール人によって行なわれたのである。マサリックの行なったことは、代りのものを作ったこと、あるいは作ろうとしたことであった。マサリックは、民族国家の強さについて、幻想を一つも持たなかった。この民族国家というのは、後年の賛美者が彼のおかげだと考えたものである。ドイツは、敗北したにもかかわらず、強国として残ろうとした。それゆえ六〇〇万のチェコ人は、支援されなければ独立を維持することはできなかった。マサリックは、チェコ人はロシアだけに頼ることができるという、クラマーシュ[5]の汎スラヴ信仰にくみしなかった。マサリックはロシアの外にいるどんな人よりもロシアをよくわかっていた、そしてロシアがヨーロッパに関しては全く無頓着なので、ロシアだけに依存する平和条約はつねに危険にさらされるであろうということを知っていた。マサリックは、メッテルニヒとハプスブルクの後継者であって、彼の国家〔チェコスロヴァキア〕がまた「ヨーロッパの必要物」であることを立証しなければならなかった。メッテルニヒが「革命」への抵抗を説いたところを、マサリックは「民主主義」つまり法の支配と人権を説いた。これは、彼が一九一五年にイギリスに来たときに持っていた理念であった。彼は、イギリス、フランス、最後にはアメリカを、自分の綱領の側にかち取ろうと望んだ。

マサリックの綱領は、チェコ人の民族自治、さらには独立に、限定されることはできなかった。マサリックは、ビスマルクと同じく、現実主義者であった。だから彼の場合も、諸民族の運命は血と鉄によって決定されるのであった。マサリックは、ウィーンの教授連を満足させる机上の計画を考案するのではなく、実行できる国家を作らねばならなかった。これ以降彼は、ボヘミアが三〇〇万のドイツ人を含んでいるけれども、つねにボヘミアのことを弁じた。ボヘミアを民族的に分割することは、ハプスブルク帝国の内部では可能であったかもしれなかった。だが一つの独立国家となると、戦略と経済がボヘミアの統一を決めたのである。マサリックは、チェコ人がハプスブルク帝国の必要を承認したように、〔ボヘミアの〕ドイツ人が彼ら自身のためにもボヘミアの必要を承認するよう希望した。彼が実際に幻想をもったのは、ドイツ人にではなく、協商諸国にであった。彼は、協商諸国が一八一五年の〔反ナポレオンの〕連合諸国と同じくらい長期に、少なくても統一し続けているであろうと思った。彼の綱領には、さらにもう一つの条項があった。つまり、ハプスブルクの崩壊が大ハンガリーの破滅を含むはずだと、見た。民族解放がハンガリー国境で止ることはできないだろう、というわけである。彼自身はモラヴィア出身で、スロヴァキア人であって、二〇〇万のスロヴァキア人に未来を与えねばならなかった。スロヴァキア人はチェコ人よりも一人で立つことはさらにできなかった。マサリックは、一八四八年の急進派の思想を復活させ、意志力によって単一の「チェコスロヴァキア」を創設する提案をした。マサリックは、スロヴァキア人についてあまり知らなかった。他の者はもっと少ししか知らなかった。そのことは、手を握り合った指導者たちを扱うときには彼の強みであった。だがそれではスロヴァキア問題を解決できなかった。数人の意識的スロヴァキア人政治家は、ハンガリーの内部での文化的自治だけを切望した。彼らは、マジャール人の尊大さの蔭で生活していたので、ハンガリー国境の消滅を想像することができなかった。その上、ハンガリーには工業や大学がないので、チェコ人との経済的・文化的連帯が持てなかった。彼らは、ドイツ人とマジャール人のいないハプスブルク帝国という、不可能なものを欲した。

マサリックは、チェコスロヴァキア民主主義の価値を協商国に確信させる時間が必要であった。彼の最大の恐れは、ドイツ人を中央ヨーロッパの支配のために残しておこうという、妥協の平和であった。一九一五年の終りまで、戦争は、純粋に軍事的問題と思われていた。戦闘は、勝ち、負けて、防御地点は落ちるか守るかし、交戦は成功しあるいは惨事で終る、というものであった。突然、〔戦争の〕最初の勢いがとだえ、前線の背後の事柄が重要性をもった。政策が戦略にまさった。そして決定が将軍から人民に移った。どの国でも、新しい閣僚が任命され、新しい路線が採られた。戦争があまりにも重大になりすぎて、軍人に任せておけなくなってから、どの国も同じ問題に直面していた。つまり社会の構造を壊すという危険を冒してまでも戦い続けるかどうかであった。妥協か、打倒の一撃かが、一九一六年から一七年の苦い冬の事件の背後に、また〔ドイツ首相〕ベートマン＝ホルヴェークが失脚したのと同様、ロイド＝ジョージ〔イギリス首相〕が権力へ登場した背後に、また第一次ロシア革命とフランスの暴動の背後にあった議論であった。それはまた、一九一六年のフランツ・ヨーゼフ皇帝の死去に続いた変化の背後にもあった。この年老いた皇帝は、同じ型通りの行政の仕事を最後まで守っていた。オーストリアの首相シュトゥルクが、平和主義的社会主義者〔＝フリードリヒ・アドラー〕によって暗殺されても、偽りの静けさは破られなかった。フランツ・ヨーゼフ皇帝は、単にその空席を占めさせるために、一五年前の首相ケールバーを再び任命しただけであった。今度は小石が動きなだれが始まった。フランツ・ヨーゼフ皇帝〔の死〕とともに、ハプスブルクの、長い間死んでおりしかし固い核の最後の断片が去ってしまった。

　新しい皇帝カールは、〔外国に〕移住していた国王で、実際の帝国の支配者ではなかった。素晴らしい忠誠心があり、古代政治を復唱して、現実から乖離していた。これらは若き模倣者つまりコント・ド・シャンボール[6]を思い出させた。その効果を仕上げるために、その夫を鼓舞した人、皇后ツィッタがブルボン・パルマの王家から来た、もっともその家は五〇年間すたれていた。カールの顧問たちはまた、長い間すたれて過ぎ去った主義の、青白い反映であった。ドイツ軍の命令を受け取る合間に、ラデツキー〔将軍〕のように話そうと試みる軍人、軽薄な貴族、ボルシェヴィズムと農民革命の時代にまだ一〇月特許状を夢見ている、フランツ・フェルディナント大公の党の残存者、メッテルニヒの最後の朽ちたこだまであって、絶望し手際の悪い〔外相〕ツェルニーン、学術的な和解の計画をまだ考案し、「オーストリアの文化的使命」ではもはや他人を惑わせなくなったので、まだ自分たちを惑わしている、レートリッヒ教授とラマッシュ教授。これらの小さい集団は、王朝に残っているすべてを代表した。ウィーンに住んではいたが、精神的には亡命していた彼らは、最後に交渉と妥協という、ハプスブルクの古い武器を使おうとした。

ハプスブルク帝国は、戦争の敗北と国内の革命とに直面した。一八〇九年〔＝ナポレオンによる敗戦〕と一八四八年〔革命〕とが一緒になって帝国を脅かしたのである。カール皇帝とその宮廷は、ドイツの勝利の方向へは取り込まれなかった。ルーマニアは一九一六年の冬に征服され、ロシアは一九一七年の夏に戦争から追い出され、[7] イタリアは夏にカポレットで敗北し、一九一八年初め、〔ドイツの参謀本部次長〕ルーデンドルフ将軍は、フランスで勝利に向けて最後の試みに乗り出した。これらが成功しても、オーストリア＝ハンガリーの経済的・政治的破局を、それだけで救えるというような平和はどれも作らなかった。カール皇帝は、ブルボン・パルマ〔王家〕の義兄弟によってイギリスとフランスに接近し、交渉によって戦争から逃れようと試みた。このときでさえ、ハプスブルクの外交は、大袈裟でもうろくした計画にしがみついていた、さらに「オーストリア＝ポーランド」計画を持ち、その平和条項はセルビアに対する主導権を含んでいた。ハプスブルクの外交は、オーストリア領をイタリアに与えるというドイツの策略に対して、アルザス・ロレーヌをフランスに与えるといって、仕返しをした。その申し出は実体がなかった。というのは、カール皇帝にはそれを強いる手段がなかったからである。協商国〔＝連合国〕の政治家は、カール自身と同じく、オーストリア＝ハンガリーが独立した強国であるという妄想をまだ持っていたし、交渉は、帝国が没落するまでずっと続いた。現実には、ハプスブルク軍隊はドイツの指揮下にあったし、ハプスブルクの経済生活は中央ヨーロッパに組み込まれていた。ドイツが成功すれば、オーストリア＝ハンガリーはドイツの側に結び付けられ、ドイツが敗北すれば、同盟諸国は単独講和をすると利益を失うことになった。一九一七年の秘密交渉〔＝カール皇帝が、イギリスとフランスに、単独講和を打診した〕は、国際的な結果を生まなかった、それどころか、国内で帝国を破滅させた。一九一八年に、クレマンソーは秘密交渉を世界に暴露したが、それは、ドイツ人とマジャール人を激怒させた。彼らの立場は危くなっており、こうして以前の「国家の人民」と王朝との間の分裂を仕上げた。

国内を再建する試みは、同じく効果がなかった。皇帝カールは、マジャール人に対するフランツ・フェルディナント大公の敵意を、弱々しく繰り返した。カール皇帝は、ハンガリーの憲法と、さらに「聖シュテファンの諸国」を統合するという誓いを避けるために、ブダペストでの即位式を逃れようとした。だがティッサは、ウィーンへの食糧供給を止めると脅かしてそれに応じた。カール〔皇帝〕は、現実に脅され、一千年も古い行動をして、自分の役割を演じた。つまりもう空虚となった王冠の最後の所有者となった。カール皇帝はまた、ハンガリーの普通選挙権という、かびの生えた計画を生き返らせた。そして彼はそれに固執したので、実際にティッサを職務から追い払った。これは、彼の成功の終りであった。この危機で、ジェントリーとマグナートは、偽の喧嘩をでっちあげた、そして独立の政策を見つけようというハプスブルクの試みに反対して、一八六〇年代の同盟を新たに結んだ。無駄で短い休みの後、ティッサ〔ハンガリー首相〕の後を継いだのはヴェーカールであった、彼は「マジャール化した」ドイツ人で、一時は、ティッサに反対するマグナートたちに推薦された人であったが、今度はティッサに支持されて支配した。憲法改革はお蔵入りになった。ウィーンとオーストリアの工業地域で食糧が不足したので、王朝とその召使は、どうしようもなくマジャール人の恩恵を嘆願した。二重帝国は、戦争に敗北することによってだけ、揺るがすことができた、だがそのとき、ハプスブルク帝国を救うにはあまりにも遅すぎたのであった。

カール皇帝は、オーストリア内部でさえ何も行なえなかった。宥和のジェスチャーはなされた。チェコ人の指導者たちが、反逆罪を宣告されていたが、恩赦を受けた。帝国議会は復活され、一九一七年五月三〇日に召集された。諸民族は、ハプスブルク帝国の体制で

最後のハプスブルク君主カール1世

は最後となる彼らの希望をそこで述べた。すべての者は、革命的状況が接近していることを意識していた。そして彼らは、一八四八年の綱領をほとんど文言を変えずに新しく定式化した。ドイツ人は一九一五年のイースター宣言を作った。そこで彼らは、実際にオーストリアを大ドイツに合体させることで満足した、だがそれはすでに行なわれていた、そしてドイツ人は王朝の独立性を回復する試みについてだけ不満を言っていた。ポーランド人はまた、自分たちの一番重要な自由と他民族の従属とを結びつけた。彼らは、戦争と軍事占領の時期に侵害されていたガリチアの独占を回復しようと願ったし、力を失ったロシアからウクライナの領土を割くために、ハプスブルク軍隊の援助を求めた。ここで彼らは、もちろんガリチアを除き、オーストリアを統一国家として保全することを望み、ドイツ軍と一致した。だがこれらのポーランド人の野望に小ロシア人が挑戦した。そしてこれは今度は、一八四八年よりもいく分声高であった。小ロシア人は、ガリチアの民族的分割か、あるいは、より漠然としていたが、ハプスブルクの宗主権のもとでの大ウクライナ国家さえ求めた。

一八四八年の時のように、「支配諸民族」の綱領に代るものを、スロヴェニア人がいくぶん支持しながら、チェコ人が代弁した。チェコ人は、革命の年の最高潮期を除くと、聖なるハンガリー国境に挑戦したことがなかった。今度は彼らはもう一度、あえてそれに挑戦しようとした。チェコ人は、すべてのチェコ人とスロヴァキア人を「単一民主的ボヘミア国家」に統一することを要求した。南スラヴ人は、ダルマチアのわずかなクロアチア人を含み、スロヴェニア人が主であったが、「スロヴェニア人、クロアチア人、セルビア人が住んでいる帝国の全領地を、あらゆる外国の支配から自由な独立政体に統一すること」を要求した。この要求は、クロアチア王国の諸権利に訴えることによって支えられた。こうしてチェコ人と南スラヴ人はともに、民族主義のために歴史的ハンガリーと統一オーストリアを分解しようとし、また自分たちのために歴史的ボヘミアと歴史的クロアチアを要求した。この綱領は一八四八年には意味があった、それは王朝がまだ独立の強さを持ち、ボヘミアとクロアチアを大ドイツと大ハンガリーに対して反目させることができたときであった。王朝が「支配民族」に譲歩をさせることができると思ったのは、フランツ・フェルディナント大公に信頼を置いていた人びとの大きなしくじりであった。それは、一九一七年にはさらに大きなしくじりであった。ハプスブルク帝国の「連邦主義的」改組は、ドイツ人とマジャール人が自発的に譲歩するときだけ行なうことができた。ミハーイ・カーロイは、ハンガリーの少人数の支持者に民族的な和解を説いた。彼はドイツ人の間にはそういうグループを持たなかった。ドイツ人とマジャール人は、その強さによって支配的地位をかちとり、かつ保持していた。ここで帝国が弱くなればなるほど、それだけ彼らと一緒にやって行かなければならなかった。初めから終りまで、マジャール人とドイツ人とが共同統治するより他に、ハプスブルクの歴史的可能性はなかった、その共同統治がたとえハプスブルク帝国を破壊しようともである。二つの「支配民族」の威力を揺るがすことができたのは、戦争に敗北することによってだけであった。そして戦争の敗北は、さらにもっと確実に、王朝の威力を破壊するものであった。

カール皇帝は、同盟者に与えたことだけを、チェコ人と南スラヴ人に与えることができた。彼は、「オーストリア問題」の深い解明者レートリッヒ教授のもとで「諸民族の閣僚」を作ると提案した。この方法で、王朝が継続的に存在することを諸民族が「承認」するようになるであろう、というわけであった。チェコ人と南スラヴ人は、さらに王朝を彼ら自身の目的に変えることを望み、それゆえ王朝を承認しようとした。しかし、ハンガリー国境を承認しようとはしなかった。その上、彼らは、戦争を継続するために、内閣に入ろうとしなかった。ドイツは、講和するためにつくった内閣を我慢しようとしなかった。ドイツは〔その内閣を〕拒否したが、それは、〔オーストリアへの〕食糧供給を断ち切るというハンガリー人の脅かしによって支持された。共にこの二つのことは決定的であった。レートリッヒ教授は、「オーストリア問題」を学術的に研究することに舞い戻った。カール皇帝は、別の官僚ザイトラーに〔首相を〕依頼した、彼は「文化的自治」の提案をふれまわったが、(8) これは、人民に帝国問題では発言権をなくしておくという気の抜けた社会主義的考案物であった。文化的自治は平和時には魅力があった。だが今度、問題となったこの唯一の「自治」は、ドイツ人がヨーロッパの支配権を求めている戦いから逃げることであった。

ドイツとの同盟を断ち切り、ハプスブルク帝国内部のドイツ人とマジャール人の主導権を覆えそうというカール皇帝の努力は、王朝の最後の痙攣のように見えた。実際にはむしろ、死後硬直の終りを前触れする震えであった。一九一七年の夏まででその試みは終った。何も変らなかった、というのは、帝国というからっぽの外枠を倒さなければ何事も変りえなかったからである。〔帝国の〕分解を待つこと以外、何もすることがなかった。(9) ハプスブルク帝国は、ドイツの衛星国としてロシアと交渉するとき、ブレスト＝リトフスクで、世界史の舞台に最後に現れた。〔外相〕ツェルニーンは、論争で大きな姿を見せ、民族自決の原理がオーストリア＝ハンガリーで適応されるかどうかを、トロツキー(10)と厳かに議論した。ツェルニーンは、ブルガリアの代議員よりも、またトルコの代議員よりも、行動の自由がなかった。彼は、ドイツが交渉を壊したときに交渉を壊した、ドイツが再開したときに再開した、彼らが署名したときに署名した。彼が唯一関わったのは、ウィーンの飢える民衆のためにロシアの小麦を貰うことであった。彼は、ボルシェヴィキから離れて講和をしようという、仮想の「ウクライナ」共和国の発明を、熱心に歓迎した。これさえも、ツェルニーンを新しい困難に巻き込んだ。つまりウクライナ人の御機嫌を取るために、ホルムの地域を彼らに譲渡することに同意したのである。その西部はポーランドであったが。ポーランド人はすでに、ウクライナ共和国の存在に憤慨していた。そこは未来の大ポーランドの支配地として拡大しようと望んでいた場所であった。こうしてポーランド人はついにハプスブルクと手を切った。これはオーストリア政府にとって災厄であった、そして政府は、ポーランド人の支持がないと、帝国議会を支配するという見せかけさえも維持できなくなった。それゆえ政府は、ホルム〔ロシア、ノヴゴロド州のみ〕の交渉を取りやめようとし、ウクライナにたいして新しく申し出をして、ポーランド人を喜ばすために新しく退却をし、こうしてあらゆることが最終的に混乱に陥った。ポーランド人とは仲が悪くなり、ウクライナ人をかち取れなかった。

ブレスト－リトフスクの条約によって、中央ヨーロッパの経済的混沌が、ごくしばしの間だけ緩和した。帝国の体制は明らかに倒れていた。数千の脱走者が、「グリーン・バンド」〔＝緑の部隊〕に組織されて、田舎を徘徊した。通貨はいつも比率を増して下落した。

生産は停止状態におちいった。石炭も、食糧もなく、指令も、管理もなくなった。ロシアから帰った戦争捕虜たちは、ボルシェヴィキ思想を持ちこんだ、あるいは少なくとも、「当局」に対する侮蔑を持ち込んだ。これはロシア革命を始めていたものである。ロシアから帰ったオットー・バウアーに鼓舞されて、社会民主主義者は、「文化的自治」を放棄し、民族自決を主張した。王朝は、こうしてその最も忠実な支持者によって見捨てられた。社会民主主義者の要求した民族自決は、ボヘミアのドイツ人にとっての〔民族〕自決であり、チェコ人支配からドイツ人を救う工夫であった。社会民主主義者が、他民族のための自決を主張するのは、一九一八年の一〇月にやっと生じた。そしてそのときでさえ、彼らは、スロヴェニア人の民族的要求に反対するケルンテンの州の「保全」を狂信的に防御し続けた。(原注2)

一八四八年に、社会革命の恐れのために、所有階級はハプスブルクへ呼び集められた。今度はそれは、反対の効果を持った。王朝当局は明らかに、この嵐を統御することができなかった。新しい民族国家ならば統御するかもしれなかった。こうして民族革命が、社会革命の代替物として支持された。最も極端な社会主義の指導者さえが、教化されたことによって、民族的な意識をもったときには、とくにそうであった。一九一八年一月に、帝国議会と三つのボヘミア地方議会のチェコ人議員は、「ボヘミアの諸国とスロヴァキアの歴史的国境の内部で」自分たちの主権国家を要求するために手を結んだ。「スロヴァキア」

というのが歴史のいかなるときにも決して存在したことがなかったということは、この革命的瞬間には問題にならなかった。この綱領は、チェコ人資本家と知識階級が、王朝と実際に断絶したことをしるした。中央ヨーロッパの恐ろしい崩壊によって、協商諸国でも、亡命指導者たちは成功した。彼らは、自分たちだけがボルシェヴィズムを避ける「威信」があることを協商諸国に確信させた。一九一七年の初め、協商諸国は、「外国の支配から」チェコスロヴァキア人を「解放」することを、ほんの偶然によってではあるが、彼らの戦争目的の中に入れた。(原注3) そして一年後、彼らはさらに、これがオーストリア＝ハンガリーを保全することと折り合いがつくと、思った。だが決定的な一撃は、ロシアでのチェコスロヴァキア軍団の組織化であった。この軍団がボルシェヴィズムに汚れていないで、実際に最終的に、ボルシェヴィズムに反対して戦ったときに、ついにハプスブルクに代って非ボルシェヴィキが現われたので、協商国の政治家は限りなく熱狂した。一九一八年の夏に、マサリックと彼の民族評議会は、イギリスとフランスによって、「未来のチェコスロヴァキア政府の受託者」として承認された。

ロシアの事件が、マサリックにとってもう一つの幸運な結果となった。初めのロシア革命の後、そこでチェコスロヴァキア軍団を訪れて、彼は、第二のロシア革命に遭遇した、そしてウラジオストックとアメリカ経由で、ヨーロッパに帰らねばならなくなった。「アメリカ」大統領ウィルソンは政治学の教授であり、「オーストリアの使命」を説く教授たちに、容易に取り込まれたかもしれない。だが、マサリックは、彼らよりももっと偉大な教授であり、彼自身が説明して、ウィルソンを民族自決主義のほうへかち取った、つまり歴史的ボヘミアをチェコスロヴァキアの民族国家に転換した、という説明である。その上、マサリックは、アメリカで、スロヴァキア人と小ロシア人の共同体を見た。彼らは、北ハンガリーからの移住者であり、アメリカで金持ちになる間にも民族意識をもち続けていた。ハンガリーのスロヴァキア人と小ロシア人は、政治的発言権〔＝選挙権〕がなく、マサリックを支持する証拠を与えられなかったので、彼の立場は弱かった。だがもし彼らが自由にそうすることができたとしても、彼らはマサリックを支持しなかったので、たぶんマサリックは幸運でもあった。事情がそうだったので、彼は、アメリカのスロヴァキア人と小ロシア人の移住者〔本国の〕を代理人として用いることができた。新世界へ向けてハンガリーを去ったこれらの人びとは、チェコスロヴァキアのために代理人となることを拒否するつもりであった。だがアングロ・サクソン〔＝アメリカ〕の世界の中のスラヴ人の島である彼らは、故郷では決して感じていなかったチェコ人との共同感情を持った。マサリックが、彼ら繁栄したアメリカ市民にたいして、ボルシェヴィズムから救い出されたチェコスロヴァキアを〔国家として〕提案できたときにはとくにそうであった。確かに彼らはマサリックと交渉した。そしてスロヴァキア人は、以前の主人〔＝マジャール人〕を模倣して、新しい二重帝国でハンガリーの一部を演じることを望み、連邦的な平等を要求した。

小ロシア人は、チェコ人にもスロヴァキア人にも実際に関心はなかったが、ガリチアがオーストリアで持っていたような自治を要求した。(原注4) そこでマサリックは、たぶんあまりしつこくはなかったが、未来のチェコスロヴァキア国家に関わることはできないと、説明した。彼には、チェコスロヴァキア国家の要求は、提案にすぎなかった。そして本質的に必要なことは、協商諸国に印象づけるために、統一チェコスロヴァキア運動をつくることであった。スロヴァキア人と小ロシア人は、彼らが出し抜かれていたと不平を言うのがちょっと遅かった。マサリックは目的を達成した。一九一八年九月三日に、彼の民族評議会は、チェコスロヴァキアの事実上の政府として、〔アメリカ〕合衆国に承認された。こうしてハプスブルク帝国が正式に解体する以前に、ハプスブルクに代るものが存在していた。マサリックは、事件を作ることはできなかったが、それに参加し、その進路を作った。

南スラヴ運動にはそのような意識的方向がなかった。実際、マサリックの威信は、両方のスラヴ思想〔=チェコスロヴァキア思想と南スラヴ思想〕を実行するのに十分偉大であるはずであった。そして彼は、チェコスロヴァキアと同様、ほぼユーゴスラヴィアの創始者であった。大変奇妙であるが、ユーゴスラヴィアつまり「南スラヴ」国家は、その存在をドイツの成功に負っていた。もしセルビアとイタリアが一九一五年に勝利していたら、両国はそれ〔=南スラヴ国家〕に反対したであろう。セルビアが一九一六年にドイツ軍に侵略されたとき、セルビア政府はまた亡命した。そして、非常に野心的な計画は、国内よりも亡命先でいつも歓迎されるものである。一九一七年七月に、セルビアの首相パシッチとダルマチアの南スラヴ指導者トゥルムビッチは、コルフで会い、カラジョルジェヴィッチ王朝の下で、セルビア人、クロアチア人、スロヴェニア人の王国を作ることについに同意した。イタリアは、オーストリア＝ハンガリー軍が最後に勝利したカポレット〔の戦い〕によって、南スラヴ人と和解した。惨事のきわまでもってゆかれたイタリアは、敵に対してはどんな手段も利用せざるをえなかったのである。一九一八年四月に、抑圧された諸民族の会議がローマで行なわれた。そしてイタリア人は、ここでは抑圧された人びとの指導者として現われた。つまりティロルのドイツ人、イストリアのスロヴェニア人のことを、いくら悪いマジャール人が支配してもその抑圧は自由主義的に現われる、とすぐに立証したからであった。その後、南スラヴ運動は、正式には承認されなかったが、協商諸国によって受け入れられ、奨励されたのである。

チェコスロヴァキアは法的に存在しており、ユーゴスラヴィアはもうすぐそこにきていた。これは、ハプスブルクの運命を封じた。交渉のための道は空いていなかったし、交渉するものはなかった。一九一八年八月に、ドイツ軍は西部戦線で敗北した。九月にブルガリアは崩壊し、戦争から抜け落ちた。ハプスブルクの外交は、どんな条件でもよいから、あるいは無条件でも、講和を探し求めた。王朝を承認してもらうことが問題のすべてであった。交渉は〔アメリカ大統領〕ウィルソンと行なわれ、ただ一つの答を望んで、チェコ人と南スラヴ人に申し出がなされた。というのは、どんな答でも王朝がまだ存在していることを意味するであろうというわけである。一〇月四日に、オーストリア＝ハンガリーは、ウィルソンの一四か条を受け取り、帝国の未来の形態をウィルソンの決定に任せた。だから、ウィーンのある新聞が書いたように、「オーストリアには首相がいるが、ワシントンに住んでいる。彼の名はウッドロウ・ウィルソンである。」たぶんウィルソン大統領は、その任務を受け入れ、そうして王朝を承認するだろうと思われた。民族的指導者たちは、もう一度「諸民族の内閣」に入るよう提案された。今度は、「オーストリアの使命」に造詣の深いもう一人の教授ラマッシュのもとでであった。民族的指導者たちは応答しなかった、彼らはハプスブルクのどんな内閣にも興味はなかった。一〇月一六日に、王朝は、七〇年間の議論の末の、あの連邦制へと突っ込んだ。つまりオーストリアは、帝国政府と共同する民族評議会のある連邦国家にならねばならない、と。ここではそれゆえ帝国政府は承認されている。この死後に生まれた計画は、それにふさわしく、それを台無しにする文句を含んでいた。「(連邦国家への) 造り変えは、ハンガリーの聖なる王冠に属する諸国の保全を決して侵害しない。」このいよいよ最後のときでさえ、ハプスブルクは、マジャール人の脅迫に屈服していたのである。

これらの無駄な策略をした唯一の結果は、内閣の交代であった。立派なラマッシュとレートリッヒ (両教授) はついに職務についた。二重帝国の創始者の息子、外国人のアンドラーシでさえ、彼の父の事業を取り消すために外務大臣になった。一〇月二一日に、ウィルソン大統領は答えた。チェコスロヴァキア政府と南スラヴの要求の正しさを承認したが、彼は、平和の基礎としては、「自治」を受け入れることができなかった、「それ〔=自治〕ではなく、彼ら〔=チェコスロヴァキアと南スラヴ〕が、オーストリア=ハンガリー政府に代ってどんな行動をすれば彼らの熱望を満足させるかという、裁判官になるだろう」。同じ日に、パリのチェコスロヴァキア政府は正式にその独立の声明を発した。国際的舞台から軍隊が運ばれてくるのを妨げるために、ハプスブルク王朝は最後の努力をした。一〇月二七日に、アンドラーシは、ウィルソンの覚書きに答えて、新諸国家の独立を受け入れ、それらと交渉する申し出をした、たぶん最後には誰かが、誰についてか何についてかは問題ではないが、ハプスブルクの「権威」を承認するであろう、と。それは遅すぎた。アンドラーシの覚書きには応答がなかった。

その代り、民族的指導者たちは、帝国の崩壊をその結論とした。一〇月二八日に、チェコスロヴァキア共和国はプラハで宣言された。そして帝国当局から政府を引き継いだ。スロヴァキア人は、ただハンガリーの内部で「自治」を要求するという結論に達した。だが彼らは、チェコスロヴァキアがすでに存在しているというニュースによって、足をすくわれた。ブダペストとさらに交渉していたが、一〇月二九日にいくぶん息を殺して、新しい国家を受け入れた。スロヴェニア人とクロアチア人は、もはやハプスブルクの死んだ手によっては守られず、イタリアからの危険にたいして防御がないとわかった。そしてよりましな悪として、南スラヴ人となった。クロアチア州議会でさえ、「純粋権利〔党〕」の多数派とともに、セルビアとの共同統治を受け入れた。ユーゴスラヴ国家は、一〇月二九日にザグレブで宣言された。そして一時的な民族評議会は、そこで次の日に政府を引き受けた。帝国当局は抵抗せずに屈服した。民族的意識は、成熟に達したと見えた。王朝と支配諸民族が崩壊したので、従属諸民族は突然自信をもった。それは仮そめにすぎなかったが、彼らの民族国家をつくるには十分長く続いた。

王朝は、従属民族によって拒絶されただけではなかった。支配諸民族も、彼らの「より低い人種」に対する至上権が破壊されると、王朝への関心を失った。その上、王朝を捨てることで、支配民族は、彼らの以前の従属人民を真似して、騙して言おうと思った。つまり自分たちは意志に反して無理に戦わされた抑圧された民族である、と。そうして協商諸国の列の中にもぐり込もうとした。イタリア人は、一九一五年に、つまり三国同盟を捨てたときに、道を示していた。彼らは、トリエステと五〇万人の南スラヴ人の支配を、報酬として受け取ることになっていた。ポーランド人は、もっとうまいことさえした、戦争を通じて各陣営に根を下ろしていたので、彼らは今度は、自分を協商国に転換した、そしてハプスブルクとともに活動していた利益をすべて保った。オーストリア＝ハンガリーの共通蔵相は、ほとんど一日の空きもなく、ポーランド共和国の蔵相になった。ガリチアは、少し遅れたが、三〇〇万の小ロシア人が住んでいるにもかかわらず、「オーストリア－ポーランド解決」にあるように、ポーランドに留まった。そしてポーランド人は、二年後にロシアからウクライナ領をもっと征服することによって、その支配地を一層立派なものにした。事実、ポーランド人は、ブレスト－リトフスク〔会議〕の残りかすの遺産受取人であった。そして同時に、ドイツの敗北の果実である、ポスナニアと「回廊」を取得した。マジャール人は、まだ大ハンガリーを保持しようと決心していた。ハプスブルクが去り、あるいはもっと悪いことに、新しい民族諸国家が承認されると、唯一の代替物は、コッシュートの道、つまり一八四九年の革命的共和国であった。マジャール人の支配階級は、どんな極端なことでもする準備をしており、心の変化の形跡さえ示すことができた。ミハーイ・カーロイは、かつてはハンガリーで最も不人気な人物であって、またすぐそうなったが、一瞬、「ハンガリー民族」の指導者になった。結局、誰も彼の経歴に、つまりスラヴ人の本当の友で、ドイツ人の敵であることに、挑戦できなかった。一〇月三一日に、カーロイは、カール皇帝によって電話で首相に任命された。三日後、彼は、コッシュートの事業をハプスブルクの賛成で完成することができること、そしてハンガリーはその軍隊が解体しているがそれ自身の軍隊をもつ分離国家である、と声明することができた。残されたことは、これ以降、ハンガリーが民族平等の国であることを諸民族に確信させること、また、マジャール人が抑圧された民族であったことを協商国に説得することだけであった。

言葉を変えれば、カーロイが真に「ハンガリー民族」を代表していること、であった。ハンガリーと中央ヨーロッパにとって不幸なことに、カーロイはマサリックではなかった。カーロイは、彼の民族を感銘させたことがなかった。

ドイツ系オーストリア人は、他民族の例に従った。彼らの関心は、ボヘミアのドイツ人領域がチェコスロヴァキアに編入されずに救い出されることであった。彼らは、社会主義の〔民族〕自決の綱領が他民族への支配の放棄を含むならば、それに反対であった。今度は、〔民族〕自決が、急に彼らの救済になった。聖職者、帝国の将軍と大臣、キリスト教社会主義者は皆、社会主義の指導者の背後に群がった。帝国議会のドイツ人議員は、ドイツ国民議会に向かった。そして一〇月三〇日に、「ドイツ-オーストリア」国家を宣言した。(原注5) つまりハプスブルクのすべてのドイツ人の臣民を包括するはずの、国境も定義もない、国家である。それ自身では機能できず、意味のない断片の集合であり、それは、ドイツの一部分としてのみ存在することができた。だから、「ドイツ-オーストリア」の政府は、社会主義者つまり「抑圧された者」の代表者から構成された。ドイツ-オーストリア人は、帝国ドイツが同盟国の利益のために行なった舞台の転換に参加した。自由ドイツ-オーストリア国はハプスブルク家に、自由ドイツはホーエンツォルレルン家に、つまり二つの消滅した王朝に責任をかぶせた、そして解放された諸民族の友誼によって承認して貰うことを望んだのであった。ハンガリーもドイツ-オーストリアも、ともに次のことを予見することができなかった。つまり、ドイツの敗北で、協商諸国が、民主主義を促進するよりもボルシェヴィズムを除去することにもっと関心を持つようになること、そして、マサリック大統領、セルビアの国王、さらにルーマニアの国王（彼は、九月九日に、つまり戦争の終る二日前に、遅くなって再び参戦した）には、自由諸国の支配者としてではなく、秩序の保護者として賛成しようとしたこと、そして、一方ではカーロイとオットー・バウアー[11]、他方でレーニンとトロツキーの間を明白に区別しようとしなかったこと、である。これらを予見できなかった。

一〇月の終りまでに、帝国の各民族は、ハプスブルクを捨て、自分たちの民族国家を創設した。イタリア領ではオーストリア＝ハンガリー軍隊が防衛しながら残っていた。これはラデツキー〔将軍〕の軍隊ではなかった、民族的感情のない愚かな農民であった。この軍隊はまた、国内で帝国の諸体制を一掃してしまった民族的奔流に屈したのである。クロアチア人の連隊は南スラヴ国家へ、チェコ人の連隊はチェコスロヴァキア共和国に、忠誠の誓いを立てていた。艦隊は、南スラヴの軍旗を掲げ、イタリア人に屈服するのを避けるために、ユーゴスラヴの権威をかなり熱心に求めた。一一月一日に、カーロイは、全ハンガリー軍隊に帰国せよと命令した。ついに一一月三日、オーストリア＝ハンガリー軍最高司令部は、もはや存在しない帝国の名でイタリア軍と交渉し、休戦を結んだ。休戦が調印された後、しかしそれが発効する前に、イタリア軍は、イギリスとフランスの軍隊の背後からあらわれた。そこに彼らは隠れていたのだった。そして数十万人の武装のない無抵抗のオーストリア＝ハンガリーの兵隊を、イタリア軍としては滅多にない勝利であるヴィットリオ・ヴェネトの大「勝利」で、捕虜にした。巨大なオーストリア＝ハンガリー軍隊は散りぢりになって、各人が、混乱と混沌の真っただ中で最善を尽くして、民族の故郷への帰り道を見つけた。

ハプスブルク帝国の最後の遺物は、皇帝と、ラマッシュの政府、つまり「国家にとっては死後生まれた内閣」であった。大ハプスブルク帝国は、年老いた官僚と教授が陰気にお互いに探り合う一つの部屋に縮小した。「オーストリア観念」が残したすべてのものは、紙の上では大層美しく、現実では破局であった。閣僚は、皇帝個人の安全のための交渉以外には、仕事が残されなかった。単に幽霊であった彼らは、歴史のページから消えた。そしてこの仕事さえ完成されなかった。カール皇帝は、実質のない権利をもった一人の男であった。彼は、一一月一一日に、ドイツ＝オーストリア政府に対して、一一月一三日にハンガリー政府に対して、すべての持ち分を放棄した。彼は譲位しようとはしなかった。だが初めウィーンから、そのすぐ後、オーストリアから引き揚げた。彼はハプスブルクの幕の最後の糸の緒を亡命の地に持って行ったのである。

（原注1） あるいは彼らはそう思った。一九一九年にそして再び一九三八年に、彼らはテーシンでポーランド人によっても脅かされたとみた。

（原注2） こうしてまた一九四五年にも、社会民主主義者は、「自由な不可分のケルンテン」の名で、国民社会主義者〔ナチ〕の当局から権力を引き受けた。

（原注3） 協商諸国は、「イタリア人、南スラヴ人、ルーマニア人」と指定しようとした。イタリア人は「南スラヴ人」に反対し、曖昧な「スラヴ」だけで我慢しようとした。フランスはそれゆえ、この綱領にもっと具体的な見せかけを与えるために、「チェコスロヴァキア」という語を付け加えた。

（原注4） 北ハンガリーの小ロシア人地域を取得することは、マサリックの綱領では新しく追加されたものであった。ハプスブルク帝国が解体すれば、その地域はロシアに含まれることになるだろうと、彼は思っていた。そして彼は、ロシアが回復するまで小ロシア人地域がロシアに信託統治されるだけだと考えていた。この信託統治は、一九四五年に解除された。そこにはまた戦略的考慮もあった。というのは、彼が本質的だと見なしたロシアとの共通国境を持てなかったので、彼はルーマニアとの共通国境を代替物として確保しなければならなかったからである。

（原注5） これは、新しい国家の公式名称であり、その性格を表わす唯一の名である。協商国は、無意味な名前「オーストリア」を主張した。彼らは、ドイツ－オーストリア人に、彼ら自身でドイツ人だと呼ぶことを禁止することによってドイツ人であることを妨げようと望んだ。パラツキーを驚かしたであろう「オーストリア」の真の「発明」であった。

（1） この章は、同じ著者の『第一次世界大戦』〔新評論〕で補って読むとよいであろう。

（2） ポーランド回廊。ポンメルン地域。旧ポーランドとドイツとの中間地帯。

（3） 著者は、同盟という語を使っているが、協商としてみた。

(4) 第一章注(11)参照。
(5) カレル・クラマーシュ、後に首相になる。
(6) 一八二〇〜八三年。ブルボン家のアンリ五世と称し、第三共和制の後、彼の即位が実現されそうになった。
(7) ロシア革命によってレーニン政権は、戦争から手を引いた。
(8) 文化的自治は、もともと社会民主党の一部理論家の考えであった。
(9) 新ロシア〔=ソ連〕とドイツ側の休戦交渉。
(10) 新ロシア〔=ソ連〕の外務人民委員。ロシア革命の立役者。
(11) 当時、外相。オーストリア左派社会民主主義者。

エピローグ　王朝なき人民

カール皇帝が失踪したことが、ハプスブルク君主制の終りであった。だがそれは、中央ヨーロッパの諸問題を解決しなかったし、むしろもっと深刻にしたのである。君主制は、「解決策」ではなかったし、「解決」の可能性には疑いを残していた、だからそれは、長い間道徳的承認を失っていた制度を、信頼もされずに、保とうと試みたのである。王朝の帝国は、ギプスが折れた足を支えるようにして、中央ヨーロッパを支えた。ギプスは足を動かせる前に壊さねばならなかったが、王朝を解体してもその動きを成功させたり、または容易にさえしなかった。ハプスブルク家は、彼らが護り、搾取し、そして最後に失った諸民族へ、遺産として二つの問題を残した。(1)国内問題では権威、対外問題では安全保障、がそれであった。諸国家は、国内で服従するための新しい道徳的基盤を見つけねばならなかった。諸国家は、ヨーロッパ大陸の唯一の強国ドイツの影響力に対抗して、もっと急いで防衛手段を見つけねばならなかった。これがハプスブルク家を破壊させた問題であった。

同家は、一九一四年に、オーストリア＝ハンガリーがドイツの保護国になったときに、死んでいた。同じ問題〔＝ドイツ〕によって一九一九年の協定〔＝第一次大戦の平和協定〕が、二〇年の内に破棄されるのである。(2)

一九一九年の平和の制定者〔＝第一次大戦の戦勝国〕は、イタリアとルーマニアを参戦させるために行なった交渉の約束を、少し留保をつけたが履行した。それに加えてポーランド人は、予定通り、ガリチアを取得した。民族解放というこれらの外見的事業は、歴史的・戦略的議論によって粉飾された。つまり「解放された」民族は、移し換えられた人口の半分より多くはなかった、そしてイタリアの場合はもっと少なかった。(原注1) その点について言えば、「民族自決」が望まれたにもかかわらず、ポーランドもルーマニアも真の民族国家ではなかった。ポーランド人はポーランドの三分の二以下の人口で、ルーマニア人はルーマニアの三分の二以上であった。ポーランド人とルーマニア人は、ハンガリーをモデルにした「国家の人民」であった。他の民族は、旧ハンガリーでは、少数民族の権利だけをもったが、それを現ハンガリーでは実行できなかった。新しい細工として、イタリアの少数民族はそうではないが、ポーランドとルーマニアの少数民族が国際連盟の保護の下に置かれた。もっともこれはハンガリーでハプスブルクの保護があったときよりも効果がなかった。

彼らは、古いハプスブルクの中心から切り離された民族であった。「民族自決」は、残っているハプスブルク領土で強力に機能するものと思われた。以前の「支配民族」は、おおいに彼らの意志に反してであるが、確かに「民族自決」という祝福を受けた。マジャール人は、彼らの期待しなかった方法ではあるが、民族国家の野望を達成した。ハンガリーは、その従属諸民族同様に、多くの良きマジャール人を奪われた。七つの州が、(原注2)(3) オーストリアの名前を受け継いで、一つのドイツ人の民族国家をつくった、そしてもし彼らが真の民族自決を行なおうとすれば、ドイツに吸収されることになったであろう。二つの新しい国家であるチェコスロヴァキアとユーゴスラヴィアは、ともに民族主義にもとづくこと、またハプスブルク帝国が持たなかった統一の原理を見つけたと主張した。チェコ人とスロヴァキア人は一つの民族になった、ちょうどピエモンテ人とナポリ人がイタリア人になっていたようにであった。セルビア人、クロアチア人、スロヴェニア人は、ユーゴスラヴィアに合併されることになった。プロイセン人、ザクセン人、バイエルン人が、昔、ドイツに合併されたようにであった。これはよく似ていた。だが本当に似ていると立証することはできなかった。

イタリアとドイツは、確かに、異なった国から諸民族を集めていて、彼らは文化的背景がそれぞれ違っていたし、ドイツの場合は宗教さえ違っていた。さらに両国は数世紀間に共通の文化を持つようになっていた。そして人びとの意識の中には、「理想の」イタリアやドイツがいつも存在していた。チェコスロヴァキアとユーゴスラヴィアには、そのよう

共和国の宣言、1918年11月12日、ウィーン

な背景がなかった。両国は、一方〔＝チェコスロヴァキア〕はマサリックによって、他方〔＝ユーゴスラヴィア〕はシュトロスマイアーによって、パラツキーの説の精神で、「発明」されたのである。両国は必要であった、だから存在しなければならなかった。司教は、衝突する宗教上の障害を片づけた。大学教授は千年の歴史を投げ捨てた。シュトロスマイアーとマサリックは国家をつくった、だが民族をつくるのは失敗した。たぶんマサリックは、カヴールとその後継者たちが南イタリアの住民に対して行なったような「血と鉄」の方法を適用したならば、チェコ人とスロヴァキア人を一緒にすることができたであろう。だがこの方法はマ

サリックの哲学にはなかった。ビスマルクあるいはヒトラーでさえ、反対陣営がセルビア人やクロアチア人のように猛烈に戦ったならば、ドイツ諸国を統一することができなかったであろう。その上、ドイツ諸国家は、その高尚な名前にもかかわらず、ほんの少し前に作られた国であった、プロイセンでさえ、セルビアに比べればわずかしか歴史はなかった。シュテファン・ドゥーシャン〔セルビア王、一三〇八～五五年。セルビア史上最大の国を作った〕の時代には、プロイセンはどこにあったろうか？ それに、民族主義は、プロテスタントとローマ・カトリックの溝を埋めることができた。だがそれは、ローマ・カトリックとギリシャ正教の間にあるもっと大きい溝を埋めることはできなかった。とにかく時代の気質が変っていた。民族が混在する時代は終っていたのである。すべての民族は、スロヴァキア人でさえも今は、学校と、独自の文学と、官僚の職を求めて闘う知識人が現われたのである。

その結果、チェコスロヴァキアとユーゴスラヴィアは、その民族理論にもかかわらず、オーストリア＝ハンガリーが持っていたあの民族的複雑さを再び作りあげてしまった。立憲オーストリアは、八つの民族（原注3）を含んでいた。チェコスロヴァキアは七つの民族（原注4）、大ハンガリーは七つの民族（原注5）をもっていた。ユーゴスラヴィアは九つの民族（原注6）を含んだ。チェコスロヴァキアは統一国家となった。ドイツ人が立憲オーストリアでそうだったように、チェコスロヴァキアではチェコ人が「国家の人民」であった。ユーゴスラヴィアは、疑似連邦主義の時代を経た、それからまた、統一国家になった。セルビア人が、この国をハンガリーのマジャール人をモデルにして、民族国家として要求した。チェコ人は、五〇年に及ぶ交渉と策略を経験してきた。疲れを知らない巧妙さで、チェコ人は、ボヘミアのドイツ人に、終りのない机上の計画を提案した、そしてドイツ人は、チェコ人が旧オーストリアで持っていたような待遇の良い少数民族の地位をいつも受け取った。実際はドイツ人は、チェコ人がすべての「聖ヴァーツラフの諸国」への要求を断念するのと同じように、ボヘミアをドイツに併合することを断念したのである。マサリックは大統領の任期中に、ハプスブルクの歴史の大きな「可能性」、つまりハプスブルクがもし遠目がきいて民主的でありさえしたならば、という問題に答えようと努めた。チェコ人とドイツ人とは和解しなかった。それどころか、この二つの民族が同じ国家の国境内では共存して行けないということが、最終的にはっきりしたのであった。

チェコ人はスロヴァキア人に優越していた。だがチェコ人はスロヴァキア人を〔民族的に〕満足させることはできなかった。マサリックは、〔イギリスで〕イギリス人とスコットランド人が生活しているように、チェコ人とスロヴァキア人が一緒に生活することを望んだ。スロヴァキア人は、アイルランド人のようであることがわかった。同じようにして、セルビア人はクロアチア人を支配できた。だがセルビア人はクロアチア人を満足させることはできなかったし、巧妙な政治家ではなかったので優越することさえできなかった。セルビア人もいわゆるアイルランド問題を持ったし、バルフォアのやり方では前進ができなかった。スロヴァキア人とクロアチア人というこの二つの不満な民族はともに、フランツ・フェルディナント〔大公〕が生き返ってくれることを夢見た。(4) 両民族は、ローマ・カトリックで、非民族主義的で、豊かな農民に同情を寄せたハプスブルク君主制の再来を望んだ。だがこのハプスブルク君主制は、消滅してしまい、もう復帰できないので、この二つの民族は、実際には、ハプスブルク家から相続した大ドイツの勝負〔=第二次大戦〕に参加した、そして両民族は、ドイツに味方して一九一九年の協定を壊す積極的な代理人となるはずであった。

こうして、チェコスロヴァキアとユーゴスラヴィアの原理は、民族主義の表現として前に押し出されたものであるが、「オーストリア観念」の新しい変種であることがわかった。つまり違った民族を一緒にしようという工夫である。双方の考えにはいくぶん現実性があった。大領地制を破壊した土地改革は、古い帝国を支えていた領主貴族である「オーストリア的」階級を打倒した。そしてオーストリアの大資本家は、破産しなかった者は、ウィーンに集まった。工業化されたボヘミアは、今までとは違った人びとを生み出した、つまり自由主義的考えを持ち、国家の責任を引き受けようという、教育のある階級であった。この支配階級は、ヨーロッパでは、ユニークであった。彼らはヒューマニスティックな哲学を持ちながら、ハプスブルク貴族がかつて行なったように、「民族を超える」権威を支えた。マサリックが、議会から独立した役人の内閣というフランツ・ヨーゼフ皇帝の考案物に頼ったとき、同じことが行なわれた。ユーゴスラヴィアは、教育のある中間階級、またはその階級を作り上げる富がなかった、また同じく領主貴族がいなかったので、その支配階級には軍の将校がなった、これはどんな国家であろうとも基盤が狭すぎた。かなりの「南スラヴ主義者」が、クロアチアの知識人の間にいた。そのために、彼らは大セルビアの反対者となったので、また現体制の敵にもなり、また実際にしばしば、昔の敵つまりクロアチアの愛国者の側に移った。

中央ヨーロッパの各国の政治問題は、ハプスブルクの最大の事業、つまり農民を温存していたことから発生した。一九一八年以前には、貴族と農民は、二つの「オーストリア的」階級であって、都市資本家と知識人に対してしばしば統一戦線を形成していたが、均衡を取り合っていた。大土地改革の後、均衡は投げ捨てられた。貴族はハンガリーだけに残った、その結果として、中央ヨーロッパで最も反動的な国家は、二〇年後、ただ一つ〔＝ハンガリー〕となった、その国は立憲形態と法の支配のようなものさえ保っていた。「農民民主主義」は、民主主義または法にとって展望とならないことがわかった。農民は自分たちでエリートを作り出すことができなかった。農業諸政党は、その原型であるフランス急進党を間もなく追い越すほど腐敗した。農民の政治家たちは、どんな原則もなく、賄賂を隠すために、民族的憎しみを煽りたてた。チェコスロヴァキアは、ボヘミアの工業とプラハ大学があったために、たっぷりした「農業主義」の影響力を免れた。他のすべての中央ヨーロッパの国は、ハンガリーを除き、「官憲国家」になった。メッテルニヒは、ずっと以前に、これが農民支配の不可避的結果になるにちがいないと、予想していたのである。

さらに、一九一九年の条約は、それが内的に腐敗したから、また解決できない問題に「解決」を見つけられなかったから単に壊れた、というのではなかった。チェコ人とドイツ人は、かつてウィーンで長たらしく交渉したように、プラハで長々しく交渉したかもしれなかった。(5) そしてたぶん、メッテルニヒが一九世紀の初頭に要求し、マジャール人が一八六七年の後に要求していた「万里の長城」を、国王アレクサンダーが立てたならば、たぶんすべての南スラヴ人は、ある日、セルビアの歴史を受け取るであろう。農民政治家が腐敗と専制を行なってさえ、工業が発展し、有閑中間階級が生まれるようになる時期が来るであろう。この「継承諸国」(6) は、確かに貧困に悩んだ。これは新しいことではないし、ハプスブルク帝国の崩壊によって引き起こされたものではない。実際、ハプスブルク家の没落は、それ自体で問題を解決しなかったのだが、初めて解決を可能にしたのである。中央ヨーロッパの貧困は、ハプスブルクに保護されて生き残った大領地制のせいであり、またドイツ人の手に工業が集中したせいである。これら両方とも、ハプスブルクの支配から解放された後、壊すことができた。そして農業と工業の生産水準は、第一ドイツ戦争〔＝

第一次大戦〕の後の一〇年間ですべての継承諸国で上昇したのである。これらの諸国は、その後、大経済恐慌〔＝一九二九年の大恐慌〕によって荒廃させられた。その恐慌は、それらの諸国で起きたものではなかった。それは、世界最大の経済単位、〔アメリカ〕合衆国に原因があった。実際、もし継承諸国が、もっと長いあいだ独立していたならば、自分たちをもっと守ることができたであろう。そうではなかったので、その諸国は西ヨーロッパの市場に頼り、それが閉鎖されたので、彼らは経済的にはドイツの慈悲に頼ったのである。〔大戦後〕ドイツに対処するのに失敗したことは、それがハプスブルクを破壊したように、一九一九年の〔平和〕条約を破壊した。真の「オーストリアの使命」は、ミッテルオイローパ〔＝中央ヨーロッパ〕から中央ヨーロッパの諸民族を保全するということであった。この使命は、ハプスブルクが一九一四年にドイツの衛星国になったときに、終った。チェコスロヴァキアとユーゴスラヴィアは、一九一九年の二つの産物であったが、それ自身ではドイツの力に抵抗するほど強くはなかった。中央ヨーロッパで防衛連盟を作ることは、ハプスブルク帝国を破壊した同じ理由から、不可能であった。つまり支配民族と従属民族との間の衝突、である。矛盾しているのだが、ハプスブルクは、没落した後でさえ、唯一の統一原理として残った。だからチェコスロヴァキア、ルーマニア、ユーゴスラヴィアの小協商は、ハプスブルクの復活に抵抗するという唯一の目的のために存在した。だがそれはドイツに抵抗するという、もっと深刻な問題では、決して一致しなかった。

そしてスロヴァキア人とクロアチア人を除けば、誰もハプスブルクの復活を望まなかった。ハンガリー人〔＝マジャール人〕は、彼らの従属民族への支配権と、世界での大きな位置を与えられるときだけ、我慢してハプスブルクと結びついていた。一九一九年の後、ハンガリーは、「国王のいない王国」の利益のほうを好んだ。そこでは摂政は、海軍のない提督のようなものであった。ハンガリーは和解できずに残った。表面的には、国境の調整を望みながら、マジャール人は「千年も古いハンガリー」の回復を本当に熱望したし、大領土が生き残っていることから農民の注意をそらすために、それだけに一層それを騒ぎたてた。マジャール人は、一九一九年の条約に単独で挑戦するほど強くはなかったので、初めはイタリアと、それからドイツと、「修正主義的」同盟を求めた。これは一八四八年の型を繰り返した。実際、ドイツが勝利したときには、マジャール人は、彼らが成功したことに対して大いに分け前を要求した。マジャール人の最も熟達した政治家ベートレン〔保守政治家〕は、一九三八年に書いた、「ハンガリーは選ぶ自由はあったが、小協商に加わるのを拒否した、こうして、ドイツに計り知れない奉仕をしているし、ドイツに敵対する強力なブロックを作らせないようにしているのである。」ハンガリーの計算は成功したとはいえなかった。彼らは、フランツ・ヨーゼフ皇帝を独占したようには、ヒトラーを独占することはできなかった。ヒトラーは、シュメアリングが失敗したことに着手した。つまりルーマニアとスロヴァキア人をマジャール人に対して反目させたのである。ティッサ派の最後の代表者パウル・テレキは、一九四一年四月に自殺したときに、大ハンガリーの破産を告げたのである。

カール・レンナー首相

ドイツ系「オーストリア人」は、初めはあまり非和解的には見えなかった。一九一八年に創立した〔オーストリア〕共和国は真に民主的であった、そして、ウィーンとプラハが民主的に協同するという信仰は、マサリックの最大の妄想であった。オーストリア社会民主党は、ドイツの民族主義を決して忘れなかった。彼らは、ドイツ共和国を大袈裟な同情心で眺め、チェコスロヴァキアを誇張した疑惑の目で見た。ドイツから分離していることは、いつも彼らの悲しみであり、決して原則ではなかった。純粋のオーストリア人は、古い帝国の屑、つまり官僚、軍士官、僧侶、であって、ハンガリーは、いくらか同情をもって眺める唯一の隣国であった。彼らが忠実であった「オーストリア」は、歴史的な思い出であり、領土的な国家ではなかった、そしてその思い出さえ、ひとりよがりで、混乱していた。〔オーストリアの〕ドイツ人の七州の住民は、「オーストリア人の」資質を持っていると、馬鹿馬鹿しい誤解をして思い込んでいた。それは実際には、国家の役人と領土貴族の階級の特徴なのであった。オーストリア人は皆、安逸で、恋愛遊戯をし、音楽好きで、ティロル風の衣裳を着ていなければならなかった。イギリスの工場労働者のようにピンク色の狩猟衣を着ていることがセンスがあるということであった。民主主義者は「オーストリア人」ではなかったし、オーストリア人は民主主義者ではなかった。この二者は、お互いに闘い合い、その過程の中で枯渇していった。一九三四年の二月に、教権派の「オーストリア人」[7]が、民主的な共和国を投げ捨てた。一九三四年七月に、ドイツ民族主義に脅かされて、彼らは、イタリアの保護に身を寄せた。メッテルニヒの後継者としては恥辱的な成り行きである。この方策はまた無益であった。というのは、ドイツに抵抗するはずのイタリア、ハンガリー、オーストリアの「修正主義的」連盟を作る余地がなかったのである。それどころかイタリアとハンガリーは、ドイツの手先になった。そして「オーストリア」は、ドイツの最初の犠牲者になった。

一九三八年三月に、ヒトラーがウィーンを占領したことは、「オーストリア」の住民にとっては、民族的解放の一つの行為であった。併合によって、ハプスブルクの最後の聖遺物から解放し、彼らをその民族国家と結びつけた。ヒトラーは、単にドイツ民族にオーストリアという最大の贈り物を与えただけではなかった。ヒトラーは、オーストリア政治の勝利であり、一八六六年に敗北したオーストリアの復讐であった。プロイセンは、[8]ウィーンの囚人になった。そしてプロイセン社会の最良の勢力が、一九四四年七月二〇日以後、ヒトラーの死刑執行人の手にかかって死んだのである。ヒトラーは、オーストリアで知ったすべてを教訓とした。民族主義はシェーネラーから、反ユダヤ主義と「小営業者」への訴えはルエーガーから学んだのであった。ヒトラーは、ドイツ政治の中へ、とくにウィーンのデマゴギーを持ち込んだ。(9)千年は続くと言って彼がつくった〔第三〕帝国は、一八五〇年に〔大臣〕ブルックが計画し、またビスマルクが一八六六年に後見した「七千万人の帝国」を出るものではなかった。〔ヒトラーの〕国内政策と対外政策は、その起源と精神では全く「オーストリア的」であり、「オーストリア」にはそのようなものはないと期待することは、実に不合理なことであろう。(原注7)

こうして、一九一九年の〔平和〕条約は、ハプスブルクにない強さを、それ自身の内部で発見することに失敗したのであり、そして大列強国の政策に依存していた。メッテルニヒのように、ベネシュ〔チェコスロヴァキア大統領〕は、新しい条約の代弁者であるが、「継承諸国」がヨーロッパの必要物であることを、一九一九年の勝利者に確信させねばならなかった。中央ヨーロッパの政治家は、彼らが奇跡を行なって、ロシアに依存するようにならずに、ドイツの指導権から逃れたのだと考えた。この奇跡の基礎は、フランスとの同盟にあった。一八一五年にメッテルニヒとタレイランによって試みられ、一八四二年にメッテルニヒとギゾーによって、一八六七年にボイストとナポレオン三世によって、一九一一年にエーレンタールによって夢にさえ見られた方策が、とうとう達成されたと思えた。

これは、〔第一次大戦と第二次大戦の〕戦間期体制の最大の欺瞞であり、その体制の破壊を立証したのである。継承諸国は、フランスの強さに頼った。フランスは彼らになかった強さを与えようと望んだ。一八七〇年以後に、フランスは、ハプスブルク君主国が残存するための一強国という地位を背負った。だがこれは、ドイツがヨーロッパ大陸で唯一の大強国であるという事実を隠したのである。フランスはまた、ハプスブルクの崩壊によって破滅した。フランスは、かつてはウィーン協定の敵であったが、今度はメッテルニヒのヨーロッパの最後の残りかすであったし、メッテルニヒが失敗したところでは成功することはできなかったのである。

ヒトラーの戦争はヨーロッパを現実に引き戻した。ハプスブルク家は、ドイツとロシアの間の第三の道を提供しようと試みていた。同家は亡び、他には誰も残らなかった。ベネシュ大統領は、かつて、チェコスロヴァキアが、東洋と西洋の間にあると、説いたことがあった。第二次ドイツ戦争〔=第二次大戦〕の終了するとき、彼はその代り、チェコスロヴァキアがドイツとロシア〔=ソ連〕の間にあると、宣言した。「継承諸国」は、もはや均衡をとれなかった。それらは、ドイツの支配に反対してロシアの保護を選んだ。道徳は、ドイツに最も近い隣国で最もはっきり描かれ、ドイツの権力がはるか遠いところで、力を失ったのである。チェコ人は、民主主義とロシアとの同盟を結びつけようとした。ブルガリアまたはルーマニアでは、この同盟を保障するために、共産主義の独裁が採られた。さらに、西欧列強つまりイギリスとアメリカは、抗議する以外には東ヨーロッパに与えるものがなかった。軍事援助を全く除けば、彼らは、工業力を東ヨーロッパに移して助ける準備さえしなかったのである。それは「ドイツ問題」の唯一の解決策である。もしアングロ・アメリカ政策が成功して、ロシアが国境の背後に引き下がらざるをえなかったとしたら、その結果は民族解放にはならなかったであろう、つまり、それは、ドイツの主導権を、初めは経済的に、その後は軍事的に、復活さえしたであろう。またむしろ、ある種の民族解放にはなったであろう、つまりチェックされない民族原理の働きは、それこそドイツの主導権の道具であったからである。スロヴァキアとクロアチアは、ドイツ体制の中でだけ「独立の民族」でありえたのである。

第二次ドイツ戦争の後、「オーストリア」は、もう一度勝利諸国の布告によって存在させられた。ヒトラーに反対した抵抗の記録がプロイセンに反対した抵抗より劣っていたが、同国は「解放された」国として扱われた。そしてウィーンのオペラが「オーストリアの」文化の存在を確かめるために、長時間の活動をした。ハンガリーはとうとう土地改革を課された。これは、ハンガリーで一定の文明化の力を支えていた大貴族を排除した。土地改革は、第一次ドイツ戦争の後に「継承諸国」で行なわれた以上には民主的農民層を創出しなかった。ジェントリーの役人は、かつてハプスブルクと共同統治をしていたように、共産主義と共同統治をした。だが彼らは、他の場合でもそうだったように、この場合でも、もう信頼に足る仲間であるはずがない。当時でさえも、彼らは、ハンガリー内部でその民族主義政策を和らげなかった。スロヴァキア人と南セルビア少数民族は、学校も法的平等もないままである。

この二つの多民族国家、チェコスロヴァキアとユーゴスラヴィアは、まだ思想を探していた。チェコ人は、もし〔民族問題が〕解決されない場合、ドイツ人をその「民族的故郷」に戻すことによって、ボヘミア問題を調停した。それを彼らは長い間切望していたのである。チェコ人は、スロヴァキア人と緊密には和解していない。戦争は両者を一層離反させてしまったのである。チェコ人は、荒々しいドイツの専制を取り消したが、スロヴァキア人は、ヒトラーのヨーロッパの我儘なお気に入りであった。そして、スロヴァキア共産主義者だけが、プラハとの再合同を歓迎した。事実、共産主義スロヴァキアだけが、チェコスロヴァキアの統一を保とうとしている。しかしその代償は、チェコスロヴァキア民主主義の破滅であるだろう。チェコ人は、好ましくない選択に出会って、ハプスブルクから学んだ遅延の方法をもう一度使った。そして工業と教育が時間的に間に合って、スロヴァキアでヒューマニスティックな中間階級をつくるかもしれないと、望んだのである。それは、マサリックの理想を現実のものとするであろう。

第一次ドイツ戦争で、チェコ人とスロヴァキア人は、チェコスロヴァキア軍団でお互いに手を取り合って戦った。セルビア人とクロアチア人は、お互い同士で戦い合った。わずかなスロヴァキア人は、第二次ドイツ戦争で戦ったが、チェコ人と一緒にではなかった。セルビア人とクロアチア人は、とうとう大パルチザン戦争では一緒に戦った。これは、一八七〇年の独仏〔＝普仏〕戦争がドイツをつくったように、ユーゴスラヴィアをつくった。「民主主義的で、連邦制のユーゴスラヴィア」は、ハプスブルク帝国の歴史の偉大な可能性を、実際物へ転化した。チトー元帥がハプスブルク家の最後であった。彼は、八つの異なった民族を支配して、「文化的自治」を与え、彼らの民族的敵意のなかで統御した。古いユーゴスラヴィア(10)は、セルビア民族国家であろうと試みた。新しいユーゴスラヴィアでは、セルビア人は、民族的平等だけを受け取り、自分たちが抑圧されていると思う傾向があった。そこにはもう「国家の人民」はいなかった。新しい支配者は、共産主義思想を受け入れたいずれかの民族の人びとであった。ハプスブルク家は、一世紀以上の間、この進路に従うよう促されていた。メッテルニヒは、一八四六年にガリチアで、共産主義だと非難され、バッハは一八五〇年に、「共産主義より悪い」と非難された。ヨーゼフ二世以来、ハプスブルクは、危険を引き受けたことがなかった。王朝的忠誠心は、そのような共同行動に飛び込むには力が弱すぎたのである。ハプスブルク家よりももっと幸運だったチトー元帥は、ある「思想」を見つけたのである。社会革命と経済的改善が、民族の衝突を宥和できるかどうか、また中央ヨーロッパに共通の忠誠心を提供した反革命の王朝主義よりも、マルクス主義が良いことを実行できるかどうかは、ただ時だけが示すであろう。

(原注1) ガリチアは、ポーランド人と小ロシア人の間でほとんど等しく分割された。ポーランド人は歴史的な理由でガリチアを要求し、小ロシア人に自治を約束した、もっとも自治は決して与えられなかった。ルーマニア人はトランシルヴァニアの歴史的単位を要求した、そしてその人種的理由によりハンガリーの領土への要求を付け加えた。ルーマニアの受け取った人口の三分の一はマジャール人で、五分の一がドイツ人であった。イタリア人はアルプスの境界を要求した、これは戦略的要求であり、ヴェネチア共和国の歴史的遺産であった。イタリアの受け取った人口の五分の二は南スラヴ人で、五分の一はドイツ人であった。

(原注2) 共和制オーストリアでは、ウィーンはまた一つの州として位置づけられた。新しい州ブルゲンラントが、ハンガリーからとった領土で作られた。

(原注3) ドイツ人、チェコ人、ポーランド人、小ロシア人、スロヴェニア人、セルボ-クロアチア人(ダルマチアでの実際の混合民族)、イタリア人、ルーマニア人。

(原注4) チェコ人、スロヴァキア人、ドイツ人、マジャール人、小ロシア人、ポーランド人、ユダヤ人。

(原注5) マジャール人、ドイツ人、スロヴァキア人、ルーマニア人、小ロシア人、クロアチア人、セルビア人。

(原注6) セルビア人、クロアチア人、スロヴェニア人、イスラム教徒ボスニア人、マジャール人、ドイツ人、アルバニア人、ルーマニア人、マケドニア人(これは公式な存在を認められなかったが)。

（原注7） こうしてメッテルニヒの伝記作家スルビクと、オーストリア＝ハンガリーの軍事的敗北を書いた歴史家グライゼ＝ホルシュテナウは、ともに、「偉大なオーストリア人」として出発し、国民社会主義者〔＝ナチ〕として終ったのである。彼らがハプスブルク家から無駄に要求していた力の支配を、ヒトラーは与えたのである。

（1） 帝国が分裂して新しく出来上がった諸国家。

（2） 戦後秩序をヒトラーが壊したこと。ヒトラーのオーストリア併合を指している。

（3） この七つの州とは、現在のオーストリアのそれでもある。

（4） イギリスの保守党政治家。首相になる。一八八七年にアイルランド事務相となり、アイルランド国民同盟を弾圧した。

（5） オーストリアとハンガリーの妥協、二重帝国の成立。

（6） ハプスブルク帝国のうちの非ハンガリー部分。ここでは、帝国が倒れた後の地域も指している。

（7） ドルフース首相のこと。彼は、左翼に攻撃を加え、この月、大反乱となる。これ以後、一党以外の全政党を解散した。

（8） シュタウフェンベルグがヒトラーを爆弾で暗殺しようとした事件。

（9） キリスト教社会党員。

（10） ヨシフ・ブローズ・チトー、一八九二〜一九八〇年。クロアチア人、共産主義者。一九三七年にユーゴスラヴィア共産党書記長、一九四一〜四五年ナチズム反対の民族解放軍の最高司令官、四五年首相、五三年大統領。ソ連型でない独自の社会主義の道をすすめた。

付録　ハプスブルク帝国の政治的・人種的構成

1　領土的構成と変更

「オーストリア家の諸国」を統合した、結婚と外交と幸運の、その時どきの力を説明するには、長い論文が必要になるであろう。これらの諸国は一八〇四年にオーストリア帝国という肩書きを持った。帝国は一八〇五年に、また一八〇九年に領土を喪失し、そして領土を再び取得し、ウィーン会議で新しい領土を得た。またウィーン条約（一八一五年）は、かなり修正はされたが、最後まで妥当する定義をハプスブルク帝国に与えた。クラクフは一八四六年に併合された。ロンバルディアは（四辺形をなす四つの要塞の町を除けば）、一八五九年に譲渡され、ヴェネチアと残りのロンバルディアは一八六六年に譲渡された。一八七八年のベルリン会議でオーストリア＝ハンガリーは、ボスニアとヘルツェゴヴィナの管理を任され（それは、建て前ではトルコ帝国の一部分であった）、そしてまたノーヴィ・バザール（＝セルビアにある）のサンジャック州（＝セルビアとモンテネグロの国境にまたがった州）の軍事占領を認められた。一九〇八年にボスニアとヘルツェゴヴィナが併合され、サンジャック地方の軍事的権利は放棄された。

オーストリア帝国は「自然的単位」だと時どき言われる。このキャッチ・フレーズは、帝国が大きく、長期間存在していたことを意味するだけである。多くの経済的結びつきが数世紀の間に成長していた。だがこれらは確かに「自然的」ではない。帝国は地理的に統一されていなかった。フォアアールベルクは地理的にはスイスの一部である。ティロルは南ドイツの一部である。ティロル地方の多くは、ドイツ以外からは、近づきがたいのである。ケルンテンとほとんどのシュタイアーマルクは、大きな山にさえぎられて、ドナウ河から分離しており、クラインや〔アドリア海〕沿岸諸州と同じように、アドリア海の後方地方に属していた。実際は歴史には一度も存在したことがなかった「スロヴェニア」は、自然的統一があった。ダルマチアは、オーストリアとは地理的な結びつきはなかった。帝国官僚たちのリヴィエラ〔＝保養地〕として以外はである。ボヘミアは一連の丘陵によってモラヴィアと離れていた。ドナウ河ではなく、エルベ河が大きな河であり、その経済上の販路は、トリエステではなく、ハンブルクであった。これは政治的意味では歓迎されない地理的事実であった。ガリチアは、テーシンを通る細い経路を除けば、オーストリアから離されていた。それはカルパチア山脈にさえぎられて、ハンガリーからさえ分れていた。ブコヴィーナについていえば、それはどこからも切り離されていた、それは合理的な説明のつかない意味のない断片的領土であった。

ハンガリーは、中央ドナウ河の大平原からなっている限りでは、地理的な統一があった。この統一体には、クロアチアが含まれなかった。クロアチアは、クラインやボスニアと一緒になって一層「自然的」統一体をなしていた。オーストリア帝国は、地図の上では印象的な統一体だと見える。だがその現実は、オーストリア＝ハンガリーとして、ハンガリーの利益のために、統一をしばしば妨げられていた。モラヴィアと、北ハンガリーのスロヴァキア人地方との間に鉄道の連絡はなかった、そしてザグレブとウィーンの間にも重要な鉄道がなかった。ザグレブと、ウィーン―リュブリャナ〔＝ライバッハ〕線との連絡点とは、四〇マイル余りあって、最も速い列車でも三時間かかった。そして貨物列車は皆、ブダペストまで行かなければならなかった。ダルマチアとクロアチアの間にも鉄道連絡がなく、そして実際にダルマチアとボスニアの間にもなかった。事実、ダルマチアは、ローマ時代のほうが、その背後の諸国と交通がうまくいっていた。これらすべての欠陥とまたそれ以上の欠陥は、ハプスブルク帝国が崩壊した後に直された。ハプスブルク帝国は、「自然的単位」では全くなく、地理的にも無意味であり、王朝の欲深さと数世紀の歴史の偶然によってのみ、説明できるのであった。

2　民族的構成

民族統計はつねに政治闘争の武器であった。その目的のために作られたのではなく、またそれに適していなかったのであるが、一九一九年〔＝第一次大戦直後〕に、それは国境を引くのに決定的な要素になった。民族統計には多くの制限があった。一八四六年のセンサスは疑いなく、意識されないドイツ人的偏見があったのだが、民族的忠誠心のない帝国官僚によって行なわれた。宣伝の目的はなかったが、「母国語」のテストをした、だから歴史的な絵画のようなものとなったのである。後年のセンサスは、地方行政体によって行なわれ、政治的闘いとしてなされた。テストは、「いつも使う言語」であった、それは少数民族をいつも損い、支配民族につねに肩入れするテストであった。例えば、『タイムス』の通信員は、ウィーンで一九一〇年にドイツ人として記録された、つまり買物をするときに彼の使う言葉がドイツ語だったからである。すべての「言語国境」では、地方役人の気まぐれによって、驚くべきことがいろいろ起きた。たとえば、スロヴァキア人の全村が、あるセンサスではなくなってしまい、次のセンサスの時にはまた現われた。換言すれば、人口数というのは、争われているその地域では最も信頼できないのであるが、それらは一九一九年とその後たびたび、その地域の運命を決めるために用いられねばならなかった。

しかし、ハンガリーを除けば、このセンサスは概して田舎の民族的割合を公平に表わした、そこでは統計数字は目覚めていない農民の民族性を表わした。民族統計は都市ではあまり重大な意味がなかった、そこでは支配的民族の文化だけを表わした。こうしてプラハとブダペストは、一九世紀初期には、ドイツ人が多数民族だと誤認された、だが、多数派は主に、文化が復活された時代には自分の民族に戻るというチェコ人とマジャール人からなっていたのである。トリエステは、二〇世紀まで多数派が人工的に作られ続けていた、最も驚くべき例であった。一九一〇年のセンサスは、人口の三分の一だけがスロヴェニア人だと記録した。(原注1・2)だが人口の半分以上がスロヴェニア人の出であり、スロヴェニア文化が十分目覚めたら疑いなく彼らは自国に戻ったであろうに。都市での「人工的」多数派は、歴史家にはおおいに興味がある。それは国境を引くときに決定的なものとはなりえない、そしてヨーロッパではどこでも、都市がその周りの田舎と一緒になるという規則を受け入れた。トリエステはこの規則の唯一の例外である、私には、民族的不正を叫ぶ事例だと思える。

さらに、民族統計は、その人数だけを数えるものである。それは民族意識や経済的な重要性を記録しはしない。ウクライナ人のことを全然聞いたことのない小ロシア人農民は、汎ドイツ主義の熱狂家と同じものとして数えることはできない。真に民族の姿を描くには、各民族が持つ、小学校、中学校、大学、新聞、出版社の数を示さねばならないであろう。またそれに、地主、雇用者、店主、知識人つまり教師、弁護士、組合の書記、そして最後には農民に至るまで、民族の違いに従って、帝国を分けねばならないだろう。またハンガリーにはつねにあって、オーストリアでは一九〇七年まであった、制限選挙のもとでの有権者の民族を記録することは、とくに重要である。

だから次の粗い数字は、例解する目的だけのものである。オーストリア＝ハンガリーの人口は一九一〇年にはおおよそ次の通りである。

ドイツ人	一二〇〇万	二三％
マジャール人	一〇〇〇万	一九％
ルーマニア人	三〇〇万	六％
スラヴ人	二三五〇万	四五％
その他	二五〇万	五％

もしスラヴ人とルーマニア人を「従属民族」と考えるならば、彼らは多数派民族であった。他方で、もしポーランド人（五〇〇万）をドイツ人とマジャール人に加えたら、「支配民族」を多数派民族にしてしまう。ここから、ポーランド人と彼らが受けていた特権の重要性が出てくる。しかし、ひとまとめにした数字は、オーストリア＝ハンガリーにとって深刻な政治的重要性をもっていない。次の二つの節で述べるように、数字をオーストリアの諸州とハンガリーに分解したほうがもっと有益である。

3　オーストリアの諸州での民族的な割合

立憲オーストリアの人口は一九一〇年に、次のようであった。

ドイツ人	九九五・〇万	三五％

チェコ人	六四三・六万	二三%
ポーランド人	四九六・八万	一七%
小ロシア人	三五一・九万	一二%
スロヴェニア人	一二五・三万	四%
セルボ－クロアチア人	七八・八万	二・八%
イタリア人	七六・八万	二・七五%
ルーマニア人	二七・五万	〇・九八%

これらの数字で、ポーランド人の決定的な地位に注意がとてもひかれる。ドイツ人は彼らに支持されてのみ、多数派を守れたのである。

「ドイツ・アルプス」諸国は、ナポレオン戦争で取得したザルツブルクを除けば、この王朝の出発点であった。これらの諸州のうち、フォアアールベルク、ザルツブルク、オーバー・エスターライヒ、ニーダー・エスターライヒは、もっぱらドイツ人の州であった。フォアアールベルクには、ほんの少しイタリア人がおり、ニーダー・エスターライヒの国境にはチェコ人が浸透していた。ウィーンは、ニーダー・エスターライヒに含まれるが、もちろんあらゆる民族がいた、とくにチェコ人少数派は、一八五〇年の二%から一八九〇年には五%に、一九一〇年には七%に増加した。ティロルは、アルプスの北ではもっぱらドイツ人であって、「南ティロル」であるもっと南の半分は、イタリア人であった、そしてイタリア人は、一九一四年まで確実に増えた。もう五〇年余計にあれば、イタリア人は、全「南ティロル」を平和的に混乱なしでイタリア領に転換していたことであろう。イタリア人は後年に流血と暴力でそれを実行するのに失敗した。シュタイアーマルクとケルンテンではドイツ人であった、そしてその南の州境に稠密なスロヴェニア人の少数派がいた。両州ともこの少数民族は数でも比率でも減少していた。シュタイアーマルクでは一九一〇年に、スロヴェニア人が人口の二九％（九八万三千人のドイツ人にたいして四〇万九千人）であった。彼らは一九〇〇年には三一％であった。ケルンテンでは、スロヴェニア人は、一八九〇年に一〇万一千人（二九％）、一九〇〇年に九万二千人（二五％）、一九一〇年に八万二千人（二〇％）を数えた。ケルンテンは、トリエステへの経路にあり、鉄工業を発展させていたが、激しい「ドイツ化」の場所であり、立憲オーストリアの記録上最悪の汚点であった。オーストリア共和国〔＝第一次大戦後〕は、この記録を凌駕して、スロヴェニア人を二万三千人にさせると主張したものである。

クラインは、圧倒的にスロヴェニア人であったし、またいつもそうであった。一八四六年には、四二万八千人のスロヴェニア人と三万八千人のドイツ人がいた。一九一〇年には五二万人のスロヴェニア人と二万八千人のドイツ人であった。こうして多くのドイツ人は、スロヴェニア人に「変」らねばならなかった。

三つの「沿岸州」は、ゲルツ、イストリア、自由都市トリエステであった。トリエステでは、イタリア人は多数民族であった。スロヴェニア人が、「転化」し、また周辺の田舎から移住して、イタリア人に近づいていた。そこにはまたドイツ人少数派が数を増していて、いつもイタリア人の側にいた。一八八〇年に八万九千人のイタリア人が、一九一〇年に一一万九千人となり、一八八〇年に二万六千人のスロヴェニア人が、一九一〇年には五万九千人になった（二二％から二九％への増加である）。一八八〇年に五千人だったドイツ人は、一九一〇年には一万二千人となった。ゲルツでは、スロヴェニア人多数派は、イタリア人を追い越していた。一八八〇年に一二万九千人のスロヴェニア人は、一九一〇年に一五万四千人となった。イタリア人は、一八八〇年に七万三千人、一九一〇年に九万人になった。イストリアでは、多数派民族南スラヴ人は、主にクロアチア人からなっていて、彼らはクロアチアからの移民で優勢さを増した。クロアチア人は、一八八〇年に一二万二千人、一九一〇年に一六万八千人いた。イタリア人は、一八八〇年に一一万四千人、一九一〇年に一四万七千人であった。スロヴェニア人は、一八八〇年に四万三千人、一九一〇年に五万五千人であった。三州では、多くの目的のために行政単位を作り、また確かに「自然的」統一があった、そしてその数字がイタリア人に有利にねじ曲げられたという事実にもかかわらず、はっきりとスラヴ人が多数民族を占めていた。

ダルマチアは、イタリア人の上流階級の薄い層を除けば、いつももっぱらセルボ＝クロアチア人であった。一八八〇年には四四万人のセルボ＝クロアチア人がおり、一九一〇年には五〇万一千人であった。イタリア人は、一八八〇年に二万七千人だったが、一九一〇年に一万六千人となった。イタリア人の多くは、だから誤りだったのであり、セルボ－クロアチア人は徐々に自分たちの民族に戻っていたのである。セルビア人は主にダルマチアの北部にいた。だがセルボ－クロアチア連合がダルマチアで現実になると、分離した記録は不必要となった、他の州はどこでもそうではなかった。

「ボヘミア王冠の諸国」は、ボヘミア、モラヴィア、シュレジアであった。ボヘミアは、三八%のドイツ人に対して六二%のチェコ人がおり、それは二〇〇万人対三五〇万人であった。モラヴィアは、三〇%のドイツ人に対して七〇%のチェコ人がいて、それは六〇万人対一五〇万人であった[1]。モラヴィアでは、二つの民族は混在しており、ボヘミアではドイツ人は主に周縁にいた。それが、後に（間違って）名付けられたズデーテンラントである。だがここは、チェコ人領域中のドイツ人の孤立領域であり、また反対に言っても同様である。チェコ人とドイツ人の比率は、一世紀のあいだで少ししか変らなかった。こう公式的に叙述すると、チェコ人のルネッサンスという事実を隠してしまう。一八一五年にボヘミアとモラヴィアは、すべての現象ではドイツ的であった。一九一〇年にドイツ人は、寛容に待遇される少数民族の位置を抵抗して闘いとっていた。シュレジアはドイツ人が優勢であった。その東部にはポーランド人が大きな人口を占めていた。二八万一千人のドイツ人、一七万八千人のポーランド人、一二万九千人のチェコ人がいた。ポーランド人は、工業労働者階級を出しており、他の二つの民族よりも急速に増加していた。その原因の一部は、高い率の自然増(2)であり、主な原因はプロイセン領シュレジアからの移民によってである、そこでは条件があまり魅力的ではなかったのである。

ガリチアは地理的な区分をするのに迷う所であった。西部はポーランド人、東部は小ロシア人であった。しかしガリチア中の地主と役人はポーランド人であった。経済的・政治的有利さのために、実際にポーランド人は擬制的な多数派になっていた。一八四六年には、二五〇〇万人の小ロシア人に対して、二〇〇万人以下のポーランド人がいた。一九一〇年に、四七五万人のポーランド人とちょうど三〇〇万人を越える小ロシア人がいた。小ロシア人の自然増は、ポーランド人のそれよりも高かった。だから、ポーランド人として数えられた人のきわめて多くは、実際には小ロシア人であったはずである。それに加えて、ポーランド人は、一九一〇年にほとんどのユダヤ人をポーランド人として数えた。

ブコヴィーナは、最も名状しがたいオーストリア〔帝国〕の州であって、その諸民族は地理的にもはっきりしていない。大まかにいえば、北部には小ロシア人が、南部にはルーマニア人がいた。これに加えて、ドイツ人の大人口と、一部にポーランド人、一部にマジャール人がいた。一九一〇年に、三〇万五千人の小ロシア人、二七万三千人のルーマニア人、一六万八千人のドイツ人、三万六千人のポーランド人、一万人のマジャール人がいた。三つの支配民族は動かなかった。ルーマニア人は、一八四六年以降、二〇万九千人から、小ロシア人は一〇万八千人から増大した。ルーマニア人の増加は自然増であった。小ロシア人の増加は、大部分ガリチアからの移民であった。

ボスニアとヘルツェゴヴィナは、「共通君主制」の最後の断片であって、オーストリアの州ではなかった。一八〇万人のセルボ-クロアチア人が人口の九六％をなした。そのうち四分の一はイスラム教徒であった。

4　ハンガリーの民族的構成

「聖シュテファンの王冠の諸国」は、ハンガリー、クロアチア、トランシルヴァニアであった。トランシルヴァニアは、その独自性を失い、初めは一八四八年に、また一八六七年に、統一ハンガリーに吸収された。マジャール人は、ここでは一八四六年の二四％から、一九一〇年には三四％へと（三六万八千人から九一万八千人へ）、地位を押し上げた。この成果は、主にドイツ人の犠牲であって、ドイツ人は一八四六年の一四％から一九一〇年には八・八％へ（二二万二千人から二三万四千人へ）落ちた。ルーマニア人は、ほぼ持ちこたえており、一八四六年には九一万六千人（六〇％）で、一九一〇年には一五〇万人（五五％）であった。しかしこのルーマニア人の優勢は、トランシルヴァニアがハンガリーへ合体することによって隠された。統一ハンガリーは、州ではなく、郡を持っていた。これは単に、選挙と行政の地区であって、もちろんすべてマジャール人の役人によって管理されていた。

ハンガリー（クロアチア‐スラヴォニアを除き、トランシルヴァニアを含む）は、一九一〇年に次の人口があった。

マジャール人	九九四・四万	五四・〇%
ルーマニア人	二九四・八万	一六・〇%
スロヴァキア人	一九四・六万	一〇・七%
ドイツ人	一九〇・三万	一〇・四%
小ロシア人	四六・四万	二・五%
セルビア人	四六・二万	二・五%
クロアチア人	一九・五万	一・一%

ユダヤ人（五%）はマジャール人として数えられた。もしユダヤ人がそこから差し引かれたら、マジャール人は「狭いハンガリー」でさえも少数民族になってしまうのである。そうではなかったので、マジャール人は、一八八〇年の〔全人口の〕四六%（一八世紀の人口の四分の一以下）から、一九一〇年には五四%へ増加したように見えた。マジャール人は、スロヴァキア人と小ロシア人にまさり、都市ではドイツ人にまさった。彼らはルーマニア人とセルビア人によって、また西の国境ではドイツ人の農民によって、土地を失った。一九一〇年のセンサスは、半世紀間のマジャール化の後に、またマジャール人があら

ゆる圧力を工夫してから行なわれた。だから、一九一九年以後に種々の継承諸国が行なったセンサスと著しい不一致を示した。

マジャール人住民は、北のスロヴァキア人、北東の小ロシア人、東のルーマニア人、南のセルビア人という他の民族を周縁に固まらせておいて、ハンガリーの中心地にいたとされる。だがそう一般化するのは粗雑だし誤解される。例えば、ごく東のトランシルヴァニアにマジャール人の稠密な地域があった。ごく南にはセルビア人とほとんど同じくらい多くマジャール人とドイツ人がいる、混ざり合った所があった。この地域は、かつてのセルビア人の分離ヴォイヴォディナであった、ここは一八四八年にはセルビア人に再び要求されるのである。

マジャール人は、人口の多数派であると示したいときには、その統計から、クロアチア－スラヴォニアを除いた。彼らがハンガリーの偉大さを示したいときには、それを含めた、そしてこの二千万人の「大ハンガリー」では、マジャール人は少数派に留まった。一九一〇年には四八％であった。クロアチアはいつでも分離された単位であった。トルコ軍が排除されて以来、ウィーンから直接管理されていた軍事国境は、一八六七年以後、ハンガリーに譲渡された。このかなり大きな部分は、クロアチア－スラヴォニアを作るために、クロアチアと合体された。この〔ハンガリーの〕驚くべき寛容な行為を説明するのは、ただ一つである。つまり「スラヴォニア」には主にセルビア人が住んでいて、マジャール人は、大変な成功をしたクロアチア人にセルビア人を反目させたかったからである。セルビア領は、クロアチアの野望の焦点となって、第二次大戦の間、クロアチアの最悪の残虐行為の場所となったのである。ここには一九一〇年に、一六〇万人のクロアチア人と六五万人のセルビア人がいて、合計で人口の八七％であった。また一〇万人のマジャール人がいて、ほとんどは、役人、鉄道管理者、実業家であった。クロアチアでは小地主は実際にクロアチア人であった、大領地はマジャール人に所有されていた。

クロアチア人は、ダルマチアがクロアチア王冠に属すし、そしてクロアチア議会で、議席がダルマチア人代議士のために用意されていると、主張した。実際はダルマチアは、立憲オーストリアの一部であって、帝国議会に代表されていた。クロアチア人は、またリエカ〔=フィウメ〕を要求した、これはマジャール人が自由都市として保っていた。リエカは、もともとは純粋にクロアチアのものであった。一八五一年に一万二千人のクロアチア人と六五一人のイタリア人がいたのであった。マジャール人はそれを自分で征服するには、リエカから離れすぎていたので（一九一〇年には六五〇〇人のマジャール人がいたのだが）、わざわざイタリア人の移民を奨励し、リエカにもっぱらイタリア的性格を与えたのであった。マジャール人は中学校五つと小学校四つを持ち、イタリア人は中学校五つと小学校二一を持ち、クロアチア人は全然なかった。その結果、一九一〇年には、二万四千人のイタリア人と、たった一万三千人のクロアチア人がいただけであった。イタリア人は、ロンドン条約で、リエカを要求しないことでマジャール人の支援に応えた。だが、ハンガリーがリエカを保持することができないときには、イタリア人がリエカを不法に握っていてもよかったのである。

(原注1) 一九一〇年の最初の計算は、地方のイタリア人役人が行なった。これは三万六千人のスロヴェニア人だけを記録した。帝国の役人は、この調査を変えてしまい、二万人が「過剰に見積」られていたことを発見したのである。

(原注2) 有名なイタリア人が、次のような議論で、私のこの叙述を論難した、「人は猿から由来した、だが人は本来の起源に戻りはしない。」これは、「支配民族」が文化的に尊大であるという別の奇妙な一例である。スロヴェニア文化がムソリーニ〔=イタリアのファシスト〕を生み出すほどには決して高くはないというのは、もちろん真実である。

(1) 原文では、数字は合わないが、そのままにしておく。

(2) 常識的にいう自然増ではなさそうである。統計上の擬制がない、という意味であろう。

文庫版への訳者あとがき

本書は一九八七年に単行本として筑摩書房から出版された。今回、ちくま学芸文庫として三五年ぶりに収録されることになったのは喜ばしいことである。なお、これを機に、碩学、大都留厚先生から解説をいただくことになり、有り難いことである。

著者A・J・P・テイラーの邦訳には次のものがある。

『イギリス現代史1914-1945』みすず書房
『ヨーロッパ　栄光と凋落』未來社
『第二次世界大戦の起源』中央公論社／講談社学術文庫
『第一次世界大戦』新評論
『第二次世界大戦』新評論
『戦争はなぜ起こるか』新評論
『革命と革命家たち』新評論
『近代ドイツの辿った道』名古屋大学出版会

『トラブルメーカーズ』法政大学出版局
『ウォー・ロード』新評論

本書が初めに出版されたころ、ハプスブルクの研究書は少なかったが、現在では無数にあり、ここでは挙げきれない。そこでHP「小樽社会史国際研究所」にアップすることにした。

私のハプスブルク研究で本の形では次がある。

『ハプスブルク歴史物語』NHKブックス
『ハプスブルク文化紀行』NHKブックス
『ウィーンの森の物語』NHKブックス
『若きヒルファディング』丘書房
『ハプスブルク・オーストリア・ウィーン』成文社
監修『革命家皇帝ヨーゼフ二世』藤原書店　E・マホフスキー著

本文庫では多くの小さな改善をしたが、それらは編集部天野裕子さんのご努力によるものである。

二〇二一年七月

倉田　稔

文庫版解説　心優しきトラブルメーカー

大津留　厚

イギリス史学会の泰斗A・J・P・テイラーの名著『ハプスブルク帝国1809-1918――オーストリア帝国とオーストリア＝ハンガリーの歴史』の翻訳が今回ちくま学芸文庫に収められることになった。この本の意義は何よりもその後数多く現れる「ハプスブルク帝国近代史」の原型となったことにある。その事情についてまず考えてみたい。

著者自身の序文にもあるように、もともとこの本は一九四一年〔!!〕に出されたもの（*The Habsburg Monarchy 1815-1918: A History of the Austrian Empire and Austria-Hungary*, 1941）に、特に外交史を大幅に加筆して刊行されたものである。ハプスブルク帝国は一九一八年に姿を消し、そのあとには新生、ないし再編された諸国家が成立した。新生、再編諸国家は自己の存在を正当化するために、消滅したハプスブルク帝国をネガティブに描く傾向があった。したがって、消滅したことを踏まえた上で、それでもなお歴史的に存在したハプスブルク帝国を論じる「ハプスブルク帝国近代史」はしばらく成立する余地がなかった。その状況に大きな転換が起こったのが、第二次世界大戦の経験だった。その辺りの事情について、当事者であるオーストリアの歴史学会の認識を見てみよう。以下の文章は、一九七三年から刊行が始まり、二〇二一年でもまだ完結していない「ハプスブルク君主国一八四八―一九一八」シリーズの第一巻の刊行の辞である。「このシリーズの企画が持ち上がったのは一九五二年に遡る。つまり第二次世界大戦が終わったあとの時代ということになる。その時になって初めて、一九一八年に衰亡したドナウ君主国の歴史を考察することの価値がにわかに高まり、またその考察が現実の諸問題を考える上でも意味があることが認識されるようになったのである。その背景には一九一八年以降中央ヨーロッパ各国の苦悩に満ちた共通の体験があり、その体験に基づいて、個々の国家のナショナリズムやエゴイズムを克服し、政治や経済の分野だけでなく安全保障の分野でも国家を超えた協力関係を築いていこうという共通の思いがあったからである。そのことはお互いに相反する方向を向いていたとしても、東西両陣営に共通するものだった」。(Adam Wandruszka, "Planung und Verwirklichung", Alois Brusatti (Hg.), *Die Habsburgermonarchie 1848-1918 Bd. 1 Die Wirtschaftliche Entwicklung* (Wien: Verlag der Österreichischen Akademie der Wissenschaften, 1973), S. XI.) そこにはハプスブルク帝国近代史というものが、第二次世界大戦が終わって初めて「発見」された事情が的確に表現されているのである。この翻訳の原著が出版されたのは一九四八年、そのもとになった同名の本が刊行されたのは第二次世界大戦最中の一九四一年と考えると、内容豊かな本書がハプスブルク帝国近代史の魁として、その後の類書の原型となったことは必然のことだった。

本書の著者A・J・P・テイラーの名を高からしめたのは『第二次世界大戦の起源』で、そこでテイラーは、第二次世界大戦を引き起した責任をアドルフ・ヒトラーにのみ帰す通説を批判し、各国指導者にもそれぞれの責任があることを主張した。その後のテイラーの多彩な活躍を見る時、ハプスブルク帝国史は「余業」のように見えるかもしれない。しかし本書にはテイラーの様々な「出会い」が集約されており、本書を読み解くことは、一人の歴史家の誕生の軌跡を追うことになる。

一九二八年、テイラーはオックスフォード大学の歴史学の教授からイギリス史（クロムウェル）を専門としてウィーン大学で教鞭を執っていたアルフレート・プシーブラム（Alfred Přibram）教授を紹介されてウィーンに会いに行った。それが第一の出会いになる。「プシーブラム」の名はチェコの一都市の名に由来するが、プシーブラム自身はロンドンで生まれ、イギリス国籍を有し、ウィーンで育つという経歴を有していた。ウィーン第一九区ヴィルロート通りにあるプシーブラムの家にはヨーゼフ・レートリッヒ（Joseph Redlich）、ハインリッヒ・フリートユング（Heinrich Friedjung）、ジークムント・フロイト（Sigmund Freud）らが集い、ハプスブルク帝国の知的世界が再現されていた。ウィーンに来たテイラーにプシーブラムが語ったところによれば、自分自身はもうクロムウェルには関心が無くて、専ら第一次世界大戦の起源論に取り組んでいるということだった。プシーブラムの疑問は、その戦争でなぜかくも多くの血が流されなければならなかったのか、ヴェルサイユ条約の第二三一条がなぜ開戦の責任をドイツだけに押し付けているのか、ということだった。プシーブラムはテイラーもこの問題に通じる一九世紀末のヨーロッパ外交史を専攻することを期待したが、テイラーの関心が一八四八年革命に至る時期の急進派にあることを知って、それにかかわるオーストリア史の文献を紹介して、テイラーの勉学を助けた。テイラーは一旦イギリスに帰国して、一九二八年一〇月からウィーン大学に留学するが、その時にはプシーブラムの講義はクロムウェルをテーマとしており、テイラーには魅力がなかった。そこでテイラーが専ら聴講したのは大ドイツ主義に立つズィルビク(Heinrich Srbik)のハプスブルク史に関する講義だった。またテイラーはプシーブラムの勧めに従って、帝室・宮廷・国家文書館に通って、イギリス・オーストリア関係史に関する外交文書を読む訓練を始めた。やがてそれが一八四八年革命時における北イタリアをめぐる国際関係というテイラーの原点となる研究テーマに行きつくことになる。

テイラーにとって、これもプシーブラムの推薦によるが、一九三〇年にマンチェスター大学で職を得たことがもう一つの出会いを生むことになった。個人的には一九三一年の夏に結婚し、子どもも生まれ、一九三八年にオックスフォード大学に移るまでの八年間がテイラーにとって「最も幸せな日々」ということになるが、その出会いの様子をテイラーは次のように書いている。「[歴史学科長の]アーネスト・ジェイコブに呼ばれて談話室に行くと、きちっと巻いた傘を持った大きな男が座っていた。訛りのあるアクセントで話をしていたので、ユダヤ人かドイツ人だろうと思った。いずれにしても中央ヨーロッパの人であることは確かだった。私はアーネストの変わった友人の一人だろうと考えた。ところが、その人物こそ、かのルイス・バーンスタイン・ネイミアだった。彼はマンチェスター大学の近代史の教授になることになっていた。ネイミアはその後の私の人生に大きな影響を与えることになった」(Kathleen Burk, *Troublemaker. The Life and History of A.J.P. Tayler* (New Haven/London: Yale University Press, 2000)(以下 *Troublemaker* と略す。), p. 126)。

ネイミアの主著『ジョージ三世即位当時の統治構造(*The Structure of Politics at the Accession of George III*, 1929)』は、一七六〇年イギリスの政治機構の実態を詳細に分析したものだった。「一八世紀の政治史の細部にわたる該博な知識が盛り込まれており、公刊史料と手稿史料の使いかたも、これまでのイングランド史でこれほど狭い対象を扱いながら、これほどのスケールを示していたものはかつて例がなかった。「人物研究《プロソポグラフィ》」、つまり個人を「草の根まで」追跡することによって歴史を解明しようとするネイミアの方法は、「ネイミアする」という動詞、その名詞形「ネイミア化」という新語を生み出した」(ジョン・ケニヨン、今井宏・大久保桂子訳『近代イギリスの歴史家たち――ルネサンスから現代へ』(以下、『近代イギリスの歴史家たち』と略する。)(ミネルヴァ書房、一九八八年)、三一七頁)。ケニヨンはそのネイミアの経歴を次のように紹介している。「ネイミアは一八八八年、列強の分割の結果オーストリア領となった旧ポーランドのガリシア〔ガリチア〕地方の裕福なユダヤ人地主の家に生まれた。もっとも祖先はすでに信仰上も人種的にもローマ・カトリックに帰依していた。本名はルトヴィク・ベルナトスタインといい、最初に西ヨーロッパにやってきたときにはルイス・バーンスタインと名のっていた。かれが採用した「ニエミロフスキ」という姓は、「ニエミロフの町の出身」というほどの意味で、イギリスへの帰化手続きをするさい、これを英語風に「ネイミア」としたのである（『近代イギリスの歴史家たち』、三二四頁）」。プシーブラムのハプスブルク知識人のミリュー、ズィルビク流のハプスブルク近代史の大ドイツ的解釈、ガリチア・ユダヤ人を祖先に持つネイミア的な世界がウィーンで培った経験と文書館史料への沈潜と相まってテイラーをしてハプスブルク近代史を書かせることになるが、それが刊行されるためにはもう一つの出会いがあった。

一九三八年にテイラーはオックスフォード大学に移るが、そこでの最初の講義はハプスブルク史を対象としていた。この講義を通じて、テイラーはハプスブルク帝国が崩壊に向かう一〇〇年について明確なイメージを作り上げることができた。そこでテイラーは一九三九年四月にマクミラン社に、オーストリア一九世紀史について本を出したいという申し出を行った。テイラーは、その際、それが英語で初めて書かれる類の本であるが、一冊に収まるような形で、それほど学問的ではない形で出したい旨を伝えた。このあとのヘラルド・マクミラン（Herald Macmillan）〔一九五七年―一九六三年イギリス首相〕とのやり取りの中で、次第に本の形が固まっていった。一九四一年版が出版されたとき、テイラーは次のように書いた。「本書は、一八一五年のウィーン会議で安定を得てから「四年戦争＝［第一次世界大戦］」で崩壊するまでのハプスブルク帝国の最後の一〇〇年間を描いた初めてのまとまった本である。それはこれまでどんな言語でも書かれなかった類のものである。本書を執筆するに当り、専ら読みやすさを心掛けた。この本では、帝国の資産を数え上げた上で、重要なテーマを個々に丁寧に説明している。つまりメッテルニヒの政策、一八四八年革命、フランツ・ヨーゼフの人となり、一八六七年のオーストリアーハンガリー・アウスグライヒ、ボヘミアにおけるチェコ系とドイツ系の争い、一九一四年の戦争へと帝国を駆り立てた勢力、がそのテーマである」（*Troublemaker*, pp. 228-229）。一九四一年二月に出版されたこの『ハプスブルク帝国』がさらに飛躍して、一九四八年版の『ハプスブルク帝国』になるためにはさらにもう一つの出会いが必要だった。

一九四一年版の『ハプスブルク帝国』でハプスブルク帝国の継承諸国家の近代史の専門家として認められたテイラーは、ナチ政権のドイツを逃れてイギリスに居を構えた亡命政権を担った人々の相談役をもって任ずるようになった。この時親交を結んだハンガリーのカーロイ・ミハーイ（Karolyi Mihaly）にしてもチェコスロヴァキア亡命政権のエドヴァルト・ベネシュ（Edvard Beneš）にしてもハプスブルク帝国の最後を見届けた当事者だった。一九四一年版に替えて一九四八年版を出すにいたる理由をテイラー自身は次のように語っている。「現実を直視しようとはしていたものの、一九四一年版ではなお「リベラル幻想」に囚われていた。多くの章が「失われた機会」に割かれてしまった。つまりあれやこれやの政治家や国民がもっとうまく立ち回っていたならば、ハプスブルク帝国は続いていたのでは、という幻想である。しかしそんな恨み言は歴史家の性ではない。とりわけこの物語が結局、「失われた機会」などないことを明らかにしているのだから、なおさらである。超民族的王朝国家 vs. 民族原理、の闘争は決着が着くまで戦われなければならない。支配民族と従属民族の戦いもまた然り。民族原理がひとたび機能すれば、それは行きつくところまで行かなければならない」(*Troublemaker*, p. 246.)。

かくして本書『ハプスブルク帝国 1809-1918――オーストリア帝国とオーストリア＝ハンガリーの歴史』が刊行されることになるが、それはテイラーの「出会い」が凝縮されたものとして、ハプスブルク帝国近代史のスタンダードワークとしてその後の幾多の類書の「原型」となるに十分な内容を持っていた。しかし他方で、本書では、「一九四八年」という時代、つまり継承諸国家にとってナチ支配が終焉し共産党体制が支配的となるその狭間の時代のテイラーが随所に顔を出すことになるのである。

メッテルニヒを評して。「宰相メッテルニヒは、大政治家の特質である、思想を行動に転化する推進力を欠いていた。そしてハプスブルクの状況は、もし彼がその力を持っていたとしても、彼を政治生活の外へ追い出してしまっただけであろう、というようなものであった。彼は、政治における大学教授といってよい人であった。そして彼の計画は、知的には抜け目がなく、後の教授たちが「オーストリア問題」を解決しようとし、つまり逃れようと望んだ、あらゆる工夫について考えた。オーストリア問題は、本質では単純であった。つまり、ハプスブルク帝国と民族主義とが和解できなかったこと、それら二者の間に現実の平和はありえなかったこと、である（七六―七七頁）」。

カーロイ ミハイを評して。「ミハーイ・カーロイは、かつてハンガリーで最も不人気な人物であって、またすぐそうなったが、一瞬、「ハンガリー民族」の指導者になった。結局、誰も彼の経歴に、つまりスラヴ人の本当の友で、ドイツ人の敵であることに、挑戦できなかった。一〇月三一日［一九一八年］に、カーロイは、カール皇帝によって電話で首相に任命された。三日後、彼は、コッシュートの事業をハプスブルクの賛成で完成できること、そしてハンガリーはその軍隊が解体しているがそれ自身の軍隊をもつ分離国家である、と声明することができた。残されたことは、これ以降、ハンガリーが民族平等の国であることを諸民族に確信させること、また、マジャール人が抑圧された民族であったことを協商諸国に説得することだけであった。言葉を変えれば、カーロイが真に「ハンガリー民族」を代表していることであった。ハンガリーと中央ヨーロッパにとって不幸なことに、カーロイはマサリックではなかった。カーロイは彼の民族を感銘させたことがなかった（四八三―四八四頁）」。

チェコスロヴァキアについて。「チェコ人はスロヴァキア人に優越していた。だがチェコ人はスロヴァキア人を〔民族的に〕満足させることはできなかった。マサリックは、〔イギリスで〕イギリス人とスコットランド人が生活しているように、チェコ人とスロヴァキア人が一緒に生活することを望んだ。スロヴァキア人は、アイルランド人のようであることがわかった（四九四頁）」。

本書はハプスブルク帝国近代史というジャンルの魁として、その後の類書の原型となるだけの高いレベルの内容を有している。しかし同時に洒脱なテイラーが時々顔を出すことになる。本書は今般装丁も新たに文庫の形で出版されることになった。テイラーの語りによるハプスブルク帝国近代史により多くの読者が魅了されることを期待して、筆を擱きたい。

（神戸大学名誉教授）

※［　］は筆者による注。〔　〕は訳者による注。（〜頁）は文庫版の頁数を示す。

ワ

ヤ

ラ

マ

ナ

ハ

タ

サ

カ

索引

ア

本書は一九八七年六月十日、筑摩書房より刊行された。

1492 西欧文明の世界支配
ジャック・アタリ
斎藤広信 訳

1492年コロンブスが新大陸を発見したことで、アメリカをはじめ中国・イスラム等の独自文明は抹殺された。現代世界の来歴を解き明かす一冊。

憲法で読むアメリカ史（全）
阿川尚之

建国から南北戦争、大恐慌と二度の大戦をへて現代まで。アメリカの歴史は常に憲法を通じ形づくられてきた。この国の底力の源泉へと迫る壮大な通史！

専制国家史論
足立啓二

封建的な共同団体性を欠いた専制国家・中国。歴史的にこの国はいかなる展開を遂げてきたのか。中国の特質と世界の行方を縦横に考察した比類なき論考。

暗殺者教国
岩村忍

政治外交手段として暗殺をくり返したニザリ・イスマイリ教国。広大な領土を支配したこの国の奇怪な活動を支えた教義とは？（鈴木規夫）

増補 魔女と聖女
池上俊一

魔女狩りの嵐が吹き荒れた中近世、美徳と超自然的力により崇められる聖女も急増する。女性嫌悪と礼賛の熱狂へ人々を駆りたてたものの正体に迫る。

ムッソリーニ
ロマノ・ヴルピッタ

統一国家となって以来、イタリア人が経験した激動の歴史。その象徴ともいうべき指導者の実像とは。既成のイメージを刷新する画期的ムッソリーニ伝。

資本主義と奴隷制
エリック・ウィリアムズ
中山毅 訳

産業革命は勤勉と禁欲と合理主義の精神などではなく、黒人奴隷の血と汗がもたらしたことを告発した歴史的名著。待望の文庫化。（川北稔）

中華人民共和国史十五講
王丹
加藤敬事 訳

八九年天安門事件の学生リーダー王丹。逮捕・収監後、亡命先で母国の歴史を学び直し、敗者たちの透徹した認識を復元する、鎮魂の共和国六〇年史。

増補 中国「反日」の源流
岡本隆司

「愛国」が「反日」と結びつく中国。この心情は何に由来するのか。近代史の大家が20世紀の日中関係を解き、中国の論理を描き切る。（五百旗頭薫）

世界システム論講義　川北稔

近代の世界史を有機的な展開過程として捉える見方、それが〈世界システム論〉にほかならない。第一人者が豊富なトピックとともにこの理論を解説する。

インド文化入門　辛島昇

異なる宗教・言語・文化が多様なまま統一された稀有な国インド。なぜ多様性は排除されなかったのか。共存の思想をインドの歴史に学ぶ。（竹中千春）

中国の歴史　岸本美緒

中国とは何か。独特の道筋をたどった中国社会の変遷を、東アジアとの関係に留意して解説。初期王朝から現代に至る通史を簡明かつダイナミックに描く。

大都会の誕生　喜安朗／川北稔

都市型の生活様式は、歴史的にどのように形成されてきたのか。この魅力的な問いに、碩学がふたつの都市の豊富な事例をふまえて重層的に描写する。

共産主義黒書〈ソ連篇〉　ステファヌ・クルトワ／ニコラ・ヴェルト　外川継男訳

史上初の共産主義国家〈ソ連〉は、大量殺人・テロル・強制収容所を統治形態にまで高めた。レーニン以来行われてきた犯罪を赤裸々に暴いた衝撃の書。

共産主義黒書〈アジア篇〉　ステファヌ・クルトワ／ジャン＝ルイ・マルゴラン　高橋武智訳

アジアの共産主義国家は抑圧政策においてソ連以上の悲惨を生んだ。中国、北朝鮮、カンボジアなどでの実態は我々に歴史の重さを突き付けてやまない。

ヨーロッパの帝国主義　アルフレッド・W・クロスビー　佐々木昭夫訳

15世紀末の新大陸発見以降、ヨーロッパ人はなぜ次々と植民地を獲得できたのか。病気や動植物に着目して帝国主義の謎を解き明かす。（川北稔）

民のモラル　近藤和彦

統治者といえど時代の約束事に従わざるをえなかった18世紀イギリス。新聞記事や裁判記録、ホーガースの風刺画などから騒擾と制裁の歴史をひもとく。

台湾総督府　黄昭堂

清朝中国から台湾を割譲させた日本は、新たな統治機関として台北に台湾総督府を組織した。抵抗と抑圧と建設。植民地統治の実態を追う。（檜山幸夫）

増補 大衆宣伝の神話　佐藤卓己

祝祭、漫画、シンボル、デモなど政治の視覚化は大衆の感情をどのように動員したか。ヒトラーが学んだプロパガンダを読み解く「メディア史」の出発点。

ユダヤ人の起源　シュロモー・サンド　高橋武智監訳　佐々木康之／木村高子訳

〈ユダヤ人〉はいかなる経緯をもって成立したのか。歴史記述の精緻な検証によって実像に迫り、そのアイデンティティを根本から問う画期的試論。

中国史談集　澤田瑞穂

皇帝、彫青、男色、刑罰、宗教結社など中国裏面史を彩った人物や事件を中国文学の碩学が独自の視点で解き明かす。怪力乱「神」をあえて語る！（堀誠）

ヨーロッパとイスラーム世界　R・W・サザン　鈴木利章訳

〈無知〉から〈洞察〉へ。キリスト教文明とイスラーム文明との関係を西洋中世にまで遡って考察し、読者に歴史的見通しを与える名講義。（山本芳久）

図説 探検地図の歴史　R・A・スケルトン　増田義郎／信岡奈生訳

世界はいかに〈発見〉されていったか。人類の知が全地球を覆っていく地理的発見の歴史を、時代ごとの地図に沿って描き出す。貴重図版二〇〇点以上。

同時代史　タキトゥス　國原吉之助訳

古代ローマの暴帝ネロ自殺のあと内乱が勃発。絡みあう人間ドラマ、陰謀、凄まじい政争を、臨場感あふれる鮮やかな描写で展開した大古典。（本村凌二）

明の太祖 朱元璋　檀上寛

貧農から皇帝に上り詰め、巨大な専制国家の樹立に成功した朱元璋。十四世紀の中国の社会状況を読み解きながら、元璋を皇帝に導いたカギを探る。

歴史（上・下）　トゥキュディデス　小西晴雄訳

野望、虚栄、裏切り——古代ギリシアを殺戮の嵐に陥れたペロポネソス戦争とは何だったのか。その全貌を克明に記した、人類最古の本格的「歴史書」。

日本陸軍と中国　戸部良一

中国スペシャリストとして活躍し、日中提携を夢見た男たち。なぜ彼らが、泥沼の戦争へと日本を導くことになったのか。真相を追う。（五百旗頭真）

カニバリズム論　中野美代子

根源的タブーの人肉嗜食や纏足、宦官……。目を背けたくなるものを冷静に論ずることで逆説的に人間の真実に迫る血の滴る異色の人間史。（山田仁史）

帝国の陰謀　蓮實重彥

一組の義兄弟による陰謀から生まれたフランス第二帝政。「私生児」の義弟が遺した二つのテクストを読解し、近代的現象の本質に迫る。（入江哲朗）

交易の世界史（上）　ウィリアム・バーンスタイン　鬼澤忍訳

絹、スパイス、砂糖……。新奇なもの、希少なものへの欲望が世界を動かし、文明の興亡を左右してきた。数千年にもわたる交易の歴史を一望する試み。

交易の世界史（下）　ウィリアム・バーンスタイン　鬼澤忍訳

交易は人類そのものを映し出す鏡である。圧倒的な繁栄をもたらし、同時に数多の軋轢と衝突を引き起こしてきたその歴史を圧巻のスケールで描き出す。

フランス革命の政治文化　リン・ハント　松浦義弘訳

フランス革命固有の成果は、レトリックやシンボルによる政治言語と文化の創造であった。政治文化とそれを生み出した人々の社会的出自を考察する。

戦争の起源　アーサー・フェリル　鈴木主税／石原正毅訳

人類誕生とともに戦争は始まった。先史時代からアレクサンドロス大王までの壮大なるその歴史をダイナミックに描く。地図・図版多数。（森谷公俊）

近代ヨーロッパ史　福井憲彦

ヨーロッパの近代は、その後の世界を決定づけた。現代をさまざまな面で規定しているヨーロッパ近代の歴史と意味を、平明かつ総合的に考える。

イタリア・ルネサンスの文化（上）　ヤーコプ・ブルクハルト　新井靖一訳

中央集権化がすすみ緻密に構成されていく国家あってこそ、イタリア・ルネサンスは可能となった。ブルクハルト若き日の着想に発した畢生の大著。

イタリア・ルネサンスの文化（下）　ヤーコプ・ブルクハルト　新井靖一訳

緊張の続く国家間情勢の下にあって、類稀な文化と個性的な人物達は生みだされた。近代的な社会に向かう時代の、人間の生活文化様式を描ききる。

はじめてわかる ルネサンス
ジェリー・ブロトン
高山芳樹 訳
ルネサンスは芸術だけじゃない！　東洋との出会い、科学と哲学、宗教改革など、さまざまな角度から光をあてて真のルネサンス像に迫る入門書。

増補 普通の人びと
クリストファー・R・ブラウニング
谷喬夫 訳
ごく平凡な市民が無抵抗なユダヤ人を並べ立たせ、ひたすら銃殺する――なぜ彼らは八万人もの大虐殺に荷担したのか。その実態と心理に迫る戦慄の書。

叙任権闘争
オーギュスタン・フリシュ
野口洋二 訳
十一世紀から十二世紀にかけ、西欧では聖職者の任命をめぐり教俗両権の間に巨大な争いが起きた。この出来事を広い視野から捉えた中世史の基本文献。

大航海時代
ボイス・ペンローズ
荒尾克己 訳
人類がはじめて世界の全体像を識っていく大航海時代。その二百年の膨大な史料を、一般読者むけに俯瞰図としてまとめ上げた決定版通史。（伊高浩昭）

20世紀の歴史（上）
エリック・ホブズボーム
大井由紀 訳
第一次世界大戦の勃発が20世紀の始まりとなった。この「短い世紀」の諸相を英国を代表する歴史家が渾身の力で描く。全二巻、文庫オリジナル新訳。

20世紀の歴史（下）
エリック・ホブズボーム
大井由紀 訳
一九七〇年代を過ぎ、世界に再び危機が訪れる。不確実性がいやますなか、ソ連崩壊が20世紀の終焉を印した。歴史家の考察は我々に何を伝えるのか。

アラブが見た十字軍
アミン・マアルーフ
牟田口義郎／新川雅子 訳
十字軍とはアラブにとって何だったのか？　豊富な史料を渉猟し、激動の12、13世紀をあざやかに、しかも手際よくまとめた反十字軍史。

バクトリア王国の興亡
前田耕作
ゾロアスター教が生まれ、のちにヘレニズムが開花したバクトリア。様々な民族・宗教が交わるこの地に栄えた王国の歴史を描く唯一無二の概説書。

ディスコルシ
ニッコロ・マキァヴェッリ
永井三明 訳
ローマ帝国はなぜあれほどまでに繁栄しえたのか。その鍵は〝ヴィルトゥ〟。パワー・ポリティクスの教祖が、したたかに歴史を解読する。

戦争の技術　ニッコロ・マキァヴェッリ　服部文彦訳

出版されるや否や各国語に翻訳された最強にして安全な軍隊の作り方。この理念により創設された新生フィレンツェ軍は一五〇九年、ピサを奪回する。

マクニール世界史講義　ウィリアム・H・マクニール　北川知子訳

ベストセラー『世界史』の著者が人類の歴史を読み解くための三つの視点を易しく語る白熱の入門講義。本物の歴史感覚を学べます。文庫オリジナル。

古代ローマ旅行ガイド　フィリップ・マティザック　安原和見訳

タイムスリップして古代ローマを訪れるなら？　そんな想定で作られた前代未聞のトラベル・ガイド。必見の名所・娯楽ほか情報満載。カラー頁多数。

古代アテネ旅行ガイド　フィリップ・マティザック　安原和見訳

古代ギリシャに旅行できるなら何を観て何を食べる？　そうだソクラテスにも会ってみよう！　神殿等の名所・娯楽ほか現地情報満載。カラー図版多数。

古代ローマ帝国軍非公式マニュアル　フィリップ・マティザック　安原和見訳

帝国は諸君を必要としている！　ローマ軍兵士として必要な武器、戦闘訓練、敵の攻略法等々、超実践的な詳細ガイド。血沸き肉躍るカラー図版多数。

世界市場の形成　松井透

世界システム論のウォーラーステイン、グローバルヒストリーのポメランツに先んじて、各世界が接続される過程を描いた歴史的名著を文庫化。（秋田茂）

甘さと権力　シドニー・W・ミンツ　川北稔／和田光弘訳

砂糖は産業革命の原動力となり、その甘さは人々のアイデンティティや社会構造をも変えていった。モノから見る世界史の名著をついに文庫化。（川北稔）

オリンピア　村川堅太郎

古代ギリシア世界最大の競技祭とはいかなるものであったのか。遺跡の概要から競技精神の盛衰まで、綿密な考証と卓抜な筆致で迫った名著。（橋場弦）

アレクサンドロスとオリュンピアス　森谷公俊

彼女は怪しい密儀に没頭し、残忍に邪魔者を殺す悪女なのか、息子を陰で支え続けた賢母なのか。大王母の激動の生涯を追う。（澤田典子）

古代地中海世界の歴史　本村凌二／中村るい

メソポタミア、エジプト、ギリシア、ローマ——古代に花開き、密接な交流や抗争をくり広げた文明を一望に見渡し、歴史の躍動を大きくつかむ！

大衆の国民化　ジョージ・L・モッセ　佐藤卓己／佐藤八寿子訳

ナチズムを国民主義の極致ととらえ、フランス革命以降の国民主義の展開を大衆的儀礼やシンボルから考察した、ファシズム研究の橋頭堡。（板橋拓己）

増補　十字軍の思想　山内進

欧米社会にいまなお色濃く影を落とす「十字軍」の思想。人々を聖なる戦争へと駆り立てるものとは？その歴史を辿り、キリスト教世界の深層に迫る。

子どもたちに語るヨーロッパ史　ジャック・ル・ゴフ　前田耕作監訳　川崎万里訳

歴史学の泰斗が若い人に贈る、とびきりの入門書。地理的要件や歴史、とくに中世史を、たくさんのエピソードとともに語った魅力あふれる一冊。

中東全史　バーナード・ルイス　白須英子訳

キリスト教の勃興から20世紀末まで。中東学の世界的権威が、中東全域における二千年の歴史を一般読者に向けて書いた、イスラーム通史の決定版。

隊商都市　ミカエル・ロストフツェフ　青柳正規訳

通商交易で繁栄した古代オリエント都市のペトラ、パルミュラなどの遺跡に立ち、往時に思いを馳せたロマン溢れる歴史紀行の古典的名著。（前田耕作）

法然の衝撃　阿満利麿

法然こそ日本仏教を代表する巨人であり、ラディカルな革命家だった。鎮魂慰霊を超えて救済の原理を指し示した思想の本質に迫る。

親鸞・普遍への道　阿満利麿

絶対他力の思想はなぜ、どのように誕生したのか。日本の精神風土と切り結びつつ普遍的救済への回路を開いた親鸞の思想の本質に迫る。（西谷修）

歎異抄　阿満利麿訳／注／解説

没後七五〇年を経てなお私たちの心を捉える、親鸞の言葉。わかりやすい注と現代語訳、今どう読んだらよいか道標を示す懇切な解説付きの決定版。

シャボテン幻想　龍膽寺雄

多肉植物への偏愛が横溢した愛好家垂涎のバイブル。異端作家が説く「荒涼の美学」は、日常に疲れた現代人をいまだ惹きつけてやまない。（田中美穂）

真珠湾収容所の捕虜たち　オーテス・ケーリ

流暢な日本語を駆使する著者の「人間主義」は、「戦陣訓」の日本兵をどう変えたか。戦前・戦後の日本および日本人の、もうひとつの真実。（前澤猛）

クワイ河収容所　アーネスト・ゴードン　斎藤和明訳

「戦場に架ける橋」の舞台となったタイ・クワイ河流域の日本軍俘虜収容所での苛酷な経験を綴った、イギリス将校による戦争ノンフィクション。

虜人日記　小松真一

一人の軍属が豊富な絵とともに克明に記したジャングルでの逃亡生活と収容所での捕虜体験。戦争の真実、人間の本性とは何なのか。（山本七平）

八月の砲声（上）　バーバラ・W・タックマン　山室まりや訳

一九一四年、ある暗殺が欧州に戦火を呼びこむ。情報の混乱、指導者たちの誤算と過信は予期せぬ世界大戦を惹起した。63年ピュリッツァー賞受賞の名著。

八月の砲声（下）　バーバラ・W・タックマン　山室まりや訳

なぜ世界は戦争の泥沼に沈んだのか。政治と外交と軍事で何がどう決定され、また決定されなかったのかを克明に描く異色の戦争ノンフィクション。

最初の礼砲　バーバラ・W・タックマン　大社淑子訳

独立戦争は18世紀の世界戦争であった。豊富な挿話を積み上げながら、そのドラマと真実を見事な語り口で描いたピュリッツァー賞受賞作家の遺著。

米陸軍日本語学校　ハーバート・パッシン　加瀬英明訳

第二次大戦中、アメリカは陸海軍で日本語の修得を目的とする学校を設立した。著者の回想によるその実態と、占領将校としての日本との出会いを描く。

アイデンティティが人を殺す　アミン・マアルーフ　小野正嗣訳

アイデンティティにはひとつの帰属だけでよいのか？　人を殺人にまで駆り立てる思考を作家は告発する。大反響を巻き起こしたエッセイ、遂に邦訳。

世界の混乱　アミン・マアルーフ　小野正嗣訳

二十一世紀は崩壊の徴候とともに始まった。国際関係、経済、環境の危機に対して、絶望するのではなく、緊急性をもって臨むことを説いた警世の書。

震災画報　宮武外骨

混乱時のとんでもない人のふるまいや、同じ町内で生死を分けた原因等々を詳述する、外骨による関東大震災の記録。人間の生の姿がそこに。（吉野孝雄）

独裁体制から民主主義へ　ジーン・シャープ　瀧口範子訳

すべての民主化運動の傍らに本書が。独裁体制を研究しつくした著者が示す非暴力による権力打倒の実践的方法。「非暴力行動の198の方法」付き。本邦初訳。

国家と市場　スーザン・ストレンジ　西川潤／佐藤元彦訳

国際関係を「構造的権力」という概念で読み解いた歴史的名著。経済のグローバル化で秩序が揺らぐ今、持つべき視点がここにある。（鈴木一人）

私の憲法勉強　中野好夫

戦後、改憲論が盛んになった頃、一人の英文学者が日本国憲法をめぐる事実を調べ直し、進行する事態に警鐘を鳴らした。今こそその声に耳を傾けたい。

法の原理　トマス・ホッブズ　高野清弘訳

ホッブズ最初の政治理論書。十七世紀イングランドの政治闘争を背景に、人間本性の分析を経て、安全と平和をもたらす政治体が考察される。（加藤節）

戦略の形成（上）　ウィリアムソン・マーレー／マクレガー・ノックス／アルヴィン・バーンスタイン編著　石津朋之／永末聡監訳　歴史と戦争研究会訳

戦略の本質とは！　統治者や国家が戦略を形成する際の錯綜した過程と決定要因を歴史的に検証・考察した事例研究。上巻はアテネから第一次大戦まで。

戦略の形成（下）　ウィリアムソン・マーレー／マクレガー・ノックス／アルヴィン・バーンスタイン編著　石津朋之／永末聡監訳　歴史と戦争研究会訳

戦略には論理的な原理は存在しない！　敵・味方の相互作用であり、それゆえ認識や感覚の問題である。下巻はナチス・ドイツから大戦後のアメリカまで。

アメリカ様　宮武外骨

占領という外圧によりもたらされた主体性のない言論の自由の脆弱さを、体を張って明らかにした、ジャーナリズムの記念碑的名著。（西谷修／吉野孝雄）

S，M，L，XL+
レム・コールハース
太田佳代子／渡辺佐智江訳

世界的建築家の代表作がついに！ 伝説の書のコア・エッセイにその後の主要作を加えた日本版オリジナル編集。彼の思索のエッセンスが詰まった一冊。

東京都市計画物語
越澤明

関東大震災の復興事業から東京オリンピックに向けての都市改造まで、四〇年にわたる都市計画の展開と挫折をたどりつつ新たな問題を提起する。

新版大東京案内（上）
今和次郎編纂

昭和初年の東京の姿を、都市フィールドワークの先駆者が活写した名著。上巻には交通機関や官庁、デパート、盛り場、遊興、味覚などを収録。

グローバル・シティ
サスキア・サッセン
伊豫谷登士翁監訳
大井由紀／髙橋華生子訳

世界の経済活動は分散したのではない、特権的な大都市に集中したのだ。国民国家の枠組みを超えて発生する世界の新秩序と格差拡大を暴く衝撃の必読書。

東京の空間人類学
陣内秀信

東京、このふしぎな都市空間を深層から探り、明快に解読した定番本。基層の地形、江戸の記憶、近代の都市造形が、ここに甦る。図版多数。（川本三郎）

大名庭園
白幡洋三郎

小石川後楽園、浜離宮等の名園では、多種多様な社交が繰り広げられていた。競って造られた庭園の姿に迫りヨーロッパの宮殿とも比較。（尼﨑博正）

東京の地霊《ゲニウス・ロキ》
鈴木博之

日本橋室町、紀尾井町、上野の森……。その土地に堆積した数奇な歴史・固有の記憶を軸に、都内13カ所の土地を考察する「東京物語」。（藤森照信／石山修武）

空間の経験
イーフー・トゥアン
山本浩訳

人間にとって空間と場所とは何か？ それはどんな経験なのか？ 基本的なモチーフを提示する空間論の必読図書。（A・ベルク／小松和彦）

個人空間の誕生
イーフー・トゥアン
阿部一訳

広間での雑居から個室住まいへ。回し食いから個々人用食器の成立へ。多様なかたちで起こった「空間の分節化」を通覧し、近代人の意識の発生をみる。

ちくま学芸文庫

ハプスブルク帝国《ていこく》 1809-1918

オーストリア帝国《ていこく》とオーストリア＝ハンガリーの歴史《れきし》

二〇二一年八月十日　第一刷発行

著者　A・J・P・テイラー
訳者　倉田稔（くらた・みのる）
発行者　喜入冬子
発行所　株式会社　筑摩書房
東京都台東区蔵前二―五―三　〒一一一―八七五五
電話番号　〇三―五六八七―二六〇一（代表）
装幀者　安野光雅
印刷所　株式会社精興社
製本所　株式会社積信堂

乱丁・落丁本の場合は、送料小社負担でお取り替えいたします。
本書をコピー、スキャニング等の方法により無許諾で複製することは、法令に規定された場合を除いて禁止されています。請負業者等の第三者によるデジタル化は一切認められていませんので、ご注意ください。
© Minoru KURATA 2021 Printed in Japan
ISBN978-4-480-51062-4 C0122